Informatik

Wolfgang Reisig · Johann-Christoph Freytag
(Hrsg.)

Informatik

Aktuelle Themen
im historischen Kontext

Mit 124 Abbildungen

 Springer

Wolfgang Reisig
Institut für Informatik
Humboldt-Universität zu Berlin
Unter den Linden 6
10099 Berlin
reisig@informatik.hu-berlin.de

Johann-Christoph Freytag
Institut für Informatik
Humboldt-Universität zu Berlin
Unter den Linden 6
10099 Berlin
freytag@dbis.informatik.hu-berlin.de

Bibliografische Information der Deutschen Bibliothek
Die Deutsche Bibliothek verzeichnet diese Publikation in der Deutschen
Nationalbibliografie; detaillierte bibliografische Daten sind im Internet über
http://dnb.ddb.de abrufbar.

ISBN-10 3-540-32742-8 Springer Berlin Heidelberg New York
ISBN-13 978-3-540-32742-4 Springer Berlin Heidelberg New York

Springer ist ein Unternehmen von Springer Science+Business Media
springer.de

Satz: Druckfertige Daten der Autoren
Herstellung: LE-TeX, Jelonek, Schmidt & Vöckler GbR, Leipzig
Umschlaggestaltung: design&production, Heidelberg
Gedruckt auf säurefreiem Papier   33/3100 YL   –   5 4 3 2 1 0

Vorwort

Weit mehr als viele andere Wissenschaften ist die Informatik einem ständigen
– ja manchmal sogar rasanten – Wandel unterworfen, der sowohl durch neue
Erkenntnisse und Einsichten geprägt als auch durch ständig neue Anforderungen aus dem praktischen Einsatz komplexer IT-Systeme getrieben wird.
Mit diesem Wandel bleibt es nicht aus, dass die Wurzeln und die Motivation
vieler Ideen und Entwicklungen, die vor zwanzig bis dreißig Jahren begannen,
heute nur noch wenig oder gar nicht mehr bekannt sind. Der technologische
Fortschritt in den verschiedenen Bereichen der Informatik lässt Vieles selbstverständlich erscheinen, was vor nicht allzu langer Zeit noch Staunen oder
Ungläubigkeit hervorgerufen hat – in manchen Fällen sogar als „nicht realisierbar" galt. Beispiele in der Hardware und Software gibt es dafür genügend.

So liegt es nahe, einige Entwicklungen der Informatik auf ihre Wurzeln
zurückzuverfolgen und in eine historische Perspektive einzuordnen. Ohne eine solche Betrachtung wird es schwerer sein vernünftig und realistisch abzuschätzen, welche Entwicklungen noch in der (nahen) Zukunft zu erwarten
sind und mit welcher Geschwindigkeit sie sowohl die Wissenschaft (und hier
nicht nur die Informatik) als auch die Gesellschaft als ganzes beeinflussen
werden.

Seit einigen Jahren veranstaltet das Institut für Informatik der Humboldt-Universität zu Berlin eine regelmäßige Ringvorlesung „Schwerpunkte der Informatik" mit wechselnden Themen. Um den zuvor geschilderten Wandel gerecht zu werden, war diese Ringvorlesung im Sommersemester 2005 dem Thema

Informatik im historischen Kontext

gewidmet: Professoren des Institutes haben eines ihrer aktuellen Arbeitsgebiete in seiner Entwicklung von den Anfängen bis heute dargestellt, verbunden
mit einem Ausblick auf die erwartbare Zukunft. Diese Veranstaltung war für
Zuhörer und Autoren gleichermaßen so interessant, dass viele von ihnen eine
schriftliche Darstellung vorgeschlagen haben. Die Autoren haben ihre Vorträge überarbeitet und als Texte formuliert. Beiträge weiterer Kollegen sind

hinzugekommen. So ist eine umfassende Darstellung der Entwicklung einiger Gebiete der Informatik in einem Buch entstanden, das Sie nun in Händen halten.

Dieser Band erhebt ausdrücklich nicht den Anspruch einer ausgewogenen oder vollständigen Darstellung aller Entwicklungslinien der Informatik. Die Autoren haben sich allerdings bemüht, gemeinsam einen breiten Querschnitt wichtiger Teilgebiete abzudecken. Die Ringvorlesung, aus der heraus die Texte dieses Bandes entstanden sind, trägt zum Studium Generale der Humboldt-Universität zu Berlin bei. Dementsprechend richtet sich dieser Band an Leser mit einigen Grundkenntnissen der Informatik. Zugleich findet auch der Spezialist vielleicht noch die eine oder andere Neuigkeit.

Dieser Band erscheint rechtzeitig zum „Informatik-Jahr 2006" in Deutschland; seine Beiträge sollen mithelfen, den Fokus auf eine Wissenschaft zu lenken, die wie keine andere in den vergangenen Jahrzehnten unsere Gesellschaft in vielerlei beeinflusst und geformt hat.

Bei der Zusammenstellung des Bandes hat Katharina Görlach uns außerordentlich tatkräftig geholfen. Herr Clemens Heine vom Springer-Verlag hat uns mit Rat und Tat unermüdlich unterstützt. Beiden danken wir ganz herzlich.

Die Herausgeber   Berlin

Wolfgang Reisig   Februar 2006
Christoph Freytag

Inhaltsverzeichnis

Von Algol nach Java:
Kontinuität und Wandel von
Programmiersprachen

Klaus Bothe

Humboldt-Universität zu Berlin
bothe@informatik.hu-berlin.de

Zusammenfassung. Ein halbes Jahrhundert Entwicklung von höheren Programmiersprachen führte zu einem unübersehbar großen Angebot an derartigen Sprachen. Zur Orientierung ist es hilfreich, verschiedene Sichten zu bemühen: Auf welches Anwendungsgebiet ist eine bestimmte Sprache ausgerichtet? Welche Zusammenhänge bestehen zwischen den Sprachen im Laufe der historischen Entwicklung? Wie klassifizieren Programmiermodelle die Sprachenvielfalt? Die derzeit von Industrie und Wissenschaft am breitesten akzeptierte Sprache Java nimmt Erfahrungen aus 50 Jahren Programmiersprachentwicklung auf – aber auch sie hat ihre Schwächen.

1 Sprachen, Dialekte, Versionen

Eine der grundlegenden Aufgaben der Informatik seit der Entwicklung des Computers bestand in der Bereitstellung geeigneter Programmiersprachen zur Formulierung von Programmen. Waren die ersten Programmiersprachen noch maschinennah, wurden seit Mitte der 1950er Jahre höhere Programmiersprachen entwickelt, die eine auf das menschliche Verständnis orientierte Beschreibung von Berechnungen erlauben. Wie in anderen Gebieten auch, wurden im Laufe der Zeit eine Vielzahl von Konzepten einbezogen, weiterentwickelt, kombiniert und z. T. auch wieder verworfen. Vielfältige Einflüsse wurden verarbeitet, insbesondere unter dem Eindruck der Ende der 1960er Jahre einsetzenden Softwarekrise, die sich in der Fehleranfälligkeit der mittlerweile immer komplexer werdenden Software äußerte. Aus all dem ergibt sich damit rückblickend die Antwort auf die Frage: Warum sind denn überhaupt derartig viele Programmiersprachen entwickelt worden, dass ein einzelner Softwareentwickler nicht gleichzeitig die wichtigsten aktiv beherrschen kann?

Abbildung 1 fasst – zunächst ungeordnet – wichtige Programmiersprachen zusammen. Auch wenn die Zusammenstellung in Abb. 1 bereits einen Eindruck vom Umfang des Angebots vermittelt, so wurden im Laufe der Jahre mehr als 1000 unterschiedliche Programmiersprachen in Forschungsgruppen,

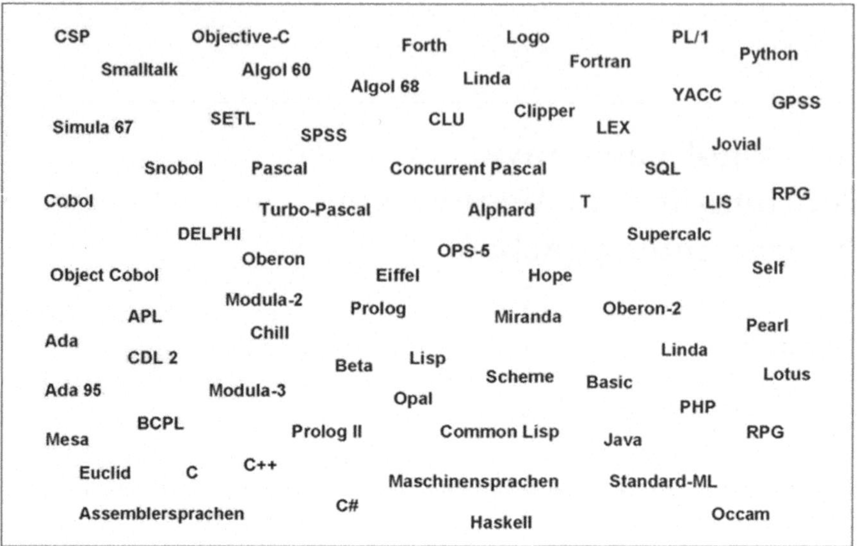

Abb. 1: Überblick über wichtige Programmiersprachen

internationalen Komitees sowie in Computerfirmen entwickelt [1], von denen die Mehrzahl keine weitere Verbreitung erlangt hat.

Während bereits in Abb. 1 die Vielfalt sichtbar wird, so zeigt sich das ganze Ausmaß des Problems erst dann, wenn man die einzelne Programmiersprache betrachtet (Abb. 2): Fast immer gibt es Sprachdialekte, die i. w. Erweiterungen und Modifikationen der Basissprache beinhalten. Für C beispielsweise existieren Sprachdialekte, die sich aus dem Buch von Kerninghan und Ritchie [2] ergaben, aus dem ANSI C-Standard, Turbo-C, Visual-C, Borland-C u.v.a. Besonders reich ist auch die Vielfalt an Dialekten für Pascal [3], obwohl die Sprache einen Standard besitzt. Hierzu gehören beispielsweise sogar Pascal-Dialekte, die auf einen ganz bestimmten Computertyp (VAX, DEC) ausgerichtet waren, Pascal-Erweiterungen für die Parallelprogrammierung sowie die Objektorientierung (Turbo-Pascal, Object-Pascal, Delphi).

Programme unterschiedlicher Dialekte derselben Sprache werden dabei nur durch das „eigene" Compilersystem verarbeitet. Die Überführung eines einmal entwickelten Programms in einen anderen Dialekt ist meistens zeitaufwendig und teuer. Ein wichtiges Kriterium von Softwaresystemen – ihre Portabilität, d. h. die Lauffähigkeit in unterschiedlichen Umgebungen – wird damit stärker eingeschränkt. Lediglich Java [4] verbietet Dialekte gerade deshalb, weil die Portabilität von Java-Programmen eines der grundlegenden Entwurfsziele der Sprache war. Schließlich entwickelten sich die jeweiligen Sprachdialekte in Versionen, für die entsprechende Compiler vorliegen müssen.

Angesichts der geschilderten Situation ist eine Orientierung nötig, und wir wollen uns der Frage zuwenden: Wie kann eine Ordnung in die Vielfalt von

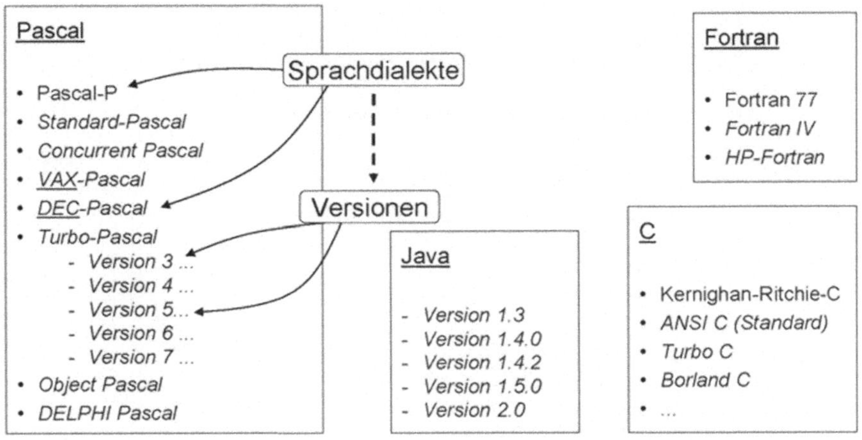

Abb. 2: Dialekte und Versionen einiger wichtiger Programmiersprachen

Programmiersprachen gebracht werden? Dabei ergeben sich mehrere Möglichkeiten einer Klassifikation, nämlich nach

– Anwendungsgebieten
– historischer Entwicklung
– Programmiersprachgenerationen
– Programmierparadigmen
– Verbreitungsgrad.

Eine historische Sicht zeigt dabei den Wandel im Laufe der Jahre, aber auch die Kontinuität in der Übernahme bewährter Konzepte.

2 Programmiersprachen und Anwendungsgebiete

Historisch gesehen wurde Software zunächst auf zwei große Anwendungsgebiete ausgerichtet. Anforderungen aus dem wissenschaftlich-technischen Bereich führten dabei zur ersten Fassung der Sprache Fortran (FORmula TRANslator) [5] Mitte der 1950er Jahre, der ersten bekannten höheren Programmiersprache. Das zweite große Gebiet betrifft den kommerziellen Bereich, zu dem u. a. Banken- und Versicherungssoftware gehört. Hier zählt die ebenfalls recht frühzeitig entwickelte Sprache Cobol (ca. 1960) [6] auch heute noch zu den am weitesten verbreiteten Programmiersprachen.

Abbildung 3 fasst Sprachen unter dem Aspekt ihres Anwendungsgebietes zusammen. Wichtig ist jedoch, darauf hinzuweisen, dass viele Sprachen universell anwendbar, d. h. im Prinzip in allen Anwendungsgebieten einsetzbar sind. Hierzu zählen u. a. C, C++, Ada, PL/ 1, Pascal und Java. Entsprechend ihrer Zielsetzung werden sie auch als „General-Purpose"-Sprachen bezeichnet.

- *Wissenschaftlich-technischer Bereich (Physik):*
  Fortran
- *Kommerzieller Bereich (Banken, Verwaltung):*
  Cobol
- *Künstliche Intelligenz:*
  Prolog, Lisp, Haskell
- *Systemsoftware (Compiler, Betriebssysteme):*
  C, C++, Ada, Java, CDL 2
- *Echtzeit:*
  Ada95, Pearl
- *Datenbanken:*
  SQL
- *Telekommunikation:*
  Chill, Ada95
- *Statistik:*
  SPSS
- *Compiler-Generatoren:*
  Lex, Yacc

Abb. 3: Programmiersprachen und Einsatzgebiete

Demgegenüber sind die „Special-Purpose"-Sprachen wie Fortran, Cobol, SPSS und SQL auf einen speziellen Anwendungsbereich ausgerichtet.

3 Die historische Sicht

Die Entwicklung von Programmiersprachen ist dadurch gekennzeichnet, dass einmal bewährte Konzepte wieder aufgegriffen wurden und neue hinzukamen.

Abbildung 4 gibt einen Überblick über Zusammenhänge zwischen den einzelnen Programmiersprachen (nach [7]). Auffallend ist zunächst, dass einige der ältesten Programmiersprachen – Fortran [5], Cobol [6], Basic, PL/1 und Lisp [8] – auch heute noch weitverbreitet sind. Allerdings haben einige dieser Sprachen auch nur deshalb überlebt, weil aus ihnen z. T. stark abweichende Dialekte hervorgegangen sind: Aus Fortran entwickelten sich z. B. Fortran IV, Fortran 77 sowie HP-Fortran. Viele traditionelle Sprachen wurden um objektorientierte Sprachelemente erweitert: Basic, Cobol, Pascal.

Ein zweiter wichtiger Aspekt ist die Rolle von Algol 60 [9]. Führende Wissenschaftler entwickelten mit Algol 60 eine Reihe von Konzepten, die sich auf viele Nachfolgersprachen bis heute ausgewirkt haben. Hierzu zählen das Block-Konzept (eine Zusammenfassung lokaler Vereinbarungen und eines Anweisungsteils) sowie eine Systematisierung von Anweisungen und Ausdrücken. Pascal fügte strukturierte Datentypen als neues Konzept hinzu [3].

Interessant sind auch die Zusammenhänge zwischen den objektorientierten Programmiersprachen wie Simula 67, Smalltalk 80, C++ und Java. Die Grundideen der Objektorientierung wurden bereits 30 Jahre vor der Entwicklung

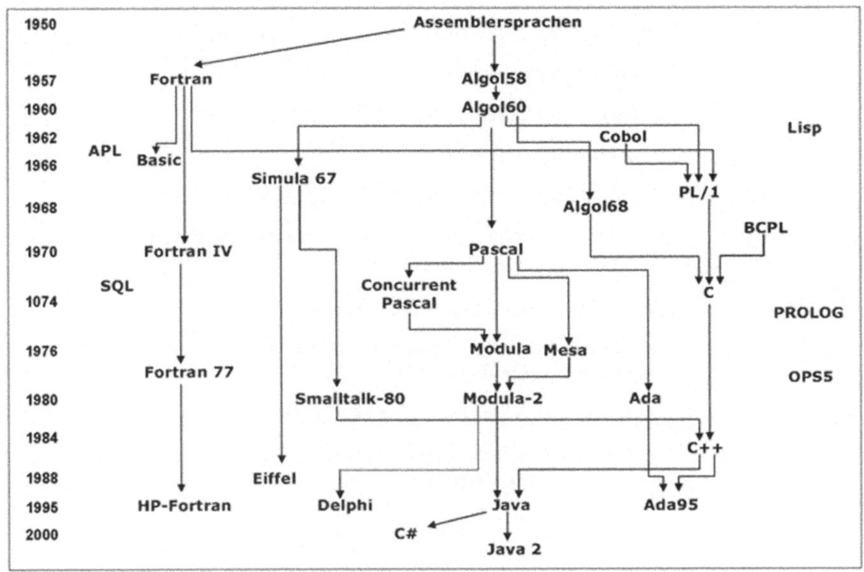

Abb. 4: Geschichtliche Entwicklung von Programmiersprachen

von Java mit Simula 67, einer Algol 60-Erweiterung für Simulationsaufgaben, gelegt. Damit war diese Sprache ihrer Zeit weit voraus, die Konzepte der Objektorientierung wurden damals nur von wenigen Anwendern erkannt. Schließlich zeigt Abb. 4 einige singuläre Sprachen – „Außenseiter" ohne Querbezüge, die z. T. andere Programmierparadigmen (logische Programmierung: PROLOG) repräsentieren.

4 Programmiersprachgenerationen

Eine weitere gängige Klassifikation von Programmiersprachen ist die nach Programmiersprachgenerationen (Abb. 5).

Entscheidend ist hier der Abstraktionsgrad: Klassen innerhalb einer niedrigeren Generation sind näher an der Hardware bzw. an den Maschinensprachen, während höhere Klassen dichter an der Problembeschreibung sind. Dementsprechend verhalten sich die entsprechenden Programme, die bei höheren Generationen verständlicher, problemnäher und kürzer gestaltet werden können.

Sprachen der 5. Generation waren Ausgangspunkt für ein großangelegtes japanisches Forschungsprogramm zur Entwicklung der 5. Generation von Rechnerarchitekturen hochparalleler Systeme auf der Grundlage logischer und funktionaler Programmiersprachen in den 1980er Jahren, das allerdings die Erwartungen nicht erfüllen konnte.

- **Programmiersprachen der 1. Generation:**

  Maschinensprachen

- **Programmiersprachen der 2. Generation:**

  Assemblersprachen

- **Programmiersprachen der 3. Generation:**

  höhere algorithmische u. objektorientierte Sprachen
  → Pascal, Ada, C, Basic, Java ...

- **Programmiersprachen der 4. Generation:**

  Tabellenkalkulation, Datenbanksprachen
  → Lotus, SuperCalc, SQL ...

- **Programmiersprachen der 5. Generation:**

  Sprachen der künstlichen Intelligenz
  → Prolog, Lisp, OPS-5 ...

Abb. 5: Programmiersprachengenerationen

5 Programmierparadigmen

Das wohl wichtigste Klassifikationskriterium für Programmiersprachen ist das Programmierparadigma, auch Programmiermodell genannt.

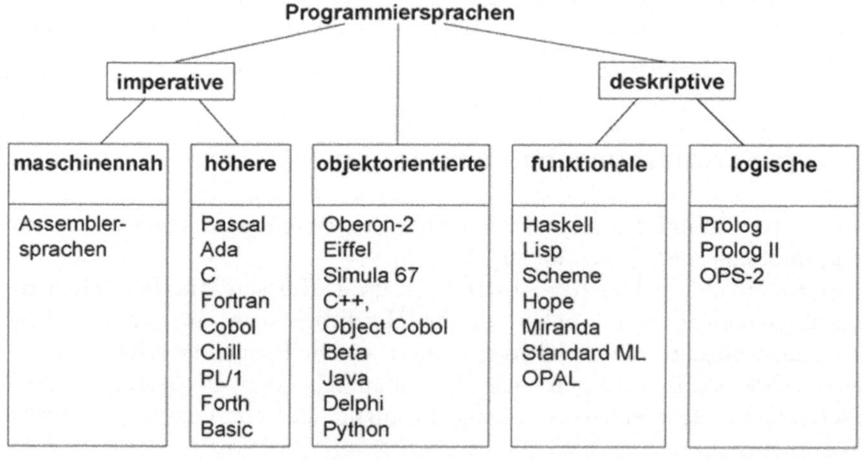

Abb. 6: Programmierparadigmen – grundlegende Sicht

Abbildung 6 gibt einen möglichen Ansatz einer Klassifikation wieder. Historisch gesehen begann die Entwicklung mit imperativen Programmiersprachen (Fortran, Algol 60, Basic, PL/1). Dieses Programmiermodell ist durch folgende Merkmale bestimmt:

– Imperative Programme beschreiben Algorithmen.
– Dabei kommt es zu Zustandsänderungen von Variablen durch Anweisungen.
– Damit ist das imperative Paradigma ausgerichtet auf die Von-Neumann-Rechnerarchitekturen, in denen Variablen im Speicher und Anweisungen durch Maschinenbefehle repräsentiert werden.

Funktionale Programmiersprachen basieren auf dem Begriff der mathematischen Funktion. Ein funktionales Programm besteht dabei aus einer Menge von Funktionsdefinitionen und Funktionsaufrufen, die zur Berechnung einer mathematischen Funktion führen. Das funktionale Paradigma basiert auf der Theorie des λ-Kalküls. Die weiteste Verbreitung unter den funktionalen Sprachen erlangte Lisp [8].

Im logischen Programmiermodell werden Relationen zwischen Objekten beschrieben. Die theoretischen Grundlagen werden durch die Prädikatenlogik bereitgestellt. Der mit Abstand bekannteste Vertreter unter den logischen Programmiersprachen ist Prolog [10]. Das funktionale und das logische Paradigma werden noch unter dem Oberbegriff „deskriptiv" zusammengefasst, da sie auf die Beschreibung des Problems, nicht aber auf die Lösung des Problems durch Algorithmen orientieren.

In der Literatur wird normalerweise zwischen imperativen und objektorientierten Programmiersprachen unterschieden [12, 13, 17], so dass wir dieser Klassifikation in der Abb. 6 zunächst folgen. Objektorientierte Programmierung basiert auf dem Objekt-Begriff. Ein Objekt ist dabei eine logische Einheit aus versteckten Daten und Operationen zur Verarbeitung dieser Daten. Klassen sind dann Beschreibungen ähnlicher Objekte. Während als grundlegende Strukturierungsmethode imperative Programmiersprachen der Teilalgorithmus (realisiert als Prozedur) angesehen wird, sind objektorientierte Programme aus Klassen aufgebaut.

Gelegentlich wird Parallelität als eigenständiges Programmierparadigma genannt [13]. Allerdings handelt es sich hierbei um eine spezielle Ausprägung imperativer bzw. objektorientierter Programmierung, bei der mehrere sequentielle Programme (Prozesse) gleichzeitig ausgeführt werden können. Imperative bzw. objektorientierte Sprachen wie HP-Fortran, Modula-2 und Java enthalten Sprachelemente zur Unterstützung der Parallelität.

Abschließend sollte darauf hingewiesen werden, dass in vielen Fällen Programmiersprachen mehreren Paradigmen folgen, wobei oftmals eines als das bestimmende angesehen wird. Beispielsweise umfasst Prolog neben dem logischen Paradigma auch imperative Sprachkonstrukte (Zustandsänderungen). Common Lisp, grundsätzlich als funktionale Sprache angesehen, enthält imperative und objektorientierte Elemente. Viele objektorientierte Sprachen sind Erweiterungen konventioneller imperativer Sprachen (C++, Object Pascal).

6 Programmiermethodik und eine alternative Sicht auf Programmierparadigmen

Während vielfach das imperative und das objektorientierte Programmparadigma als gegensätzlich zueinander angesehen werden, gibt es auch wohlbegründete alternative Ansätze [14]. Bei genauer Betrachtung nämlich besteht ein objektorientiertes Programm zwar aus einer Menge von Klassen, auf deren Grundlage zur Abarbeitungszeit Objekte als Instanzen der Klassen erzeugt werden – das bestimmende Merkmal der imperativen Programmierung trifft jedoch auch auf das objektorientierte Paradigma zu: Es werden Algorithmen über Zustandsänderungen von Variablen durch Anweisungen beschrieben. Damit erweist sich dieses Kriterium als übergeordnet, die Zerlegung eines Programms in geeignete Komponenten (Prozeduren, Module, Klassen) als sekundär. Dementsprechend gelangt man zu einer alternativen Klassifikation von Programmierparadigmen, bei denen es lediglich drei grundlegende gibt: imperativ, funktional, logisch (Abb. 7).

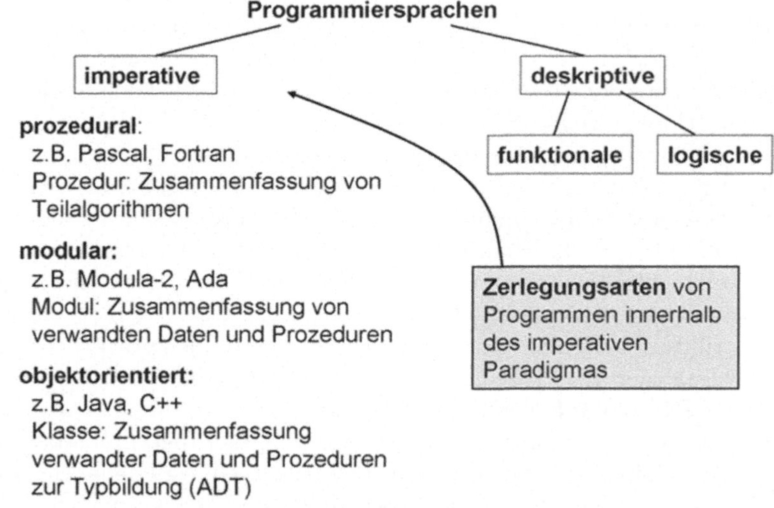

Abb. 7: Paradigmen von Programmiersprachen – alternative Sicht

Die weitere Klassifikation imperativer Sprachen orientiert sich dann an der Zerlegungsart zur Strukturierung der Gesamtprogramme. Bei prozeduralen Sprachen wird der Gesamtalgorithmus durch Prozeduren in Teilalgorithmen zerlegt, wodurch alle konventionellen imperativen Sprachen (vgl. Abb. 6) wie Pascal, C, Fortran und Cobol dieser Klasse angehören. In modularen Sprachen bestehen Programme aus Mengen von Modulen, die inhaltlich zusammengehörige Daten und Operationen umfassen. Hauptvertreter modularer Sprachen sind Modula-2 und Ada.

Schließlich werden objektorientiert strukturierte Programme in Klassen zerlegt. Klassen – wie im modularen Fall Mengen von Daten und Operationen – dienen zur Laufzeit des Programms zur Instanzenbildung, d. h. zur Bildung von Objekten, die miteinander kommunizieren. Klassen realisieren abstrakte Datentypen (ADT), mit denen nutzerdefinierte problemorientierte Datentypen eingeführt werden können.

Zerlegungsarten folgen einer bestimmten Programmiermethodik, die sich wiederum im Laufe der Jahre durch die Herausforderungen der Komplexität von Problemen und Programmen weiterentwickelt haben. Reichte ursprünglich eine Zerlegung eines Programms in Teilalgorithmen aus, so wurde später eine Zusammenfassung verwandter Daten und Operationen als bedeutend für die logische Strukturierung von Programmen erkannt. Dieser methodischen Entwicklung folgten programmiersprachliche Konzepte.

7 Verbreitungsgrad

Interessant ist auch ein Blick auf die Nutzung von Programmiersprachen im praktischen Umfeld. Hierzu gibt es die unterschiedlichsten Aussagen, die oftmals ohne quantitative Absicherung gemacht werden. Eine der sel-

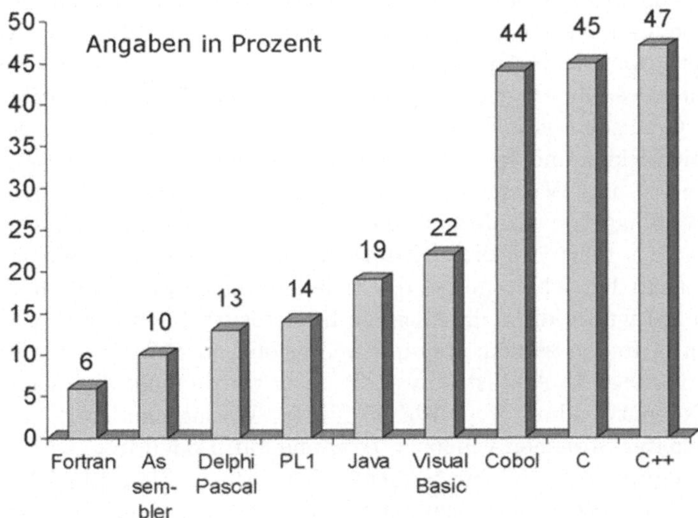

Abb. 8: Verbreitungsgrad von Programmiersprachen in deutschen Softwarehäusern (Mehrfachnennungen möglich, Stand: 1998)

tenen, auf exakter Datenerfassung mittels Umfrage unter deutschen Softwarehäusern erstellten Übersicht (Abb. 8) stammt aus dem Jahr 1998 (Quelle:

Softwaretechnik-Trends, Mai 1998). Grundaussagen dürften auch heute noch gelten. Dazu zählt der hohe Verbreitungsgrad der „ganz alten" Sprachen Cobol [6], Basic, PL 1 und Fortran [5], für die im Laufe der Jahrzehnte eine Vielzahl von Programmpaketen erstellt wurden und die z. T. auf spezielle Anwendungsbereiche (Cobol: kommerzieller Bereich, Fortran: wissenschaftlich-technischer Bereich) ausgerichtet sind. Dominierend sind auch heute noch C und C++. Java allerdings, bereits 1998 kurz nach ihrer Entwicklung auf Platz 5 der Wertung, dürfte heute sicherlich gleichauf oder sogar vor C++ liegen. Die Umfrage zeigt auch eines: Etliche im akademischen Umfeld systematisch entwickelten Sprachen sind nicht dabei, wie Modula-2, Smalltalk oder Eiffel.

8 Auf der Suche nach der idealen Programmiersprache

Warum einigt man sich nicht auf eine, „die" ideale Programmiersprache. Ganz so ungewöhnlich, wie vielleicht im ersten Moment gedacht, ist der Gedanke nicht: Sprachenvielfalt, gepaart mit der Herausbildung von Dialekten und entsprechenden Versionen haben doch zu erheblichen Portabilitäts- und damit Kostenproblemen geführt. Softwareentwickler beherrschen oft nur einige wenige Programmiersprachen, und ein Umstieg auf eine andere Sprache kostete Zeit.

Genau aus diesem Grund entschied sich das DoD (Department of Defense – das amerikanische Verteidigungsministerium), sein Portabilitäts-, Wartungs- und Kostenproblem durch die verbindliche Nutzung nur einer Sprache, der speziell für diesen Zweck entwickelten Sprache Ada [15], in den Griff zu bekommen. Ein Gemisch aus bislang verwendeten Sprachen bei einem der größten Softwareentwickler und -nutzer der Welt, vor dem Hintergrund eines jährlichen Betriebs- und Wartungsvolumens von ca. 4 Milliarden Dollar und eines Softwareumfangs von 1,4 Milliarden LOC (Lines of Code) (Werte aus dem Jahr 1994 [16]) führte zu dieser Entscheidung Anfang der 1980er Jahre. Anfangs ernsthaft betrieben, gelten die Ziele heute als gescheitert, und Ada (ab 1995 Ada 95) wurde nicht die alleinige Implementationssprache am DoD.

Zu den Gründen zählen: Reimplementation von Software, die in anderen Sprachen vorliegt, in Ada ist aufwendig; Ada wurde nicht die ideale Sprache, was zur Neuentwicklung von Ada 95 führte; Vorzüge anderer, insbesondere neuentwickelter Sprachen wie Java, gewannen an Bedeutung.

Die Einigung auf nur eine Sprache wird auch in Zukunft nicht gelingen. Historisch gewachsene Spezialsprachen haben sich in einem bestimmten Anwendungsbereich etablieren können und ein Stamm von erfahrenen Programmierern steht zur Verfügung. Beachtlich sind z. B. die Fakten für Cobol: Aktuell wird Cobol-Software weltweit im Umfang von 200 Milliarden LOC genutzt, jährlich kommen 5 Milliarden LOC Cobol-Code hinzu, und 85% aller Geschäftsdaten werden durch Cobol-Systeme verarbeitet (Quelle: Computerzeitung, 3. März 2003). Vor diesem Hintergrund ist es müßig, über die Ablösung von Cobol zu diskutieren.

9 Compiler und Interpreter

Programme in höheren Programmiersprachen werden durch Compiler in maschinennahe Objektprogramme überführt (Abb. 9).

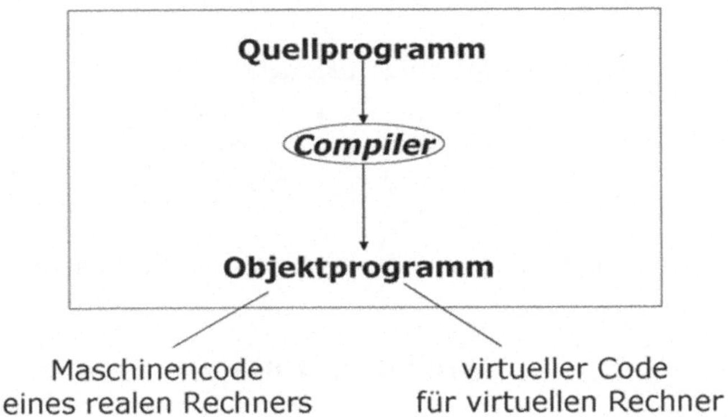

Abb. 9: Sprachverarbeitung durch Compiler – zwei Varianten

Dabei gibt es zwei Möglichkeiten: Das Objektprogramm ist Maschinencode

- eines realen Rechners oder
- eines theoretischen, d.h. virtuellen Rechners.

Die Mehrzahl aller Programmiersprachen wird auf die erste Art verarbeitet, bei der die Hardware eines realen Rechners (der Prozessor) direkt die Abarbeitung übernimmt (Abb. 10). Diese Arbeitsweise von Compilern erscheint als die natürliche Verarbeitungsform, bei der die Arbeit der Maschinenprogramme effektiv erfolgt.

Bei der Erzeugung eins virtuellen Codes eines in Hardwareform nicht existierenden virtuellen Rechners übernimmt ein Interpreter – die sogenannte virtuelle Maschine – die Abarbeitung (Abb. 11). Dieser Interpreter ist selbst ein Programm, also durch Software simulierte Hardware.

Diese Technologie hat Vor- und Nachteile. Während sich durch den Overhead der zwischengeschalteten Software der virtuellen Maschine die Abarbeitung verlangsamt, führt dieses Vorgehen zur erhöhten Portabilität der jeweiligen Programme. Ausgehend von einem einheitlichen virtuellen Code für beliebige Rechner haben wir folgende Situation:

- Der Compiler ist vollständig hardwareunabhängig und somit portabel.
- Das Computerprogramm in Quell- als auch in übersetzter virtueller Form ist unabhängig von dem zu Grunde liegenden Rechner.

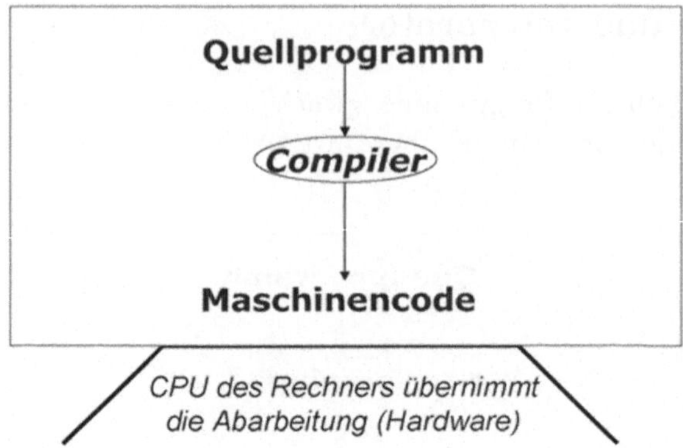

Abb. 10: Erzeugung und Verarbeitung von Maschinencode

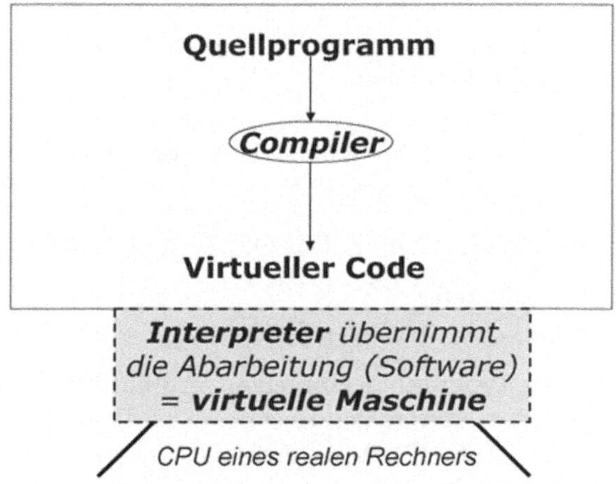

Abb. 11: Erzeugung und Verarbeitung von virtuellem Code

Damit kann über diese Technologie ein Grad an Übertragbarkeit (Portabilität) der verarbeiteten Sprache erreicht werden, den man so bei der konventionellen Arbeit des Compilers (realer Maschinencode wird erzeugt) niemals erreichen würde.

Richtig populär und weitverbreitet wurde das Prinzip des virtuellen Rechners im Bewusstsein der Softwareentwickler erst mit Java [4] und ihrer JVM (Java Virtual Machine) Mitte der 1990er Jahre. Trotz allem ist die Technik nicht neu, die bereits mit der virtuellen P-Code-Maschine für Pascal Anfang der 1970er Jahre für imperative Sprachen Anwendung fand, ganz abgesehen davon, dass logische und funktionale Sprachen grundsätzlich erst einmal interpretativ bearbeitet werden. Andere virtuelle Interpretersysteme folgten u. a. für Smalltalk und Modula-2. Damit zeigt sich auch hier die Kontinuität, die mit dem Einsatz im akademischen Bereich (Lisp, Pascal) begann und heute breitenwirksam zur Anwendung eines produktionsreifen Compiler-Interpretersystems für Java geführt hat.

10 Java: die ideale Sprache?

Java ist heutzutage eine Programmiersprache, die gleichermaßen sowohl im akademischen Umfeld als auch im Bereich der kommerziellen Softwareproduktion auf breite Akzeptanz gestoßen ist. Eine ähnliche Situation konnte lediglich schon einmal für Ada (ca. 1982) [15] verzeichnet werden.

Die Entwickler von Java [4] konnten beim Entwurf der neuen Sprache auf vier Jahrzehnte theoretischer und praktischer Entwicklung und Anwendung von Programmiersprachen zurückgreifen. Erfolgreiche, bewährte Konzepte wurden übernommen, weiterentwickelt und z. T. vereinfacht, und es stellt sich – angesichts der oben erwähnten breiten Akzeptanz – die Frage, inwiefern hier nicht so etwas wie die „ideale" Sprache entwickelt worden ist.

Die Antwort darauf sollte etwas differenzierter ausfallen: Viele Lösungen im Sprachkonzept von Java sind beispielgebend und entsprechen der aktuellen modernen Technologie. Hierzu zählen:

- Objektorientierung wurde mit all ihren Grundkonzepten umgesetzt: Klassen, Objekte, Geheimnisprinzip (information hiding), Vererbung, Polymorphismus, dynamische Bindung, abstrakte Klassen.
- Unsichere Konzepte der Objektorientierung wurden eingeschränkt: Mehrfachvererbung, generische Typen in voller Ausprägung wie in C++ (Templates).
- Prinzipien der strukturierten Programmierung wurden bei der Bereitstellung entsprechender Anweisungen berücksichtigt; insbesondere beliebig adressierbare Goto-Anweisungen gibt es nicht.
- Ein strenges Typkonzept sorgt für statische und dynamische Typsicherheit.
- Der Verzicht auf den Pointer-Typ ist ein Beitrag zur Erhöhung der Portabilität der Sprache.
- Eine gut ausgebaute Standardbibliothek (API: Aplication Programming Interface) enthält wichtige, weitverbreitete nachnutzbare Dienste.
- Plattformunabhängigkeit wurde über die JVM, den Java-Interpreter Java-Virtual-Machine, erreicht.

Trotz allem ist auch Kritik angebracht: Um den zahlreichen C- bzw. C++-Programmierern den Umstieg auf Java zu erleichtern, wurden etliche der in diesen Sprachen enthaltenen problematischen Konzepte übernommen, worunter die Lesbarkeit und Sicherheit von Java-Programmen leiden kann. Im Einzelnen ist hier zu nennen:

- Keine saubere Trennung der beiden Konzepte Ausdruck und Anweisung: Während Ausdrücke Werte berechnen sollen, führen Anweisungen zu

Änderungen von Variablenwerten. Verändern Ausdrücke auch die Werte von Variablen, spricht man von Seiteneffekten – eine Quelle von Software-fehlern. Nach dem Vorbild von C enthalten Java-Ausdrücke auch Zuwei-sungen – eine Einladung zur Programmierung von Seiteneffekten. Damit ist folgendes möglich:

$$a[x + +] \; = \; b[i + +] \; + \; (y+ = 2) \; + \; (1 - p).$$

Der Ausdruck rechts vom Zuweisungszeichen = verändert explizit die Wer-te der beiden Variablen i und y.

– Spartanische Sprachkonzepte in einigen Bereichen: Syntax und Seman-tik etlicher Sprachkonzepte in Java sind recht knapp gehalten und eng an C angelehnt, wodurch die Lesbarkeit der Programme nicht unbedingt erhöht wird. Hierzu zählt der z. B. Array-Typ, der in Java im Indexbe-reich völlig abgehoben von jeder semantischen Modellierung immer mit 0 beginnt, während man in anderen Sprachen wie Pascal ausdrucksstärker formulieren kann:

var temp: array [1900 ... 2000] of MittlereTemperatur;

Hier, in Pascal, assoziiert der Indexbereich die Sammlung von Tempera-turwerten für die Jahre 1900 bis 2000, was man in Java völlig inhaltslos so ausdrücken müsste:

int [ ] temp = new int [1001];

Während einerseits spartanische Sprachkonzepte Probleme bereiten, führen andererseits zu großzügige Regelungen zu Schwierigkeiten. Zu nennen ist u. a. die ebenfalls von C übernommene Syntax und Semantik der for-Anweisung, die das Grundprinzip dieses Anweisungstyps (bekannte An-zahl von Wiederholungen einer zu steuernden Anweisung) nicht adäquat umsetzt.

– Trennung von Schnittstelle und Implementation von Klassen unzurei-chend: Zwei grundlegende Komponenten existieren in Java-Klassen und Interface. Mit Hilfe des Interface können Informationen zusammengefasst werden, die sichtbar und für die Nutzung einer Komponente relevant sind, wodurch das für die Entwicklung komplexer Programme wichtige Abstraktionsprinzip umgesetzt wird. Viele der in der praktischen Java-Programmierung entstehenden Komponenten sind jedoch Klassen, die im Quellcode gleichermaßen sowohl nutzungsrelevante Informationen als auch Implementationsdetails, also zu versteckende Informationen, umfassen. Hier ist das Abstraktionsprinzip nicht umgesetzt, und dem Nutzer einer Klasse werden irrelevante Implementationsdetails geboten. Hier war man schon einmal weiter. Beispielsweise war in Modula-2 jede Komponente in ein Interface (Definitionsmodul) und in zu versteckende Informationen (Implementationsmodul) zu zerlegen, was die Entwicklung gut strukturier-ter komplexer Programmen fördert.

– „static"-Syntax in Klassen ohne Aussagekraft: Objektorientierte Sprachen
  kennen für Variablen und Methoden zwei Arten: Variablen und Methoden
  sind entweder an die Instanz gebunden oder an die Klasse. Für Smalltalk
  kann man das z. B. für Variablen so zum Ausdruck bringen:

Instance Variables:
  day Integer
  year Integer

Class Variables:
  MonthNames Array of Symbol

Wiederum in Anlehnung an C, und in der Bedeutung unterschiedlich zu
C, unterscheidet das Schlüsselwort „static" beide Arten in Java:

int   day,   year;
static   Symbol[ ]   Month Names.

Hier haben wir es mit „static" (Klassenvariablen) bzw. dem Fehlen von
„static" (Instanzvariablen) mit einer eher nichtssagenden Notation zu tun.

Die in diesem Abschnitt gemachten Aussagen lassen sich so zusammen-
fassen, dass Java eine auf dem aktuellen Stand der Technologie entworfenen
Sprache ist, jedoch auch über etliche Unzulänglichkeiten verfügt. Sie ist also nicht „die ideale", aber eine sehr gute Sprache zur Gestaltung komplexer
Systemlösungen.

11 Zusammenfassung

Seit der Entwicklung der ersten Programmiersprache Fortran [5] in den 1950er
Jahren wurde eine große Vielzahl von Programmiersprachen entwickelt, von
denen sich heutzutage etliche fest in der praktischen Softwareentwicklung etablieren konnten. Im Lauf der Zeit wurden bewährte Konzepte eingeführt, die
beim Neuentwurf von Sprachen übernommen wurden: Blockkonzept, einfache
und strukturierte Datentypen, Anweisungen zur Umsetzung der strukturierten
Programmierung. Unterschiedliche Techniken zur Zerlegung von Programmen
waren die Antwort auf Probleme der Komplexität, wobei der Weg über prozedurale Abstraktionen, Modulbildung bis hin zur objektorientierten Zerlegung
ging.

Heutzutage hat sich die imperative Programmierung (mit ihren Ausprägungen bzw. Zerlegungsarten prozedurale, modulare, objektorientierte Programmierung) als das dominierende Programmierparadigma durchgesetzt.
Andere Paradigmen – das logische und das funktionale – konnten die an sie
gesetzten Erwartungen im praktischen Einsatz nicht voll erfüllen und verlieren
an Bedeutung bzw. beschränken sich im Einsatz auf Spezialgebiete. Andererseits zeigen deskriptive Paradigmen, dass man nicht nur über die Beschreibung

von Algorithmen Probleme lösen kann, sondern durch die Spezifikation der Probleme selbst. Hier liegt der große Wert deskriptiver Sprachen auch in der Ausbildung, indem von algorithmischen Lösungen abstrahiert und auf problemorientierte Beschreibungen des zu lösenden Problems orientiert werden kann.

Dieser Beitrag konnte naturgemäß nur auf Grundzüge der Entwicklung von Programmiersprachen eingehen. Eine Reihe von Spezialliteratur führt näher in programmiersprachliche Konzepte ein [12, 13, 17, 18].

Literaturverzeichnis

1. L.B. Wilson, R.G. Clark *Comparative Programming Languages, 2nd Edition.* Addison-Wesley, 1993
2. B.W. Kernighan, D.M. Ritchie *The C Programming Language.* Prentice-Hall, 1978
3. K. Jensen, N. Wirth *Pascal User Manual and Report.* Springer-Verlag, 1974
4. *Sun Developer Network (SDN).* http://java.sun.com
5. IBM *Programmer's Reference Manual.* The FORTAN Automatic Coding System for the IBM 704 EDPD, IBM Corporation, 1956
6. *Cobol, Initial Specification for a Common business Oriented Language.* Department of Defense, 1960
7. H.-J. Appelrath, J. Ludewig *Sriptum Informatik – eine konventionelle Einführung.* Teubner, Stuttgart 1992
8. J. McCarthy, P.W. Abrahams, D.J. Edwards, M.I. Levin *Lisp 1.5 Programmer's Manual.* MIT Press, 1965
9. P. Naur *Report on the Algorithmic Language ALGOL 60.* Communications of the ACM, Vol. 3, No. 5
10. W.F. Clocksin, C.S. Mellish *Programming in Prolog, 2nd Edition.* Springer-Verlag, 1984
11. D.P. Friedman, M. Wand, Ch.T. Haynes *Essentials of Programming Languages, 2nd Edition.* MIT Press, 2001
12. J.C. Mitchell *Concepts in Programming Languages.* Cambridge University Press, 2003
13. R.W. Sebesta *Concepts of Programming Languages, 7th Edition.* Addison-Wesley, 2005
14. P. Rechenberg, G. Pomberger *Informatik-Handbuch.* Carl Hanser Verlag, 1997
15. G. Goos, J. Hartmanis *The Programming Language Ada Reference Manual* LNCS 155, Springer-Verlag, New York, 1983
16. *Communications of the ACM.* 5, 1994, p. 26
17. D.P. Friedman, M. Wand, Ch.T. Haynes *Essentials of Programming Languages, 2nd Edition.* MIT Press, 2001
18. D.A. Watt *Programming Language Concepts and Paradigms.* Prentice Hall, 1990

Künstliche Intelligenz zwischen Schach und Fußball

Hans-Dieter Burkhard

Humboldt-Universität zu Berlin
hdb@informatik.hu-berlin.de

Zusammenfassung. Verständnis wächst mit aktiver Auseinandersetzung: Etwas zu machen, zu beherrschen, bedeutet zugleich besseres Verstehen. Angewandt auf die Erforschung geistiger Prozesse führt das auf die Nachbildung intelligenten Verhaltens mit Maschinen. So ist Künstliche Intelligenz unter drei Aspekten zu sehen: Modellierung von Intelligenz mit dem Ziel, sie besser zu verstehen, Ausnutzung maschineller Leistungsfähigkeit zur Erledigung intelligenter Aufgaben, sowie Kooperation von Mensch und Maschine. Im folgenden wird beschrieben, wie die Forschung zur Künstlichen Intelligenz diese Aspekte in den letzten 50 Jahren verfolgt hat – und wie sich das Bild der (künstlichen) Intelligenz dabei gewandelt hat.

1 Symbolische Systeme

Der Begriff „Artificial Intelligence" wurde vor 50 Jahren geprägt für die Einladungen zur Dartmouth Konferenz. Diese Konferenz gilt als Geburtsstunde der Künstlichen Intelligenz. Die Idee vernunftbegabter Maschinen ist aber wesentlich älter. Schon der griechische Gott Hephaistos hatte zwei goldene Dienerinnen. Er schuf den Riesen Talos, einen aus Bronze geschmiedeten Kampfroboter als Wächter der Insel Kreta, und weitere „Automaten". Spätere Geschichten berichten von Pygmalion, Golem, Olimpia, Pinocchio oder Frankenstein, und die Science Fiction Kultur bringt ständig neue Wesen mit künstlicher Intelligenz hervor.

Im Aufruf zur Dartmouth Konferenz [14] von J. McCarthy, M. L. Minsky, N. Rochester und C.E. Shannon, vom 31. August 1955 heißt es:

> *We propose that a 2 month, 10 man study of artificial intelligence be carried out during the summer of 1956 at Dartmouth College in Hanover, New Hampshire. The study is to proceed on the basis of the conjecture that every aspect of learning or any other feature of intelligence can in principle be so precisely described that a machine can be made to simulate it. An attempt will be made to find how to make machines use language, form abstractions and concepts, solve*

*kinds of problems now reserved for humans, and improve themselves.
We think that a significant advance can be made in one or more of
these problems if a carefully selected group of scientists work on it
together for a summer.*

Im Zentrum eines solchen Zugangs zur Künstlichen Intelligenz steht die
Annahme, dass tatsächlich präzise Beschreibungen für beliebige Aufgaben-
stellungen und für ihre Lösungen angegeben werden können. Die „Physical
Symbol System Hypothesis" [6] betont das dann 1976 noch einmal:

*The hypothesis [is] that intelligence is the work of symbol systems.
Stated a little more formally, the hypothesis is that a physical symbol
system ... has the necessary and sufficient means for general intelligent
action.*

In den elektronischen Rechenanlagen wurde von Anfang an die technische
Möglichkeit gesehen, solche Thesen auch praktisch umzusetzen. Es war eine Zeit lang üblich, diese Rechenanlagen als Elektronenhirne zu bezeichnen.
Angesichts der damaligen Rechentechnik mag das verwundern, aber es war
schon früh absehbar, dass die Leistungen der zukünftigen Rechner exponentiell wachsen würden.

Die vollständige Nachbildung der kognitiven Fähigkeiten von Menschen
wurde zum Programm der sogenannten „starken KI". Dabei gehören die beiden Attribute „physical" und „symbolic" eng zusammen: Intelligenz entsteht
durch Manipulation von Symbolen, die in einem physikalischen System stattfindet, nicht in einer abstrakten Welt der Ideen. Das System kann ein menschli-
ches Gehirn oder ein Computer sein, beide werden als vergleichbar angesehen:
Ein Computer ist ein Elektronenhirn, das Gehirn kann als ein Computer verstanden werden. Beide müssen in irgendeiner Form mit der Welt verbunden
sein, um Informationen aufzunehmen (Sensoren, Wahrnehmung) und Aktionen auszuführen (Aktoren, Handlungen).

Die Gleichsetzung von Gehirn und Computer hat starken Widerspruch
hervorgerufen, vor allem in Verbindung mit der Vorstellung von Intelligenz
als Symbolverarbeitung. Maschinen können danach nicht denken, sondern intelligente Leistungen bestenfalls simulieren.

1.1 Wann ist eine Maschine intelligent? – Der Turing-Test

Über die Frage, wann eine Maschine als intelligent zu bezeichnen wäre, hatte sich schon Alan Turing 1950 in seinem berühmten Aufsatz „Computing
Machinery and Intelligence" [12] Gedanken gemacht. Von ihm stammt der
Turing-Test: Wenn in einer Unterhaltung mit einem unsichtbaren Gegenüber
ein Computer nicht mehr von einem Menschen unterschieden werden kann,
ist der Computer intelligent. Natürlich muss der Computer manche seiner
Fähigkeiten (zum Beispiel schnelles Rechnen) dabei verbergen.

Bei Turing geschieht die Unterhaltung noch per Fernschreiber, damit keine Identifizierung anhand der Kommunikation möglich ist. Es gibt dabei einige interessante Fehleinschätzungen aus dieser Zeit. Asimovs Roboter beherrschen die Sprache perfekt, bis auf die Aussprache – die klingt blechern. Tatsächlich aber sind unsere heutigen Maschinen noch weit davon entfernt, sprachliche Inhalte zu verstehen, während heutige Sprachanimationen schon ziemlich perfekt sind. Die auf der EXPO 2005 vorgestellte japanische Roboter-Empfangsdame Actroid kann nicht nur in der Aussprache sondern auch in der Gestik mit Menschen konkurrieren. Ihr Sprachvermögen ist aber nicht besser als bei einem guten Chatbot.

Turing selbst glaubte, dass bis zum Jahre 2000 ein Computer seinen Test bestehen würde. Und auch seine Gegner bezweifelten nicht die Machbarkeit, sondern die Aussagekraft seines Tests. Zwar könnte eine Maschine zu solchen Leistungen fähig sein, doch würde sie niemals denken können wie ein Mensch.

1.2 ELIZA: Sprechen ohne Verstehen

Inzwischen gibt es auch einen Preis für einen Computer, der den Turing-Test besteht. Beim jährlichen Loebner-Preis-Wettbewerb [15] testet eine Jury die Fähigkeiten der eingereichten Programme. Am besten schneiden dabei oft solche Programme ab, die nicht wirklich eine Unterhaltung führen, sondern durch allerlei kecke Wendungen ihr Unverständnis zu verschleiern suchen.

Bereits 1966 hatte Joseph Weizenbaum das Programm ELIZA vorgestellt [13], nach heutigen Begriffen ein Chatbot. Er reagiert auf die Sätze seines Gegenübers mit Fragen oder Antworten nach geschickt konstruierten Regeln. ELIZA erweckt dabei den Anschein eines psychiatrischen Gesprächs.

Für die Erzeugung der Antworten werden Templates verwendet, z.B. gibt es ein Muster

Sie xxxxx nicht mit mir.

Dabei steht xxxxx für ein Verb, z.B. xxxxx = streiten. Der Computer analysiert die Sätze seines Partners anhand solcher Muster und generiert daraus nach vorgegebenen Reaktionsmustern seine Sätze, zum Beispiel gibt es zum obigen Satz die Muster:

Wieso glauben Sie, daß ich nicht mit Ihnen xxxxx?
Möchten Sie, daß ich mit Ihnen xxxxx?
Haben Sie erlebt, daß jemand mit Ihnen xxxxx?

Durch unterschiedliche Antwortmuster und weitere Tricks, z.B. Rückkehr zu früheren Themen (Mustern), kann ein recht lebendiges Gespräch erzeugt werden (siehe Abb. 1, wobei „JF" eine junge Frau ist und „C" der Computer in der Rolle des Psychiaters).

JF: Die Männer sind alle gleich.
C: In welcher Weise?
JF: Sie machen uns immer wegen irgendwas verrückt.
C: Können Sie ein Beispiel nennen.
JF: Na ja, die Idee zu diesem Gespräch stammt von meinem Freund.
C: Die Idee zu diesem Gespräch stammt von Ihrem Freund.
JF: Er sagt, daß ich oft deprimiert bin.
C: Es tut mir leid, von Ihnen zu hören, daß Sie deprimiert sind.
JF: Das stimmt, ich bin unglücklich.
C: Glauben Sie, daß dieses Gespräch Ihnen hilft, nicht mehr unglücklich zu sein?
JF: Ich brauche jedenfalls Hilfe, das steht fest.
C: Was würde es für Sie bedeuten, Hilfe zu bekommen?
JF: Vielleicht könnte ich lernen, mit meiner Mutter auszukommen.
C: Erzählen Sie mir mehr über Ihre Familie.
JF: Meine Mutter erledigt alles für mich.
C: Wer in Ihrer Familie erledigt noch alles für Sie?
JF: Mein Vater.
C: Ihr Vater.
JF: Sie sind ein wenig wie mein Vater.
C: Welche Ähnlichkeiten sehen Sie?
JF: Sie sind nicht besonders aggressiv, aber ich glaube, Sie möchten nicht, daß ich das beachte.
C: Was läßt Sie vermuten, daß ich nicht sehr aggressiv bin?
JF: Sie streiten nicht mit mir.
C: Wieso glauben Sie, daß ich nicht mit Ihnen streite.
JF: Sie haben Angst vor mir.
C: Macht Ihnen der Gedanke Spaß, daß ich vor Ihnen Angst habe?
JF: Mein Vater hat vor jedem Angst.
C: Was fällt Ihnen noch ein, wenn Sie an Ihren Vater denken?
JF: Angeber.
C: Hat das etwas damit zu tun, daß die Idee zu diesem Gespräch von Ihrem Freund stammt?

Abb. 1: Beispiel-Dialog ELIZA

1.3 Maschinelle Übersetzung

Eine Herausforderung auf gleicher Ebene wie der Turing-Test ist die maschinelle Übersetzung. Angesichts der Notwendigkeit, Texte in vielen Sprachen verfügbar zu haben (zum Beispiel bei der Europäischen Union), sind in den letzten Jahren große Anstrengungen unternommen worden. Gute Übersetzungen würden Verständnis des Textes und Wissen über die Sprachen erfordern, also tatsächlich auf der Ebene des Turing-Tests arbeiten müssen.

Heutige Übersetzungssysteme nutzen neben Wörterbüchern vor allem auch statistische Zusammenhänge aus. Maschinelle Übersetzung gibt damit manche Gelegenheit zum Schmunzeln – aber man kann die Inhalte erfassen. Zum Beispiel liefert die Maschinelle Übersetzung der obigen Einladung zur Dartmouth Konferenz den folgenden Text:

> *„Wir schlagen vor, daß ein 2 Monat, die Studie mit 10 Männern der künstlichen Intelligenz während des Sommers von 1956 an der Dartmouth Hochschule in Hanover, New-Hampshire durchgeführt wird. Die Studie soll auf der Grundlage von die Vermutung fortfahren, die jeder Aspekt der erlernen oder jeder möglichen anderen Eigenschaft der Intelligenzdose prinzipiell so genau beschrieben wird, das eine Maschine gebildet werden kann, um sie zu simulieren. Ein Versuch wird, zu finden gebildet, wie man Maschinen Gebrauchsprache bildet, Abstraktionen und Konzepte bildet, Arten der Probleme löst, die jetzt für Menschen aufgehoben werden und sich verbessert. Wir denken, daß ein bedeutender Fortschritt in einem oder in mehr dieser Probleme gebildet werden kann, wenn eine sorgfältig vorgewählte Gruppe Wissenschaftler arbeiten auf ihm zusammen für einen Sommer."*

1.4 „Intelligente" Leistungen

Während die „starke KI" tatsächlich denkende Systeme bauen will, tritt die „schwache KI" bescheidener auf: Ihr Ziel sind

> *Künstliche Systeme mit Fähigkeiten, die als intelligent gelten würden, würde sie ein Mensch ausführen.*

Ein Chatbot hat solche Fähigkeiten bis zu einem bestimmten Grade. Bei längerer Unterhaltung wird er enttarnt. Das oben erwähnte Übersetzungswerkzeug verfügt ebenfalls nur über Fähigkeiten auf bescheidenem Niveau. Allerdings besitzt es diese Fähigkeiten in Dutzenden von Sprachen gleichzeitig, und es arbeitet auch viel schneller als ein Mensch.

Auf den ersten Blick geht es also nur um Hilfsmittel, um Werkzeuge, zum Beispiel Expertensysteme: Maschinen nehmen dem Menschen schon seit längerer Zeit körperliche Arbeiten ab – und nun eben auch geistige. Einen Pferdefuß hat das ganze doch: Wir Menschen haben kein Problem damit, dass andere Wesen stärker sind als wir, dass sie schneller laufen oder schwimmen oder sogar fliegen können. Die Intelligenz ist das, was uns vor allen anderen auszeichnet. Was bleibt besonderes am Menschen, wenn auch Maschinen intelligente Leistungen erbringen können? Das Missbehagen ist bei der „starken KI" besonders groß. Aber auch Maschinen mit speziellen Leistungen könnten ein Konkurrent sein. Das wurde deutlich, als 1997 zum ersten Mal der Computer Deep Blue den Schachweltmeister Kasparov besiegte. Schließlich gilt Schach als ein Spiel, das nur mit hoher Intelligenz erfolgreich gespielt werden kann. Und nach den Prämissen der Physical Symbol Hypothesis könnte das Beherrschen des Schachspiels ein Meilenstein auf dem Weg zur maschinellen Intelligenz sein.

2 Logik, Suchen und Expertensysteme

Wenn sich die Probleme durch logische Formeln beschreiben lassen, könnte ein Theorembeweiser auf einem Computer die Lösung ausrechnen. Die frühen Ansätze der KI waren von diesem Gedanken geprägt, und die klassischen KI-Lehrbücher waren zu großen Teilen Bücher über Logik und Suchverfahren.

2.1 Theorie: Metamathematik

Die Vorarbeiten dafür stammen bereits aus den zwanziger und dreißiger Jahren. Die Möglichkeit von Widersprüchen in axiomatischen mathematischen Theorien hatte zu Beginn des 20. Jahrhunderts zu einer Krise der Mathematik geführt. Es wurde deshalb nach Wegen gesucht, Beweise für die Widerspruchsfreiheit zu finden. Dazu sollten die Theorien vollständig formalisiert werden, um sie im Rahmen einer „Metamathematik" formalen Untersuchungen zugänglich zu machen.

Ein solcher Ansatz ist die Untersuchung hypothetischer Maschinen (Turing-Maschinen), die ganz mechanisch Zeichenketten der formalisierten Theorie manipulieren. Sie sollen präzisieren, was unter „Berechenbarkeit" zu verstehen ist. Unterschiedliche Menschen können durchaus unterschiedliche Auffassungen darüber haben, was überhaupt berechenbar ist (oder was in einer mathematischen Theorie bewiesen werden kann). Auch dieser menschliche Faktor sollte durch die Reduktion auf einfache Manipulationen von Zeichenketten ausgeschlossen werden. Man kann einen Widerspruch dazu sehen, dass die „starke KI" gerade solche primitiven Symbolmanipulationen zur Entwicklung denkender Maschinen benutzen will. Genau dort setzen auch ihre Kritiker an.

Ein Resultat der Untersuchungen aus den dreißiger Jahren waren Unentscheidbarkeitsaussagen. Danach kann es kein einzelnes universell einsetzbares Verfahren für Maschinen (mit unendlich erweiterbarem Speicher) geben, mit denen alle in hinreichend ausdrucksstarker Logik formulierten Probleme gelöst werden können. Die Kritiker der „starken KI" benutzen diese Aussagen als Argument dafür, dass menschliche Intelligenz der maschinellen Intelligenz immer überlegen sein wird. Genau genommen besagen diese Aussagen, dass man immer mächtigere Programme bauen muss, um weitere Probleme lösen zu können, und dass man dabei nie an ein Ende gelangt.

2.2 Praxis: Theorembeweiser

Mit dem Aufkommen der Computer wurde es denkbar, die zunächst nur theoretisch betrachteten Manipulationen von Zeichenreihen auch praktisch durchzuführen. Eines der ersten KI-Programme war der „Logic Theorist" von Newell und Simon, entstanden bereits zur Zeit der Dartmouth Konferenz. Das Programm konnte die meisten Sätze aus Kapitel 2 der Principia Mathematica lösen und in einem Fall sogar einen kürzeren Beweis finden.

Solche Verfahren laufen wie folgt ab: Um festzustellen, ob ein Satz in einer Theorie gilt, muss man zunächst die Theorie formalisieren. Dann kann man untersuchen, ob die dem Satz entsprechende Formel aus den Axiomen mit den logischen Schlussregeln hergeleitet werden kann. Voraussetzung ist die Übereinstimmung des formalen Inferenzprozesses (Manipulation von Zeichenreihen d.h. von Bitfolgen im Computer) mit den inhaltlichen Bedeutungen und Schlussfolgerungen der Theorie. Bei der Theorie kann es sich um die natürlichen Zahlen, um geometrische Objekte oder aber auch um die Funktion von Staubsaugern handeln.

Zu der geforderten Übereinstimmung gehört zunächst die Korrektheit des Systems (Axiome und Schlussregeln): Es dürfen nur Formeln für Sätze ableitbar sein, die in der Theorie gültig sind. Wenn das System insgesamt auch vollständig ist (für alle gültigen Sätze der Theorie können die Formeln abgeleitet werden), gibt es die Möglichkeit, die gesuchte Formel auch bei einem systematischen Inferenzprozess irgendwann zu konstruieren.

Dazu benötigen wir im Prinzip ein Suchverfahren, das alle Ableitungsmöglichkeiten systematisch erfasst. Suchverfahren mit geeigneten Heuristiken zur Verkürzung der Suche sind bis heute eine vielfach eingesetzte Technik nicht nur in der KI. Fahrplanauskunft, Routenplanung, Schachprogramme, Compilerbau, Datenbanken und vieles mehr verwenden Suchtechniken, um die in Frage kommenden Varianten systematisch zu durchmustern. Die Heuristiken sorgen dafür, dass (voraussichtlich) uninteressante Bereiche des Suchraums möglichst früh erkannt und bei der Suche ausgeklammert werden.

Wegen der Korrektheit ist die Ableitung einer Formel natürlich nur dann möglich, wenn der Satz in der betreffenden Theorie gilt. Andernfalls kann man zwar beliebig oft neue Formeln ableiten, aber die gesuchte Formel kann nicht auftreten. Die oben erwähnten Unentscheidbarkeitsaussagen besagen darüber hinaus, dass es bei hinreichend aussagekräftigen Theorien überhaupt kein universell anwendbares Verfahren geben kann, um die Nichtableitbarkeit von Formeln zu beweisen. Trotzdem kann es für jede einzelne Formel einen individuellen Nachweis geben, der aber ein neues Programm erfordern würde.

Die simpelste Form der Suche ist die „British-Museum-Procedure": Wenn man einen Gegenstand im Britischen Museum sucht, geht man durch alle Räume und nimmt jeden Gegenstand in die Hand, bis man das Gesuchte gefunden hat. In unserem Fall heißt das, potenziell jede herleitbare Formel zu betrachten. Die geforderte Vollständigkeit ist nachteilig: Das System muss sehr viele Sätze beweisen können, die im konkreten Fall gar nicht interessieren und die auch nichts zur Lösung beitragen.

Eine Verbesserung lässt sich durch einen anderen Zugang erzielen. Statt zu zeigen, dass eine Aussage gilt, ist es oft einfacher einen indirekten Beweis zu führen. Um einen Widerspruch nachzuweisen reicht ein einziges Gegenbeispiel. Diese Idee wird von der Resolutionsmethode aufgegriffen, die auch Grundlage der logischen Programmiersprache PROLOG ist. Man untersucht nicht mehr, welche Formeln aus den Axiomen mit gültigkeitserblichen Schlussregeln ableitbar sind. Stattdessen wird gezeigt, dass die Negation eines untersuchten

Satzes zusammen mit den Axiomen zu einem Widerspruch führt. Trotz dieser Verbesserung scheitern aber viele Beweisversuche an der Komplexität des Suchraums. Daran werden auch zukünftige noch bessere Rechner nichts wesentliches ändern können.

2.3 Nichtmonotonie

Weitere Probleme bei der Anwendbarkeit logischer Verfahren auf praktische Probleme entstehen durch die strengen Anforderungen der Logik. Erst sie ermöglichen die saubere, logisch unbestechliche, mathematisch einwandfreie Herleitung von Sätzen. Menschliche Denkweise funktioniert anders, Menschen lassen sich sehr schnell bei logischen Zusammenhängen irritieren. Offenbar war die Logik für das Überleben während der Evolution nicht so ausschlaggebend.

Zu diesen Anforderungen gehören Konsistenz-Bedingungen. Klassische logische Kalküle sind monoton. Wenn ich aus einer Menge von Annahmen (Axiomen) etwas folgern kann, dann bleibt diese Folgerung auch gültig bei einer Erweiterung der Annahmen (Axiome): Zusätzliche Informationen können einmal getroffene Schlussfolgerungen nicht zurücknehmen. Wenn aber die neue Information einen Widerspruch zu den bisherigen Schlussfolgerungen hervorruft, dann explodiert das ganze System. Man kann dann formal jede beliebige Aussage H zugleich mit ihrem Gegenteil $\neg H$ ableiten, das ist natürlich wertlos.

Diese Bedingungen machen es schwer, die von Menschen benutzten Beschreibungen und Denkschemata zu übertragen. Menschen haben im täglichen Leben kein Problem damit, mit eigentlich widersprüchlichen Aussagen umzugehen. Als eine Grundaussage akzeptieren wir, dass jeder erwachsene Mensch laufen kann. Der entsprechende logische Ausdruck lautet:

$$\forall X (erwachsen(X) \wedge Mensch(X) \to kann\_laufen(X)) \tag{1}$$

Wenn Herr Lehmann allerdings den Fuß gebrochen hat, dann kann er nicht mehr laufen. Wir brauchen dafür einen weiteren Ausdruck:

$$\forall X (fu\text{ß}\_gebrochen(X) \to \neg kann\_laufen(X)) \tag{2}$$

Da wir voraussetzen, dass Herr Lehmann ein erwachsener Mensch ist, folgt $kann\_laufen(Herr\_Lehmann)$ aus (1). Da er aber den Fuß gebrochen hat folgt gleichzeitig das Gegenteil $\neg kann\_laufen(Herr\_Lehmann)$ aus (2). Um das ganze zu retten, könnten wir (1) erweitern zu

$$\forall X (erwachsen(X) \wedge Mensch(X) \wedge \neg fu\text{ß}\_gebrochen(X) \to kann\_laufen(X)) \tag{3}$$

Herr Lehmann könnte aber auch einen Gipsverband haben, der ihm doch das Laufen ermöglicht, so dass auch (2) zu erweitern wäre, und (1) natürlich auch. Das kann man beliebig mit weiteren Bedingungen fortsetzen (dass das andere Bein gesund ist, dass Herr Lehmann nicht gefesselt ist, ...). Offenbar können wir Menschen mit solchen Regeln und ihren Ausnahmen ohne Schwierigkeiten umgehen. Wir gehen einfach davon aus, dass der „normale" Zustand herrscht (allgemeine Regel (1)), solange wir nichts weiter wissen. Wenn uns zusätzliche Fakten bekannt werden, dann revidieren wir bei Bedarf unsere Schlussfolgerungen. Das „bei Bedarf" ist wichtig: Wir streben nicht danach, immer alles genau zu wissen, insbesondere dann, wenn der Aufwand hoch und der Nutzen gering ist.

Dahinter steht ein wichtiges Prinzip: Der Einsatz der Ressourcen (insbesondere auch des Denkapparates) soll in zweckmäßiger Weise erfolgen. Man kann das mit dem Prinzip der begrenzten Rationalität (bounded rationality, [10]) in Verbindung bringen. Es drückt aus, dass Akteure nicht immer optimal handeln, weil sie die dazu notwendigen Informationen nicht beschaffen und die entsprechenden Schlussfolgerungen nicht ziehen können aufgrund von ungewissen und unvollständigen Daten sowie aus Mangel an Ressourcen. Wenn wir das auf Maschinen übertragen (auch Maschinen sind in ihren Ressourcen begrenzt), kann das bedeuten, dass wir gelegentlich mit inkonsistenten Daten umgehen müssen, weil es sich nicht lohnt, den Widerspruch aufzulösen.

Darüber hinaus gibt es Bereiche, wo aus Gründen des Datenschutzes oder der Sicherheit gespeicherte Informationen falsch sind (zum Beispiel eine falsche Berufsangabe für einen Geheimagenten).

Es gibt auch geeignet erweiterte Logiken, die nicht-monotonen Logiken, die mit solchen Problemen umgehen können, aber die Theorembeweiser dafür werden entsprechend komplexer.

2.4 Einschränkungen (Constraints)

Als Illustration für die oben angesprochene Anwendung von Heuristiken bei Suchverfahren betrachten wir noch als Beispiel das 8-Damen-Problem: 8 Damen sollen so auf einem Schachbrett platziert werden, dass sie sich nicht gegenseitig bedrohen. Bei der oben erwähnten „British-Museum-Procedure" ergeben sich $64 \times 63 \times 62 \times 61 \times 60 \times 59 \times 58 \times 57 = 178462987637760$ verschiedene Möglichkeiten, die 8 Damen auf dem Schachbrett zu verteilen.

Man muss aber nicht alle Möglichkeiten betrachten. Eine erste Einschränkung des Suchraums ergibt sich daraus, dass in jeder Spalte nur eine Dame stehen darf. Jetzt sind es nur noch $8^8 = 16777216$ verschiedene Varianten. Berücksichtigt man als weitere Einschränkung die Tatsache, dass auch die Reihen unterschiedlich sein müssen, bleiben nur noch $8! = 40320$ Varianten, die ein Computerprogramm schnell überprüfen kann.

Tatsächlich kann man aber sogar das Problem von 1 Million Damen auf einem Schachbrett mit 1 Million Spalten und Reihen noch lösen. Der obige Ansatz geht dafür bei 1000000! Möglichkeiten natürlich nicht mehr. Hier führt die Berücksichtigung von Beschränkungen in Verbindung mit lokalen Reparaturschritten zu einer überraschend schnellen Lösung.

Zunächst werden die Damen auf das Brett gestellt, eine auf jede Spalte. Für jedes Feld wird dann die Zahl der Bedrohungen berechnet. Dann wählt

man eine Dame mit den meisten Bedrohungen und setzt sie auf ein Feld in
ihrer Spalte mit minimaler Zahl von Bedrohungen. Das Verfahren findet selbst
für 1 Million Damen noch eine Lösung, bei „vernünftiger" Anfangsplatzierung
im Schnitt sogar mit nur 50 Reparaturschritten. Das Aufstellen der Damen
für die Ausgangssituation benötigt 1 Million Schritte, und wenn man sie „un-
vernünftig" aufstellt (zum Beispiel alle in die gleiche Reihe) benötigt man
natürlich mehr Reparaturschritte. Eine „vernünftige" initiale Situation kann
man erzeugen, wenn man die Damen von links beginnend jeweils so in ihrer
Spalte aufstellt, dass sie möglichst wenige Bedrohungen von den weiter links
stehenden Damen erhält.

Dass dann nur etwa 50 Reparaturschritten ausreichen liegt daran, dass die
Lösungen im Suchraum so verteilt sind dass relativ schnell eine „nahe gelege-
ne" Lösungsvariante erreicht werden kann. Das Problem der Damen hat einige
spezielle Eigenschaften, die es besonders leicht lösbar machen. Aber auch sonst
lassen sich Suchräume durch das Berücksichtigen von Beschränkungen oft
drastisch reduzieren. Die entsprechenden Techniken (Constraint-Propagation)
werden in vielen Bereichen erfolgreich eingesetzt, zum Beispiel bei Planungs-
problemen.

2.5 Von Expertensystemen zu Assistenzsystemen

Die Modellierung kognitiver Fähigkeiten kann als Grundlagenforschung verstanden werden: Wie funktioniert das menschliche Denken, was macht Intelligenz aus – Fragen die von vielen Disziplinen aus betrachtet werden müssen,
von der Neurologischen Forschung bis hin zur Philosophie. Die Nachbildung
auf Maschinen wirft neue Fragen auf und erlaubt zusätzliche Experimente.

Daneben können „intelligente" Maschinen aber – wie andere Maschinen
auch – den Menschen bei seiner Arbeit unterstützen, lästige Tätigkeiten abnehmen und Aufgaben ausführen, zu denen der Mensch nicht fähig ist. Wir
haben uns schnell daran gewöhnt, dass der Computer aus vielen Bereichen
nicht mehr wegzudenken ist, von der Flugreservierung über die Textverarbeitung bis hin zur Produktionssteuerung und zur Unterhaltung.

Noch vor 15 oder 20 Jahren wurden Computer im Krankenhaus in der Regel nur für Verwaltungsaufgaben, zum Beispiel für die Lohnabrechnung, eingesetzt. Inzwischen sind computergestützte Systeme aus dem medizinischen
Alltag nicht mehr wegzudenken, sie unterstützen Routine-Arbeiten, werten
Labor-Untersuchungen aus und sind unverzichtbare Hilfsmittel bei der Grundlagenforschung: Die Entschlüsselung von Genomen wäre ohne Techniken des
Maschinellen Lernens nicht denkbar.

In vielen Bereichen, nicht nur in der Medizin, helfen Expertensysteme bei
der Lösung von Problemen. Im Gegensatz zu früheren Vorstellungen der KI
sollen heutige Systeme aber nicht mehr einen menschlichen Experten ersetzen, sondern sie sollen ihm Hilfestellungen geben („Assistenzsystem"). In Zusammenarbeit mit den Berliner Universitätskliniken (Charité) wurden an der

Humboldt-Universität mehrere solche Systeme implementiert, z.B. das System TBase für Nierentransplantationen [9].

Nicht nur im medizinischen Bereich ergeben sich dabei Probleme, die weit über die rein technischen Probleme hinausgehen. Früher waren die Maschinen einfach Werkzeuge in der Hand des Menschen: Der Mensch traf die Entscheidungen.

Heute gibt es immer mehr Situationen, in denen der weitere Ablauf von Entscheidungsprozessen in Maschinen abhängt. Das betrifft die Steuerung von Flugzeugen, den Ablauf von Produktionsprozessen, aber auch den Privatbereich, wo Maschinen stellvertretend für Menschen zum Beispiel bei Internet-Auktionen handeln. Mit den Bedingungen und Auswirkungen einer solchen verteilten Handlungsträgerschaft werden wir uns zunehmend auseinander setzen müssen. Im Rahmen der neuen Disziplin Sozionik arbeiten Soziologen und Informatiker gemeinsam an solchen Problemen. Die Humboldt-Universität arbeitet gemeinsam mit Soziologen der TU Berlin in einem Projekt des DFG-Schwerpunktprogramms Sozionik [20].

2.6 „Intelligente" Systeme

Die Anfänge der Expertensysteme in den siebziger Jahren waren begleitet von der Vorstellung, dass damit die Techniken der Künstlichen Intelligenz in große wirtschaftliche Erfolge münden könnten. Die gesamte Kompetenz von Experten sollte in geeigneter Form im Computer abgespeichert werden: Das Wissen in der Form einer Wissensbasis, die Problemlösungsfähigkeiten in der Form von Inferenzmethoden, zum Beispiel Theorembeweisern oder regelbasierten Systemen.

Ein solches Expertensystem sollte dann ausgehend von gegebenen Fakten (zum Beispiel Daten einer defekten Maschine) mit seinen Inferenzmethoden weitere Fakten ableiten, und es sollte schließlich wie der Experte zu einer Diagnose und einem Reparaturvorschlag kommen. Wissensingenieure sollten den Experten befragen und dann sein Wissen aufbereiten und kodieren. Am Ende sollte das System den Experten ersetzen können.

Politik und Wirtschaft erhofften sich enorme Erfolge. Japan wollte die dazu passenden Computer entwickeln. Viele Fördergelder flossen in die KI-Forschung, die wirtschaftlichen Erfolge blieben aber aus. In der Folge wurde KI für einige Zeit zu einem Reizwort in der Industrie, man sprach dann lieber von „wissensbasierten" Systemen.

Ungeachtet dessen wurde schon damals das Attribut „intelligent" für immer mehr Produkte beansprucht, von der „intelligenten Waschmaschine" bis zum „intelligenten Haus". Diese Zuschreibung von Intelligenz für eine immer größere Zahl von Produkten und Computer-Programmen hält unvermindert an. Da die Menschen das akzeptieren, sind die Kriterien der „schwachen KI" scheinbar erfüllt. Sind diese Systeme aber tatsächlich „intelligent"? Als Assistenzsysteme können sie oft sogar schnellere und umfassendere Auswertungen als ein Mensch vornehmen. Es handelt sich aber immer nur um eng abgegrenzte Teilbereiche. Menschliche Intelligenz ist viel umfassender.

Bei genauerem Hinsehen zeigt sich, dass der Begriff „intelligent" in unterschiedlicher Bedeutung verwendet wird. Selbst ein Schachprogramm ist dann nur einfach ein Programm, das nach bestimmten Vorgaben Züge auswählt, aber nicht intelligent ist (selbst wenn kein Mensch so gute Züge finden würde).

Seit es entsprechende maschinelle Leistungen gibt, hat sich unser Verständnis von Intelligenz teilweise auch gewandelt: „If it works, it´s not AI": Was eine Maschine kann, kann nicht intelligent sein. In den zwanziger Jahren soll es einen Bahnbeamten gegeben haben, der wegen seiner Intelligenz bewundert wurde: Er kannte den Fahrplan der Deutschen Reichsbahn auswendig. Heutige Fahrplansysteme können in Sekundenbruchteilen die schnellsten Verbindungen zusammenstellen, trotzdem würde man sie nicht als wirklich intelligent bezeichnen. Bei manchen Fahrkartenautomaten auf den Bahnhöfen fällt das schon deswegen schwer, weil es so mühsam ist, sich ihnen verständlich zu machen – womit wir wieder bei der sprachlichen Verständigung angelangt wären. Prinzipiell kann man solche Systeme aber auch schon mit heutigen Mitteln besser gestalten.

2.7 Alltagswissen und Spezialwissen

Die Schuld dafür, dass die frühen Expertensysteme die hohen Erwartungen nicht erfüllen konnten, wurde auch den Experten gegeben: Sie wären nicht bereit, ihr Wissen preis zu geben, weil sie damit ihren Arbeitsvorteil verlieren würden. Das war sicher in vielen Fällen auch zutreffend. Es gibt aber auch objektive Schwierigkeiten. Man muss dem Computer die allereinfachsten Dinge beibringen, – dass man zum Beispiel mit gebrochenem Fuß nicht laufen kann.

Dass menschliche Experten zunächst einmal ihr Alltagswissen einsetzen, wird leicht übersehen. Darüber hinaus benötigen menschliche Experten zweierlei: Eine gute Ausbildung, damit sie sich in ihrem Bereich auskennen (zum Beispiel durch eine mehrjährige Lehre oder ein Studium) und Erfahrungen aus der täglichen Arbeit. Der Erwerb dieser Erfahrungen benötigt noch einmal lange Zeit und wird nie abgeschlossen.

Mit dem Internet verfügen wir inzwischen über eine gigantische Wissensbasis. Die aktuellen Anstrengungen der Semantic-Web-Gemeinde könnte man wieder als einen Versuch verstehen, ein gigantisches Expertensystem zu bauen.

Eine Strukturierung der Daten soll eine sinnvolle Verknüpfung erlauben. Das entspricht ziemlich genau den frühen Vorstellungen der KI beim Bau von Expertensystemen, und tatsächlich werden auch wieder vergleichbare Methoden (zum Beispiel Ontologien und Beschreibungslogiken) eingesetzt. Da jedoch inzwischen bessere Rechner verfügbar sind und da durch das Internet eine ganz andere Basis vorhanden ist, werden sicher auch brauchbare Ergebnisse entstehen.

Kritisch bleibt aber das Alltagswissen: Wo im Internet findet man Erklärungen für die Dinge, die jedes Kind weiß? Kann man diese Dinge überhaupt so beschreiben, dass sie im Computer verfügbar sind?

3 Neuronale Netze und Maschinelles Lernen

Heute ist klar, dass intelligentes Verhalten viele Aspekte hat, und dass künstliche Intelligenz unterschiedliche Methoden einsetzen muss. Zunächst hatten logische Verfahren dominiert. In den achtziger und neunziger Jahren galten die (künstlichen) Neuronalen Netze zeitweilig als die universell einsetzbare Technik für die Nachbildung intelligenten Verhaltens. Das wird gestützt durch die Ähnlichkeit zu neuronalen Strukturen in der Natur.

Der symbolische Ansatz hatte zur Voraussetzung, dass man alles Wesentliche benennen, das heißt mit bedeutungstragenden Symbolen beschreiben kann. Man kann eine Verkehrsszene durch die baulichen Gegebenheiten und die Verkehrsteilnehmer beschreiben. Vielleicht sind auch das Wetter, die Tageszeit und weitere Umstände bedeutsam. Bis ein Beobachter der Szene eine solche Beschreibung erstellen kann, laufen sehr komplexe Prozesse ab. Da wir das von Kind auf scheinbar mühelos beherrschen, sind die damit verbundenen Probleme lange Zeit unterschätzt worden. Heute kann man davon ausgehen, dass die Wahrnehmung das zentrale Problem beim Bau von Robotern für alltägliche Umgebungen ist. Ihre Lösung ist sicher „KI-hart", das heißt genauso schwer wie der Bau von Maschinen, die intelligent wie Menschen sind.

3.1 Zeichenerkennung mit Neuronalen Netzen

Einen winzigen Teil dieser Problematik macht das Erkennen handgeschriebener Buchstaben aus, das heutige Maschinen schon sehr gut beherrschen. Ein symbolischer Ansatz müsste versuchen, die charakteristischen Merkmale von Buchstaben genau zu beschreiben. Was charakterisiert ein handgeschriebenes „D", und wodurch unterscheidet es sich von einem „R" oder einem „P"? Es geht dabei nicht um die Beschreibung der Normbuchstaben, sondern aller Varianten, in denen diese Buchstaben in einem handgeschriebenen Text irgendeines Schreibers vorkommen können: Genau das muss ein Schrifterkennungssystem beim automatischen Sortieren von Briefen können.

Ein zu erkennender Buchstabe muss hinsichtlich seiner relevanten Merkmale untersucht und mit gespeicherten Beschreibungen verglichen werden. Einige Merkmale können auf ein „R", andere dagegen auf ein „B" hinwiesen, manche auf beide. Gleichzeitig könnten weitere Merkmale der Buchstaben „R" bzw. „B" auch ganz fehlen. Man würde dann die Klassifizierung wählen, die nach Lage der Dinge am wahrscheinlichsten wäre. Man kann sich das so vorstellen, als ob die Merkmale bezüglich der Buchstaben abstimmen. Da nicht jedes Merkmal gleichermaßen für jeden Buchstaben wichtig ist, könnten die Stimmen unterschiedliche Gewichte haben.

Solche Zusammenhänge kann man bildlich als ein „Neuronales Netz" darstellen, bei dem die Merkmale m_i durch gerichtete Kanten k_{ij} mit den Buchstaben b_j verbunden sind. Die Gewichte w_{ij} sind Beschriftungen an den Kanten. Nervenzellen sind in ähnlicher Weise miteinander verbunden (Abb. 2).

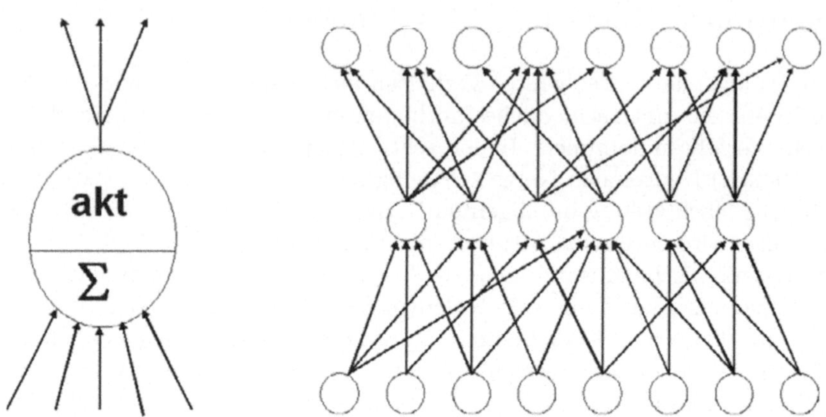

Abb. 2: Einzelnes Neuron (links) und Neuronales Netz (rechts) mit Eingabeschicht (im Beispiel für die Pixel), verdeckter Schicht (unbekannte „Merkmale") und Ausgabeschicht (Buchstaben).

Neuronen können aktiviert sein und dann Signale über die Kanten an andere Neuronen weiterleiten. In unserem Fall gibt es Neuronen für Merkmale und Buchstaben. Die anfängliche Aktivierung der Merkmalsneuronen sei $\alpha(m_i)$. Sie senden dann Signale längs der Kanten an die Buchstaben-Neuronen. Diese Neuronen erhalten eine Eingabe nach der Formel

$$input(b_j) = \Sigma_i \; w_{ij} \times \alpha(m_i)$$

und berechnen daraus ihre Aktivierung $\alpha(b_j)$ mit Hilfe einer monotonen Aktivierungsfunktion akt. Das Buchstabenneuron mit der höchsten Aktivierung liefert das Resultat.

Offen sind jetzt noch die Fragen, welche Merkmale verwendet werden, wie für das Netz die Gewichte bestimmt werden und woher bei einem beliebigen handschriftlichen Zeichen die Aktivierungen der Merkmalsneuronen stammen.

Die Gewichte werden durch Lernen bestimmt. Das Neuronale Netz wird anhand von Beispielen trainiert. Ein Beispiel besteht jeweils aus einem handschriftlichen Zeichen und dem dargestellten Buchstaben. Je nachdem ob das Netz den Buchstaben richtig erkennt, werden bestimmte Gewichte verstärkt oder abgeschwächt. Es handelt sich um eine Optimierungsaufgabe. Die Gewichte sind so zu bestimmen, dass die auftretenden Fehler minimal werden.

Die Verarbeitung der Zeichen soll insgesamt automatisch erfolgen. Die Ausprägung der Merkmale (die initiale Aktivierung $\alpha(m_i)$ der Merkmalsneuronen) muss also auch maschinell bestimmt werden. Ausgangspunkt für diese Berechnungen sind die Grauwerte der Pixel des Kamerabildes eines Zeichens. Dafür kann ein zweites Neuronales Netz verwendet werden, das aus den Aktivierungen (Grauwerten) von Pixelneuronen p_k die Aktivierung der Merkmalsneuronen berechnet.

Jetzt ist eigentlich noch offen, welche Merkmale überhaupt verwendet werden. Hier kommt eine geniale Eigenschaft neuronaler Netze ins Spiel: Wir brauchen uns darüber keine Gedanken zu machen. Die beiden Netze werden an den Merkmalsneuronen zusammengefügt. Es entsteht ein Netz mit drei Schichten: Der Eingabe-Schicht mit den Pixelneuronen, der Ausgabe-Schicht mit den Buchstaben-Neuronen sowie einer Zwischenschicht (verdeckten Schicht) aus den Merkmalsneuronen. Gewichtete Kanten führen von der Eingabe-Schicht in die Zwischenschicht und von der Zwischenschicht in die Ausgabeschicht (Abb. 2). Im Prinzip können dabei alle entsprechenden Neuronen durch Kanten zwischen den Schichten verbunden sein. Kanten werden aber entfernt, wenn sie durch das Lernen das Gewicht Null erhalten.

Die Gewichte in diesem Netz sind nun anhand von Beispielen (Kamerabild und zugehöriger Buchstabe) insgesamt so zu trainieren, dass die Fehler minimiert werden. Das kann man durchführen, ohne festzulegen, welches Merkmal ein Neuron der Zwischenschicht repräsentiert. Man muss nur eine bestimmte Anzahl von Neuronen in der Zwischenschicht vorsehen. Es ist nicht immer klar, wie viele Neuronen notwendig sind. Auch zu viele Neuronen sind nicht zweckmäßig – es kommt dann zu „Kompetenzproblemen".

Welche Gewichte dann gelernt werden, hängt von den am Anfang zugewiesenen Gewichten und von der Reihenfolge der Trainings-Beispiele ab. Es kann hinterher in der Regel nicht gesagt werden, ob ein bestimmtes Merkmal durch ein Neuron der Zwischenschicht kodiert wird. Stattdessen ist die für die Zeichenerkennung notwendige Information im gesamten Netz verteilt. Man spricht deshalb auch von subsymbolischer Verarbeitung. Damit verbunden ist eine große Fehlertoleranz neuronaler Netze: Selbst wenn Teile des Netzes ausfallen, bleibt die Funktionsfähigkeit zu einem gewissen Grade erhalten. Prinzipiell kann die Verarbeitung in den Neuronen wie in der Natur parallel durchgeführt werden, wenn man entsprechend viele einfache Prozessoren einsetzt.

Manche Kritiker der symbolischen Künstlichen Intelligenz halten es für denkbar, denkende Maschinen mithilfe (künstlicher) Neuronaler Netze zu bauen, weil hier eine größere Ähnlichkeit zu den natürlichen Prozessen angenommen wird. Das ist bemerkenswert, weil ja auch diese Netze wiederum auf Computern implementiert werden können. Die Frage ist dann, wodurch sich menschliche Willensfreiheit letztlich auszeichnet, [7] bemüht dafür die Quantenphysik.

3.2 Weitere Anwendungen Neuronaler Netze

Neuronale Netze werden in vielen Varianten praktisch angewandt, in der Spracherkennung, in der Bildverarbeitung, bei der Steuerung komplexer Vorgänge.

Sie sind damit eine unverzichtbare Ergänzung symbolischer Verfahren, insbesondere auf den „unteren Ebenen", in denen ein System über Wahrnehmung oder eigene Aktionen mit der Umwelt in Kontakt tritt. Hier haben wir es oft mit schwer modellierbaren Vorgängen zu tun, bei denen dann ein Neuronales Netz die benötigten Fähigkeiten durch Training erwerben kann.

Die oben erwähnte Aktivierungsfunktion akt berechnet aus der Netzeingabe $input(n)$ eines Neurons n die Aktivierung $\alpha(n) = akt(input(n))$, die dann wiederum die Ausgabe für die nachgeschalteten Neuronen ist. Als Aktivierungsfunktion werden monotone und stückweise differenzierbare Funktionen verwendet, die in einen normierten Wertebereich abbilden, zum Beispiel in das Intervall $[0, 1]$. Sehr gute Resultate liefert z.B. die Funktion Tangens hyperbolicus $tanh(x) = \frac{e^x - e^{-x}}{e^x + e^{-x}}$. Mit einem Bias b ist noch eine Justierung (Verschiebung) möglich, die Aktivierungsfunktion lautet dann $akt(x) = tanh(x + b)$.

„Feed Forward"-Netze bestehen aus mehreren Schichten, die Aktivierung breitet sich von den Neuronen einer Schicht nur zu den Neuronen der folgenden Schichten aus (andere Verbindungen existieren nicht).

Wenn in einem Netz auch Rückkopplungen auftreten (rekurrente Netze), erhalten wir ein dynamisches System, bei dem die Neuronen sich gegenseitig wiederholt aktivieren können. Die Aktivierungsfolgen in einem solchen Netz können sehr komplexe Muster annehmen. Bereits ein einzelnes rückgekoppeltes Neuron kann in Abhängigkeit von den Parametern w (dem Gewicht der Rückkopplung) , b (dem Bias) und der Anfangsaktivierung $\alpha_0(n)$ unterschiedliche Verhaltensmuster zeigen. Man kann das mithilfe von Programmen wie Scilab oder Mathematica sehr gut visualisieren.

Bereits zwei miteinander rückgekoppelte Neuronen können periodische Muster erzeugen, mit denen zyklische Bewegungen von Gliedmaßen zum Beispiel für das Laufen, Schwimmen oder Fliegen angesteuert werden können („Central Pattern Generator", CPG). Auch hier können Lernverfahren helfen, die geeigneten Parameter zu bestimmen.

3.3 Evolutionäre Verfahren

In der evolutionären Robotik benutzt man dafür Verfahren, die von der natürlichen Evolution inspiriert sind [8]. Aus einer ersten Menge („Population") von Robotern wählt man diejenigen aus, die schon vergleichsweise gut funktionieren (die hohe „Fitness"-Werte aufweisen). Wie in der Natur wendet man Kreuzung und Mutation an, um neue Roboter zu bauen: Bei der Kreuzung übernimmt der neue Roboter, das „Kind", einige Parameterwerte von seinem „Vater", die restlichen von der „Mutter". Bei einer Mutation wird ein Parameter willkürlich verändert. Aus der so erzeugten neuen Generation wählt man die besten Roboter aus und lässt sie wiederum „Nachkommen" erzeugen. Das Verfahren wird solange fortgesetzt, bis man ausreichend gute Exemplare „gezüchtet" hat. Das gelingt hier und in vielen anderen Anwendungsbereichen oft erstaunlich schnell und gut. An der Humboldt-Universität wurden solche Verfahren unter anderem zur Erzeugung flexibler und schneller Laufbewegungen für den Roboterhund AIBO benutzt [21] und für sensomotorische Experimente.

3.4 Fallbasiertes Schließen

Im Bereich des Maschinellen Lernens gibt es viele weitere Verfahren. Mit ihnen können Parameter optimiert werden, es können Zusammenhänge in Datensammlungen entdeckt werden („Data mining"), oder es kann Spezialwissen von Experten gespeichert werden.

Zu den Lernverfahren auf symbolischer Basis zählt das Fallbasierte Schließen (Case Based Reasoning, CBR). Menschliche Experten zeichnen sich dadurch aus, dass sie schon viele problematische Fälle gesehen haben und auf diese Erfahrungen dann wieder zurückgreifen können. Beim Fallbasierten Schließen wird solches Fallwissen gespeichert und für die Wiederverwendung aufbereitet. Problematisch ist dabei, dass sich die Probleme nie genau gleichen. Deshalb muss man auf ähnliche Probleme zurückgreifen im Sinne der Hypothese

„Ähnliche Probleme haben ähnliche Lösungen."

Für ein fallbasiertes System muss deshalb zunächst ein geeignetes Ähnlichkeitsmaß definiert werden. Zwei Probleme sind zum Beispiel dann ähnlich, wenn ihre Attribute ähnliche Werte aufweisen. Das kann durch eine Metrik in einem entsprechenden Raum der Attributwerte ausgedrückt werden. Bei textuellen Beschreibungen wird die Ähnlichkeit von Begriffen ausgewertet.

Das System soll dann in der Lage sein, zu einem neuen Problem die ähnlichen Probleme in der Fallsammlung zu finden (Retrieval). Der nächste Schritt besteht in der Anpassung eines gefundenen Falles an das aktuelle Problem. Im günstigen Fall kann das Problem damit gelöst werden. Aber selbst wenn das nicht gelingt, kann die neue Erfahrung wiederum als Fall abgespeichert werden. Das System kann also ständig lernen.

In der Praxis werden entsprechende Systeme meist als Assistenzsysteme gestaltet: Die kritischen Phasen der Anpassung und Anwendung sind Sache des Nutzers. Das System gibt ihm aber Hinweise auf der Basis von Erfahrungen die er (oder ein anderer Anwender) früher gewonnen hat. An der Humboldt-Universität wurde speziell für das Retrieval ein effizientes Verfahren entwickelt (Case Retrieval Netze [4]), das inzwischen auch in kommerziellen Systemen eingesetzt wird.

3.5 Lernen von Alltagserfahrungen

Obwohl insbesondere fallbasierte Systeme direkt aus Erfahrungen lernen, bleibt auch bei ihnen das Problem des Alltagswissens bisher ungelöst. Menschen haben ihr Wissen über die alltäglichen Dinge aus dem ständigen Umgang mit den Dingen dieser Welt. Das Kind erfährt am eigenen Leib dass Feuer heiß und Schnee kalt ist. So gesehen müsste die künstliche Intelligenz mit einem Körper verbunden sein.

Man müsste Robotern beibringen, Alltagswissen aus der realen Welt zu schöpfen und dieses dann auch symbolisch zu benennen bzw. mit den Symbolen der menschlichen Sprache zu verknüpfen (Symbol Grounding). Aktuelle Forschungen versuchen, diese Prozesse zu verstehen. Es geht um die Verknüpfung der sensomotorischen Fähigkeiten mit den symbolischen Verarbeitungsprozessen. In umgekehrter Richtung geht es um die Interpretation und das Verständnis sprachlicher Begriffe. Die menschliche Begriffswelt ist eng an räumliche Erfahrungen geknüpft. Zeitliche Beziehungen werden über räumliche Begriffe beschrieben (vor, nach, zwischen,...), aber auch die Beschreibung gedanklicher Vorgänge benutzt Begriffe mit ursprünglich räumlichem Bezug.

4 Verhalten als Wechselwirkung mit der Umgebung

4.1 Braitenberg-Vehikel

Bereits ohne jede symbolische Verarbeitung kann auf der Basis sensomotorischer Kopplungen sehr komplexes Verhalten erzeugt werden. Beispiele dafür enthält jeder Roboterbaukasten. Damit ein Roboter auf eine Lichtquelle zufährt, muss man nur rechts und links je einen Lichtsensor anbringen und mit den Antrieben der Räder verbinden. Je mehr Licht auf den Sensor fällt desto schneller dreht sich das mit ihm verbundene Rad. Der linke Sensor wird mit dem rechten Rad, der rechte Sensor mit dem linken Rad verbunden (siehe Abb. 3 links).

Wenn sich jetzt das Licht links befindet, dreht sich das rechte Rad schneller und der Roboter fährt eine Linkskurve. Wenn dann beide Sensoren in gleicher Weise Licht messen, fährt der Roboter geradeaus auf das Licht zu: Unser Roboter liebt das Licht.

Jetzt könnte das Licht auf einem anderen Roboter stehen, und schon fährt unser Roboter dem leuchtenden Roboter hinterher: Er verfolgt ihn unbeirrt, welch verschlungene Wege der andere auch fahren mag.

Eine geringfügige Änderung kehrt sein Verhalten in das Gegenteil um: Wenn wir den rechten Sensor mit dem rechten Rad und den linken Sensor mit dem linken Rad verbinden, wendet er sich vom Licht ab. Aus dem Lichtliebhaber wird ein lichtscheuer Roboter, der jetzt vor dem leuchtenden Roboter ausreißt (Abb. 3 rechts).

Mit einer etwas komplexeren Schaltung erzeugen wir „schizophrenes Verhalten": Der Roboter fährt zunächst auf das Licht zu, wenn er aber nah davor

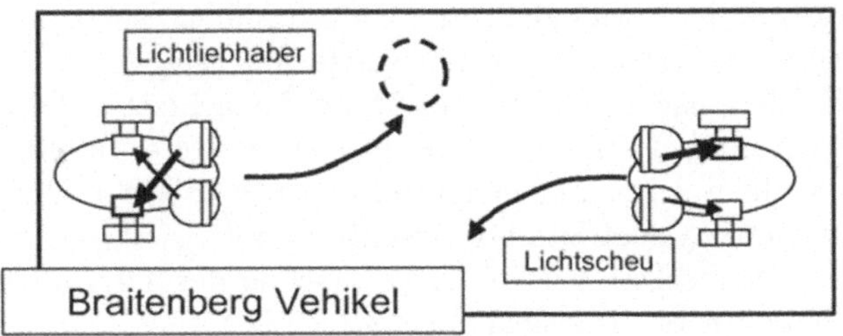

Abb. 3: Braitenberg-Vehikel

ist, wendet er sich ab. Ist er genügend weit weg, fährt er wieder auf das Licht zu. Dazu reicht ein einfach realisierbarer Schalter, der die Kopplungen zwischen Sensoren und Rädern vertauscht. Wenn der Lichtliebhaber nah am Licht ist (hohe Lichtintensität am Schalter), wird umgeschaltet auf Lichtvermeiden, und wenn er weit entfernt ist (geringe Intensität), wird wieder zurückgeschaltet auf Annäherung zum Licht.

Weitere Varianten der nach ihrem Erfinder benannten Braitenberg-Vehikel finden sich in [1]. Wenn man mehrere solche Roboter unterschiedlicher Bauart zusammen agieren lässt, entstehen sehr komplexe Verhaltensweisen. Beobachter neigen unmittelbar dazu, den Robotern Gefühle („Licht lieben") und Absichten („Verfolgen eines anderen") zuzuschreiben. Tatsächlich entsteht hier („emergence") komplexes Verhalten durch das körperliche („embodiment") Eingebundensein in die Umgebung („situatedness"). Emergence, embodiment and situatedness sind die Grundbegriffe der verhaltensbasierten Robotik (behaviorial robotics).

4.2 Verhaltensbasierte Roboter

Der erste real existierende autonome mobile „Mehrzweckroboter" Shakey wurde 1966–72 in Stanford [16] nach dem „Modellbasierten Paradigma" gebaut, d.h. das Verhalten wurde im Sinne der symbolischen KI aus einem Modell der Umwelt abgeleitet. Er besaß Kamera, Distanzmesser und Tastsensoren. Die Steuerung erfolgte durch einen drahtlos verbundenen externen Rechner. Er verfügte über Wahrnehmung, ein internes Modell seiner Umwelt und eine Wegplanung anhand dieses Modells.

Die Modellierung der Umwelt und Erzeugung von Plänen erfordert einen beträchtlichen Aufwand, der oftmals gar nicht notwendig ist. Um zur Tür zu gelangen, muss der Roboter eigentlich nur wissen, in welcher Richtung er zur Tür gelangt. Wenn er nicht weiß wo die Tür ist, muss er sich zunächst nur umsehen und die Tür suchen. Wenn er die Tür sieht, kann er dorthin fahren solange der Weg frei ist. Es reicht, wenn er mithilfe eines Abstandssensors rechtzeitig vor einem Hindernis die Fahrt stoppen kann. Vor einem Hindernis kann er mangels anderer Möglichkeiten würfeln, ob er rechts oder links daran entlang fährt bis die Richtung zur Tür wieder frei ist.

Entsprechende Ansätze wurden ab Mitte der achtziger Jahre propagiert. Es handelte sich hierbei um eine völlig neue Sichtweise: Intelligentes Verhalten sollte sich allein aus einfachen Interaktionen mit der Umwelt ergeben. Im Gegensatz zur Physical Symbol System Hypothesis beschreibt Brooks in der Arbeit „Elephants Don´t Play Chess" (schon der Titel umreißt das Programm) das Konzept der Physical Grounding Hypothesis [3]:

> *This hypothesis states that to build a system that is intelligent it is necessary to have its representations grounded in the physical world. Our experience with this approach is that once this commitment is made, the need for traditional symbolic representations fades entirely. The key observation is that the world is its own best model. It is always exactly up to date. It always contains every detail there is to be known. The trick is to sense it appropriately and often enough. To build a system based on the physical grounding hypothesis it is necessary to connect it to the world via a set of sensors and actuators. Typed input and output are no longer of interest. They are not physically grounded.*

Wie beim Braitenberg-Vehikel ergibt sich intelligentes Verhalten durch geeignete Kopplung mit der Umwelt. Mit dem obigen Postulat wurde eine neue Sicht auf die KI beschrieben, die sich grundsätzlich und publikumswirksam von den früheren Ansätzen der „GOFAI", der „good old fashioned Artificial Intelligence" unterscheiden sollte. Tatsächlich konnte man auf diese Weise ohne aufwändige Wahrnehmungsprozesse effiziente Systeme bauen.

Die Probleme beginnen allerdings bei etwas komplexeren Aufgaben, zum Beispiel dann, wenn der Roboter Bier holen soll und nicht sehen kann, dass sich das Bier im Keller befindet. Nach der neuen Methode müsste er so lange herum laufen und Türen öffnen bis das Bier vor ihm steht. Oder in seiner Umwelt müsste es Hinweisschilder geben.

Auch für den verhaltensbasierten Ansatz gilt, dass Intelligenz viel komplexer ist als ein einzelnes Paradigma modellieren kann. Verhaltensbasierte Ansätze können aber einfache Fähigkeiten sehr gut implementieren. Oftmals reicht eine einfache Zustandsmaschine oder ein Neuronales Netz aus, um in einer vielfältigen Umwelt komplexes Verhalten zu erzeugen.

5 Fußball als Testfeld: RoboCup – Weltmeisterschaften fußballspielender Roboter

Über Jahrzehnte galt Schach als ein wichtiger Test für die Leistungsfähigkeit von Computern und von künstlicher Intelligenz. Inzwischen können Computer besser Schach spielen als Menschen, aber noch lange nicht den Turing-Test bestehen: 1997 wurde der Schachweltmeister Kasparov von dem Computer Deep Blue besiegt.

Der Schachcomputer hat die Frage nach dem Wesen der Intelligenz nicht beantwortet. Probleme der Beherrschung alltäglicher Umwelten, die Verbindung von Körper und Denken, die Integration unterschiedlicher Fähigkeiten sind nach wie vor ungelöste Fragen. Es sieht so aus, als ob das lange unterschätzte Wissen um die alltäglichen Dinge und um den Einsatz körperlicher Fähigkeiten ein entscheidendes Problem beim Verständnis von (künstlicher) Intelligenz ist.

Abb. 4: Mensch gegen Roboter: Padua 2003. Bis 2050 ist es noch ein weiter Weg.

Mitte der neunziger Jahre entstand die Idee, fußballspielende Roboter als Testfeld für neue Entwicklungen zu benutzen. 1997 wurden die ersten Weltmeisterschaften des RoboCup bei der Weltkonferenz der KI, der International Joint Conference on AI (IJCAI) im japanischen Nagoya durchgeführt. Auf der RoboCup-Webseite heißt es:

RoboCup is an international joint project to promote AI, robotics, and related field. It is an attempt to foster AI and intelligent robotics research by providing a standard problem where wide range of technologies can be integrated and examined. RoboCup chose to use soccer game as a central topic of research, aiming at innovations to be applied for socially significant problems and industries. The ultimate goal of the RoboCup project is „By 2050, develop a team of fully autonomous humanoid robots that can win against the human world champion team in soccer." In order for a robot team to actually perform a soccer game, various technologies must be incorporated including: design principles of autonomous agents, multi-agent collaboration, strategy acquisition, real-time reasoning, robotics, and sensor-fusion. RoboCup is a task for a team of multiple fast-moving robots under a dynamic environment. RoboCup also offers a software platform for research on the software aspects of RoboCup. One of the major application of RoboCup technologies is a search and rescue in large scale disaster. RoboCup initiated RoboCupRescue project to specifically promote research in socially significant issues. [18]

Zum RoboCup gehören inzwischen mehrere tausend Mitglieder in etwa 40 Ländern der Welt.

5.1 Die Vision

Die Vision des RoboCup für das Jahr 2050 stellt vielfältige Herausforderungen. Die Roboter sollen selbständig ohne menschliche Hilfe agieren. Dazu müssen sie in einer hochgradig dynamischen Umgebung die Situation erfassen und ihre Fähigkeiten sinnvoll einsetzen. Sie müssen über körperliche Geschicklichkeit und ausreichend Energie verfügen.

Sie sollen mit Menschen in angemessener Weise spielen. Kampfmaschinen sind nicht erwünscht, aber Körpereinsatz ist erlaubt – solange niemand zu Schaden kommt. Ähnlich wie beim Turing-Test (wo der Computer seine überlegenen Rechenfähigkeiten nicht zeigen darf) werden den Maschinen Beschränkungen auferlegt. Aber anders als beim Turing-Test sollen diese Beschränkungen nicht etwas vortäuschen, sondern sie sollen die unmittelbare Kooperation mit Menschen erlauben. Das heißt zum Beispiel, dass die Roboter eine weiche und sensible Oberfläche haben müssen, sie dürfen nicht zu schwer und nicht zu schnell sein. Wenn es gelingt, solche Roboter zu bauen, kann man sie auch im Berufsverkehr in der U-Bahn mitfahren lassen. Daraus ergeben sich Anforderungen an Materialien, an Sensoren und Aktoren, und natürlich ist das Energieproblem zu lösen. RoboCup ist ein interdisziplinäres Langzeitprojekt.

Ist die Vision überhaupt erreichbar? Die Ungewissheit der Antwort macht den Reiz der Aufgabe aus. Angesichts der ersten ungelenken Flugversuche vor über hundert Jahren waren der heutige Luftverkehr oder die Weltraumfahrt allenfalls kühne Träume. Auch damals mussten Formen, Materialien und Techniken erst erforscht und erprobt werden, auch damals war der sportliche Vergleich eine wichtige Triebkraft.

Viele Probleme der modernen KI und der Robotik können am Beispiel Fußball untersucht und demonstriert werden. Es ist dabei nicht wirklich wichtig, ob Roboter im Jahre 2050 gegen Menschen antreten können, aber es ist eine inspirierende Vision, die ständig neue Aufgaben hervorbringt.

5.2 Humanoide Roboter

Wozu aber braucht man humanoide Roboter? Für menschenähnliche Roboter spricht, dass sie ohne große Probleme in unsere Umwelt mit Treppen, Türklinken, Wasserhähnen, engen Autotüren usw. passen würden. Dagegen spricht aus heutiger Sicht, dass sich technisch einfachere Lösungen – meist auf Rädern – anbieten. Allerdings müssten wir dazu unsere Umwelt an die Möglichkeiten der Roboter anpassen.

Menschen kommunizieren untereinander über Gestik und Körpersprache. Bei entsprechender Gestaltung könnten wir Absichten der Roboter in gleicher Weise verstehen – vielleicht möchten wir aber auch klare Unterschiede. Damit sind wir auch wieder beim Fußball: Schon die Frage nach den Regeln und den Umständen eines Vergleichs zwischen Robotern und den Menschen auf dem Rasen wirft zahlreiche Fragen auf: Dürfen die Roboter über Funk kommunizieren („Telepathie"), dürfen sie auch hinten Augen haben, mit welchen Körperteilen dürfen sie den Ball manipulieren?

Ein Vergleich zwischen Schach und Fußball macht deutlich, dass die Anforderungen beim Fußballspielen viel näher an den Erfordernissen der alltäglichen Umwelt liegen – und dass sie für computergesteuerte Maschinen wesentlich schwieriger zu bewältigen sind (siehe Abb. 5).

SCHACH	FUSSBALL
Statisch	Dynamisch
3 Minuten pro Zug	Millisekunden entscheiden
Einzelne Aktion	Folgen von Aktionen
Einzelner Akteur	Team
Zuverlässige Information	Unzuverlässige Information
Vollständige Information	Unvollständige Information

Abb. 5: Vergleich Schach und Fußball

5.3 Wettkampf, Forschung und Ausbildung

Humanoide Roboter stellen hohe Anforderungen. Deshalb werden gegenwärtig im RoboCup Wettkämpfe in unterschiedlichen Ligen ausgetragen: fahrende Roboter, vierbeinige Roboter (AIBO von Sony), humanoide Roboter sowie Wettkämpfe in einer virtuellen Umgebung (Simulationsliga). In allen Ligen müssen die Roboter völlig autonom spielen.

Ein Anwendungsbereich autonomer Roboter ist der Einsatz in Katastrophengebieten: Roboter können Verletzte aufspüren in Bereichen, die für Menschen nicht unmittelbar zugänglich sind. In den Wettbewerben des RoboCup-Rescue werden Roboter mit entsprechenden Fähigkeiten in speziell entworfenen Testarenen evaluiert [18].

Die Robotik bietet ideale Bedingungen für Kinder und Jugendliche bei der Ausbildung: Problemstellungen ergeben sich auf natürliche Weise („Wie findet der Roboter eine Lichtquelle?"). Die Inspiration für Lösungen kann aus verschiedenen Gebieten kommen („Wie macht das ein Insekt?", „Welche Sensoren sind verwendbar?", „Wie könnte man das programmieren?"). Das Programm des RoboCupJunior spricht Kinder und Jugendliche mit Wettbewerben im Fußball, Rescue und Tanz an [19].

Die Berliner Humboldt-Universität war beim ersten RoboCup 1997 die einzige deutsche Mannschaft. Sie konnte mit dem von Studierenden entwickelten Team „AT Humboldt" den Weltmeistertitel in der Simulationsliga gewinnen. 2004 und 2005 wurde sie im Rahmen des „German Team" (Zusammenschluss der Humboldt-Universität und der Universitäten Bremen, Darmstadt und Dortmund) Weltmeister in der Four-Legged League. Neben den Techniken der Wahrnehmung und der Bewegungssteuerung waren die von der Humboldt-Universität entwickelten Verhaltensmodelle eine wesentliche Grundlage des Erfolges.

Die Vision für das Jahr 2050 erfüllt den Zweck, jedes Jahr neue Anforderungen zu stellen: Die Felder werden größer, die Bedingungen härter – bis sie den realen Bedingungen auf einem Fußballplatz entsprechen. Innerhalb von 10 Jahren wurde ein bemerkenswerter Fortschritt erzielt. Das war unter anderem dadurch möglich, dass Ideen und Lösungen bis hin zu den vollständigen Programmen nach den Wettbewerben veröffentlicht werden. Die Sieger verzichten damit auf Vorteile für die folgenden Jahre, aber dafür können sich neue Ideen schneller durchsetzen. Unser „German Team" hat im Jahr 2004 den vollständigen Code mit ausführlicher Dokumentation im Web verfügbar gemacht [21]. Bei den folgenden Weltmeisterschaften 2005 in Osaka gab es dann mehrere Teams, die auf diesem Programm aufgebaut haben. Sie wurden für das German Team zu einer harten Konkurrenz, aber gleichzeitig waren die Spiele attraktiver geworden.

6 Techniken und Methoden in der Robotik

Ein Roboter muss über Sensoren zum Erfassen der Umwelt, über Aktoren zur Beeinflussung der Umwelt und über Entscheidungsverfahren zur Auswahl zweckmäßiger Handlungen verfügen. Der entsprechende zyklische Ablauf wird in den Programmen durch den „sense-think-act"-Zyklus implementiert.

Die hohe Dynamik einer realen Umgebung erfordert schnelles Erfassen und Reagieren bei Veränderungen. Dementsprechend müssen pro Sekunde mehrere Wahrnehmungszyklen durchlaufen werden, und es bleibt oft keine Zeit für eine aufwändige Verarbeitung.

6.1 Verhaltenssteuerung

Für die Entscheidungsprozesse werden gegenwärtig noch viele Ansätze erprobt und viele Probleme sind noch offen. Für die Entwicklung von Basis-Fähigkeiten, zum Beispiel für das Laufen zweibeiniger Roboter, werden Methoden des Maschinellen Lernens eingesetzt. Ausgangspunkt ist oft eine entsprechende Modellierung anhand von kinetischen Zusammenhängen mit anschließender Optimierung. Neben anderen Lernverfahren werden dafür die oben genannten Techniken der evolutionären Robotik verwendet.

Für schnelle Reaktionen ist eine direkte Kopplung von Sensoren und Aktoren notwendig, die zum Beispiel beim Stolpern einen schnellen Ausfallschritt ermöglichen. Derartige sensomotorische Kopplungen lassen sich mit den Ansätzen der verhaltensbasierten Robotik konzipieren und implementieren.

Für komplexere Verhaltensweisen sind dann symbolische Verfahren besser geeignet, allerdings reichen die klassischen Methoden oft nicht aus. So stoßen klassische Planungsverfahren ebenso wie verhaltensbasierte Verfahren als Modelle für die Kooperation während eines Fußball-Spiels schnell an ihre Grenzen. In Abhängigkeit von der Entwicklung des Spiels müssen in kurzer Zeit ständig neue Entscheidungen getroffen werden, zum Beispiel das Umschalten von Angriff auf Verteidigung wenn der Partner plötzlich den Ball verliert.

Für die Steuerung der Roboter werden dann agenten-orientierte Techniken, zum Beispiel BDI-Architekturen, eingesetzt. Solche Architekturen geben Modelle für die Strukturierung von Programmen vor. Die Anleihen bei mentalen Begriffen dienen zunächst einmal der besseren Übersicht für die Programmierer, so wie an anderen Stellen in der Informatik von „tasks" oder „messages" gesprochen wird. Ihr Bezug zum menschlichen Denken ist damit beabsichtigt, wird aber auch wieder heftig kritisiert.

BDI steht für „Belief", „Desire" und „Intention" und geht zurück auf Arbeiten zur Modellierung der oben bereits besprochenen „begrenzten Rationalität" [2]. „Belief" bezeichnet die Datenstrukturen, die die Annahmen des Roboters (des „Agenten") über sich und seine Umwelt beschreiben. Sie müssen aufgrund von (Sensor-)Informationen ständig aktualisiert werden. Wegen fehlender und unsicherer Informationen müssen diese Annahmen aber nicht korrekt sein. Das wird durch die Bezeichnung „belief" anstelle von „knowledge" ausgedrückt. „Desire" steht für die möglichen Zielvorstellungen („Wünsche") des Agenten. Es ist aber nicht gesagt, dass er sich bereits um ihre Realisierung bemüht. Die Ziele, die der Agent dann tatsächlich durch geeignete Handlungen erreichen will, sind die Absichten („intention"). Die Datenstrukturen für Absichten können bereits konkret umzusetzende Pläne enthalten.

Die Auswahl neuer Absichten aus bestehenden Wünschen im Kontext der aktuellen Annahmen kann auf sehr komplexe Entscheidungsprozesse hinauslaufen. Sie sind im Sinne der „begrenzten Rationalität" möglichst effizient zu gestalten. Nach unseren Erfahrungen an der Humboldt-Universität ist die Aufteilung in „desires" (hier sind noch widersprüchliche und schnell wechselnde Zielvorstellungen erlaubt) und „intentions" (hier ist Konsistenz und in einem gewissen Rahmen auch Beständigkeit erforderlich) hilfreich für den konzep-

tionellen Entwurf und für die Implementierung von Robotersteuerungen [22].
Sie waren eine Grundlage für die Erfolge bei den RoboCup-Wettbewerben.

6.2　Wahrnehmung in komplexen Umgebungen

In realen Umgebungen (Straßenverkehr, Fußball, ...) können mit unterschiedlichen Sensoren sehr viele Informationen aufgenommen werden. Sie sind aber
jeweils unvollständig und unsicher, aber insgesamt auch vielfältig redundant.
Die Ausnutzung dieser Redundanzen durch Integration unterschiedlicher Informationen gelingt der natürlichen Wahrnehmung so gut, dass Menschen
davon in der Regel nichts merken. Nur die optischen Illusionen weisen auf ge-
legentliche Unstimmigkeiten hin. Tatsächlich ist die Hälfte des menschlichen
Gehirns mit der Wahrnehmung befasst.

Weil das nun den Menschen so einfach erscheint, wurden die Schwierigkeiten zunächst unterschätzt – oder umgekehrt: Erst durch die Probleme bei der
maschinellen Umsetzung wurde die Komplexität deutlich.

Stochastische Modellierung

Als Beispiel betrachten wir die Bestimmung der eigenen Position (Lokalisie-
rung). Wenn ein Startpunkt bekannt ist, kann man theoretisch anhand des
zurückgelegten Weges die aktuelle Position bestimmen. In der Praxis sum-
mieren sich aber kleine Ungenauigkeiten in der Lenkung oder im Lauf sehr
schnell zu großen Fehlern auf, insbesondere Winkelabweichungen haben auf
die Dauer erhebliche Auswirkungen. Deshalb muss sich der Roboter auch anhand von Merkmalen seiner Umgebung orientieren.

Methoden zur Navigation sind aus der Landvermessung oder der Seefahrt
bekannt, sie beruhen auf Verfahren der Trigonometrie. Als Anhaltspunk-
te dienen bekannte Objekte, sogenannte Landmarken. In der Seefahrt sind
das natürliche Gegebenheiten und künstliche Markierungen wie Bojen und
Leuchttürme, der Mensch in der Stadt orientiert sich an markanten Gebäude
und Straßen, auf dem Fußballfeld gibt es die Tore, die Eckfahnen und die
Linien.

Voraussetzung für die Navigation sind zuverlässige Messungen von Ent-
fernungen und Winkeln. Ein Roboter kann verlässliche Messungen nur mit
entsprechend aufwändigen Techniken (z.B. Lasersensoren) durchführen. Die
Messwerte preiswerterer Sensoren (einschließlich Bildverarbeitung) sind dagegen meist fehlerbehaftet.

Während also (unsichere) Messungen der eigenen Bewegungen ebenso wie
(unsichere) Beobachtungen der Umwelt für sich allein zu fehlerbehafteten Lo-
kalisierungsdaten führen, kann die Kombination („Fusion") dieser Informationen zu wesentlich besseren Ergebnissen führen. Ausgangspunkt ist ein Bayes-
scher Ansatz [11].

Die Annahmen des Roboters über seinen aktuellen Aufenthaltsort s_t zur Zeit t werden mit $Bel(s_t)$ bezeichnet. Dabei ist $Bel(s_t)$ eine Wahrscheinlichkeitsverteilung, die abhängt von den Annahmen $Bel(s_0)$ über den Startpunkt und den seither erfolgten Aktionen u_τ und Beobachtungen z_τ für $\tau = 0, 1, \ldots, t$.

Die Prozessmodellierung soll so erfolgen, dass die Markov-Bedingung gilt, das heißt der letzte Zustand und die letzten Aktionen bestimmen bereits vollständig den nachfolgenden Zustand. Mit dieser Bedingung und dem Satz von Bayes erhalten wir dann die folgende Vorschrift für die Berechnung der aktuellen Annahmen $Bel(s_t)$ aus den vorherigen Annahmen $Bel(s_{t-1})$, der letzten Aktion u_{t-1} des Roboters und der aktuellen Beobachtung z_t (dabei dient η der Normalisierung) :

$$Bel^-(s_t) \longleftarrow \int p(s_t \mid s_{t-1}, u_{t-1}) Bel(s_{t-1}) ds_{t-1} \tag{4}$$

$$Bel(s_t) \longleftarrow \eta \, p(z_t \mid s_t) Bel^-(s_t) \tag{5}$$

Die Anweisung 4 berechnet die a-priori-Schätzung $Bel^-(s_t)$ ausgehend von den vorherig möglichen Aufenthaltsorten s_{t-1} und den zuletzt ausgeführten Bewegungen u_{t-1}. Das Bewegungsmodell wird beschrieben durch $p(s_t \mid s_{t-1}, u_{t-1})$. Darauf basierend erfolgt die a-posteriori-Schätzung $Bel(s_t)$ unter Berücksichtigung der aktuellen Beobachtungen $z(t)$. Das Sensormodell wird dabei beschrieben durch $p(z_t \mid s_t)$.

Man erhält einen einfach zu formulierenden Algorithmus, der ausgehend von einer initialen Schätzung $Bel(s_0)$ schrittweise die aktuelle Position aus den Bewegungs- und Beobachtungsdaten berechnet. Das Verfahren ist jedoch meist zu aufwändig, um die Verteilungen in der Praxis so zu berechnen.

Partikelfilter

Unter bestimmten Voraussetzungen lassen sich einfache Verfahren unter Verwendung von Gauß´schen Verteilungen anwenden (Kalmanfilter). Ein anderes Lokalisierungsverfahren, die Monte-Carlo-Lokalisierung, benutzt Partikelfilter. Wir beschreiben das für das Fußballszenario. Das Verfahren beginnt mit einer Menge von „Partikeln", die mögliche Aufenthaltsorte des Roboters beschreiben. Ihre Verteilung entspricht der Wahrscheinlichkeit, dass der Roboter sich an dem entsprechenden Ort aufhält. Wenn darüber nichts bekannt ist, sind die Partikel gleichmäßig über das Spielfeld verteilt.

Wenn sich der Roboter bewegt, wandern die Partikel entsprechend mit, wobei ausgehend vom Fehlermodell entsprechende Abweichungen auftreten (das entspricht der a-priori-Schätzung).

Wenn Sensordaten gemessen werden, werden die Partikel gewichtet: Das Gewicht eines Partikels entspricht der Wahrscheinlichkeit, dass vom Ort des Partikels aus, die gemessenen Sensordaten beobachtet werden können. Die

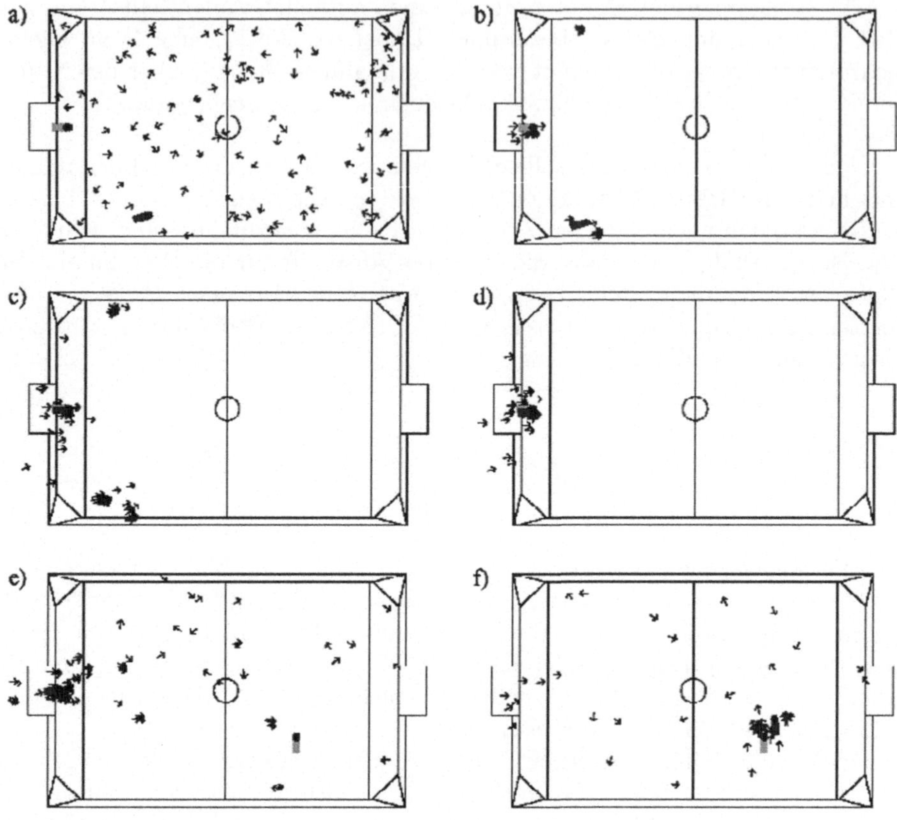

Abb. 6: Verteilung der Partikel bei Anwendung der Monte-Carlo-Lokalisierung (aus
GermanTeam Report 2004 [21], Fig. 3.17). Der Roboter steht zunächst im
linken Tor (Bilder a-d) und bewegt den Kopf mit der Kamera um weitere
Landmarken zu erfassen. Die Bilder zeigen die Partikelverteilung nach 1, 8,
14 bzw. 40 Verarbeitungs-Zyklen: Nach anfänglicher Ungewissheit über die
eigene Position werden die Schätzungen zunehmend besser. Anschließend
wir der Roboter plötzlich in den rechten unteren Spielfeldbereich gesetzt
(„kidnapped robot", Bilder e und f). Bereits nach 13 Zyklen wird wieder
eine recht gute Schätzung erreicht (Bild f).

a-posteriori-Schätzung wird dann durch eine neue Menge von Partikeln repräsentiert: Für diese neue Menge werden Partikel aus der alten Menge mit einer Wahrscheinlichkeit ausgewählt, die ihrem Gewicht entspricht. Die neuen Partikel sind wieder ungewichtet, und der Prozess beginnt von vorn. Die Verteilung der Partikel beschreibt die jeweilige Wahrscheinlichkeit für den Aufenthaltsort des Roboters.

Im Gegensatz zum Kalmanfilter kann das Verfahren mit mehreren Hypothesen für den Aufenthaltsort arbeiten. Selbst wenn am Anfang nichts über den Ort des Roboters bekannt ist, ergibt sich nach einigen Schritten eine gute Schätzung für den Aufenthaltsort (unter der Voraussetzung hinreichend guter Sensordaten). Insbesondere ist das Verfahren auch dann einsetzbar, wenn der Schiedsrichter plötzlich den Roboter auf eine andere Position setzt (Problem des „kidnapped robot", vergleiche Abb. 6). Für solche Fälle ist es zweckmäßig, bei jeder Neuverteilung der Partikel im a-posteriori-Schritt auch einige Partikel ganz zufällig auf dem Spielfeld zu verteilen. Das hat zur Folge, dass der „kidnapped robot" schneller seine neue Position findet, gleichzeitig wird aber für den Normalfall der Fortbewegung die Konvergenz verschlechtert.

In dem von der DARPA ausgelobten „Grand Challenge" (8.10. 2005, Preisgeld 2 Millionen $) bestand die Aufgabe darin, ein völlig autonomes Fahrzeug 132 Meilen durch die kalifornische Wüste fahren zu lassen. Der Sieger „Stanley" (ein speziell ausgerüsteter VW Touareg) von der Stanford University benötigte dafür weniger als 7 Stunden [17]. Diese Aufgabe stellt sich vor allem als ein Problem der maschinellen Wahrnehmung in einer nur schwach strukturierten komplexen Umgebung dar. Basis für den Erfolg waren ebenfalls probabilistische Verfahren. Sebastian Thrun, der Leiter des „Stanley"-Teams, ist einer der Verfasser des grundlegenden Buchs [11].

7 Schlussbetrachtung

Am Anfang war das Symbol. Symbolische Methoden prägten die ersten Jahre der KI. Sie eignen sich gut für klar formulierbare Zusammenhänge wie wir sie in der Logik, der Mathematik oder beim Schachspiel finden. Viele der dort auftretenden Probleme lassen sich durch systematisches Suchen lösen, – wenn man beliebig viele Ressourcen hat. Die Natur hat die menschliche Intelligenz nicht darauf optimiert. Die im Alltag zu lösenden Probleme sind von anderer Art. Sie lassen sich durch geschicktes Ausnutzen physikalischer Gegebenheiten und Anpassung durch Lernen meistern. Subsymbolische Methoden, Maschinelles Lernen und verhaltensbasierte Ansätze gehören hier zum Repertoire der KI. Eine sich selbst organisierende Verflechtung dieser Ansätze mit den symbolischen Ansätzen gehört zu den aktuellen Herausforderungen der Forschung.

Aus der Künstlichen Intelligenz erwachsen Anregungen und neue Sichtweisen für die alten Fragen der Menschen nach Verstand, Gefühl und freiem

Willen: Die Erforschung der Intelligenz unter Beteiligung vieler Disziplinen ist eine der spannendsten Fragen in unserer Zeit.

Manche der ursprünglich in der KI entwickelten Verfahren werden inzwischen in vielen Bereichen der Informatik eingesetzt. Dazu gehören Regelsysteme, Constraint-Verfahren, Neuronale Netze, Fuzzy-Techniken oder Ontologien. Die heutige KI ihrerseits benutzt und kombiniert die verschiedensten Techniken aus Mathematik und Informatik und entwickelt zugleich ihre eigenen Verfahren. Sie benutzt dafür auch Anleihen bei anderen Wissenschaften wie der Psychologie, der Philosophie, der Biologie oder aus den Sozialwissenschaften. Für die Robotik sind darüber hinaus Material- und Energieprobleme zu lösen.

Dieser Artikel und die darin beschriebenen Ergebnisse an der Humboldt-Universität wären nicht möglich gewesen ohne die Arbeit der Mitarbeiterinnen und Mitarbeiter, der Studentinnen und Studenten in der Forschungsgruppe „Künstliche Intelligenz" der Humboldt-Universität, denen ich hiermit ganz herzlich danken möchte.

Literaturverzeichnis

1. V. Braitenberg *Vehicles. Experiments* in Synthetic Psychology, MIT Press, Cambridge, Mass, 1984 (deutsch: Vehikel. Experimente mit kybernetischen Wesen. Rowohlt Taschenbuch, 1993)
2. M.E. Bratman *Intention, Plans and Practical Reason.* Havard University Press, Cambridge, 1987
3. R.A. Brooks *Elephants Don't Play Chess.* Robotics and Autonomous Systems, 1990, (6):3–15
4. H.D. Burkhard *Extending some Concepts of CBR – Foundations of Case Retrieval Nets.* in: M. Lenz, B. Bartsch-Spörl, H.D. Burkhard, S. Wess (Hrsg.) Case-Based Reasoning Technology. From Foundations to Applications. LNCS 1400, Springer, S. 17–50
5. A. Newell, H. Simon *GPS, a program that simulates human Thought.* 1963 in: E.A. Feigenbaum, J. Feldman (Hrsg.) Computers and Thought. McGraw-Hill, New York: S. 279–293
6. A. Newell, H. Simon *Computer science as empirical enquiry: symbols and search.* Communications of the ACM, 1976, (19):113–126
7. R. Penrose *The Emperor's New Mind: Concerning Computers, Minds, and The Laws of Physics.* Oxford University Press, 1989
8. I. Rechenberg *Evolutionsstrategie: Optimierung technischer Systeme nach Prinzipien der biologischen Evolution.* Frommann-Holzboog Verlag, Stuttgart, 1973
9. K. Schröter, G. Lindemann, L. Fritsche *TBase2 – A Web-Based Electronic Patient Record.* Fundamenta Informaticae, 2000, (43):343–353
10. K.A. Simon *A behavioral model of rational choice.* Quarterly Journal of Economics, 1955, (69):99–118
11. S. Thrun, W. Burgard, D. Fox *Probabilistic Robotics.* MIT Press, Cambridge, 2005
12. A.M. Turing *Computing machinery and intelligence.* Mind LIX, 1950, (236):433–460

13. J. Weizenbaum *ELIZA – A Computer Program For the Study of Natural Language Communication Between Man And Machine.* Comm. of the ACM, 1966, 9(1)

14. http://www-formal.stanford.edu/jmc/history/dartmouth/dartmouth.html

15. http://www.loebner.net/Prizef/loebner-prize.html

16. http://www.sri.com/about/timeline/shakey.html

17. http://www.darpa.mil/grandchallenge/

18. http://www.robocup.org

19. http://www.robocupjunior.org,http://www.robocupjunior.de

20. http://www.ki.informatik.hu-berlin.de/inka

21. GT-TeamReport 2004 auf http://www.robocup.de/germanteam/

22. http://www.aiboteamhumboldt.com/,
http://www.robocup.de/AT-Humboldt/index.shtml

Zufällige Graphen

Amin Coja-Oghlan und Michael Behrisch[*]

Humboldt-Universität zu Berlin
`coja,behrisch@informatik.hu-berlin.de`

Zusammenfassung. Wie verbreiten sich Viren im Internet? Warum haben einige meiner Freunde viel mehr Freunde als ich? Mit wie vielen Klicks komme ich von einer beliebigen Webseite zu einer anderen? Und wie sieht das in zehn Jahren aus? Wie konstruiert man gute fehlerkorrigierende Codes, mit denen man Nachrichten effizient codieren und decodieren kann? Wieviele zusammenhängende Graphen mit einer bestimmten Knoten- und Kantenzahl gibt es? Wie generiert man aussagekräftige Testinstanzen für Algorithmen? – Fragen dieser Art motivieren die Untersuchung zufälliger Graphen. In diesem Artikel skizzieren wir, wie sich die Theorie derselben von einem reinen Hilfsmittel für mathematische Existenzbeweise zu einem mächtigen Werkzeug entwickelt hat, dessen Anwendungen in der Informatik von der Analyse von Algorithmen bis zur Beschreibung des Internets reichen.

1 Einleitung: Wozu sind zufällige Graphen gut?

Graphen spielen als Modellierungswerkzeug in der Informatik eine zentrale Rolle. Ein Graph besteht aus einer Menge V von *Knoten* und einer Menge E von (ungeordneten) Paaren von Knoten, die *Kanten* heißen. Eine Kante $\{v, w\} \in E$ *verbindet* also die Knoten v und w miteinander. Graphen können visualisiert werden, indem die Knoten als Punkte und die Kanten als Verbindungslinien dargestellt werden.

 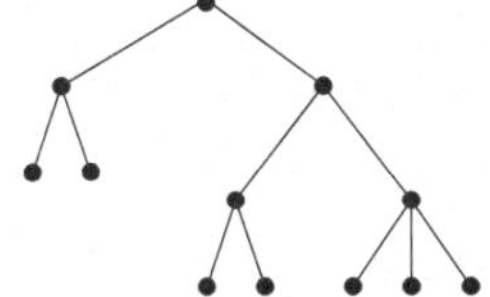 

Die ausgezeichnete Rolle, die Graphen in der Informatik spielen, ist zum einen der *Einfachheit* des Begriffes und seiner dadurch bedingten *allgemeinen*

---

[*] gefördert durch das DFG–Forschungszentrum Matheon „Mathematik für Schlüsseltechnologien" in Berlin.

Anwendbarkeit geschuldet. Ein zweiter Punkt ist, dass *effiziente Algorithmen* für viele Optimierungsprobleme auf Graphen bekannt sind; diese Algorithmen können als Werkzeuge eingesetzt werden, wenn man ein Anwendungsproblem durch Graphen modelliert. Schließlich steht mit der *Graphentheorie* eine ausgefeilte Strukturtheorie zur Verfügung, die es ermöglicht, anhand von Graphenmodellen Rückschlüsse auf den modellierten Gegenstand zu ziehen.

In den letzten Jahren hat sich ein besonderer „Typ" von Graphen als besonders interessant für die Informatik erwiesen, nämlich *zufällige Graphen*. Zufällige Graphen entstehen durch *Zufallsexperimente*, z.B. durch *stochastische Prozesse*, deren zeitlicher Verlauf durch zufällige Ereignisse beeinflusst ist. Der Zufall ist dabei häufig ein probates Mittel zur Modellierung von Vorgängen, die nicht geeignet durch „deterministische" Gesetzmäßigkeiten abgebildet werden können. Beispielsweise kann das WWW als zufälliger Graph modelliert werden, der mit der Zeit wächst, indem neue HTML-Seiten hinzukommen; welche Links diese neuen Seiten auf bereits vorhandene Seiten setzen, kann stochastisch modelliert werden. Diese Modell ermöglicht dann Vorhersagen über Struktureigenschaften des realen Netzwerkes und kann verwendet werden, um Algorithmen für dasselbe zu testen oder zu analysieren. – Darüber hinaus kann der Zufall explizit als Hilfsmittel für die Konstruktion von Graphen eingesetzt werden. Tatsächlich können Graphen mit gewissen Struktureigenschaften (die etwa gut für die Entwicklung fehlerkorrigierender Codes geeignet sind) am einfachsten generiert werden, indem ein Zufallsexperiment durchgeführt wird, das mit einer „hohen" Wahrscheinlichkeit einen Graphen mit den gewünschten Eigenschaften ergibt.

In diesem Artikel soll die *inhaltliche Entwicklung* der Theorie der zufälligen Graphen seit ihren Anfängen in den 1940er Jahren nachgezeichnet werden. Unser Ziel ist, in einer möglichst leicht zugänglichen Weise einen Eindruck davon zu vermitteln, wie sich die Art der Fragestellungen verändert hat, und welche Ideen, Methoden und äußeren Einflüsse bestimmend waren. Demgegenüber tritt insbesondere das „chronologische" Interesse, wo welche Idee zuerst aufgebracht wird, zurück. Natürlich können wir im Rahmen dieses Artikels die Theorie der zufälligen Graphen nicht vollständig behandeln, und selbst in Bezug auf die Aspekte, mit denen wir uns ausführlicher befassen, können wir keinen vollständigen Überblick über die wissenschaftliche Literatur geben. Für eine detaillierte Darstellung des Themas verweisen wir auf die Monographien von Bollobás [19] sowie von Janson, Łuczak und Ruciński [48].

In den folgenden drei Abschnitten dieses Textes wollen wir auf drei Aspekte der Theorie zufälliger Graphen eingehen.

Die probabilistische Methode. Noch bevor zufällige Graphen zum Gegenstand einer eigenen Theorie wurden, traten sie als Hilfsmittel in der *probabilistischen Methode* auf: mit Hilfe des Zufalls können „paradoxe" Graphen mit scheinbar widersprüchlichen Eigenschaften konstruiert werden, die in Gebieten wie der Analyse von Algorithmen, der Kodierungs- oder der Komplexitätstheorie von großer Bedeutung sind.

Phasenübergänge. Paul Erdős und Alfred Rényi haben die systematische Untersuchung zufälliger Graphen begründet, indem sie diese als *stochastische Prozesse* auffassen, in denen sich eine „Evolution" vollzieht. Im Laufe dieser Evolution ereignen sich Veränderungen meist schlagartig als *Phasenübergänge*. Diese Phasenübergängen sind bis heute das bestimmende Forschungsthema in der Theorie zufälliger Graphen. Dabei hat sich herausgestellt, dass Phasenübergänge eine enge Beziehung zu algorithmischen Fragestellungen haben, so dass zufällige Graphen aussagekräftige „Benchmarking"-Instanzen zur Bewertung von Algorithmen sind.

Zufällige Graphen als Modelle realer Netzwerke. In den letzten Jahren hat dieses Gebiet eine überaus dynamische Entwicklung genommen, weil sich überraschend gezeigt hat, dass großen Netzwerken in ganz verschiedenen Bereichen (z.B. Bioinformatik, Internet, Bekanntschaftsnetzwerke) eine ähnliche Graphenstruktur zugrundeliegt. Um diese Netzwerke zu analysieren, sind stochastische Modelle ihres Wachstumsprozesses ein nützliches Hilfsmittel.

Das Studium zufälliger Graphen beruht auf kombinatorischen und wahrscheinlichkeitstheoretischen Methoden. Daher sind zum Verständnis des Textes einige mathematische Grundkenntnisse notwendig, wie sie etwa im ersten Semester eines Informatik-Studiums vermittelt werden.

Wir führen im Folgenden die Notation und die Begriffe ein, die in diesem Artikel verwendet werden. Durchweg bezeichnet $\varepsilon > 0$ eine beliebig kleine positive Konstante. Für zwei Funktionen f, g schreiben wir $f(n) = O(g(n))$, falls es eine Zahl $C > 0$ gibt, so dass für hinreichend großes n gilt $f(n) \leq Cg(n)$. Ferner bedeutet $f \sim g$, dass $\lim_{n \to \infty} f(n)/g(n) = 1$. Ist schließlich M eine endliche Menge, so bezeichnet $|M|$ die Zahl der Elemente von M.

Ein *Graph* $G = (V, E)$ besteht, wie eingangs gesagt, aus einer endlichen Menge V von Knoten und einer Menge E von Kanten, die jeweils zwei verschiedene Knoten miteinander verbinden. Ist $\{v, w\} \in E$ eine Kante, die v und w verbindet, so ist w ein *Nachbar* von v (und umgekehrt). Der *Grad* von v ist die Zahl der Nachbarn von v.

Ein Knoten t ist *erreichbar* von einem zweiten Knoten s, falls es einen Weg von s nach t entlang der Kanten von G gibt (vgl. Abb. 1). Die *Komponente* von s ist die Menge aller Knoten, die von s erreichbar sind, und der Graph G heißt *zusammenhängend*, falls er aus einer einzigen Komponente besteht.

Eine *Clique* in G ist eine Menge S von Knoten, so dass alle Knoten in S miteinander verbunden sind. Eine *stabile Menge* ist das Gegenteil, nämlich eine Menge T von Knoten, so dass die Knoten in T jeweils *nicht* miteinander verbunden sind. Die *Cliquenzahl* $\omega(G)$ ist die Größe einer größten Clique in G, und die *Stabilitätszahl* $\alpha(G)$ ist die Größe einer größten stabilen Menge.

Eine *Färbung* von G weist den Knoten von G Farben zu, so dass benachbarte Knoten stets verschiedene Farben erhalten. Die kleinste Zahl von Farben, die notwendig ist, um G so zu färben, ist die *chromatische Zahl* $\chi(G)$.

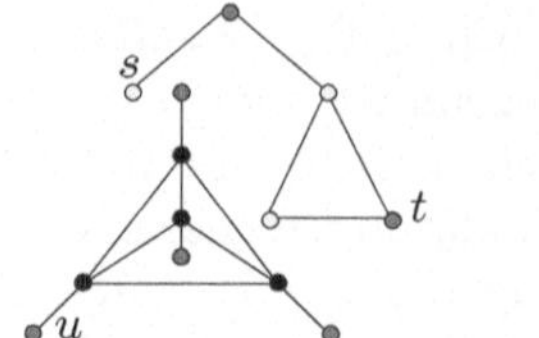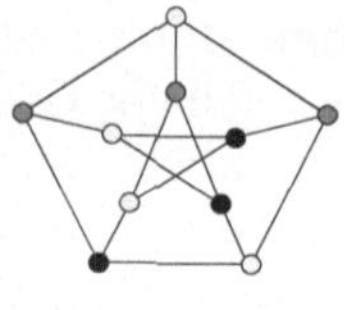

Abb. 1: Im linken Graphen G ist t von s erreichbar, u hingegen nicht. Der Graph besteht deshalb aus zwei Komponenten. Die schwarzen Knoten bilden eine größte Clique, so dass $\omega(G) = 4$. Die grauen Knoten sind eine größte stabile Menge, weshalb $\alpha(G) = 6$. Die rechte Abb. zeigt einen zusammenhängenden Graphen mit chromatischer Zahl 3: die Knoten sind mit den Farben weiß, grau und schwarz gefärbt, so dass jede Kante zwei verschieden gefärbte Knoten verbindet.

Eine *k-Färbung* von G ist eine Färbung von G, die nicht mehr als k Farben verwendet. Ein Graph, der eine k-Färbung hat, heißt *k-färbbar*.

2 Die probabilistische Methode

Um die Existenz eines mathematischen Objektes – etwa eines Graphen mit bestimmten Eigenschaften – nachzuweisen, kann man versuchen, einen Algorithmus anzugeben, der ein solches Objekt explizit konstruiert. Allerdings sind explizite Konstruktionen in vielen Fällen entweder extrem aufwändig oder überhaupt nicht bekannt. In diesen Fällen hilft mitunter die Zuhilfenahme des *Zufalls*: die Idee ist, statt einer *deterministischen* Konstruktion ein Zufallsexperiment zu entwickeln, dessen Ergebnis mit Wahrscheinlichkeit größer als 0 das gewünschte Objekt ist. Dieser Ansatz heißt die *probabilistische Methode*.

Ein Pionier dieser Methode ist der ungarische Mathematiker Paul Erdős (1913–1996). Zwar war Erdős nicht der Erfinder der probabilistischen Methode, die zuvor etwa in der Analysis von Paley und Zygmund angewendet worden war. Gleichwohl kann man sagen, dass Erdős die „probabilistische Methode" eben zur Methode erhoben und weithin bekannt gemacht hat.

Zufälligen Graphen begegnen wir zuerst in probabilistischen Existenzbeweisen in der *Ramseytheorie*. Hiermit werden wir in Abschnitt 2.1 beginnen. In der Theoretischen Informatik spielt die probabilistische Methode etwa eine Rolle bei der Konstruktionen von *Expandergraphen*, die das Thema von Abschnitt 2.2 sind.

2.1 Ramseygraphen

Im Jahr 1930 erschien eine Arbeit von Frank P. Ramsey [64] zu einem Spezialfall des Hilbertschen *Entscheidungsproblems*, für einen gegebenen prädikatenlogischen Ausdruck algorithmisch festzustellen, ob er gültig ist oder nicht. In dieser Arbeit beweist Ramsey einen kombinatorischen Hilfssatz, der allerdings, wie Ramsey selbst sagt, auch unabhängig von der Anwendung auf das Entscheidungsproblem von Interesse ist. Tatsächlich ist dieser Satz zum Ausgangspunkt eines tiefen und umfangreichen mathematischen Gebietes geworden, der *Ramseytheorie*. Der Satz besagt, dass *jeder* „hinreichend große" Graph entweder eine „große" Clique oder eine „große" stabile Menge enthält.

Aber wie groß ist „hinreichend groß"? Um diese Frage zu präzisieren, bezeichnen wir mit $R(k)$ die kleinste Zahl n, so dass jeder Graph auf n Knoten eine stabile Menge oder eine Clique der Größe k enthält. Was können wir dann über die Funktion $R(k)$ aussagen? Offenbar gilt $R(1) = 1$ und $R(2) = 2$, und es ist nicht schwer zu zeigen, dass $R(3) = 6$ (vgl. Abb. 2). Allerdings ist bereits der Beweis, dass $R(4) = 18$, recht aufwändig, und obwohl wir wissen, dass $43 \leq R(5) \leq 49$, ist $R(5)$ bis heute nicht genau bekannt! Die Berechnung von $R(k)$ erweist sich also bereits für „kleine" k als überaus schwierig. Aber was können wir über allgemeine Werte von k sagen, und wie verhält sich $R(k)$ asymptotisch wenn $k \to \infty$? Wächst $R(k)$ polynomiell oder exponentiell oder „noch schneller"?

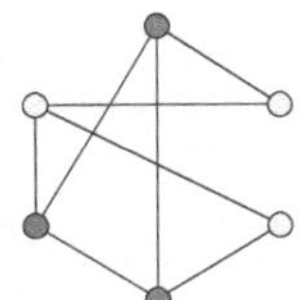 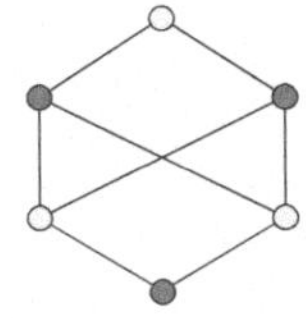 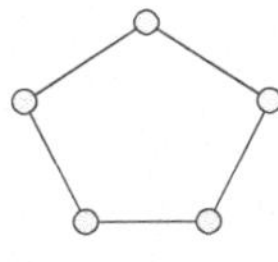

Abb. 2: Weil $R(3) = 6$, enthält jeder Graph auf 6 oder mehr Knoten eine Clique (die grauen Knoten im linken Graphen) oder eine stabile Menge (die grauen Knoten im mittleren Graphen) der Größe 3. Aus demselben Grund gibt es einen Graphen auf 5 Knoten, der weder eine stabile Menge noch eine Clique der Größe 3 enthält (rechter Graph).

Im Jahr 1935 zeigten Erdős und Szekeres [37], dass $R(k) \leq 4^{k-1}$. Eine vergleichbare untere Schranke für $R(k)$ jedoch war nicht bekannt, bis Erdős 1947 mit der probabilistischen Methode das folgende bahnbrechende Resultat erhielt [33].

Theorem 1. *Für alle $k \geq 3$ gilt $R(k) > 2^{k/2}$.*

Zum Beweis von Theorem 1 ist für jedes $n \leq 2^{k/2}$ ein Graph auf n Knoten vorzuweisen, der weder eine Clique noch eine stabile Menge der Größe k enthält, ein so genannter *Ramseygraph*. Die Existenz dieses Graphen beweist Erdős mit einem Zählargument: für $n \leq 2^{k/2}$ ist die Zahl der Graphen, die eine Clique oder eine stabile Menge der Größe k enthalten, echt kleiner ist als die Gesamtzahl aller Graphen auf n Knoten.

Dieses Zählargument verdeckt aber den eigentlich probabilistischen Charakter des Beweises. Um diesen hervorzuheben, definieren wir einen zufälligen Graphen $G_{n,\frac{1}{2}}$ wie folgt:

$G_{n,\frac{1}{2}}$ hat die Knotenmenge $V = \{1, \dots, n\}$, und je zwei verschiedene Knoten $v, w \in V$ sind mit Wahrscheinlichkeit $\frac{1}{2}$ verbunden, unabhängig für alle $v, w \in V$.

Es ist leicht zu sehen, dass in dem Zufallsmodell $G_{n,\frac{1}{2}}$ jeder Graph mit der Knotenmenge $V = \{1, \dots, n\}$ *gleich wahrscheinlich* ist. Der Ramseygraph für Theorem 1 ist nun einfach ein zufälliger Graph $G_{n,\frac{1}{2}}$.

Beweis (von Theorem 1). Sei $k \leq n \leq 2^{k/2}$. Ist $S \subset V = \{1, \dots, n\}$ eine Menge von k Knoten, so gilt

$$\mathrm{P}\left[S \text{ ist eine Clique in } G_{n,\frac{1}{2}}\right] = 2^{-\binom{k}{2}} \; ; \tag{1}$$

denn wenn S eine Clique ist, so ist jede der $\binom{k}{2}$ möglichen Kanten zwischen zwei Knoten in S in $G_{n,\frac{1}{2}}$ vorhanden, was jeweils mit Wahrscheinlichkeit $\frac{1}{2}$ der Fall ist. Weil es genau $\binom{n}{k}$ Möglichkeiten gibt, eine Menge $S \subset V$ von k Knoten auszuwählen, folgt aus (1)

$$\mathrm{P}\left[G_{n,\frac{1}{2}} \text{ hat eine Clique der Größe } k\right] \leq \binom{n}{k} 2^{-\binom{k}{2}} \tag{2}$$

Wie eine elementare Rechnung zeigt, folgt aufgrund der Annahme $n \leq 2^{k/2}$ aus (2), dass $\mathrm{P}[G_{n,\frac{1}{2}} \text{ hat eine Clique der Größe } k] < \frac{1}{2}$. Analog sieht man, dass $\mathrm{P}[G_{n,\frac{1}{2}} \text{ hat eine stabile Menge der Größe } k] < \frac{1}{2}$. Wir kombinieren diese beiden Abschätzungen, um

$$\mathrm{P}\left[G_{n,\frac{1}{2}} \text{ hat eine Clique oder stabile Menge der Größe } k\right] < 1 \tag{3}$$

zu erhalten. Schließlich zeigt (3), dass $G_{n,\frac{1}{2}}$ mit Wahrscheinlichkeit größer als 0 weder eine Clique noch eine stabile Menge der Größe $\geq k$ hat – insbesondere *gibt es* also einen Graphen auf n Knoten mit dieser Eigenschaft, weshalb $R(k) > n$. $\qquad\square$

Der Beweis von Theorem 1 ist vielleicht das einfachste Beispiel für die Stärke der probabilistischen Methode, zumal eine deterministische Konstruktion eines ähnlich guten Ramseygraphen wie $G_{n,\frac{1}{2}}$ bisher nicht gelungen ist.

Einer deutlich komplexeren Anwendung der probabilistischen Methode begegnen wir bereits bei der Bestimmung der „asymmetrischen" Ramseyzahlen $R(l, k)$. Dabei ist $R(l, k)$ die kleinste Zahl n, so dass jeder Graph auf n Knoten entweder eine Clique der Größe l oder eine stabile Menge der Größe k enthält.

Der kleinste interessante Wert für l ist $l = 3$. Aus der bereits zitierten Arbeit [37] von Erdős und Szekeres (1935) ergibt sich die obere Schranke $R(3, k) \leq k^2$. Im Jahr 1961 gelang es Erdős, mit der probabilistischen Methode eine untere Schranke ähnlicher Größenordnung zu beweisen [34].

Theorem 2. *Es gibt eine Konstante $c > 0$, so dass $R(3, k) > ck^2 \ln^{-2} k$.*

Zum Beweis dieser unteren Schranken ist ein Graph zu konstruieren, der einerseits keine Clique der Größe drei (kein „Dreieck") enthält und andererseits keine „große" stabile Menge. Zu diesem Zweck betrachtet Erdős den zufälligen Graphen $G_{n,p}$, wobei $0 \leq p \leq 1$:

> Die Knotenmenge von $G_{n,p}$ ist $V = \{1, \ldots, n\}$, und je zwei verschiedene Knoten $v, w \in V$ sind mit Wahrscheinlichkeit p verbunden, unabhängig für alle $v, w \in V$.

Je größer also der „Dichteparameter" p ist, desto mehr Kanten wird der Graph $G_{n,p}$ enthalten.

Anders als im Beweis von Theorem 1 taugt der Graph $G_{n,p}$ *per se* jedoch nicht, um die gewünschte untere Schranke für $R(3, k)$ zu beweisen. Denn wählt man p so klein, dass $G_{n,p}$ kein Dreieck enthält, so hat $G_{n,p}$ eine sehr große stabile Menge. Aus diesem Grund geht Erdős zum Beweis von Theorem 2 in zwei Schritten vor. Zunächst wählt er einen zufälligen Graphen $G = G_{n,p}$, wobei $n \leq \varepsilon k^2 \ln^{-2} k$ und $p = \varepsilon n^{-1/2}$. Mit Hilfe einer elementaren aber überaus einfallsreichen Argumentation zeigt er dann, dass aus jedem Dreieck von G eine Kante entfernt werden kann, so dass der Untergraph H von G, der sich dabei ergibt, keine stabile Menge der Größe k hat. Da H dreiecksfrei ist, folgt daraus Theorem 2.

Nach der Arbeit von Erdős [34] dauerte es weitere 36 Jahre, bis genaue obere und untere Schranken für die Ramseyzahl $R(3, k)$ bewiesen werden konnten. Die obere Schranke $R(3, k) < k^2$ von Erdős und Szekeres [37] wurde 1980 von Ajtai, Komlós und Szemerédi [5] verbessert, die $R(3, k) < C k^2 \ln^{-1} k$ zeigten (wobei $C > 0$ eine Konstante bezeichnet). Eine entsprechende untere Schranke $R(3, k) > c k^2 \ln^{-1} k$ ($c > 0$ konstant) bewies Kim [53] im Jahr 1997 mit der inzwischen „ausgereiften" probabilistischen Methode.

Die Frage nach der Existenz von Ramseygraphen ist für die Theoretische Informatik von zentraler Bedeutung. Eine besondere Rolle spielen Ramseygraphen etwa bei der Analyse von Algorithmen zur Berechnung einer möglichst großen stabilen Menge (oder Clique) in einem gegebenen Graphen. Dieses fundamentale algorithmische Problem ist von großer praktischer wie auch theoretischer Relevanz, z.B. in der Kodierungstheorie, oder in *pattern recognition-* oder *computer vision-*Anwendungen [22]. Allerdings ist das Problem, in einem gegebenen Graphen G auf n Knoten eine größte stabile Menge zu bestimmen, NP-schwer, so dass wir keinen effizienten Algorithmus dafür kennen.

Einen wichtigen Beitrag zu diesem Problem haben Karger, Motwani und Sudan 1998 veröffentlicht [50]. Darin führen sie einen neuen Graphenparameter, die *vektorchromatische Zahl* $\vec{\chi}(G)$, ein. Diese kann im Gegensatz zur Stabilitätszahl $\alpha(G)$ effizient (d.h. in Polynomzeit) berechnet werden. Karger, Motwani und Sudan zeigen, dass Graphen mit „kleiner" vektorchromatischer Zahl $\vec{\chi}(G)$ „relativ große" stabile Mengen enthalten. Ist etwa $\vec{\chi}(G) \leq 3$, so ist $\alpha(G) \geq n^{0.66}$.

Aber wie „genau" approximiert $\vec{\chi}(G)$ die Stabilitätszahl $\alpha(G)$ wirklich? Feige, Langberg und Schechtman [38] beantworteten diese Frage 2004 mit der probabilistischen Methode. Sie betrachten einen Graphen G, dessen Knoten zufällig gewählte Punkte der Einheitssphäre eines hochdimensionalen euklidischen Raumes $\mathbb{R}^d$ sind. Zwei Knoten von G sind genau dann durch eine Kante verbunden, wenn sie einen „hinreichend großen" Winkel einschließen. Feige, Langberg und Schechtman zeigen, dass dieser Graph G mit Wahrscheinlichkeit größer als 0 die folgenden Eigenschaften hat:

i. $\vec{\chi}(G)$ ist „relativ klein". Genauer: $\vec{\chi}(G) \ll \ln n$.
ii. Zugleich ist jedoch auch die Stabilitätszahl „ziemlich klein". Genauer: es gilt $\alpha(G) \leq (\ln n)^c$ für eine gewisse Konstante $c > 0$.

Weil $\vec{\chi}(G) \geq \omega(G)$, folgt aus i., dass G keine große Clique hat. Außerdem zeigt ii., dass G ebenfalls keine großen stabilen Mengen enthält, so dass G also ein Ramseygraph ist.

2.2 Expander

Ein *Expander* ist ein Graph $G = (V, E)$, dessen Kantenzahl insgesamt „klein" ist, obwohl jede Menge von Knoten „viele" ausgehende Kanten hat. Die genaue Definition lautet wie folgt. Ein Graph heißt *d-regulär*, wenn alle seine Knoten den Grad d haben. Sei $G = (V, E)$ ein d-regulärer Graph. Für eine Knotenmenge $S \subset V$ definieren wir den *Rand* ∂S als die Menge aller Kanten $e \in E$, die einen Knoten in S mit einem Knoten in $V \setminus S$ verbinden. Sei n die Zahl der Knoten von G, und sei $\delta > 0$. Wir nennen G einen (n, d, δ)-*Expander*, falls für alle Mengen $S \subset V$, die höchstens $n/2$ Knoten enthalten, die Ungleichung $|\partial S| \geq \delta |S|$ gilt. Ferner definieren wir die *Expansion* von G als $h(G) = \max \{\delta \geq 0 : G$ ist ein (n, d, δ)-Expander$\}$.

Expander spielen eine herausragende Rolle in der Informatik, unter anderem in den folgenden Zusammenhängen:

– Expander können verwendet werden, um gute *fehlerkorrigierende Codes* zu konstruieren, für die Codierung und Decodierung effizient implementiert werden können.
– Viele Algorithmen benötigen *zufällige Bits* als Berechnungsressource, z.B. die derzeit effizientesten Primzaltests. Expander sind ein Werkzeug, um den Bedarf an zufälligen Bits zu reduzieren, oder um sogar ganz ohne diese auszukommen. Ein Beispiel für eine solche „Derandomisierung" ist der Beweis von Reingold [65] (2005), dass die Komplexitätsklassen SL und L übereinstimmen.
– Eines der tiefsten Resultate der Komplexitätstheorie ist das *PCP-Theorem*, dessen Aussage eine alternative Charakterisierung der Komplexitätsklasse NP ist. Dinur [32] hat 2005 einen eleganten Beweis dieses wichtigen Satzes vorgestellt, der auf Expandern beruht.

In diesen und vielen anderen Anwendungen sind Familien von (n, d, δ)-Expandern von Interesse, für die d beschränkt bleibt, während $n \to \infty$, und für die zugleich δ möglichst groß ist.

Die *Existenz* von Expandern kann mit der probabilistischen Methode bewiesen werden, denn ein d-regulärer Graph G auf n Knoten, der *zufällig* und gleichverteilt unter allen solchen Graphen ausgewählt wird, hat mit Wahrscheinlichkeit > 0.99 eine Expansion $h(G) \geq 0.49d$ (vorausgesetzt, n und d sind hinreichend groß). Weil für jeden Graphen die Expansion durch $d/2$ beschränkt ist, ist die Expansion zufälliger Graphen mit $0.49d$ nahezu bestmöglich.

Um einen guten Expander auf n Knoten *algorithmisch* zu konstruieren, könnten wir also einfach einen zufälligen d-regulären Graphen $G = (V, E)$ „würfeln". Aber wie kann man *sicher* sein, dass dieser Graph tatsächlich eine gute Expansion hat? Denn obwohl wir wissen, dass dies mit Wahrscheinlichkeit > 0.99 der Fall ist, ist es ja immerhin möglich, dass der Algorithmus einen „schlechten" Graphen erwischt hat, der kein Expander ist. Ist es also möglich, effizient – d.h. mit einem in n polynomiellen Zeitbedarf – zu *verifizieren*, dass G ein guter Expander ist?

Dies ist in der Tat möglich, weil es einen engen Zusammenhang zwischen der Expansion und dem Spektrum der *Adjazenzmatrix* $A(G)$ von G gibt. Die Einträge a_{vw} der Adjazenzmatrix sind durch Knotenpaare $(v, w) \in V^2$ indiziert. Der Eintrag a_{vw} nimmt den Wert 1 an, falls v und w benachbart sind, und andernfalls 0. Bezeichnen wir nun mit λ_2 den zweitgrößten Eigenwert von G, so besteht der Zusammenhang

$$\frac{d - \lambda_2}{2} \leq h(G) \leq \sqrt{2d(d - \lambda_2)}, \tag{4}$$

der von Tanner [70] (1984) und Alon und Milman [7,8] (1985) hergeleitet wurde. Je kleiner also λ_2 ist, desto besser ist die Expansion $h(G)$, und umgekehrt.

Um also zu verifizieren, dass der zufällige d-reguläre Graph G ein guter Expander ist, könnte man einfach den zweiten Eigenwert λ_2 seiner Adjazenzmatrix berechnen. Aber wie stark ist die Expansion, die mit dieser Methode garantiert werden kann? Mit anderen Worten: wie groß ist der zweite Eigenwert λ_2 eines zufälligen d-regulären Graphen? Alon [7] hatte 1986 vermutet, dass für jedes $d \geq 3$ und jedes konstante $\varepsilon > 0$ gilt

$$\lim_{n \to \infty} \mathrm{P}\left[\lambda_2 \leq 2\sqrt{d - 1} + \varepsilon\right] = 1. \tag{5}$$

Diese Vermutung hat eine Reihe von Arbeiten motiviert, in denen Techniken zur Analyse von Eigenwerten zufälliger Matrizen entwickelt wurden, deren Anwendungsbereich weit über die Analyse zufälliger Expander hinausgeht – u.a. Broder und Shamir [25] (1987), Friedman, Kahn und Szemerédi [40] (1989) – bis schließlich Alons Vermutung 2003 von Friedman [39] in einem 120-Seiten-Artikel bewiesen wurde. Die Abschätzungen (4) und (5) implizieren $h(G) \geq \frac{d - \varepsilon}{2} - \sqrt{d - 1}$. Wir können also für einen zufälligen d-regulären Graphen mit Wahrscheinlichkeit nahezu 1 effizient verifizieren, dass er ein guter Expander ist. Übrigens ist (4) bestmöglich: Alon und Boppana haben gezeigt, dass für *jeden* Graphen $\lambda_2 \geq 2\sqrt{d - 1} - \varepsilon$ gilt (vgl. [7]).

Obwohl zufällige d-reguläre Graphen gute Expander sind, sind sie für einige Anwendungen ungeeignet. Denn vielfach ist eine kompakte *implizite* Darstellung erforderlich: ein Expander auf 2^n Knoten soll durch $O(n)$ Bits repräsentiert werden, weil der Zeit- und Speicheraufwand, um den Graphen überhaupt komplett zu berechnen und zu speichern, schon zu groß ist. Dabei soll es möglich sein, anhand der kompakten Darstellung des Expanders für einen gegebenen Knoten seine Nachbarn effizient zu berechnen. Besondere Bedeutung kommt dabei *deterministischen* Methoden zu, die die Verwendung des Zufalls bei der Konstruktion des Expanders völlig vermeiden. Diese Konstruktionen und ihre sehr aufwändigen Analysen beruhen auf komplexen mathematischen Hilfsmitteln, etwa aus der Algebra oder der Fourieranalysis. Ein Beispiel ist die Konstruktion d-regulärer Expander mit $\lambda_2 = 2\sqrt{d-1}$ von Lubotzky, Phillips und Sarnak [56].

3 Die Evolution zufälliger Graphen

Das systematische Studium zufälliger Graphen beginnt mit den beiden Artikeln *On random graphs I* [35] (1959) und *On the evolution of random graphs* [36] (1960) von Paul Erdős und Alfred Rényi. Erdős' Arbeit zur probabilistischen Methode ist uns bereits in Abschnitt 2 begegnet. Rényi (1921–1970), der insgesamt 32 Artikel in Zusammenarbeit mit Erdős verfasste, davon neun über zufällige Graphen, war ein herausragender Zahlen- und Wahrscheinlichkeitstheoretiker.

In beiden Artikeln [35, 36] behandeln Erdős und Rényi die durch das folgende Experiment definierten zufälligen Graphen $G_{n,m}$:

- Für $m = 0$ hat der Graph $G_{n,m}$ die Knotenmenge $V = \{1,\ldots,n\}$ und keine Kante.
- Für $m = 1, 2, \ldots, \binom{n}{2}$ wähle ein Paar $\{v, w\}$ von Knoten zufällig gleichverteilt aus, das in $G_{n,m-1}$ noch nicht verbunden ist; füge eine Kante zwischen v und w zu $G_{n,m-1}$ hinzu, um $G_{n,m}$ zu erhalten.

Wir nennen einen Graphen $G = (V, E)$, der die Knotenmenge $V = \{1,\ldots,n\}$ und genau m Kanten hat, einen (n, m)-*Graphen*. $G_{n,m}$ ist also ein gleichverteilter (n, m)-Graph.

Abschnitt 3.1 handelt von dem Artikel [35], in dem Erdős und Rényi die Wahrscheinlichkeit bestimmen, dass $G_{n,m}$ zusammenhängend ist. In Abschnitt 3.2 geht es um den zweiten Artikel [36] und das durch diesen begonnene Studium von Phasenübergängen in zufälligen Graphen. Das Thema von Abschnitt 3.3 ist die chromatische Zahl zufälliger Graphen.

3.1 Wieviele zusammenhängende Graphen gibt es?

In ihrer Arbeit [35] verwenden Erdős und Rényi das $G_{n,m}$-Modell, um ein fundamentales kombinatorisches Problem zu lösen: sie bestimmen die Zahl der *zusammenhängenden* (n, m)-Graphen. Dazu gleichwertig ist natürlich, die Wahrscheinlichkeit zu berechnen, dass $G_{n,m}$ zusammenhängend ist. Genauer interessieren sich Erdős und Rényi für das *asymptotische* Verhalten der Größen

$$C(n, m) = \text{Zahl der zusammenhängenden } (n, m)\text{-Graphen,}$$

$$P(n, m) = \mathrm{P}\left[G_{n,m} \text{ ist zusammenhängend}\right]$$

für „große" Werte von n, m, d.h. für die Frage, wie sich $P(n, m)$ und $C(n, m)$ verhalten, wenn $n, m \to \infty$.

Falls m „hinreichend groß" ist, ist es leicht, $P(n, m)$ zu bestimmen: die folgende Beobachtung wird in [35] Erdős und Whitney zugeschrieben.

Proposition 1. *Sei $\varepsilon > 0$ eine (beliebig kleine) Konstante.*

1. Falls $m = m(n) \le (1 - \varepsilon)\frac{n}{2}\ln n$, so gilt $\lim_{n \to \infty} P(n, m) = 0$.
2. Falls andererseits $m = m(n) \ge (1 + \varepsilon)\frac{n}{2}\ln n$, gilt $\lim_{n \to \infty} P(n, m) = 1$.

Obwohl ein vollständiger Beweis von Proposition 1 über den Rahmen dieses Artikels hinausgeht, wollen wir uns zumindest davon überzeugen, dass die Aussage plausibel ist. Dazu nehmen wir zunächst an, dass $m \le (1 - \varepsilon)\frac{n}{2}\ln n$; wir möchten zeigen, dass dann die Wahrscheinlichkeit $P(n, m)$, dass $G_{n,m}$ zusammenhängend ist, gegen 0 strebt. Der einfachste Grund, weshalb $G_{n,m}$ unzusammenhängend sein könnte, ist, dass $G_{n,m}$ einen *isolierten Knoten* $v \in V$ enthält, d.h. einen Knoten v, der mit keinem anderen Knoten durch eine Kante verbunden ist. Für eine zufällig gewählte Kante e ist die Wahrscheinlichkeit, dass e den Knoten v enthält, gerade $\frac{2}{n}$ (weil es insgesamt n Knoten gibt, von denen zwei in e enthalten sind). Weil $G_{n,m}$ genau m zufällig gewählte Kanten hat, gilt also für jeden Knoten v

$$\mathrm{P}\left[v \text{ ist isoliert}\right] \sim \left(1 - \frac{2}{n}\right)^m \sim \exp\left(-\frac{2m}{n}\right). \tag{6}$$

Falls $m \le (1 - \varepsilon)\frac{n}{2}\ln n$, zeigt (6), dass $\mathrm{P}\left[v \text{ ist isoliert}\right] \ge n^{\varepsilon - 1}$. Da $G_{n,m}$ aus genau n Knoten besteht, ist folglich die *erwartete* Zahl isolierter Knoten gerade $n \times \mathrm{P}\left[v \text{ ist isoliert}\right] \ge n^{\varepsilon}$. Weil $n^{\varepsilon} \to \infty$ für $n \to \infty$, *erwarten* wir also, dass $G_{n,m}$ *viele* isolierte Knoten hat (wenn die Knotenzahl n groß genug ist). Tatsächlich ist es nicht schwer zu zeigen, dass die Wahrscheinlichkeit, dass $G_{n,m}$ „viele" – sagen wir, mindestens $\frac{1}{2}n^{\varepsilon}$ – isolierte Knoten hat und damit unzusammenhängend ist, gegen 1 konvergiert.

Im Fall $m \ge (1 + \varepsilon)\frac{n}{2}\ln n$ zeigt (6) andererseits, dass $\mathrm{P}\left[v \text{ ist isoliert}\right] \le n^{-\varepsilon - 1}$, so dass

$$\mathrm{P}\left[G_{n,m} \text{ hat einen isolierten Knoten}\right] \le n \times \mathrm{P}\left[v \text{ ist isoliert}\right] \le n^{-\varepsilon} \xrightarrow[n \to \infty]{} 0. \tag{7}$$

Freilich zeigt (7) noch nicht, dass die Wahrscheinlichkeit, dass $G_{n,m}$ unzusammenhängend ist, ebenfalls gegen 0 strebt – aber in der Tat kann man

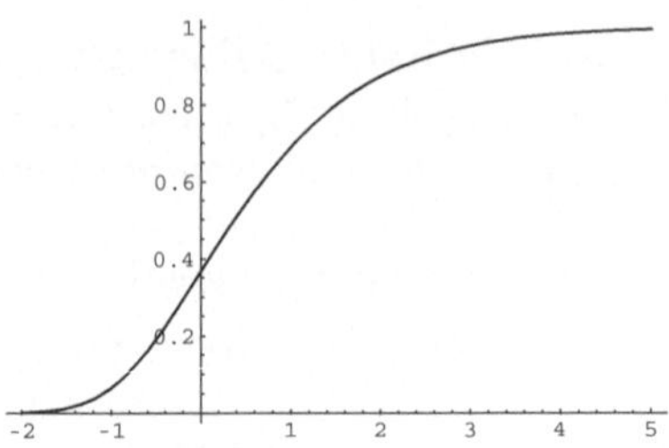

Abb. 3: Die Funktion $\exp(-\exp(-c))$ für $-2 < c < 5$; für $c \to -\infty$ strebt die Funktion rasch gegen 0. Der Grenzwert für $c \to \infty$ ist 1.

beweisen, dass die Existenz eines isolierten Knotens die bei weitem „wahrscheinlichste" Ursache dafür ist, dass $G_{n,m}$ unzusammenhängend ist. Folglich gilt im Fall $m \geq (1+\varepsilon)\frac{n}{2}\ln n$, dass $P(n,m) \to 1$ für $n \to \infty$.

Für $m \geq (1+\varepsilon)\frac{n}{2}\ln n$ beantwortet Proposition 1 die Frage nach der Zahl $C(n,m)$ zusammenhängender (n,m)-Graphen: „so gut wie alle" (n,m)-Graphen sind zusammenhängend. In [35] erhalten Erdős und Rényi aber ein noch genaueres Resultat über $P(n,m)$ (und damit $C(n,m)$) für m „in unmittelbarer Nähe" von $\frac{n}{2}\ln n$.

Theorem 3. *Wenn* $m = \frac{n}{2}(c + \ln n)$ *für eine reelle Zahl c, so gilt $P(n,m)$* $\sim \exp(-\exp(-c))$, *s. Abb. 3.*

Auch der Beweis von Theorem 3, der ungleich aufwändiger ist als der von Proposition 1, läuft letztlich auf die Untersuchung der Zahl isolierter Knoten in $G_{n,m}$ hinaus. Aufgrund von (6) ist die *erwartete* Zahl isolierter Knoten in $G_{n,m}$ gerade $n \times \mathrm{P}\,[v \text{ ist isoliert}] \sim n\exp(-2m/n) \sim \exp(-c)$. Der Kern des Beweises ist nun, zu zeigen, dass die Zahl der isolierten Knoten (asymptotisch) *poissonverteilt* ist, d.h.

$$\mathrm{P}\,[G_{n,m} \text{ hat genau } k \text{ isolierte Knoten}] \sim \frac{\exp(-kc - \exp(-c))}{k!}. \qquad (8)$$

Diese Aussage leiten Erdős und Rényi aus einer elementaren wahrscheinlichkeitstheoretischen Aussage, dem Prinzip der Inklusion/Exklusion, her. Insbesondere folgt aus (8), dass

$$\mathrm{P}\,[G_{n,m} \text{ hat keinen isolierten Knoten}] \sim \exp(-\exp(-c)). \qquad (9)$$

Schließlich ist wie im Beweis von Proposition 1 die Existenz eines isolierten Knotens die bei weitem wahrscheinlichste Ursache dafür, dass $G_{n,m}$ unzusammenhängend ist, so dass Theorem 3 aus (9) folgt.

Die Zahl der zusammenhängenden (n,m)-Graphen war schon vor Erdős und Rényi im Jahr 1953 von Riddell und Uhlenbeck [66] studiert worden. Diese leiteten mit Methoden der enumerativen Kombinatorik die schöne, allerdings etwas „undurchsichtige" Gleichung

$$\sum_{n=1}^{\infty} \sum_{m=1}^{\infty} \frac{C(n,m)X^n Y^m}{n!} = \ln\left[1 + \sum_{k=1}^{\infty} \frac{(1+Y)^{\binom{k}{2}} X^k}{k!}\right] \qquad (10)$$

her. Was die Arbeit von Erdős und Rényi [35] auszeichnet, ist die konsequent wahrscheinlichkeitstheoretische Sichtweise. Während Ansätze, die auf enumerativer Kombinatorik beruhen, im Grunde deterministischer Natur sind, betrachten Erdős und Rényi etwa die Zahl der isolierten Knoten als *Zufallsgröße* und analysieren ihre Verteilung mit elementaren stochastischen Werkzeugen. Dieser probabilistische Ansatz führt zu einer „sauberen" *asymptotischen* Formel, an der die Größenordnung von $P(n,m)$ und damit von $C(n,m)$ unmittelbar abgelesen werden kann (vgl. Proposition 1 und Theorem 3). Im Gegensatz dazu ist (10) zwar eine Aussage über die *exakten* Werte $C(n,m)$ (und nicht „nur" über ihr asymptotisches Verhalten). Aber es ist schwierig, sich anhand von (10) ein Bild von der Größenordnung von $C(n,m)$ zu machen.

Die Analyse der Zahl $C(n,m)$ ist mit Theorem 3 noch nicht abgeschlossen, weil dieses keine genaue Auskunft gibt, wenn $m \ll n \ln n$. (Zwar wissen wir, dass in diesem Fall $P(n,m)$ für $n \to \infty$ gegen 0 strebt – aber „wie schnell"?) Die erste vollständige Antwort bietet eine Arbeit von Bender, Canfield und McKay [13] (1990), deren aufwändiger 40-Seiten-Beweis probabilistische und enumerative Techniken verbindet. Rein probabilistische Argumente zur Berechnung von $C(n,m)$ wurden von Coja-Oghlan, Moore und Sanwalani [29] (2004) und van der Hofstad und Spencer [47] (2005) entwickelt. Ein nützlicher Aspekt dieser Arbeiten ist, dass sie zu einfachen *effizienten Algorithmen* führen, um zusammenhängende (n,m)-Graphen zufällig zu erzeugen.

3.2 Der Phasenübergang

Auch nach über 45 Jahren ist der Artikel *On the evolution of random graphs* [36] von Erdős und Rényi (1960) die wichtigste Arbeit über zufällige Graphen. Der neue Aspekt ist, dass Erdős und Rényi von einer *Evolution* sprechen. Sie betrachten also den zufälligen Graphen als einen *stochastischen Prozess*, der zur „Zeit" $m = 0$ mit einem leeren Graphen auf n Knoten beginnt, so dass in jedem Schritt des Prozesses $G_{n,m}$ aus $G_{n,m-1}$ entsteht, indem eine zufällige Kante hinzugefügt wird, bis der Graph schließlich zum Zeitpunkt $m = \binom{n}{2}$ „vollständig" ist. Dabei geht es Erdős und Rényi grundsätzlich um *asymptotische* Aussagen, die für „große" n gelten, d.h. für $n \to \infty$. Wir sagen daher, dass $G_{n,m}$ eine bestimmte Eigenschaft *fast sicher* hat, wenn die Wahrscheinlichkeit der Eigenschaft gegen 1 konvergiert für $n \to \infty$.

Das wichtigste Resultat in [36] ist die „plötzliche Entstehung einer riesigen Komponente" in $G_{n,m}$. Dieses Phänomen wird heute als *Phasenübergang* bezeichnet. Um diesen Phasenübergang zu beschreiben, parametrisieren wir die Kantenzahl als $m = cn/2$. Das Resultat von Erdős und Rényi ist, dass

– für $c < 1 - \varepsilon$ fast sicher alle Komponenten von $G_{n,m}$ Größe $O(\ln n)$ haben
  – also „klein" sind, während

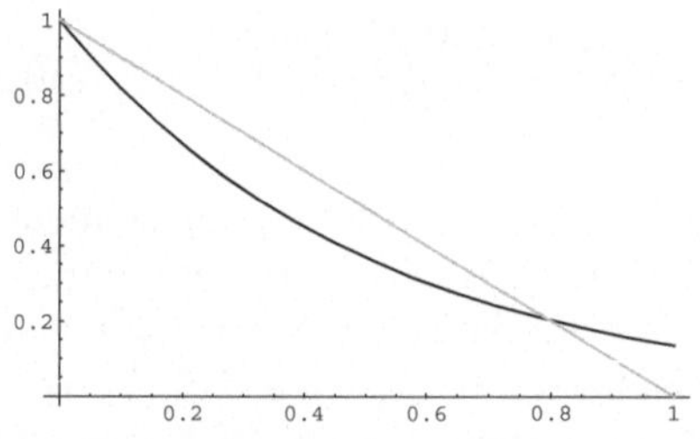 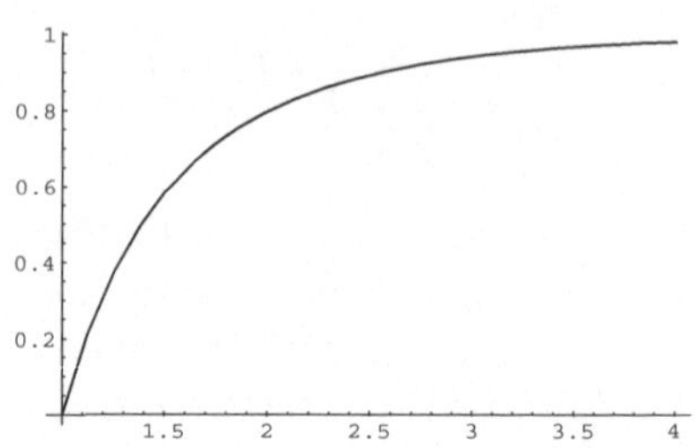

Abb. 4: Die linke Abb. zeigt die Funktionen $1 - x$ (grau) und $\exp(-cx)$ (schwarz) für $x \in (0, 1)$ und $c = 2$; ihr Schnittpunkt $x \approx 0.796812$ ist die Lösung $\rho(2)$ der Gleichung (11). Die rechte Abb. zeigt die Funktion $\rho(c)$ für $1 < c < 4$; für $c \to 1$ strebt $\rho(c)$ gegen 0, während für $c \to \infty$ der Wert $\rho(c)$ gegen 1 konvergiert.

– $G_{n,m}$ für $c > 1 + \varepsilon$ fast sicher eine „riesige" Komponente auf $\rho(c)n$ Knoten besitzt, wobei $\rho(c) > 0$; alle anderen Komponenten haben Größe $O(\ln n)$.

Um dieses Ergebnis genauer zu formulieren, bezeichnen wir mit $L_1 \geq L_2 \geq \ldots$ die Knotenzahlen von Komponenten von $G_{n,m}$; L_1 ist also die Knotenzahl der größten Komponente, L_2 die der zweitgrößten Komponente, etc.

Theorem 4. *Falls $c < 1 - \varepsilon$, so gilt fast sicher $L_1 = O(\ln n)$. Wenn andererseits $c > 1 + \varepsilon$, so gilt fast sicher $L_1 \sim \rho(c)n$, wobei $0 < \rho(c) \leq 1$ die Lösung der Gleichung*

$$1 - \rho(c) = \exp(-c \cdot \rho(c)) \tag{11}$$

ist, s. Abb. 4.

Theorem 4 zeigt, dass einige der zur „Zeit" $c = 1 - \varepsilon$ „kleinen" Komponenten von $G_{n,m}$ innerhalb einer sehr kurzen „Zeitspanne", nämlich bis zum „Zeitpunkt" $c = 1 + \varepsilon$, zu einer „riesigen" Komponente verschmelzen, neben der es nur weitere „kleine" Komponenten gibt. Die Funktion $\rho(c)$ gibt dabei den Anteil der Knoten an, die zu der „riesigen" Komponente gehören.

Eine Arbeit von Karp [52] (1990) erklärt besonders deutlich, warum der Phasenübergang sich gerade bei $c \sim 1$ abspielt. Karp analysiert einen Algorithmus, der die Komponente eines gegebenen Knotens $s \in V$ bestimmt. Der Algorithmus unterteilt die Knoten von $G_{n,m}$ in drei Kategorien: *lebendig*, *tot* und *neutral*. Anfangs ist s lebendig, und alle anderen Knoten sind neutral. In jedem Schritt wählt der Algorithmus einen (beliebigen) lebendigen Knoten v aus. Alle neutralen Nachbarn w von v werden lebendig, und anschließend stirbt v. Dieser Prozess wird wiederholt, bis kein lebendiger Knoten mehr übrig ist. Zu diesem Zeitpunkt ist die Komponente von s genau die Menge aller toten Knoten.

Wie verhält sich der Algorithmus, wenn $c < 1 - \varepsilon$? Weil $m = cn/2$, hat jeder Knoten $v \in V = \{1, \ldots, n\}$ von $G_{n,m}$ im Erwartungswert $c < 1 - \varepsilon$ Nachbarn. Wir *erwarten* daher, dass jeder lebendige Knoten nur $< 1 - \varepsilon$ neue lebendige Knoten erzeugt, bevor er stirbt. Die „Sterberate" der Knoten (einer pro Schritt) übersteigt also die durchschnittliche „Geburtenrate" ($1 - \varepsilon$ Knoten pro Schritt), so dass wir erwarten, dass der Prozess rasch ausstirbt. Eine detaillierte Analyse zeigt, dass in der Tat fast sicher insgesamt höchstens $O(\ln n)$ lebendige Knoten generiert werden: zwar kann es sein, dass zu Beginn des Prozesses (wider Erwarten) „viele" lebendige Knoten entstehen – aber über kurz oder lang (nämlich nach $O(\ln n)$ Schritten) setzt sich die „erwartete" Tendenz des Prozesses, auszusterben, durch.

Ist andererseits $c > 1 + \varepsilon$, so erwarten wir, dass jeder lebendige Knoten vor seinem Ableben $> 1 + \varepsilon$ neue lebendige Knoten produziert (zumindest am Anfang des Prozesses). Die „Geburtenrate" ist also größer als die „Sterberate", so dass es zur „Bevölkerungsexplosion" und damit zur Entstehung einer „riesigen" Komponente kommt. Genauer gesagt: kommen *kann*. Denn selbstverständlich kann es passieren, dass z.B. der Startknoten gar keine „Nachkommen" hat und der Prozess ausstirbt, oder dass (wider Erwarten) der Prozess nach einigen wenigen Schritten ausstirbt, weil „zufällig" weniger Nachkommen erzeugt werden als erwartet. Eine genaue Analyse zeigt, dass die Wahrscheinlichkeit $\rho(c)$, dass der Startknoten s Teil der „riesigen" Komponente ist, größer als 0 ist und die transzendente Gleichung (11) erfüllt. (Dies kann vollständig mit elementaren Methoden bewiesen werden, s. Alon und Spencer [?].)

Zwar gibt Theorem 4 für die Fälle $c < 1 - \varepsilon$ und $c > 1 + \varepsilon$ Auskunft über die Größe der Komponenten von $G_{n,m}$. Jedoch macht das Theorem keine Aussage darüber, *wie* es im Zeitraum $1 - \varepsilon < c < 1 + \varepsilon$ zur Entstehung der großen Komponente kommt. Erdős und Rényi [36] behaupten, dass diese Komponente in einem „double jump" entsteht: für $c \sim 1$ sei L_1 von der Größenordnung $n^{2/3}$; L_1 "springe" also zunächst von $O(\ln n)$ auf $n^{2/3}$ und anschließend auf $\rho(c)n$. Allerdings ist diese Aussage nicht zutreffend. Während für $c = 1$ in der Tat $L_1 \approx n^{2/3}$ gilt, findet in dem Bereich $c \sim 1$ ein komplexer Prozess statt, der zur Entstehung der großen Komponente führt.

Die Untersuchung dieses Prozesses wurde 1984 von Bollobás [17] begonnen. Er zeigt, dass fast sicher „vor" dem Zeitpunkt $m = \frac{n}{2}$ keine Komponente alle anderen an Größe deutlich übersteigt. Genauer: zum Zeitpunkt $m = \frac{n}{2}$ hat $G_{n,m}$ eine große Zahl von Komponenten von der Größe $\approx n^{2/3}$, aber keine „dominierende" Komponente, die deutlich größer ist als alle anderen.

Die „riesige" Komponente von $G_{n,m}$ entsteht also erst *nach* dem Zeitpunkt $m = \frac{n}{2}$. Bollobás untersucht, wie schnell diese Komponente wächst, und wie demgegenüber die Größe der zweitgrößten Komponente abnimmt.

Theorem 5. *Falls* $\frac{n}{2} + 2n^{2/3}\ln^{1/2} n < m \le (\frac{1}{2} + \varepsilon)n$, *so gilt fast sicher* $L_1(G_{n,m}) \sim 4\left(m - \frac{n}{2}\right)$.

Nach dem Zeitpunkt $m = n/2$ wächst also die größte Komponente um durchschnittlich 4 Knoten je zusätzlich eingefügte Kante. Das Wachstum vollzieht sich daher „stetig", bis die Komponente eine in n lineare Größe erreicht. Hingegen sinkt die Größe der zweitgrößten Komponente, weil die größte Komponente eine andere Komponente um so eher „vereinnahmt", je mehr Knoten diese enthält. Während die zweitgrößte Komponente zur Zeit $m = \frac{n}{2}$ noch die Größe $n^{2/3}$ hat, gibt es für $m = (\frac{n}{2} + \varepsilon)n$ außerhalb der „riesigen" Komponente bereits nur noch Komponenten der Größe $O(\ln n)$.

Nachdem Bollobás das Studium des Graphen $G_{n,m}$ *innerhalb* des Phasenübergangs begonnen hatte, wurden seine Resultate von verschiedenen Autoren aufgegriffen und verbessert. Zu einem gewissen Abschluss kam die Untersuchung des Phasenübergangs im Jahr 1993 durch eine Arbeit von Janson, Knuth, Łuczak und Pittel [49] – ein Artikel von 140 Seiten, dem das Journal *Random Struct. Alg.* einen eigenen Band widmete. Der Artikel [49] unterscheidet sich methodisch grundsätzlich von den vorherigen Arbeiten, denn [49] beruht nicht nur auf wahrscheinlichkeitstheoretischen Techniken, sondern wesentlich auf Methoden der enumerativen Kombinatorik. Janson, Knuth, Łuczak und Pittel erhalten mit diesem Ansatz bemerkenswert genaue Resultate über verschiedenste Eigenschaften des Phasenübergangs.

Seit dem Erdős-Rényi-Artikel [36] sind Phasenübergänge das zentrale Thema in der Theorie der zufälligen Graphen. Bereits Erdős und Rényi zeigten, dass sich Phasenübergänge nicht nur in Bezug auf das Entstehen der „riesigen" Komponente abspielen, sondern dass es auch im Hinblick auf andere Struktureigenschaften *Schwellenwerte* gibt r, so dass $G_{n,m}$ im Fall $c < (1-\varepsilon)r$ die entsprechende Eigenschaft fast sicher nicht aufweist, während sie für $c > (1+\varepsilon)r$ fast sicher vorhanden ist. Ein Beispiel dafür ist übrigens Proposition 1: der Schwellenwert dafür, dass $G_{n,m}$ zusammenhängend ist, ist $r = \frac{n}{2} \ln n$. – Allerdings ist es häufig ein extrem schwieriges Problem, Schwellenwerte für bestimmte Eigenschaften zu lokalisieren. Dies ist insbesondere dann der Fall, wenn es NP-schwer (also mit bekannten Methoden nicht effizient möglich) ist zu entscheiden, ob ein gegebener Graph die Eigenschaft hat. Im folgenden Abschnitt werden wir uns mit einem Problem dieser Art beschäftigen: was ist der Schwellenwert dafür, dass der Graph $G_{n,m}$ mit k Farben gefärbt werden kann?

3.3 Die chromatische Zahl von $G_{n,m}$

Einen gegebenen Graphen G mit möglichst wenigen Farben zu färben, ist ein fundamentales kombinatorisches Optimierungsproblem. Zahlreiche Varianten dieses Problems treten in verschiedensten Anwendungen auf (z.B. beim Zuweisen von CPU-Registern zu Programmvariablen während des Compilierens). Allerdings ist das Färbungsproblem NP-schwer, so dass wir keinen effizienten Algorithmus kennen, der dieses Problem stets optimal löst. Der algorithmische Umgang mit dem Färbungsproblem, insbesondere die Frage, unter welchen Voraussetzungen gute oder optimale Färbungen eines Graphen effizient berechnet werden können, ist daher ein zentrales Forschungsthema in der Theoretischen Informatik.

Eine interessante, wenn auch „schwierige" Klasse von „Benchmark"-Instanzen des Färbungsproblems sind zufällige Graphen. Eine spannende offene Frage ist daher, ob für zufällige Graphen $G = G_{n,m}$ effizient (d.h. in Polynomzeit) fast sicher eine optimale Färbung bestimmt werden kann (s. z.B. Karp [51]). Diese algorithmische Fragestellung motiviert das Studium der chromatischen Zahl und der damit zusammenhängenden kombinatorischen Struktureigenschaften zufälliger Graphen. Eine Zielsetzung ist dabei, anhand von zufälligen Graphen bessere (womöglich praxisrelevante) algorithmische Techniken für das Färbungsproblem zu entwickeln. In den letzten Jahren hat sich diese Forschungsrichtung, die in engem Bezug zur statistischen Physik steht, sehr dynamisch entwickelt.

Wir befassen uns zunächst mit der Frage, welchen Wert die Zufallsgröße $\chi(G_{n,m})$ typischerweise annimmt. Anschließend beschäftigen wir uns mit dem algorithmischen Problem, einen zufälligen Graphen möglichst gut zu färben. Dabei parametrisieren wir $m = cn/2$, so dass c der durchschnittliche Knotengrad des Graphen $G_{n,m}$ ist.

Bereits für $c = n/2$ war die Bestimmung von $\chi(G_{n,m})$ für über 10 Jahre ein bekanntes offenes Problem. Zwar zeigt ein ähnliches Argument wie im Beweis von Theorem 1 (s. Abschnitt 2.1), dass $\alpha(G_{n,m}) \leq (2+\varepsilon)\log_2 n$. Deshalb impliziert die elementare Abschätzung $\alpha(G_{n,m})\chi(G_{n,m}) \geq n$ die *untere* Schranke

$$\chi(G_{n,m}) \geq \frac{(1-\varepsilon)n}{2\log_2 n}. \tag{12}$$

Aber wie kommen wir zu einer passenden *oberen* Schranke? Grimmett und McDiarmid [44] untersuchten dazu 1975 den *Greedy-Färbungsalgorithmus* auf $G_{n,m}$. Dieser färbt die Knoten $V = \{1,\ldots,n\}$ des Graphen $G_{n,m}$ sukzessive mit den Farben $\{1,\ldots,n\}$, wobei dem i-ten Knoten die kleinste Farbe zugewiesen wird, die nicht bereits an einen seiner Nachbarn vergeben ist. Grimmett und McDiarmid zeigen, dass dieser naive Algorithmus auf zufälligen Graphen $G_{n,m}$ fast sicher mit $(1+\varepsilon)n/\log_2 n$ Farben auskommt. Folglich gilt $\chi(G_{n,m}) \leq (1+\varepsilon)n/\log_2 n$. Aufgrund der unteren Schranke (12) haben wir also die chromatische Zahl $\chi(G_{n,m})$ bis auf einen Faktor 2 bestimmt.

Aber eben nur bis auf einen Faktor 2! Was ist der „genaue" Wert? Aufbauend auf einer Arbeit von Shamir und Spencer [67] (1987) zeigte Bollobás [18] im Jahr 1988, dass fast sicher

$$\chi(G_{n,m}) \leq \frac{(1+\varepsilon)n}{2\log_2 n}. \tag{13}$$

Zusammen mit (12) impliziert (13), dass $\chi(G_{n,m}) \sim \frac{n}{2\log_2 n}$, so dass (zumindest) der asymptotische Wert von $\chi(G_{n,m})$ bekannt ist. Zum Beweis von (13) analysiert Bollobás den folgenden Färbungsalgorithmus:

> Finde in $G_{n,m}$ eine größte stabile Menge und färbe alle Knoten darin mit einer neuen Farbe. Entferne dann die stabile Menge und wiederhole diesen Prozess, bis nur noch $< \varepsilon n/\log_2 n$ Knoten übrig sind. Färbe schließlich jeden dieser übrigen Knoten mit einer eigenen Farbe.

Bollobás zeigt, dass die stabilen Mengen, die der Algorithmus entfernt, stets Größe $\geq (2-\varepsilon)\log_2 n$ haben – woraus (13) unmittelbar folgt.

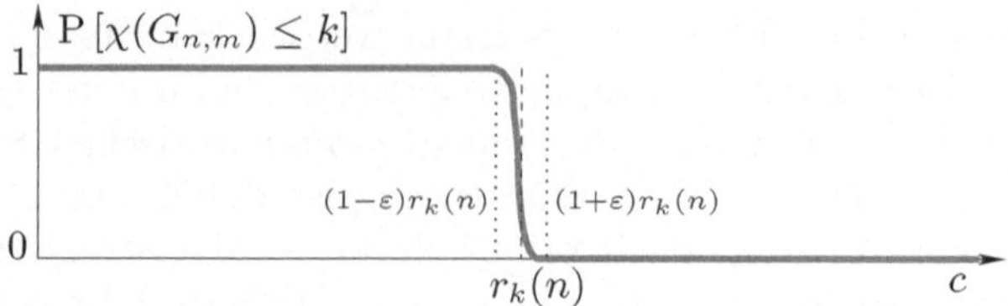

Abb. 5: Im Bereich $(1 - \varepsilon)r_k(n) < c < (1 + \varepsilon)r_k(n)$ fällt $P\,[\chi(G_{n,m}) \leq k]$ von 1 auf 0.

Anders als der Greedy-Algorithmus hat Bollobás' Färbungsalgorithmus *keine* polynomielle Laufzeit, sondern benötigt Zeit $n^{2\log_2 n}$. Während der Greedy-Algorithmus auf $G_{n,m}$ fast sicher etwa $n/\log_2 n$ Farben benötigt, ist kein noch so ausgefeilter Algorithmus bekannt, der $G_{n,m}$ in Polynomzeit (und damit effizient) mit höchstens $0.99 \times n/\log_2 n$ Farben färbt! Die Frage, ob ein solcher Algorithmus existiert, ist eines der wichtigsten offenen Probleme in der Theorie der zufälligen Graphen.

Bollobás konnte nicht nur $\chi(G_{n,m})$ für $c = n/2$ bestimmen, sondern allgemeiner für $c = np$ für konstante (d.h. von n unabhängige) Werte $0 < p < 1$. In diesem allgemeineren Fall gilt fast sicher

$$\chi(G_{n,m}) \sim -\frac{n\ln(1 - p)}{2\ln(np)}. \tag{14}$$

Łuczak [57] konnte (14) 1991 für $1/n \ll p = p(n) < 1$ verallgemeinern. Damit war das asymptotische Verhalten der chromatischen Zahl bekannt für *fast* den gesamten Bereich der Kantenzahl m – nämlich für $m \gg n$.

Es verblieb also die offene Frage, wie sich die chromatische Zahl verhält wenn $m = cn/2 = O(n)$ – wenn also der durchschnittliche Knotengrad $c = c(n)$ beschränkt bleibt während $n \to \infty$. Achlioptas und Friedgut [2] zeigten 1999, dass es zu jedem $k \geq 3$ einen *Schwellenwert $r_k(n)$ für k-Färbbarkeit* gibt. Dieser Schwellenwert zeichnet sich dadurch aus, dass für $c < (1 - \varepsilon)r_k(n)$ fast sicher $\chi(G_{n,m}) \leq k$ gilt, während für $c > (1 + \varepsilon)r_k(n)$ fast sicher $\chi(G_{n,m}) > k$, s. Abb. 5. Mit anderen Worten: in Bezug auf k-Färbbarkeit findet ein *Phasenübergang* statt, ähnlich wie bei der Entstehung einer großen Komponente in $G_{n,m}$. Allerdings beweisen Achlioptas und Friedgut lediglich die *Existenz* des Schwellenwertes, ohne eine Aussage über den Wert von $r_k(n)$ zu treffen.

Dieses Problem behandelt ein bemerkenswerter Artikel von Achlioptas und Naor [3] aus dem Jahr 2003. Sie zeigen, dass $\chi(G_{n,m})$ fast sicher einen von zwei möglichen Werten annimmt.

Theorem 6. *Sei $k_c = \min\{k \in \mathbb{Z} : c < 2k\ln k\}$. Dann gilt fast sicher $\chi(G_{n,m}) \in \{k_c, k_c + 1\}$.*

Aus diesem Satz folgt $2(k - 1)\ln k \leq r_k \leq 2k\ln k$. Zum Beweis des Satzes betrachten Achlioptas und Naor (im wesentlichen) die Zahl $X = X(G_{n,m})$ der

$(k_c + 1)$-Färbungen von $G_{n,m}$. Sie zeigen, dass das *zweite Moment* $E(X^2)$ der Zufallsgröße X von der Größenordnung $O(E(X)^2)$ ist. Aus der Ungleichung $P[X > 0] \geq E(X)^2/E(X^2)$ folgt dann $P[\chi(G_{n,m}) \leq k_c + 1] \geq P[X > 0] > 0$. Weil das $(k_c + 1)$-Färbbarkeitsproblem in $G_{n,m}$ ein Schwellenwertverhalten aufweist, folgt daraus, dass fast sicher $\chi(G_{n,m}) \leq k_c + 1$ (s. Abb. 5). Andererseits zeigt ein einfaches Zählargument, dass fast sicher $\chi(G_{n,m}) \geq k_c$.

Bisher haben wir uns mit dem *strukturellen* Problem befasst, den wahrscheinlichen Wert der chromatischen Zahl $\chi(G_{n,m})$ zu bestimmen. Das Färbungsproblem auf $G_{n,m}$ hat aber auch einen *algorithmischen* Aspekt, auf den z.B. Karp [51] (1984) hingewiesen hat:

- Angenommen c ist so klein, dass $G_{n,m}$ fast sicher k-färbbar ist – können wir dann auf einer konkreten zufällig gewählten Eingabe $G = G_{n,m}$ eine k-Färbung auch fast sicher effizienz (d.h. in Polynomzeit) bestimmen?
- Angenommen c ist so groß, dass $G_{n,m}$ fast sicher *nicht* k-färbbar ist – können wir auf Eingabe $G = G_{n,m}$ fast sicher in Polynomzeit einen *Beweis* finden, dass G *nicht* k-färbbar ist?

Wie schwierig das erste Problem ist, hängt stark von dem Parameter c ab. Ist c wesentlich kleiner als der Schwellenwert r_k, so finden bereits recht einfache Färbungsalgorithmen eine k-Färbung von $G_{n,m}$. Je mehr sich hingegen c dem Wert r_k annähert, desto schwieriger wird es, $G_{n,m}$ zu färben.

Ein vielversprechender Ansatz, um $G_{n,m}$ auch für c in der Nähe von r_k zu färben, ist der *survey propagation*-Algorithmus [24] (2005), der auf Ideen aus der statistischen Physik beruht. Der Algorithmus führt einen stochastischen Nachrichtenaustauschprozess durch: Kanten schicken „Warnungen" an Knoten, welche Farben die Knoten wählen bzw. besser nicht wählen sollen, damit die beiden Knoten der Kante verschiedene Farben erhalten. Der *survey propagation*-Algorithmus versucht, die Wahrscheinlichkeitsverteilung der Warnungen zu berechnen, legt dann die Farben derjenigen Knoten fest, die besonders „deutliche" Warnungen erhalten, und wiederholt, bis alle Knoten gefärbt sind. Obwohl dieser Ansatz in Experimenten bemerkenswert erfolgreich und effizient ist (vgl. [24]), ist eine exakte mathematische Analyse bisher nicht gelungen.

Das folgende Ergebnis von Krivelevich [54] (2002) behandelt das zweite oben genannte algorithmische Problem.

Theorem 7. *Zu jedem $k \geq 3$ gibt es eine Zahl $\zeta(k)$, so dass im Fall $c \geq \zeta(k)$ folgendes gilt: auf Eingabe $G = G_{n,m}$ kann fast sicher in Polynomzeit ein Beweis gefunden werden, dass G nicht k-färbbar ist.*

Wie sieht ein solcher Beweis aus? Karger, Motwani und Sudan [50] haben 1998 einen Graphenparameter $\vec{\chi}(G)$ definiert (die *vektorchromatische Zahl*, vgl. Abschnitt 2.1), der folgende Eigenschaften hat:

1. Für alle Graphen G gilt $\vec{\chi}(G) \leq \chi(G)$.
2. $\vec{\chi}(G)$ kann auf Eingabe G in Polynomzeit berechnet werden.

Krivelevich zeigt, dass unter der Annahme $c \geq \zeta(k)$ fast sicher $\vec{\chi}(G_{n,m}) > k$ gilt. Der *Beweis*, dass $G = G_{n,m}$ nicht k-färbbar ist, besteht also einfach darin, nachzurechnen, dass $\vec{\chi}(G) > k$.

Wie verhält sich der Wert $\zeta(k)$ in Theorem 7 im Vergleich zu dem Schwellenwert $r_k \approx 2k \ln k$ für k-Färbbarkeit (vgl. Theorem 6)? Krivelevich kann Theorem 7 unter der Voraussetzung beweisen, dass $\zeta(k)$ exponentiell in k ist. Durch eine genauere Analyse konnten Coja-Oghlan und Taraz [27, 28] diese Bedingung wesentlich abschwächen: es ist ausreichend, dass $\zeta(k) \geq Ck^2$ für eine gewisse Konstante $C > 0$. Andererseits zeigen Coja-Oghlan und Taraz, dass die Bedingung $\zeta(k) > \varepsilon k^2$ notwendig ist, um mit Hilfe der vektorchromatischen Zahl den Nachweis zu führen, dass $G_{n,m}$ nicht k-färbbar ist. Ob dies für $2k \ln k < c < k^2$ mit einer anderen Methode in Polynomzeit nachgewiesen werden kann, ist ein offenes Forschungsproblem.

4 Zufällige Graphen als Modelle realer Netzwerke

Nicht erst seit Aufkommen des Internets sind Netzwerke ein wesentlicher Bestandteil unseres täglichen Lebens. Neben Kommunikations- und Verkehrsnetzen zählen hierzu auch soziale (Bekanntschafts-)Netze sowie biologische, ökologische und chemische Wechselbeziehungen.

Graphen wurden naturgemäß bereits seit langer Zeit zur Modellierung großer Netzwerke aus verschiedenen Anwendungsgebieten eingesetzt. Bekanntestes Beispiel sind hier vermutlich die sozialen Netze, welche Verbindungen zwischen Menschen oder Einrichtungen modellieren. Es wurde jedoch erst während der letzten 20 Jahre möglich, reale Netzwerke in der Größenordnung von mehreren tausend Knoten effizient unter Rechnereinsatz zu untersuchen und damit eine Modellbildung zu ermöglichen.

Hinzu kamen zwei neue Anwendungsbereiche für Graphen, die in den letzten Jahren eine stürmische Entwicklung durchmachten. Dies ist zum einen die Bioinformatik mit der Analyse insbesondere von Interaktionsnetzen (z. B. aus Nahrungsketten, Genexpression oder Proteininteraktion [11]) und Ähnlichkeitsnetzwerken (z. B. Protein- oder Wirkstoffähnlichkeiten [41]) und zum anderen verschiedene Aspekte des Internet wie zum Beispiel das WWW mit den Seiten als Knoten und den Links als Kanten oder auch dessen physische Rechnerstruktur (Router als Knoten, verbindende Kabel als Kanten), siehe auch [6]. Die Bedeutung dieser Modellierung liegt sowohl in der Möglichkeit der verbesserten Suche als auch der kompakten Speicherung dieser Graphen zum Beispiel als Suchmaschinenindex [46].

Um solche Netze gut modellieren zu können, werden zufällige Graphen eingesetzt, denn nur durch das Wirken des Zufalls lassen relativ einfache Mechanismen (wie wir sie in Abschnitt 4.2 zur Modellbildung sehen werden) komplexe Netzwerke entstehen, die alle zu modellierenden Eigenschaften haben und trotzdem noch einer Analyse zugänglich sind. Auch sind bei der Analyse großer realer Netze asymptotische Aussagen, wie sie die Theorie zufälliger Graphen liefert, gut anwendbar.

Bei der Analyse dieser und anderer großer realer Netzwerke stellten sich bald Gemeinsamkeiten aller dieser Netze heraus, die unter anderem auch zur Entwicklung neuer Modellierungsansätze für zufällige Graphen führten. Im Folgenden sollen die drei auffallendsten dieser Eigenschaften beleuchtet werden, anschließend werden einige Modelle zufälliger Graphen präsentiert, die diese Eigenschaften abbilden, wobei an einigen Stellen auf konkrete Anwendungen eingegangen wird.

4.1 Charakteristische Eigenschaften großer Netzwerke

Als die drei wesentlichen Eigenschaften einer großen Zahl analysierter Netzwerke haben sich die Existenz dichter Subgraphen (Cluster), eine besondere Gradsequenz und kurze Wege zwischen Knoten herauskristallisiert.

Cluster

Viele reale Netzwerke haben keine gleichmäßige Struktur sondern haben in einigen Teilen nur sehr wenige Kanten und sind in anderen sehr dicht. Als ein Maß für die Tendenz eines Graphen zu dichten Subgraphen, hat sich der Clusterkoeffizient etabliert, der im Wesentlichen für je zwei Nachbarn eines Knoten die Wahrscheinlichkeit angibt, dass zwischen ihnen eine Kante verläuft. Im Erdős-Rényi-Modell für Zufallsgraphen (siehe Abschnitt 2.1) existiert diese Kante unabhängig von der Existenz der anderen Kanten, was in der Regel zu einem viel niedrigeren Clusterkoeffizienten als bei realen Netzwerken mit vergleichbarer Knoten- und Kantenzahl führt. Dies macht die Erdős-Rényi-Graphen zu einem ungeeigneten Modell realer Netzwerke (zusammen mit der folgenden Eigenschaft, die sich ebenfalls nicht mit ihnen modellieren lässt).

Ursache eines hohen Clusterkoeffizienten ist eine häufig auftretende *Transitivität* in realen Netzen. Insbesondere in Ähnlichkeitsnetzwerken ist es plausibel davon auszugehen, dass eine Relation (Kante) zwischen a und b sowie zwischen b und c häufig auch eine Relation zwischen a und c hervorruft.

Gradsequenz

Auch die Knotengrade sind in großen realen Netzenwerken nicht gleichmäßig. Einer großen Anzahl von Knoten mit relativ geringem Grad steht eine kleinere (jedoch entscheidende) Anzahl von Knoten mit hohem Grad gegenüber. Die Verteilung der Knotengrade folgt häufig einem *Power-Law*. Die Gradsequenz eines Power-Law-Graphen lässt sich etwa wie folgt beschreiben. Bezeichnet $N(d)$ den Anteil der Knoten vom Grad d an der Gesamtknotenzahl, so gilt $N(d) \sim cd^{-a}$ für positive Konstanten c und a. Verteilungen dieser Art sind schon von Pareto (1896) und Zipf (1932) (deren Namen sie auch manchmal

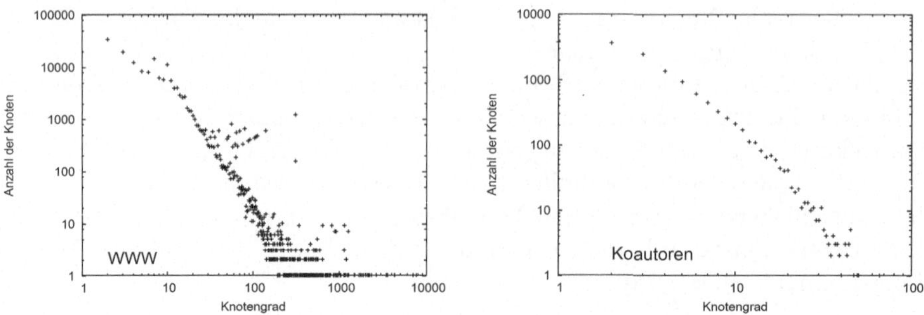

Abb. 6: Die Gradsequenz des Linkgraphen eines Teils des WWW und eines Graphen mit Koautorenschaft. Beide Achsen sind logarithmisch skaliert, so dass sich das Power-Law als näherungsweise gerade Linie zeigt.

tragen) zur Beschreibung von Einkommensverteilungen oder Stadtgrößen herangezogen worden. Auch die Häufigkeit von Wortvorkommen oder Publikationstätigkeit wurde früh mit diesen Verteilungen modelliert (siehe auch [58]).

Kurze Wege

Eine weitere wichtige Eigenschaft ist die so genannte „Kleine Welt". Hinter diesem Begriff verbirgt sich die Eigenart großer realer Netzwerke, dass unabhängig von der Größe des Netzes zwei beliebige Knoten immer durch einen relativ kurzen Pfad verbunden sind. Dies ist vermutlich die bekannteste Eigenschaft realer Netzwerke, welche erstmalig durch die Versuche von Stanley Milgram (1967) in Bekanntschaftsnetzwerken verifiziert wurde. Diese Eigenschaft ist für zufällige Graphen nicht ungewöhnlich, so zeigt Bollobás [16], dass der größte Abstand von Knoten im Erdős-Rényi-Modell $G_{n,p}$ (siehe Abschnitt 2.1) von der Größenordnung $\log n / \log np$ ist.

4.2 Modelle

Die ersten zufälligen Graphen, die explizit zur Modellierung obiger Eigenschaften entwickelt wurden, stammen von Strogatz und Watts [69] gefolgt von den Popularitätsmodellen von Albert und Barabási, die später von Bollobás und Riordan bzw. Buckley und Osthus [26] präzisiert wurden. Während diese eher zur Modellierung des WWW eingesetzt wurden, hat für biologische Netzwerke auch das Kopiermodell von Kumar et al [55] große Bedeutung. Weitere Modelle, die sich insbesondere auf die Abbildung der Gradsequenz spezialisieren stammen von Aiello, Chung und Lu [4] sowie Cooper und Frieze [30], siehe auch Bonato [23]. Größerer Wert auf die Abbildung der Transitivität und anderer Clusteringeigenschaften realer Netze wird bei so genannten Two-mode-Netzwerken gelegt. Hierbei werden den Knoten direkt Eigenschaften zugeordnet (z.B. eine chemische Formel bei Molekülähnlichkeitsnetzen) und die Kanten aufgrund dieser Eigenschaften erzeugt.

Strogatz-Watts-Modell

Als Grundlage dieses Modells nimmt man einen Kreis mit der gewünschten Anzahl Knoten des resultierenden Graphen, wobei man jeden Knoten mit seinen d nächsten Nachbarn verbindet. Hierbei ist d eine frei wählbare Konstante, die man an die gewünschte Kantenzahl anpassen sollte. Anschließend wird ein kleiner Teil der Kanten „verbogen", d.h. es werden neue zufällige Endpunkte gewählt. Wie groß dieser Teil ist, bestimmt den Einfluss des Zufalls. Strogatz und Watts [69] stellten fest, dass bereits das Verbiegen sehr weniger Kanten ausreicht, um den maximalen Knotenabstand eines Graphen mit n Knoten in die Größenordnung von $\log n$ zu bringen, während die durch das Verbinden von Nachbarschaften entstandenen dichten Subgraphen dadurch nur wenig gestört werden. Bedingt durch die Konstruktion ist der so entstandene Graph allerdings sehr regulär (fast alle Knoten haben Grad $2d$) und somit kein Beispiel für einen Power-Law-Graph. Auch sind die Untersuchungen auf diesem Modell größtenteils heuristischer Natur.

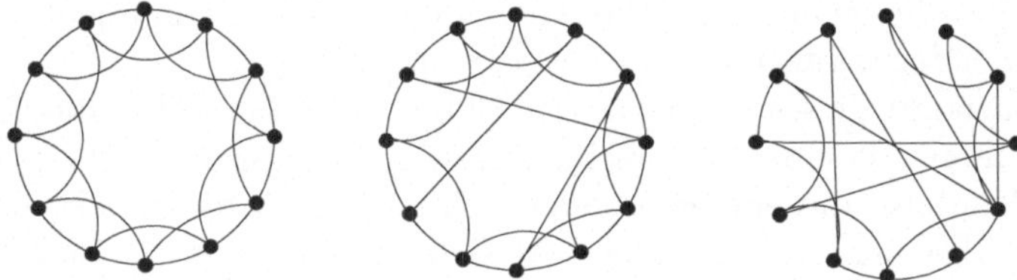

Abb. 7: Entstehung eines Zufallsgraphen im Strogatz-Watts-Modell: Aus einem regulären Graphen ($d = 4$), in dem die Knoten nur mit ihren nächsten Nachbarn verbunden sind (links), wird durch zufälliges „Verbiegen von Kanten" ein Graph mit kurzer Weglänge (mitte). Wird der Einfluss des Zufalls zu stark (rechts), geht die Clusteringeigenschaft verloren.

Popularitätsmodell

Dieses Modell geht zurück auf eine Arbeit von Albert und Barabási [10] und ist wesentlich motiviert durch die Entstehung des WWW. Beginnend mit einem Startgraph von m_0 Knoten füge in jedem Teilschritt einen weiteren Knoten sowie $m < m_0$ Kanten zu bereits existierenden Knoten hinzu, wobei die Wahrscheinlichkeit, dass ein existierender Knoten Endpunkt einer Kante wird, proportional zu seinem Grad sein soll. Damit wird der Grad „beliebter" Knoten weiter ansteigen und zu einer ungleichmäßigen Gradverteilung führen. Auf dieser Grundlage können, wie Bollobás und Riordan [21] zeigen, Graphen mit sehr verschiedenen Eigenschaften modelliert werden, was insbesondere in der großen Freiheit in der Wahl des Startgraphen begründet ist.

Eine Präzisierung des Modells wurde dann von Bollobás und Riordan auf einige der obigen Eigenschaften untersucht, wobei Power-Law und kurze Wege bewiesen werden konnten. Erweiterungen des Modells um initiale Attraktivitäten führten dabei dazu, dass mit Hilfe dieses Modells beliebige ganzzahlige Exponenten im Power-Law erzeugbar sind [26].

Vorgabe der Gradsequenz

Die einfachste Möglichkeit einen Power-Law-Graphen zu erzeugen ist natürlich, den Graphen direkt mit einer vorgegeben Gradsequenz zu generieren. Dazu bedienten sich Aiello, Chung und Lu [4] des so genannten Konfigurationsmodells [19] mit dem sich Graphen mit beliebiger vorgegebener Gradsequenz gleichverteilt zufällig erzeugen lassen. Dabei gibt man jedem Knoten einen Topf mit „Kantenendstücken" gemäß der angestrebten Gradverteilung, und wählt anschließend immer zufällig zwei nicht leere Töpfe aus und verbindet die Endstücke zu einer Kante. Auf diesem Modell basieren auch viele Analysen im Bereich zufälliger regulärer Graphen und Molloy und Reed [59] konnten sogar die wahrscheinliche Größe der größten Komponente eines Graphen nur aus der vorgegebenen Gradsequenz ableiten.

Eine Variante dieses Modells von Chung und Lu wählt die Endpunkte für die Kanten mit einer Wahrscheinlichkeit proportional zum erwünschten Grad des Knotens und erzeugt so einen Graphen, der im Erwartungswert die richtige Gradsequenz besitzt. Beide Modelle zeigen auch die Eigenschaft der kurzen Wege, ihre Clusterkoeffizienten sind jedoch noch unbekannt.

Kopier- und Löschmodelle

Dieses Modell verfolgt im wesentlichen den gleichen Ansatz wie das Popularitätsmodell, nur dass hier Knoten mitsamt eines Teils ihrer Nachbarschaft kopiert werden oder es zusätzlich noch möglich ist Knoten zu löschen [30,55]. Im Kopiermodell ist es sehr gut möglich eine wichtige Teilstruktur des WWW, die sogenannten Verteiler-Autoritäten-Netzwerke abzubilden. Es handelt sich hierbei um dichte Subgraphen, bei denen jedoch die Knoten zu zwei Klassen gehören (Linklisten oder auch Verteiler bzw. Hubs und referenzierte Seiten oder auch Autoritäten) und die Kanten fast nur zwischen den Klassen und nicht innerhalb verlaufen.

Die Bedeutung der Löschmodelle wuchs mit der zunehmenden Analyse von (gezielten oder zufälligen) Angriffsmechanismen auf Versorgungsnetze oder das WWW [20].

Schnittgraphen

Bei Schnittgraphen wird jedem Knoten eine Menge von Eigenschaften zugeordnet und zwei Knoten sind durch eine Kante verbunden wann immer sie eine Eigenschaft gemeinsam haben. Auf dieser Grundlage sind natürlich viele Zufallsmodelle denkbar, im einfachsten Fall wählen die Knoten ihre Eigenschaften zufällig und unabhängig voneinander aus einer vorgegebenen Menge.

Die Analyse von Schnittgraphen geht einerseits zurück auf die Entstehung vieler realer Netzwerke durch wohl identifizierte gemeinsame Eigenschaften verknüpfter Knoten (wie zum Beispiel beim Koautorennetz, wo die gemeiname Eigenschaft die gemeinsame Publikation ist), andererseits auf das Studium so genannter geometrischer und Intervallgraphen, bei denen den Knoten Punkte im Raum oder Intervalle auf der Zahlengeraden zugeordnet wurden und dann Eigenschaften wie räumliche Nähe bzw. Überlappung betrachtet wurden [62, 68]. Lokales Clustering und auch eine kurze Weglänge sind bei diesen Netzen häufig sehr ausgeprägt, die Gradverteilung folgt zwar nicht dem Power-Law, nähert aber trotzdem reale Graphen gut an [12].

In der Analyse der realen Netze hat die Rückführung auf Schnittgraphen den Vorteil, dass die Modellierung des Netzes die Identifizierung gemeinsamer Eigenschaften der Netzknoten unterstützt und somit erheblich zum Verständnis der Netzstruktur beiträgt. Entsprechende Algorithmen zur Rekonstruktion der Eigenschaften, die ein Netz „erzeugt" haben könnten sowie Analysen zur Übereinstimmung des Modells mit den realen Netzen findet man bei Guillaume und Latapy [45] sowie Behrisch und Taraz [12].

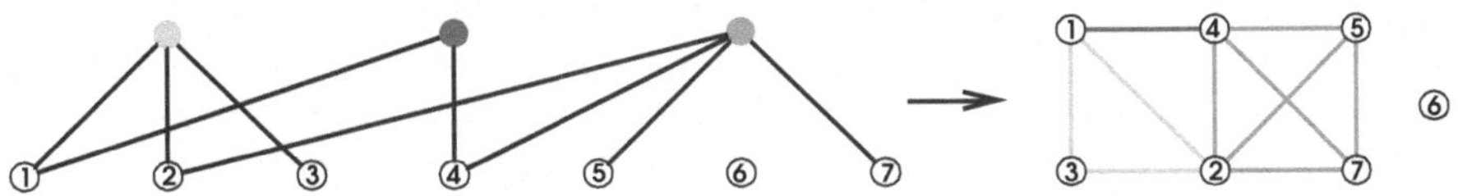

Abb. 8: Entstehung eines Schnittgraphen: Die verschiedenen Eigenschaften (dargestellt durch die unterschiedlichen Grautöne), die die Knoten besitzen, führen zu den Kanten im erzeugten Graph.

4.3 Die Analyse realer Netze und die Theorie zufälliger Graphen

Zusammenfassend lässt sich sagen, dass insbesondere die Entstehung des WWW dazu beigetragen hat, dass die Theorie zufälliger Graphen heute in vielen Wissensgebieten auf Interesse stößt. Die Themen reichen dabei von Vorhersagen über die Ausfallsicherheit diverser Netze [21] über bessere Suchalgorithmen [31, 41] bis hin zur Ausbreitung von Viren (sowohl biologischer als auch Computerviren) [14]. Dabei hat die Konzentration auf drei wesentliche Eigenschaften (Cluster, Power-Law, kurze Wege) trotzdem zu einer Vielzahl unterschiedlicher Modelle geführt, die in verschiedenem Maße mathematisch und empirisch analysiert wurden. Hervorzuheben ist dabei besonders die integrative Kraft, die die Theorie über Fächergrenzen hinweg entfaltet hat, so dass heute zufällige Graphen auch Biologen, Physikern, Soziologen und Verkehrsplanern ein Begriff sind.

5 Ausblick

Wir haben zentrale Aspekte der Theorie der zufälligen Graphen erörtert und dabei die Entwicklung der Theorie seit ihren Anfängen in den 1940er Jahren nachgezeichnet. Das systematische Studium dieses Gegenstandes haben Erdős und Rényi mit ihrer Arbeit zur *Evolution* zufälliger Graphen begonnen. Diese Sichtweise und insbesondere die Beobachtung, dass in Hinblick auf verschiedenste Eigenschaften *Phasenübergänge* stattfinden, ist bis heute bestimmend.

Spannende aktuelle Forschungsergebnisse und -probleme zu Phasenübergängen ergeben sich etwa durch Ansätze aus der statistischen Physik. Das Erdős-Rényi-Modell zufälliger Graphen kann (z.B. in Bezug auf das Färbungsproblem, vgl. Abschnitt 3.3) als „mean field"-Modell von Spin-Gläsern angesehen werden, in dem die räumliche Struktur des physikalischen Systems vernachlässigt wird. Daher sind in den letzten Jahren einige Arbeiten zu zufälligen Graphen von Physikern verfasst worden, die Überlegungen und Methoden aus dem Studium von Spin-Gläsern auf zufällige Graphen übertragen. Ein Beispiel ist der in Abschnitt 3.3 erwähnte *survey propagation*-Algorithmus zum Färben zufälliger Graphen. Allerdings liegen diesen Arbeiten in der Regel physikalische Überlegungen zugrunde, die nicht direkt durch exakte mathematische Beweise nachvollzogen werden können. Eine wichtige Aufgabe ist also, diese physikalischen Arbeiten auf eine mathematische Grundlage zu stellen.

Ein weiterer neuer Aspekt ist die „Evolution unter Nebenbedingungen". Während Erdős und Rényi untersucht haben, wie sich *allgemeine* zufällige Graphen $G_{n,m}$ entwickeln, ist hier gefragt nach typischen Eigenschaften von Graphen mit bestimmten ausgezeichneten Eigenschaften. Die Untersuchung zufälliger Graphen mit derartigen „Nebenbedingungen" ist eine methodische Herausforderung, weil die für $G_{n,m}$ entwickelten Techniken nicht mehr direkt anwendbar sind. Beispielsweise haben Osthus, Prömel und Taraz [60] die Evolution zufälliger Graphen, die *kein Dreieck* enthalten, untersucht. Eine andere interessante Nebenbedingung ist *Planarität*: wie entwickelt sich ein zufälliger planerer Graph auf n Knoten mit wachsender Kantenzahl? Einige Referenzen zu diesem schwierigen, aber interessanten Fragen sind Bodirsky, Gröpl und Kang [15], Gerke, McDiarmid, Steger und Weißl [42], Giménez und Noy [43] sowie Osthus, Prömel und Taraz [61].

In Bezug auf zufällige Graphen als Modelle realer Netzwerke ist noch nicht abzusehen, ob sich aus der Vielzahl der neu entstandenden Modelle einige als allgemein hilfreich herausstellen werden oder ob trotz vorhandener gemeinsamer Eigenschaften wieder mit einer Spezialisierung, d.h. mit einer Anwendung einzelner Modelle nur auf einzelne Anwendungsfälle zu rechnen ist. Es bleibt aber festzustellen, dass neuere Forschungsergebnisse darauf hindeuten, dass insbesondere die Gradsequenz durch ein Power-Law nicht hinreichend beschrieben wird. So stellten Achlioptas et al [1] fest, dass das Power-Law in WWW-Linkgraphen durch die Art und Weise entstehen könnte, wie die beobachteten Ausschnitte des Netzes gefunden wurden. Darüber hinaus zeigten Przulj, Corneil und Jurisica [63], dass Proteininteraktionsgraphen, die bisher für Power-Law-Graphen gehalten wurden, besser durch geometrische Graphen approximiert werden. Diese neuen Anforderungen an die Modellierung werden zusammen mit vielen aktuellen algorithmischen Fragestellungen [46] auch in Zukunft den Reiz des Forschungsgebiets der zufälligen Graphen ausmachen.

Literaturverzeichnis

1. D. Achlioptas, A. Clauset, D. Kempe, C. Moore *On the bias of traceroute sampling.* Proc. 37th STOC, 2005, S. 694–703
2. D. Achlioptas, E. Friedgut *A sharp threshold for k-colorability.* Random Struct. Alg. 14, 1999, S. 63–70
3. D. Achlioptas, A. Naor *The two possible values of the chromatic number of a random graph.* Proc. 36th STOC, 2004, S. 587–593
4. W. Aiello, F. Chung, L. Lu *A random graph model for power law graphs.* Experimental Mathematics 10, 2001, S. 53–66
5. M. Ajtai, J. Komlós, E. Szemerédi *A note on Ramsey numbers.* J. Combin. Th. Ser. A 29, 1980, S. 354–360
6. R. Albert, A.-L. Barabási *Statistical mechanics of complex networks.* Review of Modern Physics 74, 2002, S. 47–97
7. N. Alon *Eigenvalues and expanders.* Combinatorica 6, 1986, S. 83–96
8. N. Alon, V.D. Milman λ_1, *isoperimetric inequalities for graphs and superconcentrators.* J. Combin. Th. Ser. B 38, 1985, S. 73–88
9. N. Alon, J. Spencer *The probabilistic method, 2nd edition.* Wiley, 2000
10. A.-L. Barabási, R. Albert *Emergence of scaling in random networks.* Science 286, 1999, S. 509–512
11. A.-L. Barabási, Z.N. Oltvai *Network biology: Understanding the cells's functional organization.* Nature Reviews Genetics 5, 2004, S. 101–113
12. M. Behrisch, A. Taraz *Efficiently covering complex networks with cliques of similar vertices.* in: Theoretical Computer Science
13. E.A. Bender, E.R. Canfield, B.D. McKay *The asymptotic number of labeled connected graphs with a given number of vertices and edges.* Random Structures and Algorithms 1, 1990, S. 127–169
14. N. Berger, C. Borgs, J.T. Chayes, A. Saberi *On the spread of viruses on the internet.* Proceedings of the 14th ACM-SIAM Symp. on Disc. Alg. 2005
15. M. Bodirsky, C. Gröpl, M. Kang *Generating labeled planar graphs uniformly at random.* in: Theoretical Computer Science
16. B. Bollobás *The diameter of random graphs.* Transactions of the AMS 267, 1981, S. 41–52
17. B. Bollobás *The evolution of random graphs.* Transactions of the AMS 286, 1984, S. 257–274
18. B. Bollobás *The chromatic number of random graphs.* Combinatorica 8, 1988, S. 49–55
19. B. Bollobás *Random graphs, 2nd edition.* Cambridge University Press, 2001
20. B. Bollobás, O. Riordan *Mathematical results on scale-free graphs.* in: S. Bornholdt, H. Schuster (Hrsg.) Handbook of graphs and networks, Wiley-VCH, Berlin, 2002
21. B. Bollobás, O. Riordan *The diameter of a scale-free random graph.* Combinatorica 24, 2004, S. 5–34

22. I.M. Bomze, M. Budinich, P.M. Pardalos, M. Pelillo *The maximum clique problem.* in: D.-Z. Du, P.M. Pardalos (eds.): Handbook of combinatorial optimization, Kluwer, 1999

23. A. Bonato *A survey of models of the web graph.* Proceedings of Combinatorial and Algorithmic Aspects of Networking, 2004

24. A. Braunstein, M. Mézard, M. Weigt, R. Zecchina *Constraint satisfaction by survey propagation.* in: A. Percus, G. Istrate, C. Moore (Hrsg.): Computational Complexity and Statistical Physics, Oxford University Press, 2005

25. A. Broder, E. Shamir *On the second eigenvalue of random regular graphs.* Proc. 28th FOCS, 1987, S. 286–294

26. P.G. Buckley, D. Osthus *Popularity based random graph models leading to a scale-free degree sequence.* Discrete Mathematics 282, 2004, S. 53–68

27. A. Coja-Oghlan *The Lovász number of random graphs.* Combinator. Probab. Comput. 14, 2005, S. 439–465

28. A. Coja-Oghlan, A. Taraz *Exact and approximative algorithms for coloring $G(n, p)$.* Random Struct. Alg. 24, 2004, S. 259–278

29. A. Coja-Oghlan, C. Moore, V. Sanwalani *Counting connected graphs and hypergraphs via the probabilistic method.* Proc. 8th RANDOM, Springer LNCS 3122, 2004, S. 322–333

30. C. Cooper,A. Frieze *On a general model of web graphs.* Random Struct. Alg. 22, 2003, S. 311–335

31. C. Cooper, A. Frieze *Crawling on web graphs.* Internet Mathematics 1, 2003, S. 57–90

32. I. Dinur *The PCP theorem by gap amplification.* Report TR05-046, ECCC, 2005

33. P. Erdős *Some remarks on the theory of graphs.* Bull. Amer. Math. Soc. 53, 1947, S. 292–294

34. P. Erdős *Graph theory and probability II.* Canad. J. Math. 13, 1961, S. 346–352

35. P. Erdős, A. Rényi *On random graphs I.* Publicationes Mathematicae Debrecen 5, 1959, S. 290–297

36. P. Erdős, A. Rényi *On the evolution of random graphs.* Magyar Tud. Akad. Mat. Kutató Int. Közl 5, 1960, S. 17–61

37. P. Erdős, G. Szekeres *A combinatorial problem in geometry.* Composito Math. 2, 1935, S. 463–470

38. U. Feige, M. Langberg, G. Schechtman *Graphs with tiny vector chromatic numbers and huge chromatic numbers.* SIAM J. Computing 33, 2004, S. 1338–1368

39. J. Friedman *A proof of Alon's second eigenvalue conjecture.* Proc. 35th STOC, 2003, S. 720–724

40. J. Friedman, J. Kahn, E. Szemerédi *On the second eigenvalue in random regular graphs.* Proc. 21st STOC, 1989, S. 587–598

41. C. Frömmel, C. Gille, A. Goede, C. Gröpl, S. Hougardy, T. Nierhoff, R. Preissner, M. Thimm *Accelerating screening of 3D protein data with a graph theoretical approach.* Bioinformatics 19, 2003, S. 2442–2447

42. S. Gerke, C. McDiarmid, A. Steger, A. Weißl *Random planar graphs with a fixed number of edges.* Proc. 16th SODA, 2005, S. 999–1007

43. O. Giménez, M. Noy *Asymptotic enumeration and limit laws of planar graphs.* Preprint, 2005

44. G. Grimmett, C. McDiarmid *On colouring random graphs.* Math. Proc. Camb. Phil. Soc. 77, 1975, S. 313–324

45. J.-L. Guillaume, M. Latapy *Bipartite structure of all complex networks.* Information Processing Letters 90, 2004, S. 215–221

46. M. Henzinger *Algorithmic challenges in web search engines.* Internet Mathematics 1, 2002, S. 115–126

47. R. van der Hofstad, J. Spencer *Counting connected graphs asymptotically.* Preprint, 2005

48. S. Janson, T. Łuczak, A. Ruciński *Random Graphs.* Wiley, 2000

49. S. Janson, D. Knuth, T. Łuczak, B. Pittel *The birth of the giant component.* Random Struct. Alg. 4, 1993, S. 231–258

50. D. Karger, R. Motwani, M. Sudan *Approximate graph coloring by semidefinite programming.* Journal of the ACM 45, 1998, S. 246–265

51. R. Karp *The probabilistic analysis of combinatorial optimization algorithms.* Proc. International Congress of Mathematicians, 1984, S. 1601–1609

52. R. Karp *The transitive closure of a random digraph.* Random Struct. Alg. 1, 1990, S. 73–93

53. J.H. Kim *The Ramsey number $R(3,t)$ has order of magnitude $t^2 / \log t$.* Random Struct. Alg. 7, 1995, S. 173–207

54. M. Krivelevich *Deciding k-colorability in expected polynomial time.* Information Processing Letters 81, 2002, S. 1–6

55. R. Kumar, P. Raghavan, S. Rajagopalan, D. Sivakumar, A. Tomkins, E. Upfal *Stochastic models for the web graph.* Proceedings of FOCS, 2000

56. A. Lubotzky, R. Phillips, P. Sarnak *Ramanujan graphs.* Combinatorica 8, 1988, S. 261–277

57. T. Łuczak *The chromatic number of random graphs.* Combinatorica 11, 1991, S. 45–54

58. M. Mitzenmacher *A brief history of generative models for power law and lognormal distributions.* Internet Mathematics 1, 2003, S. 226–251

59. M. Molloy, B. Reed *The size of the giant component of a random graph with a given degree sequence.* Combinator. Probab. Comput. 7, 1998, S. 295–305

60. D. Osthus, H.J. Prömel, A. Taraz *For which densities are random triangle-free graphs almost surely bipartite?* Combinatorica 23, 2003, S. 105–150

61. D. Osthus, H.J. Prömel, A. Taraz *On random planar graphs, the number of planar graphs and their triangulations.* J. Combin. Th. Ser. B 88, 2003, S. 119–134

62. M. Penrose *Random Geometric Graphs.* Oxford University Press, 2004

63. N. Przulj, D.G. Corneil, I. Jurisica *Modeling interactome: Scale-free or geometric?* Bioinformatics 20, 2004, S. 3508–3515

64. F.P. Ramsey *On a problem of formal logic.* Proc. London Math. Soc. 30, 1930, S. 264–286

65. O. Reingold *Undirected ST-connectivity in log-space.* Proc. 37th STOC, 2005, S. 376–385

66. R.J. Riddell, G.E. Uhlenbeck *On the theory of virial development of the equation of state of monoatomic gases.* J. Chem. Phys. 21, 1953, S. 2056–2064

67. E. Shamir, J. Spencer *Sharp concentration of the chromatic number of random graphs $G_{n,p}$.* Combinatorica 7, 1987, S. 121–129

68. E. Scheinerman *Random interval graphs.* Combinatorica 8, 1988, S. 357–371.

69. S.H. Strogatz, D.J. Watts *Collective dynamics of 'small-world' networks.* Nature 393, 1998, S. 440–442

70. G. Tanner *Explicit construction of concentrators from generalized n-gons.* SIAM J. Discrete Mathematics 5, 1984, S. 287–293

Speicher-Medium

Wolfgang Coy

Humboldt-Universität zu Berlin
coy@informatik.hu-berlin.de

> *„This result deserves to be noted. It shows in a most striking way*
> *where the real difficulty, the main bottleneck, of an automatic very*
> *high speed computing device lies: At the memory.“*
> John v. Neumann, 1945

Zusammenfassung. In einer Gerätegeschichte der Informatik sind Speicher so wichtig wie Prozessoren, Systeme oder Netze. Zeigten die primären, sekundären und tertiären Speicher nicht ein Wachstum, das mit dem Mooreschen Gesetz vergleichbar ist, gäbe es zwar schnelle Rechner, aber keine Digitalen Medien. Der jahrzehntelange Wettstreit zwischen magnetischen, optischen und mikroelektronischen Speichern ist noch längst nicht entschieden. Sicher ist nur, daß die Speicherdichten auf vorsehbare Zeit weiterhin exponentiell wachsen und sich damit immer neue Anwendungen für die Digitalen Medien ergeben.[1]

In den letzten beiden Jahrzehnten sind die Informations-, Kommunikations- und Unterhaltungsmedien nahezu vollständig in Digitale Medien verwandelt worden. Das technische Potential der Informatik und Informationstechnik hat

---

[1] Der Aufsatz ist eine Skizze dessen, was eine streng quellenorientierte Archäologie erst belegen müsste. Ich bin kein Historiker, nur ein Amateur; meine bestreitbare Qualifikation besteht darin, dass ich seit 1966 „dabei“ war. Die Arbeit beruht deshalb auf vielen, nicht immer zitierten, manchmal mündlichen Quellen, zu denen vor allem eigenen Erfahrungen und Erinnerungen zählen. Das ist nicht so zuverlässig, wie es wäre, wenn ich viel mehr Zeit aufbringen für diese Arbeit aufbringen könnte. Einen Vorteil sehe ich freilich darin, dass ich mir Situationen und Erfahrungen ins Gedächtnis rufen kann – was späteren Technikhistorikern verwehrt bleiben muss, weil es häufig keine erhaltenen Quellen dazu gibt. Die Darstellung entspricht deshalb in den großen Linien meinen beruflichen Erfahrungen und einer gewissen Sammelleidenschaft. Mögen spätere Technikhistoriker sich herausgefordert fühlen, eine besser belegte Geschichte der digitalen Speicher zu schreiben.

diese Medien um neue Formen der Interaktivität durch programmierte Prozessoren bereichert. Vor allem aber hat es eine einheitliche digitale Netz- und Speichertechnik für die unterschiedlichsten Medien bereitgestellt. damit sind eine Fülle neuer Digitaler Medien entstanden, die weit über Audio-CD und E-Mail hinausgehen und denen wir das WWW, Internetradio, VoIP-Telefonie, WLAN, RFIDs oder Wikis verdanken [1]. Ein Ende dieser Entwicklung ist nicht abzusehen, denn die Kombinationsmöglichkeiten von programmierten Prozessoren, digitalen Netzen und digitalen Speichern sind keineswegs ausgelotet.

In der Informatikgeschichte ist die enorme Bedeutung der Speicher bislang vernachlässigt worden. Sie werden meist als unvermeidbare Ergänzung von Zentraleinheiten oder als Abfallprodukt der Mikroelektronik gesehen. Auch eine firmenzentrierte Geschichte oder eine abstraktere Ideengeschichte entlang der Programmiersprachen oder zugrunde liegender Theorien geht über die Geschichte der Speicher hinweg. Dabei wäre die Geschichte der Rechentechnik, der Datenverarbeitung, der Informatik ohne das exponentielle Wachstum der Speicherkapazitäten und den enormen Einfallsreichtum der Ingenieure und Informatiker bei der Entwicklung neuer Speicherbausteine, Geräte und Speicherarchitekturen gewiss viel weniger stürmisch und weniger erfolgreich verlaufen. Die Entwicklung Digitaler Medien wäre ohne optische, magnetische und mikroelektronische Speichermedien undenkbar.

1 Speicher oder Gedächtnis?

Die Speichermetapher geht auf die frühen Arbeiten von Charles Babbage [2] zurück, der das Rechenwerk der *Analytical Engine* mit dem Namen *Mill* belegte und dieser Mühle ein *Store*, einen Speicher für verarbeiteten Daten zufügte:[2] „The calculating parts of the engine may be divided into two portions:

1st   The *Mill* in which all operations are performed
2nd   The *Store* in which all the numbers are originally placed
       and to which the numbers computed by the engine are returned.“

Howard Aiken reduziert die Namen für die Datenhaltung seiner *Harvard Mark I* auf *Register*, *Tapes* und *Cards* – womit er Hollerith-Lochkarten meinte. In den drei Aufsätzen, die Aiken zusammen mit Grace Hopper zu seiner Maschine veröffentlicht hat [3], kommen Datenspeicher nur unter diesen

---

[2] Möglicherweise ist diese Metaphorik auch ein Hinweis auf die J.H. Müllersche *Rechenmühle*, die Babbage wohl bekannt war, auch wenn er, der Sammler aller früheren Werke über Rechenmaschinen, gerade diese Maschine nicht als Vorläufer seiner ersten Rechenmaschinen erwähnt. Müller skizzierte auch eine Maschinen für ein Differenzenkalkül, ähnlich der *Difference Engine* von Babbage, die der *Analytical Engine* vorausging. Was Müller jedoch fehlte, waren die finanziellen Mittel, über die Babbage verfügte. Er beklagt dies in einem Brief an Lichtenberg, bei dem er erfolglos die Vermittlung „eines reichen Engländers“ zur Finanzierung seiner Maschine erbittet.

gerätespezifischen Namen vor; einzig in einem unveröffentlichten Proposal von 1937 spricht er davon, Werte zwischenzuspeichern: „... that numbers may be removed from the calculating unit and temporarily stored in storage positions.“[3]

Konrad Zuse unterscheidet dagegen *Rechenplan* und *Speicherplan*, so in den Tagebuchnotizen vom 19.6.1937 [5]. Alan Turings *Paper Machine* arbeitet mit einem internen Zustandsspeicher und einem Speicherband, aber er spricht weder von Speicher noch von Gedächtnis – außer da, wo er explizit vom menschlichen Gehirn und seiner Beziehung zur *Paper Machine* spricht. Statt dessen nennt er *m-configurations, tape* und *tape squares*. Externe Datenspeicher sind für Turing kein eigenständiges Problem, vielleicht weil er seiner *Paper Machine* unbeschränkt viel *tape* vorhält. Den unveränderbaren internen Programmspeicher beschränkt er jedoch auf endlich viele Eintragungen. Er könnte ihn freilich auch ohne Verlust der Funktionalität weglassen und das Programm im Datenspeicher unterbringen, also auf dem externen Band.

Bei den technischen Realisierungen von Zuses Z1 über die Harvard Mark I bis zur ENIAC sieht dies anders aus. Mechanische oder elektromechanische Relais und Röhrenschaltungen bilden die Speicherbausteine im Innern der Rechenwerke. Dies sind aber alles andere als „unendlich lange Bänder“, sondern sehr kleine Speicher, die nur wenige Speicherwörter aufnehmen können

Obwohl Datenspeicher wesentlich die moderne Rechentechnik prägen und die Digitale Medientechnik überhaupt erst ermöglichen, spielen sie in den frühen Entwürfen und deren Darstellung gegenüber den Rechen- und Steuerwerken eine untergeordnete Rolle. Der Grund ist einfach: Es mangelt an brauchbaren technischen Konzepten für große wiederbeschreibbare Speicher, die mit der Arbeitsgeschwindigkeit der Prozessoren Schritt halten konnten. Zwar standen mit der Lochkartentechnik ebenso wie mit der Lochstreifentechnik ausgereifte Lösungen für externe Speicher zur Verfügung, doch waren diese nicht wiederbeschreibbar und nur schwer in die Rechengänge integrierbar. Zuses 1941 fertig gestellte Z3 konnte gerade einmal 64 Binärwörter der Länge 22 bit speichern und verwendete aus Geldmangel gebrauchtes, gelochtes Kinofilmmaterial für die externe Speicherung von Programmen. Die gleichfalls elektromechanische Harvard Mark I[4], deren Bau 1941 begonnen wurde, verwendet 23 bit lange Wörter und kann 12 solche Wörter in einem Zwi-

---

[3] Howard Aiken, Proposed Automatic Calculating Machine. Dem Harvard-Präsidenten wurde dieser Vorschlag zur Entwicklung einer Rechenmaschine im Januar 1938 zugeleitet. Erstmals mit geringfügigen Änderungen wurde er veröffentlicht in IEEE Spectrum 62–69, August 1964. In [4] findet sich eine Abschrift aus dem Archiv der Harvard University, die diese Änderungen wieder zurücknimmt.

[4] Aiken bestand auf dieser Trennung von Datenspeicher und Programmspeicher in allen Harvard-Maschinen von der Mark I bis zur Mark IV. Grace Hopper weist später auf die Besonderheit der Harvard-Architektur hin: „We lost that concept for a while when people came along and said: 'Oh, we want to store the program in the same memory as the numbers, so that we can alter the program.' In my opinion, that put more bugs into programs than anything else ever did. ... Perhaps

schenspeicher lagern. Aber vielleicht hat Aiken auch deshalb so wenig über die Speichertechnik geschrieben, weil die Ein-Ausgabe seiner Maschine weitgehend auf die Lochstreifentechnik des Finanziers und technischen Unterstützers IBM zurückgriff[5] – ergänzt um direkt angesteuerte photolithografische Drucker.[6]

Die Frage nach größeren Speichern kam mit dem Erfolg der ersten automatischen Rechenmaschinen. Als Geburtspapier muss John v. Neumanns geheimer, aber unter den Aktivisten des Rechnerbaus weit verbreiteter *First Draft on the EDVAC* gelten, der die konstruktiven Merkmale künftiger Rechenautomaten kompetent und autoritativ kompilierte [8]. Neben vielen Merkmalen moderner Rechner wie dem Einsatz von Binärzahlwörtern fester Länge und der Speicherung von Programmzeilensequenzen, der Trennung von Rechenwerk, Steuerwerk, Speicher und Ein/Ausgabe (alles von Zuse und Aiken längst praktiziert), bestand Neumanns Entwurf konträr zu Aiken auf der Idee, Programme wie Daten in einem gemeinsamen internen Speicher zu halten.[7] Ein wesentlicher Grund dafür war, dass v. Neumann zur Lösung partieller Differentialgleichungen, die ihn im Rahmen der Untersuchung gewisser Schockwellenphänomene in Los Alamos interessierten[8], von einem Speicherbedarf von rund 250 Kb ausging. Dabei rechnete er mit einer Binärwortlänge von 32 bit (einschließlich Vorzeichenbit und Flagbit), also rund 9 Dezimalziffern: „The device requires a considerable memory. While it appeared that various parts of this memory have to perform functions which differ somewhat in their nature and considerably in their purpose, it is nevertheless tempting to treat the entire memory as one organ, and to have its parts even as interchangeable as possible for the various functions enumerated above." ([8], S. 3) An Hand verschiedener Problemklassen numerischer Rechnungen und mit der Überlegung, dass der Adressraum eine Zweierpotenz sein sollte, kommt v. Neumann zur Forderung, ein Computerspeicher solle aus 2^{16} oder 2^{18} Bitzellen bestehen,

---

in the future more computers will come to reflect this feature of the Mark I and of Aiken's philosophy." [6]

[5] Aiken wollte keine Lochkarten einsetzen, schreibt der IBM-Ingenieur Robert Campbell, der als Verbindungsmann am Bau der finalen IBM-Version ASCC in Endicott beteiligt war [7]. In der IBM ASCC-Version der Harvard Mark I gab es dennoch Lochkartenleser und -drucker.

[6] Adressierbare externe Speicher sind ebenfalls noch unbekannt, da die Programme sequentiell abgearbeitet werden. Beide, Zuse wie Aiken, realisieren Programmschleifen durch das Zusammenkleben des Eingabebandes zu einer materiellen Speicherschleife.

[7] Zuse hatte das die Möglichkeit der internen Prigrammspeicherung in seiner Patentanmeldung „Verfahren zur selbsttätigen Durchführung von Rechnungen mit Hilfe von Rechenmaschinen" von 1936 auch schon angeprochen. Technisch ging dies freilich weit über die Möglichkeiten der Z1–Z3 hinaus. Patentanmeldung Z 23 139. Zu den unglücklichen Patentierungsstrategien von Konrad Zuse vgl. Hartmut Petzold, Moderne Rechenkünstler. Die Industrialisierung der Rechentechnik in Deutschland C. H. Beck 1992, München: Beck 1992

[8] Auf Deutsch: Atombomben

also 66 oder 262 Kb. Dies war eine enorme technische Herausforderung. „This result deserves to be noted. It shows in a most striking way where the real difficulty, the main bottleneck, of an automatic very high speed computing device lies: At the memory. Compared to the relative simplicity of CA ..., and to the simplicity of CC and of its 'code' ..., M is somewhat impressive: The requirements formulated in 12.2, which were considerable but by no means fantastic, necessitate a memory M with a capacity of about a quarter million units! Clearly the practicality of a device as is contemplated here depends most critically on the possibility of building such an M, and on the question of how simple such an M can be made to be." ([8], Abschnitt 12.4)

Elektrische Bauelemente schließt v. Neumann angesichts dieser Größenordnungen aus. Sein Vorschlag besteht im Einklang mit kompetenten Ingenieuren in einem Bündel akustischer Verzögerungsleitungen. Das sind mit Quecksilber gefüllte Glasröhren, denen durch einen Piezo-Lautsprecher eine Impulsfolge aufgeprägt wird, die wiederum mit einem Mikrofon ausgelesen wird – und so erneut in einer Schleife gespeichert werden kann. Im ENIAC wurden neben einigen Quecksilberröhren in voller Wortlänge zwei Bündel von 64 Röhren mit 1m Länge eingesetzt, die pro Röhre 256 Pulse speichern konnten. Doch das war aus ökonomischen und technischen Gründen eine deutlich niedrigere Kapazität als v. Neumanns Vorschlag im Draft. Neben dem ENIAC nutzten auch der EDSAC, ACE und die Univac I solche Speicherröhren.[9]

Im Draft schlägt v. Neumann eine zweite Variante zur Realisierung eines Hauptspeichers vor. „... there exists an entirely different approach which may even appear prima facie to be more natural. The solution to which we allude must be sought along the lines of the iconoscope. This device in its developed form remembers the state of $400 \times 500 = 200.000$ separate points, indeed it remembers for each point more than one alternative. As is well known, it remembers whether each point has been illuminated or not, but it can distinguish more than two states: Besides light and no light it can also recognize-at each point-several intermediate degrees of illumination. These memories are placed on it by a light beam, and subsequently sensed by an electron beam, but it is easy to see that small changes would make it possible to do the placing of the memories by an electron beam also. Thus a single iconoscope has a memory capacity of the same order as our desideratum for the entire M (≈ 250.000), and all memory units are simultaneously accessible for input and output."[10] ([8], Abschnitt 12.8)

Neumanns Vorschläge beschrieben die akustischen und elektrostatischen Speicher, die dann in den ersten kommerziell vertriebenen Rechnern eingesetzt

---

[9] Akustische Verzögerungsleitungen können nur dynamisch als Speicher betrieben werden; ihre Information muss ständig erneuert werden. Während akustische Verzögerungsleitungen nur eine kurze technologische Lebensdauer besaßen, wird das Refresh-Prinzip auch heute noch bei dynamischen RAM-Speichern eingesetzt, deren winzige Kondensatoren andauernd wieder aufgeladen werden.

[10] Dieser elektrostatische Speicher muß also nicht binär ausgelegt werden; er kann auch mehrere Werte in einer einzigen Speicherzelle speichern.

werden. Frederick Calland Williams und Tom Kilburn bauen 1946/1947 eine solche Kathodenstrahlspeicherröhre im *Electrical Engineering Department* der Universität Manchester. Diese Williams-Röhre oder Williams-Kilburn-Röhre bildete den Hauptspeicher der Manchester *Small Scale Experimental Machine* („Manchester Baby") und des darauf aufbauenden, im Oktober 1949 voll funktionsfähigen Manchester Mark I. Die Manchester Rechner waren die ersten Computer mit internem elektrostatischem Programmspeicher, wie ihn John v. Neumann propagiert hatte. Ab 1951 wurden sie in kommerziellen Varianten als Ferranti Mark I angeboten. Auch Kathodenstrahlspeicher mußten wie Quecksilberröhren ständig gelesen und neu beschrieben werden; ihr großer Vorteil lag darin, dass sie mit vertretbarem Aufwand den direkten Zugriff auf kurze Wortlängen erlauben, während Verzögerungsleitungen ökonomischer mit langen Ketten von Binärwörtern arbeiteten. Auch in der IBM 701 („*Defense Calculator*") und der IBM 702, den IBM Großrechnern der ersten Stunde wurden Kathodenstrahlröhren als schnelle Hauptspeicher verwendet. Erst Mitte der Fünfziger Jahre lösten Ferritkernspeicher diese elektrostatischen Speicher ab; diese beherrschten dann bis weit in die siebziger Jahre die Mainframe-Baureihen.

Das Konzept des Kernspeichers wurde prototypisch erstmals 1948 von An Wang am *Harvard Computing Lab* umgesetzt. Auch Presper Eckert, der damals noch am ENIAC arbeitete, experimentierte mit solchen Speichern, die er bei der Gründung von ERA für die Univac-Rechner einsetzte. Jay Forrester übernahm 1949 das Konzept für den *Whirlwind,* der im Rahmen des SAGE-Projekts am MIT als schnellster Rechner der Welt geplant wurde. Auch die IBM entwickelte eine eigene Version. Kernspeicher bestehen aus Matrizen kleiner ringförmiger Magneten, die in zwei Drehrichtungen magnetisiert werden können, die als 0 oder 1 interpretiert werden. Schreiben erfolgt mittels zweier isolierter Drähte, die sich in der x,y-Koordinate in der Matrix kreuzen. Auf Grund der Hystereseeigenschaft der Magnetkerne wird die Magnetisierung durch den Strom einer der Leitungen nicht verändert, wohl aber durch den doppelt so hohen Strom der sich kreuzenden Leitungen, die dann den Kern neu beschreiben können. Lesen erfolgt durch das Überschreiben dieses Speicherrings mit einer 1, was je nach vorheriger Speicherung einer dritten Meßleitung einen Impuls versetzt (oder eben nicht). Anschließend muss der so überschriebene Wert eventuell wiederhergestellt werden. Die Taktung der Kernspeicher liegt bei etwa einem MHz, die Zugriffszeiten bei $0,5\mu s$. Erste Ferritkernmatrizen besaßen eine Speicherkapazität von 1Kb, die später bis 16 Kb gesteigert wurden. Kernspeicher sind nichtflüchtig, eine angenehme Eigenschaft für die *low-level* Speicherverwaltung.

Sperry Rand entwickelte in den Sechzigern magnetische Dünnfilmspeicher, die als mikroelektronische Variante der Kernspeicher angesehen werden können. Die Magnete werden auf Glasplättchen aufgedampft, über die anschließend Leitungen „gedruckt" werden. *Thin film memories* bilden die Registerspeicher der Univac 1107. IBM nutzte sie für die Hauptspeicher ihrer militärisch finanzierten Topvarianten der System/360-Baureihe. Ihre Herstellung war aber zu teuer, um Kernspeicher völlig abzulösen. Diese blieben die Hauptspeicherbasis für die Mainframes bis zur Mitte der siebziger Jahre als Halbleiterspeicherchips für diese Zwecke endlich zuverlässig und billig genug wurden. Aus der Kernspeichertechnik sind bis heute einige Metaphern erhalten geblieben: *Core Memory* für den Hauptspeicher und *Core Dump* für einen Hauptspeicherauszug.

Eine andere metaphorische Verschiebung nahm John v. Neumann vor, den die Differenz und Ähnlichkeit von Rechenmaschine und Gehirns faszinierte. Aus dieser kybernetisch beeinflussten Frage verschob sich im amerikanischen Sprachgebrauch die Interpretation des Speichers zum Gedächtnis – von Computer Storage zu Computer Memory. Im deutschen Sprachgebrauch blieb freilich das einfache Wort Speicher haften, wie es schon in den ersten Schriften Konrad Zuses verwendet wurde[11].

2 Die Mikroelektronik-Revolution

Konrad Zuse und Helmut Schreyer planten bereits 1938 elektronische Schaltungen aus Röhren und Glimmlampen. Ihnen war klar, dass sie damit die Rechengeschwindigkeiten mechanischer Maschinen vertausendfachen würden. Bei einem Vortrag an der Technischen Hochschule über diese Aussichten wurden sie als Fantasten eingestuft. „Von da an hielten wir uns mit Angaben über die Geschwindigkeiten, die elektronische Rechner einmal würden erreichen können, zurück." ([5], S. 36) Während des Krieges experimentierte Schreyer mit speziellen Telefunken-Röhren vom Typ EDD3. Es wurden aber, vor allem kriegsbedingt, keine Röhrenmaschine gebaut. [12]

Der erste funktionierende Rechner in Röhrentechnik war der 1946 in Dienst gestellte Dezimalrechner ENIAC. Die enthielt mehr als 17000 Röhren[13], eine abenteuerliche Zahl angesichts der Unzuverlässigkeit solcher Bauelemente. Ende 1947 gelang es William B. Shockley, John Bardeen und Walter Brattain an den Bell Laboratories Verstärkerfunktionen auf Basis Halbleitern zu demonstrieren: Der *Transistor* war erfunden. Diese Halbleiterverstärker, die

---

[11] … der freilich der Vorstellung eines „mechanischen Gehirns" schon früher nachging (veröffentlich in [5] als Tagebuchnotiz vom 20.6.1937 nebst Faksimilé einer Kurzschrift).

[12] K. Zuse zitiert Martin F. Wolters: „Das Zuse-Schreyersche Konzept der Umwandlung der mechanischen Relaismaschine in eine Anordnung von ‚Elektronenrelais', wie man damals sagte, geschah mit Hilfe einer von Telefunken entwickelten Stahlröhre, einer Doppeltriode mit dem Namen EDD3. Diese Röhre wird mir ewig im Gedächtnis bleiben, weil ich aus ihr und den Adlershofschen Ersatzteilen den einzigen Radioapparat gebastelt habe, einen zweistufigen Gerdadeausempfänger, den ich jemals in meinem leben gemacht habe." ([5], S. 70)

[13] Die Zahl schwankte im Lauf der Dienstzeit von 1946 bis 1955, da eine solche Maschine, wie alle frühen Computer, ein Laborgerät war, das niemals einen fertigen Zustand erreichte.

auch als Schaltelemente einsetzbar waren, besitzen einige Vorteile gegenüber
der Elektronenröhre. Sie sind sofort betriebsbereit, da die Aufheizung wegfällt,
zeigen nur geringe Energieverluste und fast keine Wärmeentwicklung im Vergleich zur Röhre, die ja immer einen Heizdraht besitzt. Zudem zeigen sie nur
geringe mechanische Empfindlichkeit; ihre Störanfälligkeit ist deutlich geringer als bei Röhre oder Relay und die Lebensdauer ist größer. Zudem besitzen
Transistoren viel kleinere Abmessungen und nur ein geringes Gewicht.

Freilich musste erst einmal eine akzeptable und ökonomische Herstellung
gesichert werden. Erst in der zweiten Hälfte der fünfziger Jahre war dies gesichert, so dass die ersten Prototypen für Rechner auf Halbleiterbasis gebaut
werden konnten. Aus dem militärischen Versuchsmodell IBM 7030 (der „IBM
Stretch"[14]) wurden kommerzielle Großrechner wie die transistorisierte IBM
7090 abgeleitet. Als Hauptspeicher dienten freilich weiterhin Kernspeicher –
mit der 36-bit Wörtern, denn die Rechnerarchitektur entsprach dem Röhrenrechner IBM 709. Die 7090 war also eine transistorisierte Version der 709, oder
im firmeninternen Sprachgebrauch der Entwickler eine 709T (für Transistor).
Ab 1962 kamen die IBM 7040 und andere hinzu. Control Data begann seine Rechnerlinien 1959 mit transistorisierten Zentraleinheiten; die CDC1604
war ein Meilenstein der Computerentwicklung, vielleicht der erste Supercomputer. Auch die anderen Computerhersteller stellten ihre Produktionen von
Röhrengeräten auf Transistorschaltungen um.

Der erste mitteleuropäische Transistorrechner war das von Heinz Zemanek
an der TU Wien entwickelte „Mailüfterl". Die Planungsarbeiten begannen
1954; die ersten größeren Rechenprogramme liefen 1959. Siemens begann 1954
mit der Planung binärer Digitalrechner. Prototypen der Serie 2002 wurden
auf Transistorbasis mit Kernspeicher und einem externen Trommelspeicher
konzipiert. Die Auslieferung begann 1962.

1959 erhielt Jack Kilby von Texas Instruments ein Patent auf die Integration mehrerer Transistoren auf einem gemeinsamen Germaniumplättchen; die
integrierte Schaltung(IC) war geboren. In den Sechzigern entstanden mehrere
Firmen, die diese Technologie vor allem für militärische Zwecke weiter entwickelten, darunter auch Intel. Gordon Moore, einer Fimengründer formulierte
1965 das inzwischen berühmte Mooresche „Gesetz", das die Wachstumsraten
dieser ICs für zunächst zehn Jahre in einer Art industriellem Entwicklungsplan
vorhersagte. Heute, vierzig Jahre später, kann eine durchschnittliche Verdop-
pelung der Zahl von Transistorschaltfunktionen in jeweils etwa 18 Monaten
festgestellt werden – und es spricht wenig dagegen, dass dieses Wachstum auch
in den nächsten zehn Jahren anhalten wird. Die *Small Scale Integration* weniger Bauelemente und die dichtere *Medium Scale Integration* erlaubte es, ALUs
und ihre Registerspeicher als integrierte Schaltungen auszulegen. 1972 wurde
bei Intel der 4004, ein ganzer 4-bit Mikroprozessor mit 2300 Transistorfunktio-

---

[14] „Stretch (the limits of computers)!" Nachdem die ursprünglichen Leistungsda-
ten immer weiter aufgeweicht wurde, um überhaupt eine arbeitsfähige IBM 7030
auszuliefern, nannten sie manche „Shrink (specifications)".

nen auf einem Chip integriert. Die Fähigkeit zur *Large Scale Integration* einer so großen Zahl von Funktionen hatte Intel mit dem 1K-DRAM-Speicherchip 1103 erworben, der seit Ende 1970 gebaut wurde. LSI-Speicherchips wie der Intel 1103 waren der Anfang vom Ende der Kernspeicher. Halbleiterspeicher sind seitdem die dominierende Bauweise von Hauptspeichern.[15]

Bei Halbleiterspeichern werden hauptsächlich dynamische und statische Bauformen unterschieden wobei die Inhalte dynamischer RAM-Speicher in sehr kurzen Zeitintervallen (typisch um 60 ms) durch eine Ansteuerschaltung „aufgefrischt" werden müssen. Statische RAM-Speicher brauchen diese Auffrischung nicht, aber sie benötigen 6 Transistoren pro Speicherzelle statt eines Transistors mit einem Kondensator in der Zelle eines DRAM-Speichers.[16] Für langfristige Speicherung sind weder DRAM- noch SRAM-Speicher geeignet, da sie ihre Daten bei Wegfall der äußeren Energieversorgung verlieren.

Eine besondere Form von Halbleiterspeichern bilden die ROM-Lesespeicher, die eigentlich kombinatorsche Schaltungen sind. In ihnen können unveränderliche Funktionsteile des Betriebssystems und andere Steuerfolgen abgelegt werden. Zwischen Hardware und Software wurde so eine mikroelektronische *Firmware* geschoben. Das *Basic Input Output System BIOS* von PCs ist ein Beispiel solcher Firmware. Die ursprünglich unveränderlichen ROM-Bausteine sind inzwischen durch eine Vielzahl veränderbarer Varianten, wie dem EPROM oder EEPROM erweitert worden, die zwar keine schnelle Änderung ihrer Speicherinhalte wie die RAM-Speicher erlauben, aber überhaupt umprogrammiert werden können, ohne dass die Bausteine ausgetauscht werden müssen.

3 Speicherhierarchien

Inzwischen hat sich jenseits von Babbage und v. Neumann eine Art semantischer Arbeitsteilung eingestellt, bei der die „internen" Datenbehälter als *Memories* bezeichnet werden und die externen Datenbehälter einschließlich der im Rechnergehäuse verbauten Festplatte als *Storage*. Dabei haben sich für beide Kategorien reichhaltig strukturierte Ordnungen herausgebildet, die schnelle Registerspeicher von etwas langsameren Hauptspeichern trennen und sekundäre externe Speicher mit direktem Zugriff von den tertiären Speichern für Archivierungs- und Backup-Zwecke unterscheiden. Die Tabelle 1 gibt einige typische Werte an.

---

[15] Erfunden wurde D-RAMs von Robert Dennard, einem IBM-Fellow. Bei der Nutzung in ihren Großrechnern, ließ sich die Firma, wie so oft, reichlich Zeit.

[16] AMD will langfristig statt SRAM in kommenden Prozessorgenerationen Zero-Capacitor-RAM-Zellen (Z-RAM) für den internen Cache-Speicher einsetzen, wobei der winzige Kondensator durch einen sogenannten „Floating Body Effect" der *Silicon-on-Insulator-Wafer* ersetzt wird.

Tabelle 1: Typische Kapazitäten und Zugriffszeiten

Medium	Kapazität	Mittlere Zugriffszeit
Register	100–2000 Byte	5ns
Cache	10KB–512KB	15ns
Arbeitsspeicher	128MB–4GB	50ns
Flashkarten	256MB–8GB	250ns
Festplatten	10GB–400GB	5ms
Optische Platten	256MB–30GB	150ms
Disketten	320KB–3MB	100ms
Magnetbänder	10GB–0,5TB	20s

4 Papiere und magnetische Massenspeicher

Lochkarten und Lochstreifen

Im Anfang war die Lochkarte und der Lochstreifen. Die Hollerithkarte wurde zur amerikanischen Volkszählung von 1890 eingeführt. Vorläufer findet man unter anderen bei der Steuerung von Jacquard-Webstühlen, Drehorgeln und ähnlichem. Auch Babagge sah Lochkarten als Speichermedium seiner Rechenmaschinen an. Aus der ursprünglichen Firma Herman Holleriths und ihren Konkurrenten entstand eine Büromaschinenindustrie, die unter anderem IBM, NCR, Burroughs u.a. umfasste. Die im Laufe der Zeit veränderte Lochkarte sah in ihrer typischen Form für die Datenverarbeitung 80 Reihen mit 12 Zeilen vor, die aber in einer ineffizienten Kodierung nur die Speicherung von 80 Dezimalziffern, Buchstaben und Sonderzeichen im EBCDIC-Kode, also 80 Byte, erlaubte. 1972 führte die IBM eine kompaktere Lochkarte mit 32 Reihen für je 3 Zeichen auf Basis binärer Verschlüsselung für das System/3 ein; sie gewann jedoch angesichts der Konkurrenz der Floppy keine marktrelevante Bedeutung mehr.

Lochstreifen haben ihr Vorbild in der Morse-Telegrafie. 5-bit Parallellochung wurde für die Fernschreibtechnik entwickelt und auch in der Datenverarbeitung eingesetzt. Der 7-bit ASCII-Kode geht ebenfalls auf Fernschreibtechnik zurück.[17]

Magnetbänder

Magnetbänder sind 1928 von Fritz Pfleumer in Dresden erfunden worden. Er griff dabei auf die Stahldrahtmagnetisierung Valdemar Poulsens aus dem Jahr

---

[17] Konrad Zuse konnte sich keine Lochstreifenleser leisten und verwendete in seinen Labormaschinen ausgesonderten Kinofilm, den er nach einem eigenen Verfahren lochte.

1898 zurück[18], nutzte aber magnetisierte 16mm-Papierbänder; sein Patent verkaufte er an die AEG. Mitte der dreissiger Jahre experimentierte die IG Farben (BASF) mit magnetisierbaren pulverbeschichtete Bänder auf Acetyl-Cellulose-Träger zur Tonspeicherung. Mit einem geeigneten Schreib/Lesekopf, an dessen Schlitz das Band vorbeigeführt wurde, entstand 1935 erste brauchbare Tonbandgerät, das AEG K1. In den USA wurde ab 1948 die Firma Ampex federführend. diese stellte ab 1953 auch Magnetbandgeräte für die Videoaufzeichnung her.

Halbzoll-Magnetbänder zur Datenspeicherung wurden kommerziell erstmals 1951 bei der von Eckert und Mauchly entwickelten UNIVAC I eingesetzt. Auf acht Spuren konnten je 128 Zeichen pro Zoll gespeichert werden, die mit einer Geschwindigkeit von 100 Zoll/s ausgelesen wurden. Auch IBM Computer verwendeten in den Fünfzigern Halbzollbänder von 2400 bzw. 4800 Fuß Länge auf 10,5"-Spulen. Die technische Herausforderung bestand vor allem darin, den Stop-and-Go Betrieb zwischen Lese/Schreiboperationen und dem schnellen Vor- und Rückspulen zu beherrschen. Die Bänder wurden dazu durch Schächte mit einseitigem Unterdruck geführt bevor und nachdem sie am Lese/Schreibkopf vorbeiliefen. Batterien von Magnetbandgeräten mit Spulen und senkrechten Unterdruckkammern wurden neben der Lochkarte zum optischen Synonym mit Mainframe-Rechnern.

Anfang der Siebziger wurden die Spulen durch Bandkassetten abgelöst, die heute noch als Archivierungs- und Backup-Medien dienen. Bandkassetten nach dem offenen *Linear Tape Open*-Standard (LTO) speichern bis zu 400GB; durch verlustfreie Datenkompression sind diese Kapazitäten mehr als verdoppelbar. Die Verwaltung großer Bandbestände durch „Tape Libraries" mit „Bandrobotern" bietet mehrstellige Terabyte-Kapazitäten; sie sind in Mainframe-Installationen und Rechenzentren üblich.

Magnettrommel

Die Idee der Magnettrommel wurde vom österreichischen Erfinder *Gustav Tauschek* für die Hollerithmaschinen entwickelt. Auch *Heinz Billing* experimentierte während des Krieges mit solchen Trommeln mit magnetischen Schichten auf der Außenseite. Gelesen wird spurweise mit einer fest angeordneten Reihe von Lese/Schreibköpfen, die jeweils für eine Spur auf der Trommel genutzt werden. Die IBM nutzte Magnettrommeln für ihre ersten elektronischen Rechner wie der seit 1954 ausgelieferten sehr erfolgreichen IBM 650, die 2000 Ziffern mit 10 Dezimalziffern speichern konnte.[19] Auch der Röhrenrechner *Univac File Computer*, der ab 1958 ausgeliefert wurde, war um solche Ma-

---

[18] Die von Poulsen zu Anfang des Jahrhunderts mitgegründete amerikanische Firma Telegraphone war wirtschaftlich nicht erfolgreich; sie eröffnete 1918 das Konkursverfahren.

[19] Es wurden über 1800 Maschinen ausgeliefert; die IBM 650 war der meistverbreitete Computer seiner Zeit.

gnettrommeln herum gebaut[20], ebenso wie die Zuse Z22. Neben den Trommeln mit festen Köpfen wurden auch billigere mit beweglichen Lese/Schreibköpfen gebaut. Trommelspeicher dienten als schnelle externe Speicher, bis sie in den Siebzigern von Halbleiterspeichern abgelöst wurden.

Magnetische Festplatten

Magnetbänder eignen sich zum Speichern gleichförmiger Datenströme, die hintereinander gelesen und geschrieben werden können. Für Anwendungen, bei denen es um schnelle Zugriffe ohne fest gegebene Reihenfolge geht, also etwa bei Transaktionssystemen mit ihrem Zugriff auf Konten, Lagerlisten und ähnlichem, sind Bandgeräte wegen ihrer sequentiellen Speicherform gänzlich ungeeignet. Trommeln besitzen dagegen nur eine geringe Kapazität. Ein Ausweg wurde in Magnetplatten mit beweglichen Lese/Schreibköpfen gefunden. Die ersten Platten waren allerdings einfache topologische Umformungen der Trommel: Eine Reihe paralleler Lese/Schreibköpfe schrieb konzentrische Spuren auf eine sehr große Plattenoberfläche statt auf die Außenseite einer Trommel. Der Zugriff auf solche Platten konnte sehr schnell sein, aber die Kosten waren wegen der hohen Zahl der Köpfe sehr hoch. Univac experimentierte sehr früh mit einer solchen 30"-Platte – ohne daraus ein Produkt zu machen. Anderen gelang das, So wurden noch Anfang der Siebziger solche riesigen Platten von Burroughs gebaut und vertrieben.

Platten mit beweglichen Köpfen waren mechanisch aufwändiger und im Zugriff langsamer aber letztlich billiger, da sie einen Stapel relativ kleiner Platten mit je einem Kopf pro Oberfläche bearbeiten konnten – mit deutlich enger gelegten Magnetspuren. IBM stellte 1955 ihr BM 305 RAMAC Data Processing System 305 vor: „The new electronic device will permit mechanizsation of accounting and record-keeping previously found impractical owing to costs or procedural problems. Sorting – one of the most costly and time-consuming office machine processes – will be greatly reduced and in some casses actually eliminated." [9] Dies war der erste kommerziell erhältliche Computer mit einer Festplatte; der Magnetplattenspeicher 350 unter dem Namen „*Random Access Method for Accounting and Control* (RAMAC)" angeboten; sie bestand aus einem Stapel aus 50 Platten mit 24" Durchmesser, die sich 1200 mal in der Minute drehten. Jede Plattenoberfläche speicherte 100 konzentrische Spuren und bot 5MB Speicherplatz. Die Auslieferung begann 1956.

Aus Kostengründen, aber auch als Gründen kurzzeitiger Datenarchivierung entwickelte die IBM neben den Festplatten mit magnetische Wechselplatten, die aus einem schrankgroßen Gerät mit Motoren, Lese/Schreibköpfen und der nötigen Elektronik bestanden. Sie waren mit Wechselmedien bestückt – 14"-Plattenstapel aus sechs Platten. Benutzt wurden 10 Plattenoberflächen mit je 100 Spuren, wobei immer ein Kopf zwei gegenüberliegende Oberflächen

---

[20] Tatsächliche hatte er zwei verschieden schnelle Trommelspeicher – sowie Bandeinheiten. Die Entwicklung begann schon als Univac noch ERA hieß.

ansteuern konnte; die beiden äußeren Oberflächen wurden nicht benutzt. Pro Plattenstapel betrug die Speicherkapazität 7,25 MB. IBM 2311 und die größere Variante IBM 2314 dienten als Wechselplattenspeicher des Systems /360, das ab 1964 eingeführt wurde und das die weltweite Mainframe-Architektur bis heute definiert.

Mit wachsender Produktionserfahrung wurde das Konzept der Wechselplatten fragwürdig, da höhere Speicherdichten leichter in gekapselten Festplatten als in Wechselplatten erreicht werden können. Als Festplatte führte IBM 1973 die versiegelte 3340 *Winchester*-Platte mit 30 MB Speicher und 30 ms Zugriffszeit ein.[21] Shugart Technology (später Seagate) entwickelte aus dieser Winchester-Technik 1980 die erste 5,25"-Festplatte, die ST-506 mit einer Kapazität von 5MB und mehr. Sie wurde zur „Mutter aller modernen PC-Festplatten" (obwohl der IBM PC 1981 in der Grundversion ohne Platte angeboten wurde).

Vergleichsweise billige PC-Platten wurden in den folgenden Jahren die Basis der weiteren Entwicklung. Insbesondere bei den Bauform mit SCSI-Interfaces führte dies zum Ersatz der Großrechnerplatten durch sogenannte RAIDs (*Redundant Arrays of Inexpensive Disks*), eine Entwicklung, die jetzt mit immer weiter fallenden Plattenpreisen wiederum den PC-Einsatz beeinflußt.

Auch die Schnittstellen interner und externer Platten werden zunehmend vom PC-Sektor definiert. So ist die parallele SCSI-Schnittstelle längst nicht mehr nur ein *Small Computer Systems Interface*[22], sondern bei allen Rechensystemen in Varianten heimisch. Für PC-Anwendungen ist sie durch die IEEE1394-Schnittstelle („Firewire", „*i.Link*"), ab 1986 von Apple und Sony entwickelt und 1995 standardisiert vom IEEE, und vom *Universal Serial Bus* (USB), entwickelt von Intel ab 1996, abgelöst. Auf Festplatten werden inzwischen Controllerfunktionen und Pufferspeicher integriert; zum Anschluss der Platten an einen Rechnerbus führten *Western Digital* und *Compaq* 1986 die parallele IDE-Schnittstelle (*Integrated Drive Electronics*) ein, die später zu EIDE erweitert wurde. Als Ergebnis eines Normungsprozesses werden diese Schnittstellen auch als ATA (*Advanced Technology Attachment*) bzw. ATA-2 bezeichnet. Inzwischen werden schnellere serielle Anschlüsse S-ATA (*serial ATA*) statt der Parallelbusschnittstellen bevorzugt. Im Großrechnerumfeld und in Spezialanwendungen sind auch optische Anschlüsse (*Fiber Channel*) üblich.

Moderne Plattenstapel haben einen Durchmesser von 3,5" und 2,5". Für spezielle Anwendungen in Digitalen Medien wie in Kameras, Handys, PDAs oder in Musikspielern werden auch 1,8", 1" und 0,85" eingesetzt. Ausgeliefert werden derzeit Platten mit Kapazitäten von 0,4 TB bei 3,5", 160GB bei 2,5" und 12GB bei 1". Umdrehungsgeschwindigkeiten liegen zwischen 4200 und

---

[21] Auf Grund dieser „30-30" Daten soll die Platte den Kodenamen „Winchester" nach einer rauchlosen Patrone für Winchester-Gewehre erhalten haben.

[22] Ursprünglich SASI-Schnittstelle für *Shugart Associates System Interface*.

10000 Umdrehungen in Minute. Als Plattenmaterial wird Aluminium oder Glas verwendet.

Magnetische Plattenspeicher haben sich zur dominanten Technik wiederbeschreibbarer Sekundärspeichers entwickelt. Ihre durchschnittliche Speicherkapazität wächst duch den technologischen Fortschritt ähnlich wie bei Halbleiterspeichern mit konstanter Verdoppelungsrate von etwa 20 Monaten, d.h. in elf Jahren verhundertfacht sich die marktübliche Speicherkapazität einer Magnetplatte. Dies beruht auf enormen Fortschritten im Bau der Lese/Schreibköpfe, sowie auf der ständig dichter werdenden Speicherung – jetzt gerade durch den Übergang von horizontaler auf vertikale Magnetisierung.

Magnetplattenspeicher arbeiten mit ausgereiften Fehlerkorrekturverfahren, die bei den derzeitigen Bauformen im normalen Betrieb Fehlerraten von einem nichtkorrigierbaren Fehler bei etwa 10^{15} Schreibvorgängen sichern sollen. Obwohl dies sehr niedrig ist, kommen doch immer wieder Plattenfehler bis hin zu Totalausfällen vor. Redundante Speicheraufbauten aus mehreren Platten (RAID-Speicher) könne diese Fehlerraten reduzieren. Einige RAID-Formen lassen den Austausch von einzelnen Platten sogar im laufenden Betrieb zu („*hot swappable*"). Dennoch bleiben organisatorische Maßnahmen wie Backup-Strategien unerlässlich, um die letztlich unvermeidlichen technischen Speichersicherungsprobleme zu mildern.

Floppies

Neben dem Bedarf an großen Wechselspeichern besteht immer auch der Wunsch kleine Speichermengen temporär aus dem Rechners auszulagern. So sollte für das Modell 3330 des Systems /370 die Microcode-Bootsequenz auf einem externen Speicher vorgehalten werden, da die neu eingeführten Halbleiterhauptspeicher im Gegensatz zu den Kernspeichern beim Ausschalten ihren gespeicherten Inhalt verlieren. Bänder waren zu langsam und beim Versand von Updates zu teuer. 1967 wurde deshalb für diesen Zweck unter der technischen Leitung von Alan Shugart[23] im IBM San José Lab eine 8"-read-only „*memory disk*" aus magnetbeschichteter Folie mit ursprünglich 80 KB entwickelt. Wegen ihrer biegsamen Folie erhielt sie den Spitznamen „Floppy"; daran änderte auch ein fester Schutzumschlag nichts mehr. Ab 1971 wurden Read-Only-Floppies im Systems /370 eingeführt; 1973 wurde eine wiederbeschreibbare 256 KB-Version für das 3740 *Data Entry System* vorgestellt. Diese Version wurde schnell zu Standardmedien für Workstations und Mini-

---

[23] Alan Shugart kommerzialisierte die 8"-Floppy in seiner eigenen Firma Shugart Associates, nachdem er sich mit seinem Arbeitgeber IBM überworfen hatte und einige Jahre bei Memorex arbeitete. Als er aus Shugart Associates von seinem Kapitalgebern hinaus gedrängt wurde, gründete er Shugart Technologies, die später in Seagate umbenannt wurde. 1998 trennte sich Seagate von ihrem Vorstand Alan Shugart.

Computer – und zu einer High-End-Lösung für Mikrorechner, die mit den Mikroprozessoren ab Mitte der Siebziger populär wurden.[24]

1976 wurde eine 5,25"-Minifloppy-Variante mit 110 KB von den Wang Laboratories für den Einsatz in Bürorechnern eingeführt. Den Durchbruch für einen Massenmarkt erreichte Steve Wozniak, als er eine einfache Anschlussvariante für das Shugart 5,25"-Floppylaufwerk zum Apple II erfand. 1978 gab es bereits 10 Hersteller solcher Floppies. Auch beim IBM PC griffen die Entwickler 1981 auf diese Floppies zurück, die von Tandon in einer doppelseitigen Variante mit 360 Kb vertrieben wurde. Später kam eine Version doppelter Kapazität hinzu, die 1984 auf 1,2 MB erweitert wurde. Mit dem Apple Macintosh wurde 1984 ein kleinerer von Sony entwickelter Formfaktor populär, die 400 KB in einer 3,5"-Floppy mit starrer Kunststoffkassette und Schlitzverschluß speicherte. Auch diese Bauform hat Verdoppelungen und Vervierfachungen der Kapazität erfahren. Umfassend durchgesetzt hat sich das 3,5"-Format allerdings erst Mitte der neunziger Jahre – als Internet, Multimedia und CD-ROM die Floppy schon ins Abseits stellten. Seitdem sind Varianten mit höherer Kapazität entwickelt worden, aber USB-Sticks und PC-Cards haben den Bedarf hinreichend abgedeckt, soweit dies durch CDs, LAN-Server und Internet nicht schon geschehen ist.

5 Speicher für Digitale Medien

Optische Wechselspeicher: Compact Disc – Digital Audio

Philips hat 1963 sehr erfolgreich die Tonbandkassette unter dem Namen *Compact Cassette* eingeführt und kurze Zeit später frei lizensiert. Anfang der Siebziger dachten Ingenieure bei Philips, aber auch bei Sony über einen digitalen Nachfolger dieser Kassette nach. Statt einer wiederbespielbaren Kassette, die erst sehr viel später als Digital Audio Tape (DAT) vorgestellt wurde, einigten sich Philips und Sony auf eine kleinere Version der analog aufzeichnenden Bildplatte (*Laservision*) aus dem Trägermaterial Polycarbonat, die mit einer Galliumarsenid-Laserdiode abgetastet werden konnte. Wie eine Schallplatte besaß die einseitig bespielte Scheibe nur eine einzige spiralförmige Datenspur, die jedoch von innen nach außen beschrieben war. Philips stellte im März 1979 erfolgreich einen Prototypen des Systems vor. Zusammen mit Sony einigte man sich auf eine Stereoaufzeichnung mit der Abtastfrequenz von 44.1 kHz und 16-Bit Quantisierung des Audiosignals sowie auf einen Reed-Solomon-Code für die Fehlerkorrektur. Die maximale Spielzeit wurde auf 74 Minuten fixiert, das Außenmaß richtete sich nach der DIN-normierten Breite für Autoradios.[25] 1980 wurde der Philips-Sony-Standard des „Red Books" formell

---

[24] Hobbyisten bevorzugten freilich Tonbandkassetten oder sogar Schallplatten, wie sie noch 1990 dem Basiclehrbuch von Völz beilagen [10].

[25] Die Vorstellung, einen Audio CD-Spieler für den anfänglichen Preis von fast 3000 DM in einem Auto zu installieren, klang freilich absurd.

erklärt; weitere Firmen schlossen sich an. Die Audio CD löste um 1990 die Schallplatte als meistverkauften Tonträger ab und wurde zum Vorreiter der Digitalisierung der Unterhaltungsmedien.

Optische Wechselspeicher: CD-Rom

Anfang der achtziger Jahre klangen 750 MB fehlerkorrigierter Speicherplatz auf einem Massenspeicher für Informatiker und Computernutzer wie ein unerreichbarer Traum. Aber es gab diese digitalen Speicher, wenngleich nur für HiFi-Fans. Es lag also nahe, solche Speicher in die Computertechnik zu übertragen. Die Fehlerkorrektur erwies sich dabei als ernst zu nehmender Engpass. Ein Bitfehler im Datenstrom einer Tonaufnahme ist nicht zu hören, in einem Computerprogramm kann er zum Absturz führen. Die computertaugliche CD-ROM erhielt deshalb ein eigenes Format mit tausendfach erhöhter Fehlertoleranz und etwas niedrigerer Kapazität von 650MB, verteilt auf konzentrische Datenspuren. Der neue Standard wurde 1985 im „Yellow Book" festgelegt. Zusätzlich zu den materiellen Spezifikationen steht dort mit ISO-9660 auch ein Standard der Datenstruktur. Neben CD-ROMSs, die wie Audio CDs gepresst werden, sind die laserbeschreibbare CD–R und in geringerem Maße die CD–RW zu wichtigen Archivmedien geworden.

Optische Wechselspeicher: DVD und Nachfolger

90 110 Minuten lange Spielfilme lassen sich nur mit Qualitätsverlusten auf eine CD-ROM pressen. Als große kostengünstige Medienspeicher wurde deshalb 1995 die DVD (ursprünglich Digital Video Disc, später Digital Versatile Disc) standardisiert. DVD-Spieler und bespielte Medien wurden im November 1996 in Japan, März 1997 in den U.S.A. und 1998 in Europa eingeführt. 1999 kamen DVD-Brenner auf den Markt. Seit 2003 werden in den U.S.A. mehr bespielte DVDs als bespielte VHS-Kassetten verkauft.

In der Grundversion besitzen DVDs eine nutzbare Speicherkapazität von 4,3 GB. Diese kann durch zweilagig beschreibbare Bauformen auf 7,9 GB erhöht werden. Zudem wird diese Kapazität pro Platte gelegentlich durch beidseitig beschriebene Varianten verdoppelt. Die standardisierte maximale Datenübertragungsrate der DVD liegt bei 1,4 MB/s. Das DVD-Forum hat neben der gepressten DVD-ROM, Bauformen der einmalig beschreibbaren DVD–R und der mehrfach beschreibbaren DVD–RW und DVD-RAM definiert. Die aus industriepolitischen Gründen abgespaltene DVD–RW-Allianz hat 2001 die leicht abweichenden Formen DVD+R und DVD+RW standardisiert.

Zum Speichern von hochauflösendem Fernsehen HDTV reicht die Speicherkapazität der DVD mit den heutigen Kompressionsverfahren nicht aus. Ihre Ablösung durch Medien mit deutlich höherer Kapazitäten steht deshalb bevor. Diese arbeiten mit blauem Laserlicht; einen gemeinsamen Standrad gibt trotz mancher Bemühungen derzeit nicht. Blu-Ray und HD-DVD mit 20–30 GB stehen gegeneinander. Neben den bespielten Medien gibt es auch schon einmal beschreibbare Bauformen (Sony bzw. NEC), so daß die DVD-Nachfolger auch als Backup- und Archivmedien einsetzbar sind. Ihrer Markteinführung stehen allerdings noch Fragen der Lizenzpolitik und des *Digital Rights Managements* DRM entgegen.[26]

Unabhängig davon haben zwei Firmen für professionelle Archivierungszwecke bereits zwei hochkapazitative optische Kassetten auf den Markt gebracht, nämlich die ein- und mehrfach beschreibbare 5,25"-Ultra-Density-Optical-Kassette (UDO) von Plasmon und die *Professional Disc for Data* (PDD) von Sony. Die Plasmon UDD mit hoher zweiseitiger Speicherkapazität von 30GB und mit einer Roadmap für 60GB und 120GB scheint dabei marktbeherrschend zu sein. Sony hat jedenfalls angekündigt, die Produktion und Weiterentwicklung des Blu-Ray-Derivats PDD einzustellen. Dies demonstriert ein weiteres Mal ein Grundproblem langfristiger digitaler Datenhaltung: Unzuverlässige Verfügbarkeit von Geräten, Medien und Support bei „Archivmedien".

Optische Medien sind vergleichsweise billig, robust und leicht handhabbar. Ihre Fehlerstabilität liegt bei etwa einem unkorrigierbaren Fehler bei 10^{13} bis 10^{15} gespeicherten Bits (CD-Rom bzw. DVD). Das entspricht einem unkorrigierbaren Fehler bei 1000 CD-Roms. Diese Fehlerrate ist freilich alterungs- und umweltbedingt und sie ist bei selbstbeschriebenen Medien (CD–R) und insbesondere bei wiederbeschreibbaren Formen wie der CD–RW deutlich schlechter. Die reale Haltbarkeit der optischen Medien bleibt deshalb ein ungelöstes Problem. Sie wird bei guter Lagerung an Hand von Simulation und Tests auf ein oder zwei Jahrzehnte und mehr geschätzt. Da Erfahrungen seit 1982 mit der Audio-CD und seit etwa 1987 mit der CD-ROM vorliegen, mag jedermann dies nachvollziehen – oder auch nicht. Problematischer als die CD-ROM sind zweifellos die beschreibbaren CD–R Medien und insbesondere die mehrfach beschreibbaren Bauformen der CD–RW.

**Sonderformen optischer Wechselspeicher:
magneto-optische Speicher**

Magneto-optische Wechselspeicher sind eine Sonderform, die zu Backup-Zwecke und zur Archivierung eingesetzt werden. Sie sollen weniger störanfällig als magnetische Speicher sein und zuverlässiger als optische Speicher. Ihre Speichertechnik beruht auf dem Kerr-Effekt, also der Winkeländerung von linear polarisierten Licht bei der Reflektion an einem Magnetpol. Aufgebaut

---

[26] Eine weitere Variante wird in der VR China und in Indien entwickelt: die Versatile Multi-Layer Disc VMD-HD, die auf vier bis zehn Schichten mit einem roten Laser 5 GB pro Schicht schreibt. Zwar wurden auf der Cebit 2006 einige „Bollywood"-Filme in diesem Format vorgestellt, jedoch haben sich bislang keine größeren Gerätehersteller für dieses rückwärtskompatible Format ausgesprochen.

werden MO-Speicher aus einem starren Polycarbonat- oder Glasträger. Die
magnetische Schicht liegt zwischen zwei kerrwinkelverstärkenden Schichten,
von denen eine mit einer reflektierenden Metallschicht aus Gold oder Aluminium abgeschlossen wird. Die Magnetschicht kann von einem magnetischen
Schreibkopf geschrieben werden, nachdem die Schreibstelle durch einen Laser
punktuell erhitzt wird, so dass vorhandene Magnetisierung stark gemindert
ist. Gelesen wird die magnetisch gespeicherte Information mittels eines La-
serstrahles. Der Laserstrahl dringt in dieser Darstellung von oben durch die
durchsichtige Polycarbonat- oder Glasschicht. In der magnetischen Schicht
erleidet der Laserstrahl, abhängig von der Magnetisierung der Schicht, eine
Änderung seiner Polarisation (Kerr-Effekt.) An der Metallschicht wird der
Laserstrahl reflektiert und die Polarisation des reflektierten Laserstrahls mit
der des eingestrahlten Laserlichtes verglichen. Da die Polarisationsänderun-
gen sehr klein sind, muss der Effekt verstärkt werden, was mittels der beiden
kerrwinkelverstärkenden Schichten geschieht.

Magneto-optische Speicher reagieren unempfindlicher als die magnetischen
Speichermedien auf Verschmutzungen und Kratzer, thermische und chemische Einflüsse. Dies liegt daran, dass der Abstand zwischen Laserstrahl und
Oberfläche unkritisch ist und die informationstragende Schicht tief unter der
Oberfläche liegt. Sie sind auch bezüglich Magnetfeldern weniger anfällig als
die magnetischen Speichermedien, die magnetische Schicht sehr stark erwärmt
werden müsste, um eine Magnetisierungsänderung durch externe Felder her-
vorzurufen.

Analoge Langzeitspeicher: Mikrofilm und das „Rosetta Stone"-Projekt

Vor der Digitalisierung waren Papier und Mikrofilm die Archivspeicher der
Wahl. Vannevar Bush hatte sein berühmtes *Memex*-Projekt auf digital ansteu-
erbaren Mikrofilmrollen geplant [11]. Zwar verlangt Mikrofilm Lagerungsbe-
dingungen, die einigen Aufwand mit sich bringen, und die Verwaltung großer
Filmmengen ist aufwendig; doch wenn diese Bedingungen erfüllt sind, kann der
Film über lange Zeiträume gelagert werden; man rechnet hier mit mindestens
100 Jahren, bevor Umkopierungen notwendig werden. Das darf bei digitalen
Medien nicht erwartet werden. Es ist also nicht abwegig, Verfahren zu entwickeln, mit denen digitale Daten direkt auf Mikrofilm ausgegeben werden
können (COM = *Computer Output on Microfilm*). Moderne Mikrofilmplotter
wie *Microbox Polycom* können in ein Rechnernetz eingebunden und so kon-
figuriert werden, dass Primärinformationen und Metadaten gemeinsam auf
Film gesichert werden, so dass eine Redigitalisierung über Mikrofilmscanner
möglich ist. Die Investitionskosten für eine COM-Anlage und ein Filmmagazin
sind hoch, doch auf längere Sicht sind die Betriebkosten für die Filmlagerung
und das Rückscannen deutlich niedriger als für regelmäßige Migrationszyklen
und die Aufbewahrung digitaler Daten. Zu beachten ist freilich das Problem
der schlechten Zugreifbarkeit, das freilich bei Archiven eine untergeordnete

Rolle spielt. So berichten die Staatlichen Archive Bayerns, dass im Durchschnitt wird von den über 200 laufenden Kilometer an Beständen jährlich nur etwa ein Prozent benutzt werden.

Vor einigen Jahren wurde in den USA mit Hilfe von Dan Hillis die *Long Now-Foundation* gegründet. Eines ihrer Ziele ist die Bewahrung wichtiger Zeugnisse menschlicher Kultur auf nahezu unzerstörbaren und jederzeit lesbaren Datenträgern. Kernprojekt ist die „Bibliothek für zehntausend Jahre". Für ein von der NSF und der Universität Stanford gefördertes Startprojekt wählte man die ersten drei Kapitel der Genesis, die in möglichst vielen Sprachen in analoger Form auf einen äußerst langlebigen Datenträger geätzt werden, zusammen mit je 27 Textseiten mit Informationen zu jeder Sprache. Derzeit sind 2376 Sprachen auf fast 100000 Textseiten kodiert und unter http://www.rosettaproject.org zugänglich (27.2.2006).

Der analoge Datenträger für das Projekt wurde von den *Los Alamos Laboratories* zusammen mit der Firma *Norsam* entwickelt. Die 3" große *Rosetta Disk* kann zwischen 30.000 und 350.000 Seiten Text oder Bilder mit einer optischen Verkleinerung um den Faktor 1000 speichern. Die Daten von Mikrofilmen oder aus TIFF-Dateien werden mit einem Ionenstrahl in eine Nickellegierung geätzt. Eine „Rosetta Disk" soll gegen 2000 Jahre haltbar sein. Gelesen wird sie je nach Verkleinerung mit einem optischen oder einem Elektronenmikroskop, an das eine Digitalkamera und ein Rechner angeschlossen werden.

Halbleitermassenspeicher

Aus der technischen Entwicklung heraus scheint es schlüssig, dass Speicher mit mechanischen Zugriffstechniken, wie Bänder oder Platten, über mittlere Frist von Speichern mit direktem Zugriff, frei von mechanischem Zugriff, abgelöst werden. Die gängige Bauform für diesen Zweck sind Halbleiterspeicher. Das Mooresche Gesetz, eine Art Generalplan der Halbleiterindustrie, verfolgt seit Jahrzehnten das bislang immer wieder erreichte Ziel, die produzierbare Kapazität typischer Halbleiterspeicherchips in etwa 18 Monaten zu verdoppeln – ohne die Kosten pro Speichereinheit zu erhöhen. Dies führte alle zehn Jahre zu einer Verhundertfachung der typischen Speicherkapazität marktüblicher Rechner; ein Ziel, das seit vier Jahrzehnten immer wieder erreicht wurde.

Flash-Speicher, oder genauer Flash-EEProms (*Electrically Erasable Programmable Read-Only Memories*) wie sie in z.B. in digitalen Kameras oder Handys eingesetzt werden, sind nichtflüchtige Halbleiterspeicher, die eine Lebensdauer von zehn Jahren mit vielen tausenden von Lese-Schreibvorgängen erlauben. Flash-Speicher sind derzeit (2006) in Bauformen von maximal 8GB erhältlich. Neben Flash-ROMs gibt noch andere Formen von ROM-Speichern (Read-Only-Memories); sie werden aber nur in speziellen Einsatzgebieten und in kleinen Bauformen eingesetzt.

Flash-Speicher des NOR-Typs wurden 1984 bei Toshiba von Dr. Fujio Masuoka entwickelt. Der Name soll sich auf das blitzartige, gleichzeitige Löschen aller Speicherzellen beziehen. Kommerziell angeboten wurden erste Flash-Speicher 1988 von Intel. Die Speicherzellen von NOR-Flash-Speichern sind byteweise adressierbar und können schnell ausgelesen werden, aber die Schreibzeiten sind vergleichsweise langsam und die Speicher lassen nur etwa 100000 Löschzyklen zu. Toshiba und Samsung führten 1989 block- oder seitenorientierte Flash-Speicher auf Basis von NAND-Gattern ein. Diese sind billiger herzustellen, erlauben höhere Packungsdichten und damit Speicherkapazitäten und sie lassen etwa zehn mal mehr Löschzyklen zu. Aus diesen Gründen haben ihre Produktionszahlen die NOR-basierten Typen übertroffen. Nachteilig ist, dass NAND-basierte Flashs zwar byteweise gelesen oder beschrieben, aber nur in großen Blöcken gelöscht werden können. Bislang sind Flash-Speicher noch deutlich teurer als Magnetplatten gleicher Kapazität, doch bei kleinen Formfaktoren wie den 1"-Micro-Drive-Magnetplatten werden sie durchaus konkurrenzfähig.

Flash-ROMs werden in unterschiedlichen Bauformen für digitale Medien wie Handy-Telefone, Digitalkameras, Audio/Videoabspiel- und -aufnahmegeräte eingesetzt. Neben Compact Flashs (SanDisK u.a. 1994) sind dies u.a. SmartMedia (Toshiba 1995), MultiMediaCards (Siemens, SanDisK 1997) und deren Ableger Secure Digital Card (SD), Memory Sticks (Sony 1998) und xD-Picture Cards (Olympus und Fujifilm 2002).

Zu den interessanten Entwicklungen gehören Flash-Speicher, die intern in vierwertiger Logik aufgebaut sind, also vier Speicherzustände pro Zelle ermöglichen. Langfristig sind damit erheblich dichtere Speicher und damit größere Kapazitäten zu erwarten (Hersteller: Saifun und Macronix). Als Alternative zur Flash-ROM-Technik entwickelt Samsung nichtflüchtige Phase-Change-RAMs (PRAM), die byteweise angesteuert und gelöscht werden können und erheblich kürzere Zugriffszeiten als Flash-Speicher bieten. Prototypen besitzen Baugrößen bis 256MB.

Eine neue vor allem von der IBM entwickelte Bauform bilden die magnetoresistive RAM-Speicher (MRAM). Im Gegensatz zu herkömmlichen Speichertechniken, wie DRAM oder SRAM, werden die Informationen nicht mit elektrischen, sondern mit magnetischen Ladungselementen gespeichert. Anders als bei den *Magnetic Bubble*-Speichern (vgl. [12–14]), die in den Siebzigern von vielen Firmen propagiert wurden, beruhen MRAMs auf der „magnetoresistiven" Eigenschaft bestimmter Materialien, ihren elektrischen Widerstand unter dem Einfluss magnetischer Felder zu ändern. Solche Effekte treten allerdings erst im nm-Bereich auf. MRAM-Speicher brauchen nur zum Ändern eines Speicherzustandes Energie. Es sind nichtflüchtige Speicher, die ihre Informationen ohne zusätzliche Energieversorgung erhalten, womit Geräte nach dem Einschalten sofort betriebsbereit werden und der Boot-Vorgang entfällt.

Anders als die etablierten nichtflüchtigen Speichertechniken, wie etwa Flash-Speicher, können MRAM-Speicher wie DRAM- und SRAM-Bauformen beliebig oft beschrieben werden.[27] Der Schaltungsaufbau mit einem Transis-

---

[27] Meist werden Billiarden zulässiger Schreibzugriffe genannt.

tor ähnelt den dynamischen RAM-Bausteinen; deren Zwang zur ständigen
(dynamischen) Auffrischung des gespeicherten Wertes entfällt jedoch. Darin
ähnelt das MRAM statischen RAM-Bausteinen. Schreib- und Lesezugriffszei-
ten und ihre Leistungsaufnahme im Betrieb sind in etwa mit DRAM und
SRAM vergleichbar. MRAM kombiniert damit bislang als unvereinbar gel-
tende positive Eigenschaften bekannter Halbleiterspeicher. Doch noch hinkt
die Packungsdichte der MRAM-Bausteine hinter DRAMs her. Und noch sind
MRAM-Chips teurer als DRAMs; bei entsprechender Kostenstruktur könnten
MRAMs die dominierenden DRAM-, SRAM- und Flash-Speicher ersetzen.

Viele Firmen wie IBM, Infineon, HP, Freescale, NEC oder Toshiba haben
die MRAM-Produktion bis vorerst 16 Mb angekündigt und verteilen Prototypen. Cypress stellte im April 2004 256Kb-MRAM-Bausteine als Ersatz für
SRAMs vor und kündigte Bausteine bis 16 Mb an. Inzwischen hat die Firma jedoch Bilanz aus Kundenevaluationen ihrer Prototypen gezogen und die
MRAM-Produktion eingestellt: „Based on our latest calculations at Cypress,
we no longer believe that the 1T-1MTJ MRAM technology will be able to
successfully attack the SRAM market, leaving MRAM as a niche technology
with higher bit pricing than that of SRAM."

Holografische Speicher

Als viel versprechende Form optischer Speicher werden seit Jahrzehnten ho-
lografische Speicher genannt, ein Bereich, in dem seit langem eine fleißige
Forschergemeinde aktiv ist, deren Arbeit aber noch nicht zu kommerziellen
Formen geführt hat. Die ersten Arbeiten dazu hat Pieter Jacobus van He-
erden 1963 vorgelegt. Große Fortschritte in der Materialforschung und der
Lasertechnik lassen dieses Ziel realistischer erscheinen. Der Grund ist einfach:
Die erwartete Speicherdichte könnte die modernsten optischen Medien wie
Blu-Ray und HD-DVD um den Faktor 10–30 und vielleicht mehr übertreffen [15]. Der entscheidende Vorteil holografischer Speicher liegt darin, dass
sie das ganze Volumen des Speichermediums und nicht nur die Oberfläche
oder wie bei der DVD zwei Schichte nutzen. Ihr herausragender Nachteil liegt
darin, dass es keine solchen Produkte gibt.

Ein wichtiger Player könnte der Bell Lab-Offspring *InPhase Technologies*
in Denver, Colorado werden, die im Jahr 2004 ein holografisches Speicher-
system vorgestellt hat, das auf der Fläche einer CD 88 Stunden Video oder
15 Stunden HDTV-Video speichert (das wären ca. 150–200 GB). Die Kapazität wurde im Prototypen seitdem auf 300GB bei 20 MB/s Übertragungsrate
erhöht. *InPhase*, die mit der japanischen Firma *Hitachi Maxell* zusammenar-
beiten, plant Platten bis 1,6 TB mit Übertragungsraten um 120 MB/s. Die
Einführung ihrer holografischen Tapestry-Speicher wurde für 2003, dann 2004
angekündigt. Seit Ende 2005 werden Evaluation Kits angeboten – käufliche
Podukte gibt es freilich auch Anfang 2006 noch nicht. Derzeit angekündigt
werden Rekorder für Ende 2006 zum Stückpreis von 15000 US-$ [16]. Ein ja-
panisches Konsortium unter Führung der Firmen *Optware, Fuji Photo* und

CMC Magnetics hat zusammen mit derzeit 16 weiteren Firmen eine „HVD Allianz" gebildet, um eine „Holographic Versatile Disk" zu standardisieren. Ziel ist es, optische Platten mit einer Kapazität von einem Terabyte zu definieren [17].

Alle holografischen Speicher nutzen, im Unterschied zu optischen CD- und DVD-Speichern, die optische Schicht in ganzer Dicke und nicht nur eine oder beide Oberflächen oder Zwischenlagen. Das technische Grundproblem bei der Entwicklung holographischer Speicher liegt in der Entwicklung und Wahl geeigneter Speichermaterialien. Vielversprechend scheinen Medien aus Glas mit winzigen Löchern, die mit Acryl gefüllt sind. Vorteil von Glas ist hohe Volumenstabilität, da Polymermaterialien bei der Bearbeitung schrumpfen und das Hologramm verfälschen können. Acrylgefülltes Glas schrumpft kaum und ist damit deutlich stabiler als Polymere. Hinzu kommt, dass Glas eine dickere Speicherschicht als Polymer zuläßt, womit ein größeres holografisches Speichervolumen bereit stünde. Häufig wird als photorefraktives Material mit Eisen dotiertes Lithium-Niobat ($LiNbO_3$) genannt; auch $LiTaO_3$-Kristalle oder $BaTiO_3$ werden untersucht. Solche Materialien sind freilich sehr teuer und empfindlich.

Bei einfachen Prototypen werden Daten bei mehrfachem Lesen zerstört. Dies versucht man mit zweifarbigem Laserlicht und geeignet dotiertem Lithium-Niobat zu vermeiden. Mit einer Laserlichtfarbe wird das Material aktiviert und dann mit der anderen Farbe beschrieben und später gelesen. Zum Scheiben muß das Material lichtempfindlich sein, beim Lesen darf dies aber nicht mehr der Fall sein. Die meisten bislang vorgeschlagenen holografischen Speicher sind deshalb nur einmal beschreibbar. Sie eignen sich damit vor allem zum Archivieren, was aber ihrer Verwendung in Digitalen Medien nicht entgegensteht.

Anders als herkömmliche optische Speichermedien können holografische Speicher als seitenweise Direktzugriffspeicher entwickelt werden, die sich zur Dokumentenverarbeitung anbieten [18] und mit denen Assoziativspeicher realisiert werden können. Sie sind zwar optische Speichermedien, können aber wie Halbleiterkristalle frei von mechanischen Zugriffen gebaut werden.[28] In geeigneten Bauformen scheinen holografische Speicher für Archive im Petabyte-Bereich geeignet zu sein.

Wie weit sich MRAM-Speicher oder holografische Speicherbausteine durchsetzen und zu welchen Kosten dies möglich wird, bleibt vorerst abzuwarten. Beide zeigen ein Potential für völlig neue Speicherarchitekturen, aber die technischen Probleme bei einer ökonomisch vertretbaren Umsetzung sind nach wie vor enorm.

---

[28] Drexel Industries hat in den Neunzigern direkt lesbare optischen Speicherkarten entwickelt, die aber keine Marktbedeutung erreichten.

6 Langzeitarchivierung

Während das vorhersehbare Wachstum der Speichermedien allen Anforderungen zügig entgegenkommt und der fortwährende Preisverfall digitale Speichermedien allgegenwärtig werden lässt, bleibt der langfristige Erhalt gespeicherter Daten eine enorme Herausforderung. „Digital information lasts forever, or five years – whichever comes first" spottet der Archivierungsspezialist Jeff Rothenberg: „The media that store digital data become physically unreadable or obsolete in just a few years. 'Refreshing' digital information by copying it to new media is absolutely essential to prevent its loss, but this does not address the deeper problem that such information requires running software that can correctly interpret its bits, rendering them as text, graphics, imagery, animation, etc. Such software becomes obsolete just as fast as digital media, making it impossible to view older digital artifacts even if their bits have been successfully retained. Furthermore, software runs only on specific hardware platforms, which quickly become obsolete as well.

Standards alone do not offer a solution to this problem, since they themselves evolve and become obsolete quite rapidly. „Migration" from old standards to new ones requires translation, which inevitably results in corruption or loss of meaning. The only way to avoid such loss is to retain a digital artifact in its original logical format and access it via its original software. However, running this original software in the future would seem to require preserving obsolete hardware platforms, which is ultimately infeasible." [19]

Langfristige Speicherung hängt wesentlich, wenngleich nicht ausschließlich, von den materiellen Trägermedien ab. Bei den digitalen Medien besteht jedoch keine seriöse Erfahrung über die langfristige Datenspeicherung auf einem festen Träger. Eine Ausnahme bilden Papierausdrucke, Lochstreifen und Lochkarten, die als Hollerithkarten bereits 1890 eingeführt wurden – freilich in einem heute vergessenen Format. Auch für die Weiterverarbeitung neuerer Lochkarten oder Lochstreifen werden entsprechende Karten- bzw. Streifenlesegeräte benötigt, deren Beschaffung und Wartung heute kaum noch möglich ist. Ähnliches gilt auch jetzt schon für viele Formen magnetischer und magneto-optischer Speichermedien, die in den letzten Jahrzehnten eingeführt und inzwischen technisch überholt wurden. Schon die stete Weiterentwicklung der Magnetbandkassetten lässt keine Hoffnung aufkommen, dass es eine dauerhafte Archivierung auf festen Medien geben wird. Aus der Erfahrung von Versicherungen und Banken, die ja eine langfristige Datenhaltung über viele Jahrzehnte betreiben müssen (z.B. entlang der Laufzeit von Lebens- und Rentenversicherungsverträgen) folgt, dass eine dynamische Speicherung mit regelmäßigem Umkopieren auf neue aktuelle Datenträger die Voraussetzung für die längerfristige Archivierung bildet.

Speichermedien lassen sich in dauerhafte und in mehrfach beschreibbare Formen einteilen, doch ein Dilemma besteht darin, dass die „dauerhaften" digitalen Speichermedien wie CD oder DVD nicht *sehr* dauerhaft sind. Dabei ist es kein Trost, dass mehrfach beschreibbare optische Medien noch flüchtiger als dauerhaft beschreibbare sind. Eine Bestandssicherungsstrategie wird also entweder auf vergleichsweise kurzfristige Speicherung mit wieder beschreibbaren Medien wie etwa „Plattenfarmen" und Bandkassettenarchive beruhen müssen oder als Folge von Umkopiervorgängen mit einmal beschreibbaren Medien erfolgen. Bei multimedialen Daten, die auf Programme zurückgreifen, genügt das Umkopieren freilich nicht. Diese Programme müssen nicht nur umkopiert werden, sondern an aktuelle Betriebssysteme und Geräte angepasst, also umkodiert werden.

7 Das Netz als Speicher

Lokale Speicherung ist ein Relikt klassischer Großrechner. Vor Ort braucht der Nutzer angemessene Eingabemöglichkeiten und angemessene Darstellungsformen, sowie den Zugriff auf benötigte Daten. Ein/Ausgabe muß sich dabei nicht auf Bildschirm und Tastatur beschränken, es gibt eine Reihe von Ansätzen, die andere Sensoren verwenden, wie z.B. Maus, Tablett, Spracheingabe, GPS-Antennen oder Kameras. Ebenso gibt es Ausgabegeräte und Aktoren, die den Computer, wie wir ihn kennen, unsichtbar werden lassen oder zumindest in den Hintergrund treten lassen. Dafür ist eine gewisse lokale Prozessorleistung nötig und ein für diese Aufgaben hinreichender Speicher. Punktuelle hohe Prozessorleistung für spezielle Aufgaben oder die Bereitstellung benötigter Daten muß jedoch nicht lokal vorgehalten werden, wenn sie hinreichend schnell zum benötigten Zeitpunkt bereitgestellt wird. Bei vernetzten Rechnern ist eine Frage breitbandigen Zugangs. Prozessorleistung kann über Grid-Strukturen zugeschaltet werden, Speicher können ins Netz verlagert werden.

Aus der Datensicherung sind *Storage Area Networks* (SAN) seit Ende der Neuniziger bekannt, die für Backup-Zwecke Netzspeicher mit Tera- und Petabyte-Größen bereitstellen und dabei auch gleich den automatischen Backup-Prozesses verwalten. Frühe SAN-Produkte *avant la lettre* waren die *SPARC Storage Arrays* von Sun Microsystems. Ursprünglich waren SAN durch die Anbindung einer Speicherfarm mit speziellem Prozessor an ein Glasfasernetz charakterisiert; inzwischen gibt es SAN-Lösungen mit schnellem Ethernet, was vor allem der Steigerung der Übertragungsraten zum Gigabit-Ethernet auf Kupferleitungen (1998 standardisiert als IEEE 802.3z) zu verdanken ist.

Ein konsequenter Schritt von der SAN-Technik führt zu netzgestützten Lösungen, die auch für kleinere Arbeitsgruppen nutzbar ist. Seit kurzem werden Speicher mit einem einfachen Prozessor und spezieller Firmware als *Network Attached Storages* (NAS) an ein lokales Netz angeschlossen, so dass sie wie ein Datenserver von mehreren Client-Rechnern nutzbar sind. Die als Einzelspeicher oder in RAID-Strukturen bereitgestellten NAS-Speicher orientieren sich an den aktuellen maximalen Plattengrößen; derzeit sind Gebinde aus vier 250GB-Platten typisch. Vorteil der NAS-Speicher sind niedrige Preise bei unproblematischer Skalierbarkeit.

Vor allem für die private Nutzer bietet sich das *Internet* als Archivspeicher an. Internetprovider bieten solche ausgelagerten Speicher als virtuelle Server für Gewerbetreibende und Privatkunden gleichermaßen an. Apple bietet seit 2002 im Rahmen von .mac den Dienst iDisk als „online storage via Web-DAV" einschließlich einer speziellen Backup Software, bei dem alle Nutzer jeweils ein GB Speicherplatz via Internet erhalten (2005). Der externe Internetspeicherplatz täuscht dabei eine Platte mit voller Betriebssystemfunktionalität auf dem grafischen Desktop des Nutzers vor, die auf unterschiedlichen Rechnern gemountet werden kann. SUNs alter Werbespruch „The network is the computer" der achtziger Jahre wird so elegant verwirklicht. Auch der umtriebige Suchmaschinenbetreiber Google bietet eine ähnliche kostenlose Dienstleistung mit GMail an, wo jedem Nutzer 2,7 GB Speicher zur Verfügung stehen (2006) – freilich ohne die bruchlose Integration ins Betriebssystem, wie Apple sie derzeit demonstriert.

8 Ausblick

„Algorithms + Data Structures = Programs" nannte Niklaus Wirth sein Standardwerk in den Siebzigern [20]. Obwohl diese Gleichung niemals aufging, weil viele Computerprogramme eher als plausible Konstrukte entstehen, denn aus klaren Algorithmen, so charakterisiert es doch die Spannweite der Computernutzung. Ohne die Fähigkeit zur programmierten Verarbeitung digitaler Daten gäbe es kein „ubiquitous Computing", aber ohne die Möglichkeit massenhafter Speicherung digitaler Daten gäbe es keine Digitalen Medien, die ein Hauptantrieb dieser Entwicklung sind. Die wissenschaftliche Informatik hat, vielleicht wegen ihrer mathematischen Wurzeln, die algorithmischen Prozesse mit großer Liebe und viel Erfolg untersucht. Die massenhafte Verarbeitung von Daten, ihre Speicherung und Übertragung und ihre Wirkungen auf unser alltägliches Leben verdienen ein ebenso intensives Interesse.

Literaturverzeichnis

1. W. Coy, *Analog/Digital.* in: M. Warnke, W. Coy, C. Tholen (Hrsg.) HyperKult II – Zur Ortsbestimmung analoger und digitaler Medien, Bielefeld, transcript-Verlag, 2004
2. C. Babbage, *On the Mathematical Powers of the Calculating Machine.* 26. Dec. 1837. Nachgedruckt in B. Randall, The Origins of Digital Computers, Berlin-Heidelberg-New York, Springer-Verlag, 1975
3. H.H. Aiken, G.M. Hopper *The Automatic Sequence Controlled Calculator.* IEEE Electrical Engineering 65, S. 384–391, 449–454, 522–528, 1946. Auch in Randall, a.a.O.
4. B. Cohen, G.W. Welsh *Making Numbers – Howard Aiken and the Computer.* Cambridge, Mass. MIT Press, 1999

5. K. Zuse *Der Computer – Mein Lebenswerk.* Berlin-Heidelberg-New York, Springer-Verlag, 1984
6. G. Hopper *Commander Aiken and my Favourite Computer.* in: [4], S. 188
7. R. Campbell *Aiken's First Machine: The IBM ASCC/Harvard Mark I.* in: [4], S. 33
8. J.v. Neumann *First Draft of a Report on the EDVAC.* Contract No. W-670-ORD-4926 Between the United States Army Ordnance Department and the University of Pennsylvania Moore School of Electrical Engineering, University of Pennsylvania, June 30, 1945.
9. E.W. Pugh *Building IBM – Shaping an Industry and its Technology.* Cambridge, MIT Press, 1995, S. 224
10. H. Völz *Basicode mit Programmen auf Schallplatte für Heimcomputer.* Verlag Technik, Berlin 1990
11. V. Bush *As We May Think.* Atlantic Monthly, Juli 1945
12. W. Coy *Asynchronous conservative magnetic bubble logic circuits.* in: P.A. Samet (Hrsg.) Proceedings of the European Conference on Applied Information Technology (Euro-IFIP 79), Amsterdam, 1979
13. W. Coy *Conservative magnetic bubble switching circuits.* Proc. of the Conference on Information Sciences and Systems, Baltimore, The Johns Hopkins University, 1979
14. W. Coy *A model for conservative magnetic bubble logic circuits.* Proc. of the 16th Annual Allerton Conference on Communication, Control and Computing, Urbana, Illinois, 1978
15. J. Ashley *Holographic Data Storage.* IBM J. Res. Develop., Vol. 44:3, Mai 2000
16. R. Herring http://redherring.com/, 28.11.05
17. http://www.hvd-alliance.org/
18. W. Coy *A Look at Optoelectronic Document Processing.* in: Jeong (Hrsg.) Proc. Holography '89 Varna (Bulgarien Mai 1989), Washington, SPIE, 1990.
19. http://aic.stanford.edu/meetings/archives/2000/rothenberg.html
20. N. Wirth *Algorithms + Data Structures = Programs.* Englewood Cliffs, Prentice-Hall, 1975

Was haben Analogrechner und Simula-67 mit modernen Modellierungssprachen zu tun?

Joachim Fischer

Humboldt-Universität zu Berlin
`fischer@informatik.hu-berlin.de`

> „ ... und ich schätze über alles die Analogien,
> meine vertrautesten Lehrmeister. "
> Johannes Kepler (1571–1630)

Vorbemerkung Mein Einstieg als Mathematikstudent in die Welt der computergestützten Modellierung und Simulation dynamischer Systeme wurde 1976 von meinem damaligen Betreuer in zwei Richtungen forciert. Dabei hatte er nicht vorhersehen können, dass gerade ihre Symbiose von entscheidender Bedeutung für die spätere Herausbildung neuer kraftvoller Modellierungsparadigmen werden sollte. So wurde ich einerseits in die Geheimnisse des analogen Rechnens unterwiesen, wovon ich zur damaligen Zeit angesichts häufiger Bauelementeausfälle nicht allzu sehr überzeugt war. Andererseits wurde ich an die Universität Warschau geschickt, wo man auf einem amerikanischen Import-Rechner des Informatik-Instituts einen Compiler entdeckt hatte, der eine sonderbare Erweiterung von Algol-60 in Assemblercode übersetzen konnte. Diese Sprache mit dem Namen Simula-67, so zumindest die geheimnisvolle Charakterisierung, verstand komplexe Zahlen als Vererbung reeller Zahlen und bot zudem ein Konzept zur Next-Event-Simulation auf der Basis paralleler Prozesse an. Beide Richtungen bereiten jedoch völlig unabhängig von einander den Boden für spätere modellbasierte Entwicklungstechnologien wie SDL und UML.

Ehe jedoch die mit der Analogrechentechnik verbundene und erstmals praktizierte graphische Modellrepräsentation als idealer Zugang sowohl für ein allgemeines Problemverständnis als auch für die Transformation in ausführbare Simulationsmodelle erkannt werden konnte, mussten aber noch mehrere Meilensteine in der Informatikentwicklung genommen werden. Auch die Bedeutung der mit Simula-67 eingeführten Konzepte als Grundzüge objekt-orientierter Modellierungsparadigmen wurde erst erkannt und gewürdigt, als spätere Nachfolgesprachen aus Nordamerika mit genau den gleichen Konzepten, wenn auch weiter vervollkommnet, im Zenit ihres Erfolges standen.

Dieser Beitrag ist meinem verehrten Lehrer Gunter Schwarze (s. S. 120) gewidmet, der mich für die Erforschung beider Richtungen im Hinblick auf ihre Kombination zur weiteren Profilierung der experimentellen Computersimulation außerordentlich neugierig gemacht hatte.

1 Ursprung der Analogrechentechnik

Das Jahr 1941 ist mit einer der bedeutendsten Erfindungen in Deutschland verbunden, nämlich mit der Entwicklung einer programmgesteuerten, elektromechanischen digitalen Rechenanlage, des Z3-Computers von Konrad Zuse. Weniger bekannt ist, dass im gleichen Jahr ein weiterer junger Wissenschaftler im Alter von 31 Jahren in Deutschland ebenfalls einen Computer erfand, der aber nach völlig anderen Prinzipien arbeitete. Es handelte sich dabei um den ersten programmgesteuerten, vollelektronischen Analogrechner. Sein Erfinder hieß Helmut Hoelzer. Als Student der Elektro-Ingenieurwissenschaften, hatte er bereits gelernt, physikalische Phänomene in ihrem Verhalten mit Hilfe mathematischer Gleichungen zu beschreiben. Insbesondere wusste man bereits seit langer Zeit, dass abstrakt beschriebene Wirkungsstrukturen für eingegrenzte Untersuchungsziele geeignete Verhaltensmodelle realer Phänomene darstellen können.

Ausgangsbasis für die Erfindung Hoelzers ist die bekannte Erkenntnis, dass ein und die gleiche mathematisch modellierte Wirkungsstruktur durchaus unterschiedliche reale Phänomene beschreiben kann. Seine Betrachtungen hinsichtlich der Herausarbeitung von Struktur- und Verhaltensanalogien brachten ihn auf die entscheidende Idee, die sich zunächst einmal nur auf ein gewünschtes Messgerät beschränken sollte.

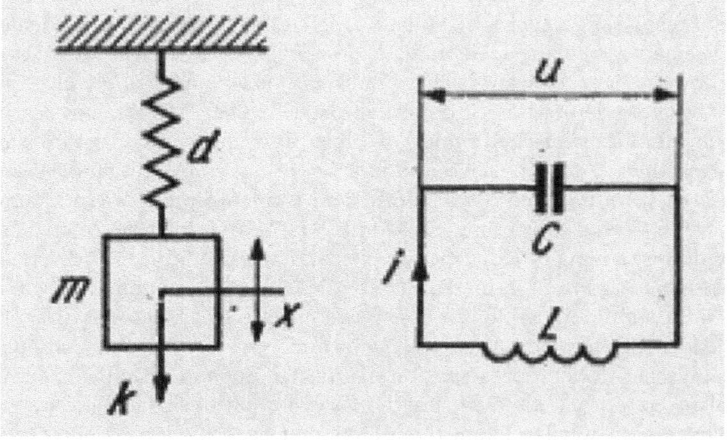

Abb. 1: Analoge Systeme

Bild 1 zeigt zwei Schwingungssysteme, ein mechanisches und ein elektrisches. Vergleicht man ihre jeweiligen mathematischen Verhaltensbeschreibungen, stellt man eine Analogie sowohl in deren Struktur als auch im Verhalten fest. Gleichung (1) beschreibt ein sogenanntes elastisches Pendel, das Schwingungen ausführt, wenn die Masse m aus der Ruhelage vertikal ausgelenkt wird.

Dabei repräsentiert x die Auslenkung, m die Masse, d die Federkonstante und k die aufzuwendende auslenkende Kraft.

$$m\,\frac{\mathrm{d}^2 x}{\mathrm{d}t^2} + dx = k \tag{1}$$

Das in Bild 1 ebenfalls gezeigte elektrische Netzwerk wird durch Gleichung (2) beschrieben.

$$L\,\frac{\mathrm{d}^2 i}{\mathrm{d}t^2} + \frac{1}{C}\,i = \frac{\mathrm{d}u}{\mathrm{d}t} \tag{2}$$

Dabei ist i der Strom, L die Induktivität der Spule und C die Kapazität des Kondensators. Die Spannung u regt den sogenannten Thomsonschen Schwingkreis zum Schwingen an. Vergleicht man beide Gleichungen, so stellt man eine Analogie der betrachteten Größen und ihrer Wirkungszusammenhänge fest. Dabei entsprechen sich die Größen

$$x \mathrel{\hat{=}} i$$
$$k \mathrel{\hat{=}} \frac{\mathrm{d}u}{\mathrm{d}t}$$
$$m \mathrel{\hat{=}} L$$
$$d \mathrel{\hat{=}} \frac{1}{C} \quad .$$

Um die Schwingungen des mechanischen Systems zu untersuchen, reicht es interessanterweise aus, (nur) diejenigen des analogen elektrischen Systems zu studieren. Man kann demnach das obige elektrische Netzwerk als spezielles analoges Berechnungsmodell zur Lösung der Schwingungsgleichung des mechanischen Systems ansehen. Implementiert man dieses Modell wiederum als elektromagnetischen Schaltkreis, erhält man einen (nahezu) perfekten ausführbaren Simulator in Form einer analogen Rechenmaschine, die insbesondere in der Lage ist, in Echtzeit eine Lösung der Gleichung für verschiedene einstellbare Koeffizienten und Anfangswerte zu liefern.

Die Einsatzmöglichkeit dieser Rechenmaschine ist offensichtlich begrenzt – sie bleibt auf die Lösung solcher Gleichungen eingeschränkt und ist nicht frei programmierbar. Derartige Analogiebetrachtungen waren übrigens nicht ungewöhnlich. Sie bildeten die Grundlage weitaus älterer Rechenapparaturen, wie beispielsweise die des logarithmischen Rechenschiebers, der seit dem 17. Jahrhundert in Benutzung war. Bis in die Mitte des 20. Jahrhunderts wurden darüber hinaus mechanische Analogrechner entwickelt und benutzt.

Was veranlasste eigentlich den leidenschaftlichen Segelflieger Hoelzer, sich mit derartigen Konstruktionen zu beschäftigen? Nun, sein Wunsch war es, ein Messgerät zur Verfügung zu stellen, mit dem man die Geschwindigkeit eines Flugzeuges im fliegenden Flugzeug selbst bestimmen konnte, da es solche Geräte bis dato noch nicht gab. Hoelzer entwickelte dazu ein Verfahren, mittels eines Feder-Masse-Dämpfungssystems die Beschleunigung messen und durch deren zeitliche Integration die Geschwindigkeit ermitteln zu können. Analogen Verhaltensprinzipien folgend, schlug er noch während seiner Studienzeit im Jahre 1935 ein Konzept vor, das mathematische Verfahren der Integration elektronisch umzusetzen (Bild 2). Mit diesem Integrierer war insbesondere auch der wichtigste Rechen-Elementetyp seines späteren Analogrechners geschaffen (s. [1]).

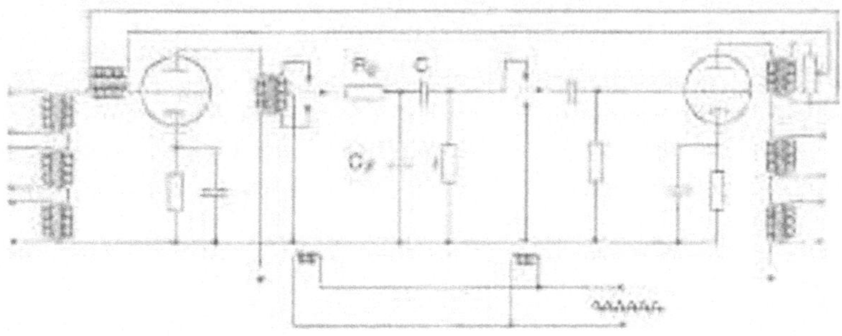

Abb. 2: Integrierer mit Rückkopplung und Zerhackerverstärker

Nach Abschluss seines Studiums 1939 an der TH Darmstadt und einer kurzen Tätigkeit im Laboratorium für Hochfrequenztechnik der Firma Telefunken, wo man sich mit Flugleitsystemen beschäftigte, verpflichtete ihn die Heeres-Versuchsstelle Peenemünde. Eingebunden in das Aufrüstungsprogramm Nazi-Deutschlands hatte er sich sowohl mit mathematischen als auch mit experimentellen Untersuchungen regelungstechnischer Systeme zu befassen, die letztendlich auch in die A4-Raketenentwicklung[1] eingebettet waren. Hier konnte er 1941 seinen lang gehegten Plan, eine universelle, nach analogen Prinzipien arbeitende Rechenmaschine zu bauen, realisieren – womit der erste vollelektronische Analogrechner in der Computergeschichte fertig gestellt war [4]. Neben den typischen Rechenelementen eines Analogrechners, wie Addierer, Multiplizierer und Integrierer enthielt dieses Gerät auch Dividierer, Schaltkreise zur Quadratwurzelberechnung sowie Differenzierer. Benötigt wurde der Rechner im Raketenforschungszentrum von Peenemünde zur Simulation der Flugmechanik und verschiedener Steuerungssysteme. Während der Kriegszeit entwickelte Hoelzer u. a. ein Funkleitsystem und ein stabiles Kurssteuerungssystem für Flugobjekte und Raketen, was ohne die echtzeitfähige Analogrechentechnik unmöglich gewesen wäre. Das Raketenforschungszentrum in Peenemünde, gegründet 1929, spielte lange Zeit bei der Nazi-Führung

---

[1] Die A4 war die erste Lenkrakete der Welt. Erst 1943 interessierte sich die Nazi-Führung ernsthaft für die Raketenforschung in Peenemünde. Die Arbeiten an der A4 erhielten plötzlich die höchste Dringlichkeit, gekoppelt an eine Massenfertigung als „Wunderwaffe" in einem bereits verlorenen Krieg. Bekannt und berüchtigt wurde sie unter dem Namen V2 (Vergeltung).

eine nebensächliche Rolle, da man von einer absehbaren Waffentauglichkeit einer Rakete nicht überzeugt war. 1944 sollte sich dies jedoch ändern. Die SS übernahm die Forschungseinrichtung und der Zentrumsleitung drohte der Prozess, da sie ihre Raumfahrtpläne nicht konsequent militärischen Zielsetzungen untergeordnet hatten. Dass es nicht zum Prozess kam, lag daran, dass ohne Werner v. Braun und seine Experten eine von Hitler verordnete Massenproduktion der Rakete völlig unmöglich schien[2] (s. a. [2]).

Der Peenemünder Analogrechner wurde 1946 als Kriegsbeute in die USA überführt und dort von der amerikanischen Armee weiterverwendet. Auch Hoelzer selbst, der noch zuvor bei seinem Lehrer Alwin Walther an der TH Darmstadt zum Thema „Anwendung elektrischer Netzwerke zur Lösung von Differentialgleichungen und zur Stabilisierung von Regelungsvorgängen" promovierte, siedelte in demselben Jahr mit mehreren Mitarbeitern in die USA um. Dort konnte er sich unter Leitung von W. v. Braun weiterhin der Raketenforschung widmen. Viele Jahre arbeitete er als Director of Computing im Marshall Space Flight Centre in Huntsville (s. a. [5]). Ein Höhepunkt seiner Forschung ist mit der Fernsteuerung amerikanischer Mondraketen im Rahmen des Apollo-Programms verbunden. Für seine Verdienste um die Raumfahrt wurde Hoelzer (Bild 3) mehrfach geehrt. So erhielt er u. a. die Verdienstmedaille der NASA und die Kopernikus-Medaille des Kuratoriums „Mensch und Weltall". (vgl. [3])

Erst spät wurden die wissenschaftlichen Leistungen Helmut Hoelzers auch in seinem Geburtsland gewürdigt. In der DDR wurden sie sogar totgeschwiegen als wenn es diese historischen Wurzeln nie gegeben hätte. 1991 erhielt der Computerpionier, nunmehr im hohen Alter von 80 Jahren, anlässlich des 50. Geburtsjahres des Analogrechners Einladungen zu Gastvorträgen in Deutschland, so von der Humboldt-Universität zu Berlin und vom Berliner Museum für Verkehr und Technik. Seit 1995 ist ein Nachbau seines Computers in diesem Museum zu besichtigen. Auf der Insel Usedom wurde im gleichen Jahr zu Ehren des wirkungsreichen Schaffens Hoelzers ein Gedenkstein enthüllt[3]. Der geniale Wissenschaftler und Ingenieur verstarb am 19. August 1996 in Huntsville, Alabama [10].

---

[2] Es bleibt schwer, die Ingenieursleistung der Gruppe um W. v. Braun wertfrei zu würdigen. Sicher waren die Peenemünder Forscher nicht die Einzigen, die sich in die Fänge der Militärs begaben um sich ihre Forschung finanzieren zu lassen. Die Verlockung finanzieller Mittel zur Forschung ließ moralische Bedenken in den Hintergrund treten.

[3] H. Hoelzer: „Ob ich die Ehrung verdient habe, weiß ich nicht recht, denn der erste vollelektronische Analog-Computer, um den es sich hier dreht, wäre in die Welt gekommen mit Helmut Hoelzer oder ohne Helmut Hoelzer, mit Peenemünde oder ohne Peenemünde. Wenn die Zeit reif ist, kommt das Neue von ganz allein, und der erste Computer der Welt wäre dann eben von anderen entwickelt worden. Nur eben später." Grußwort aus Anlass der Enthüllung des Gedenksteins in Neu-Pudagla. Inselzeitung (Usedom, Wolgast und Umland) vom 28.10.1995

Abb. 3: Helmut Hoelzer (1912–1996)

2 Prinzipielle Arbeitsweise des elektronischen Analogrechners

Aus heutiger Sicht besitzt das Attribut analog sogar zwei verschiedene semantische Aspekte. Zum einen wird damit die bereits erläuterte Analogie in Gestalt der Struktur- und Verhaltensäquivalenz des Rechners als ausführbares Modell und dem jeweils zu untersuchenden realen oder gedachten Systems herausgestellt. Zum anderen wird aber auch der Gegensatz zum Digitalrechner betont, da der Analogrechner nicht mit digitalisierten Werten, sondern mit analogen Signalen arbeitet. Bei einem elektronischen Analogrechner bilden (Strom-)Spannungen oder Spannungsverläufe die Eingangs- als auch die Ausgangsgrößen. Die Programmierung eines solchen Analogrechners besteht darin, eine elektrische Schaltung aus einem Reservoir angebotener elektronischer Baugruppen aufzubauen, die dem zu untersuchenden System in der Struktur entspricht. Mit Potentiometern sind an verschiedenen Stellen in der Schaltung Parameter, Anfangswerte und Störfaktoren einzustellen, womit das Berechnungsmodell quantifiziert wird. Das Faszinierende dieser Computergattung ist bis in unsere heutige Zeit hinein die Tatsache, dass mit dem Einschalten der Spannungsquellen für die umgesetzte Schaltung unmittelbar auch eine Lösung (z. B. eines komplexen Differentialgleichungssystems) vorliegt.

Mit dem Terminus elektronischer Analogrechner bezeichnet man ein System universell einsetzbarer und steuerbarer elektronischer Baugruppen, die die Rolle von Rechenelementen übernehmen. Bild 4 zeigt einen solchen Rech-

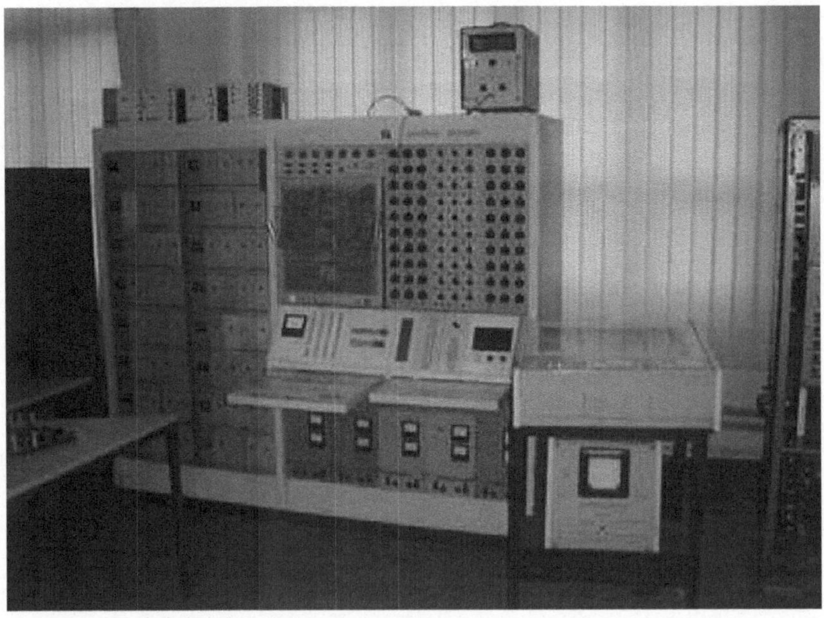

Abb. 4: Analogrechner ENDIM 2000 (Baujahr: 1965–68, Serienfertigung von ca.
20 Geräten)

ner aus den 70er Jahren. Man erkennt unterschiedlich markierte Rechenelemente mit ihren jeweiligen Ein- und Ausgangsbuchsen. Dabei stellte eine einzelne Baugruppe häufig eine Kombination elementarer Rechenelemente dar, um häufig wiederkehrende Anwendungsmuster zu unterstützen. So wurden Addierer mit Integrierern so miteinander kombiniert, dass einem mit mehreren Eingangsbuchsen ausgestatteten Integrierer jeweils ein (Built-in-)Addierer vorgeschaltet wurde, der das eigentliche Eingangssignal für den Integrierer als Summe der Signale über die Eingangsbuchsen lieferte. Konkrete, ausführbare Modellkonfigurationen entstanden dadurch, dass man all die benötigten Baugruppen über ihre Ein- bzw. Ausgangsbuchsen mit Verbindungsleitungen verstöpselte (s. Bild 5).

Unter Programmierung eines elektronischen Analogrechners verstand man den Vorgang der Erstellung einer kompletten adäquaten elektrischen Schaltung analog zu einem mathematischen Struktur- und Verhaltensmodell. Die Ausführung eines Modells war die Aktivierung von Spannungsquellen für diese Schaltung. Ein gewisser Komfort bestand darin, dass man die Schalttafeln austauschen konnte. Von einer Archivierungsunterstützung für Analog-Programme konnte man zwar nicht wirklich sprechen, zumindest konnte aber auf diese Weise die Programmentwicklung „trocken" vorbereitet und geparkt werden.

Abb. 5: Zusammenschaltung einzelner Rechenelemente

Einen anderen Typus eines Analogrechners zeigt Bild 6. Abgebildet ist dort ein so genannter pneumatischer Analogrechner. Die Modellgrößen wurden in ihrem zeitlichen Verlauf durch sich ändernde Drücke dargestellt. Die Einstellung einzelner Größen (Anfangswerte, Störgrößen usw.) wurde dabei mittels Ventilsteuerungen vorgenommen. Solche Rechner wurden tatsächlich gebaut und eingesetzt. Ihr Einsatzgebiet war durch eine besondere Nische charakterisiert.

Pneumatische Analogrechner wurden insbesondere zur Echtzeitsteuerung von stationären Regelungssystemen (Chemische Verfahrenstechnik, Kraftwerksbereich) eingesetzt, die besondere Sicherheitskriterien auch im Hinblick auf mögliche Funkenbildungen zu berücksichtigen hatten. Elektronische Analogrechner erfüllten diese Anforderungen zur damaligen Zeit noch nicht.

Am damaligen Rechenzentrum der Humboldt-Universität zu Berlin war u. a. ein Analogrechner der MEDA-Serie viele Jahren im Einsatz. Bild 7 zeigt ein aktuelles Foto des Gründungsdirektors, Prof. Dr. habil. G. Schwarze, mit diesem Rechner.

Abb. 6: Pneumatischer Analogrechner (VEB GARW Teltow, 1965)

3 Eine Urform graphischer Modellbeschreibungssprachen

Während mit Fortran[4] und Algol-60 [13] die Ära textueller Programmiersprachen mit entsprechenden Programmierwerkzeugen wie Editoren, Compilern, Programmverbindern (Linkern) und Laufzeitsystemen für Digitalrechner eingeleitet wurde, kam die Analogrechentechnik bereits mit einer gewissen Urform graphischer Modellierungssprachen daher. Zu dieser Zeit war man sich dessen aber noch nicht bewusst. So sprach man nicht von graphischen Modellierungssprachen, weil man noch nicht in der Lage war, die abstrakte Syntax und die statische Semantik derartiger Notationen formal zu beschreiben, geschweige denn eine Modellerstellung mit Programmierwerkzeugen zu unterstützen. Man begnügte sich vielmehr mit informal definierten Festlegungen

---

[4] Fortran gilt als die erste implementierte höhere Programmiersprache. Sie geht auf einen Vorschlag zurück, den John W. Backus, Programmierer bei IBM, 1953 unterbreitete.

Abb. 7: Gunter Schwarze vor einem MEDA-42 TA am Institut für Informatik der
Humboldt-Universität zu Berlin (2005)

von elementaren Beschreibungssymbolen und Regeln zu ihrer Komposition.
Dennoch konnte die Urform einer graphischen Modellbeschreibungssprache
aus heutiger Sicht mit zwei verblüffenden Überraschungen aufwarten. Zum
einen gab es für die informal definierte Notationsvorschrift bereits einen international gültigen de facto-Standard. Zweitens gab es für diese Notationsvorschrift der Analogrechenprogramme bereits eine mathematisch wohl definierte
dynamische Semantik (vgl. Bild 8).

Der Ansatz graphischer Modellnotationen aus der Analogrechner-Ära wurde in der Folgezeit, insbesondere in der Domäne der Computersimulation
trotz fehlender Werkzeugunterstützung nicht aufgegeben. GPSS [20] und
CSMP [25] als klassische Vertreter textueller Simulationssprachen zur Untersuchung zeitdiskreter bzw. zeitkontinuierlicher Prozesssysteme boten (wenn
auch nur zur Illustration) alternative graphische Modellnotationen an. Mit
der Entwicklung hochauflösender Bildschirmtechniken ergaben sich in der Folgezeit neue Freiräume für die Entwicklung graphisch-orientierter Program-
mierwerkzeuge. So führte die Verbreitung und Akzeptanz des Metamodellie-
rungskonzeptes der Sprache UML (Unified Modelling Language) [14] in unseren Tagen zu einer wahren Wiedergeburt graphischer Modellbeschreibungen,
insbesondere im Zusammenhang mit der Bereitstellung Domänen-spezifischer
Modellierungssprachen.

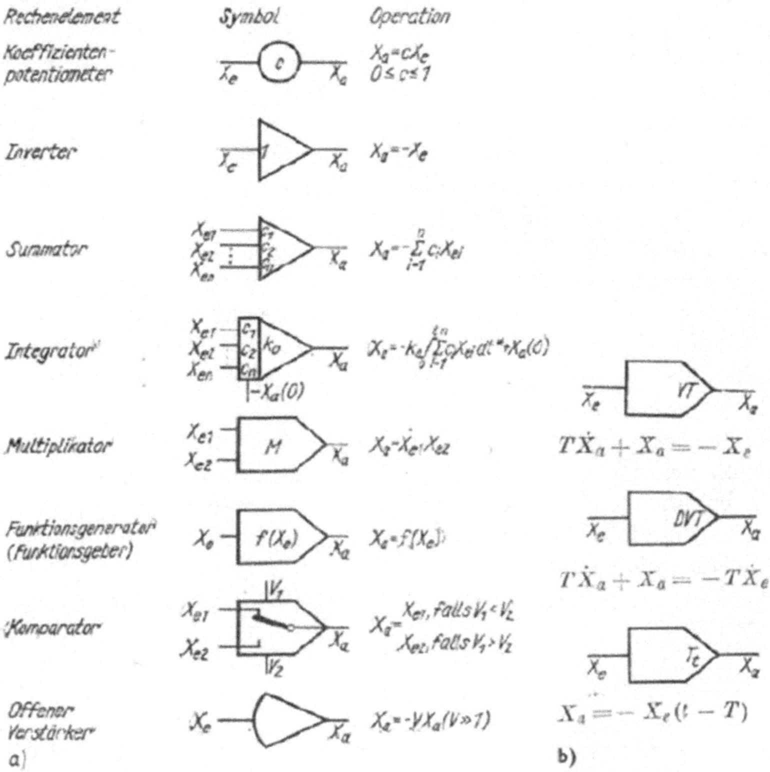

Abb. 8: Modellelemente einer graphischen Beschreibungssprache und deren formale
Semantik
a) elementare Rechenelemente b) Komponenten eines Regelkreises
*Anm. 1: Rechenelemente rechts, von oben nach unten: Verzögerungsglied
1.Ordnung, Differenzielles Verzögerungsglied 1.Ordnung, Totzeitglied
Anm. 2: Korrektur der Totzeitgliedverhaltensgleichung: $X_a = -X_e(t - T_t)$
(Druckfehler in der Originalquelle)*

4 Programmierung des Analogrechners

In Anbetracht fehlender Hardware- und Software-Unterstützung begnügte
man sich zu Analogrechnerzeiten mit Zeichenschablonen, um komplexe graphische Verhaltensmodelle zu entwickeln. Bild 9 zeigt ein Modell, das der
Verhaltensgleichung (3) entspricht.

$$5\left(1 - e^{-\frac{\tau}{5}}\right)\frac{\mathrm{d}^2 x_a}{\mathrm{d}\tau^2} + \left(3 - e^{-\frac{\tau}{5}}\right)\frac{\mathrm{d}x_a}{\mathrm{d}\tau} + \frac{2}{5}x_a = \left(3 - e^{-\frac{\tau}{5}}\right)\frac{\mathrm{d}x_e}{\mathrm{d}\tau} + \frac{2}{5}x_e \qquad (3)$$

Die Programmierung eines Analogrechners vollzog sich stets in folgenden fünf
Grundschritten

1. *Normierung der Gleichungen bei Einführung von Skalierungsfaktoren*
   Das Ziel bestand darin, alle Variablen dimensionslos zu machen und alle
   von der Zeit abhängigen Größen, die ja durch Spannungen repräsentiert
   wurden, im Intervall $(+1V, -1V)^5$ darstellen zu können.
2. *Entwicklung des Schaltungsmodells*
   In diesem Schritt war das Modell graphisch zu beschreiben.
3. *Transformation des abstrakten Verhaltensmodells in ein Implementie-
   rungsmodell des Analogrechners*
   Dies wurde durch Erstellung von Steckverbindungen zwischen den Rechenelementen des Analogrechners entsprechend der Schaltung erreicht.
   Darüber hinaus mussten alle Anfangswerte und Koeffizienten mit Potentiometern eingestellt werden. Störgrößen mussten dagegen in ihrem Verhalten als eigenständige Funktionen im Modell nachgebildet werden.
4. *Prüfung der Schaltung*
   Da die Transformation im Schritt 3 per Hand ausgeführt wurde, war sie
   nicht a priori fehlerfrei. Auch die Genauigkeit der Einstellungen war durchaus ein Problem, so dass eine Prüfung der Steckverbindungen und Ein-
   stellwerte erfolgen musste.
5. *Modellausführung und Bewertung*
   Der Lösungsvorgang wurde im Steuerteil des Analog-Computers ausgelöst.

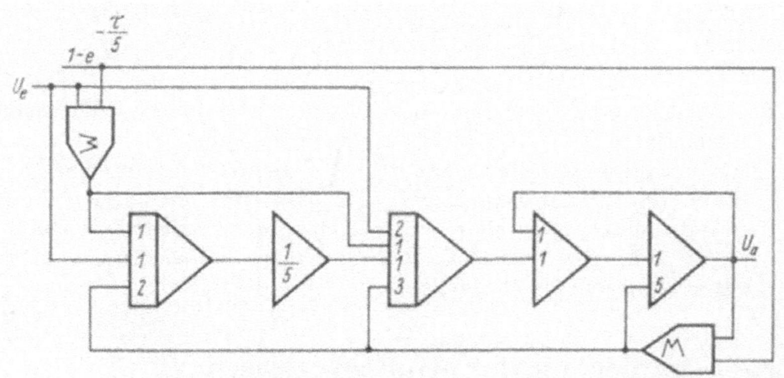

Abb. 9: Graphisches Modell, das Gleichung (3) entspricht

Entscheidende Voraussetzung für den Erfolg der einzelnen Programmie-
rungsschritte in ihrer Gesamtheit war selbstverständlich die Existenz eines
jeweils gültigen Modells des realen oder gedachten Systems. Aber hier lag
und liegt im Allgemeinen das Problem, das übrigens völlig unabhängig von

---

[5] Es gab auch Rechner, die in anderen Bereichen arbeiteten, z. B. von -100V bis
   100V

der Güte und Schnelligkeit eines programmierten Rechners als eingesetzter Simulator ist. Die Frage ist nämlich, ob die mathematische Beschreibung eines Systems für die beabsichtigen Untersuchungsvorhaben und -zielstellungen überhaupt brauchbar ist. In diesem Zusammenhang erkannte man jedoch schon sehr frühzeitig die Bedeutung der Computersimulation für die iterative Modellentwicklung selbst und war sich trotz Achtung aller Erkenntnisse über die bestehenden Unzulänglichkeiten von Modellen im Prinzip im Klaren. Leider wächst heute durch die Möglichkeiten computergestützter Modellentwicklungen auf der Basis immer leistungsfähigerer Technik die latente Gefahr, diese fundamentale Erkenntnis zu vernachlässigen. Die Erfahrungen aus dem praktischen Einsatz der Analogtechnik zeigen, dass eine nicht auszuschließende Fehlerquelle trotz bester Technik immer wieder im Modellierungsbereich selbst zu suchen ist.

5 Modellierungsprobleme und Grenzen der Computertechnik auf dem Weg zum Mond

Innerhalb des Raumfahrtprogramms der NASA spielte die Modellierung und Computersimulation von Anfang an eine bedeutende Rolle. Einen kleinen Einblick in die Problematik jener Zeit gewährte Granino Arthur Korn[6] in einem Interview (Bild 10) anlässlich eines Gastaufenthaltes am damaligen GMD-Institut FIRST im Jahr 1997 [15].

Man begann, so berichtete er, in der amerikanischen Raketenforschung mit großen teuren Analogrechnern, deren grundsätzliches Problem jedoch in ihrer begrenzten erreichbaren Genauigkeit bestand. Dennoch hatten sie bislang noch keine ernsthafte Konkurrenz, denn das entscheidende Problem der Digitalrechner jener Zeit war ihre unzureichende Rechengeschwindigkeit, was einen Echtzeiteinsatz ausschloss. Korn verwies aber auch auf rechnerunabhängige Modellierungsprobleme, so über ein nicht erwartetes unkontrollierbares Flugverhalten einer Rakete aufgrund der Nichtberücksichtung von Treibstoffbewegungen im Flugkörper oder seiner Biegung während des Fluges. Trotz aller Unzulänglichkeiten der damaligen Rechentechnik und Modelle haben die Astronauten den Mond dennoch erreicht und kehrten glücklich zur Erde zurück. Korn selbst war mit Verhaltensmodellierungen der Mercury-Kapsel[7]

---

[6] Granino A. Korn wurde als Sohn eines deutschen Wissenschaftlers jüdischer Abstammung in Berlin geboren. Seine Familie flüchtete 1939 vor den Nazis in die USA. Dort studierte er Physik und promovierte 1948 und wirkte über viele Jahre als Professor für Elektrotechnik an der Universität Arizona, wo er u. a. auch am Raumfahrtprogramm mitwirkte. Für seine Arbeiten auf dem Gebiet der Computersimulation wurde er mehrfach geehrt, 1976 mit dem Alexander-von-Humboldt-Preis.

[7] Mit dieser Kapsel wurde der Beginn der amerikanischen bemannten Raumfahrt eingeleitet. Sie war 2,9 m lang und hatte einen Durchmesser von 1,9 m, da sie nur

Abb. 10: Prof. Granino Arthur Korn zu einem Gastaufenthalt in Berlin-Adlershof
(1997)

(Bild 11) unter Einsatz von Analogrechentechnik betraut, bevor das Appollo-
Programm der NASA gestartet wurde.

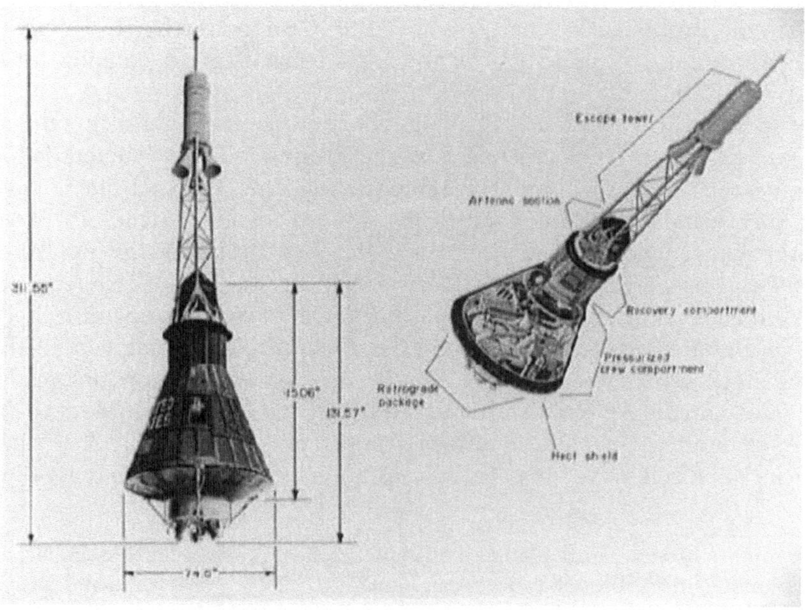

Abb. 11: Die Mercury-Kapsel

---

für einen Mann konzipiert war, der nicht größer als 1,80 m sein durfte. Insgesamt
gab es 10 Mercury-Flüge mit unterschiedlichen Typen von Trägerraketen.

Interessant sind auch die Einschätzungen Korns zur Weiterentwicklung der Analogrechentechnik bei Eröffnung einer neuen Ära der Computertechnik. Wiederum nahmen die Militärs in den beiden politischen Lagern jener Zeit auf die Entwicklung Einfluss. Im Zuge der Zuspitzung des kalten Krieges und der Zunahme gegenseitiger Bedrohungen mit Lang- und Mittelstreckenraketen, wobei auf eine Distanz von 10.000 km Sprengköpfe auf 50 m genau ins Ziel treffen sollten, entwickelte man Ende der 60er Jahre sogenannte Hybridrechner, von denen man sich eine Verbindung der Vorteile beider Rechnergattungen versprach. Jedoch das Gegenteil (so berichtete Korn) trat zunächst ein – es summierten sich im Echzeitanwendungsbereich vielmehr die Nachteile. Der digitale Anteil war zu langsam und der analoge nicht genau genug. Bei den weiteren Bemühungen um die Behebung dieser Nachteile waren die Fortschritte im Analogrechenbereich auf die Dauer jedoch nur bescheiden.

So setzte schließlich der Siegeszug der Digitalrechentechnik ein. Mit ihrer Entwicklung wuchs die zunehmende Verfügbarkeit leistungsfähiger Compiler für ausdrucksstarke Sprachen wie Algol oder Fortan. Es wurden Funktionsbibliotheken und Spezialsprachen zur Modellierung und Simulation dynamischer System entwickelt, die die Philosophie einer bausteinartigen oder komponentenorientierten Denkweise der Analogrechnerzeit beim Aufbau von Simulationsmodellen übernahmen und unter Nutzung stabiler numerischer Berechnungsmethoden nun in der Lage waren, zumindest genauere Ergebnisse zu liefern. Die Beiträge in dem neuen Wissenschaftszweig der Numerischen Mathematik trugen dabei also sehr entscheidend zur Entwicklung der Modellierung und experimentellen Untersuchung beim Einsatz des Digitalrechners bei. Von Griepentrog [6] stammt z. B. ein Verfahren zur iterativen Behandlung von Rückkopplungsschleifen, die beim Anlogrechner aufgrund seiner parallelen Arbeitsweise kein Problem darstellten aber bei einem seriell arbeitenden Digitalrechner sehr wohl zu beachten waren.

Ein Beispiel einer Fortran-Bibliothek, die der Analogrechnermodellierung nachempfunden war, ist unter dem Namen BORIS zumindest in Osteuropa bekannt gewesen. Bild 12 zeigt die Signatur der wichtigsten Funktionen, die den analogen Rechenelementen nachempfunden worden sind, mit ihrer jeweiligen abstrakten, mathematisch formulierten Semantik. Diese Technologie wurde seinerzeit von vielen Simulationssprachen gepflegt, so auch vom Klassiker CSMP aus dem Jahre 1967. Im Zuge der Verbesserung der in dieser Zeit vielfältig entwickelten Simulationssprachen erkannte man auch die numerischen Vorzüge gleichungsorientierter Modellbeschreibungen, die aber einer komponentenorientierten Entwicklung zunächst im Wege standen, da die damaligen Implementierungssprachen rein prozedural ausgerichtet waren [12]. Im Norden Europas wurde zu diesem Zeitpunkt aber bereits an einem neuen Modellierungs- und Implementationsparadigma gearbeitet, das die gesamte Software-Entwicklung und Modellabstraktion späterer Generationen beeinflussen sollte.

BORIS-Rechenblock	Entsprechender mathematischer Block
1. Y = SPRUNG(T1) (Sprungeingang)	$1(t - T1)$
2. Y = RAMPE(T1) (Anstiegseingang)	$\int_0^t 1(u - T1)\, du$
3. Y = SINUS(A,B) (Sinuseingang)	$\sin(At + B)$
4. Y = DIRAC(A) (Diracimpuls)	$\dfrac{A1(t) - A1(t - S)}{S}$ $(S = \text{Schrittweite})$
5. Y = INTG (X) (Integrator, Trapezregel)	$\dfrac{1}{s}$
6. Y = INT1(X) (Integrator, Rechteckregel)	$\dfrac{1}{s}$
7. Y = VZ(X,T1) (Verzögerungsglied)	$\dfrac{1}{T1\,s + 1}$
8. Y = VZD(X,T1,T2) (VZ-Glied mit differenzierendem Anteil)	$\dfrac{T1\,s}{T2\,s + 1}$
9. Y = VZDP(X,T1,T2) (VZ-Glied mit diff. und proportionalem Anteil)	$\dfrac{T1\,s + 1}{T2\,s + 1}$
10. Y = UEB5(X,B5,B4,B3,B2,B1,B0, A5,A4,A3,A2,A1,A0)	$\dfrac{B5\,s^5 + B4\,s^4 + B3\,s^3 + B2\,s^2 + B1\,s + B0}{A5\,s^5 + A4\,s^4 + A3\,s^3 + A2\,s^2 + A1\,s + A0}$
11. Entsprechend 10. existieren getrennt	UEB4 , UEB3 , UEB2 und UEB1 .
12. Y = TØT(X,T1) (Totzeit)	$e^{-T1\,s}$

Abb. 12: BORIS-Rechenblöcke als Funktionen einer Fortran-Bibliothek und ihre formale Semantikdefinition

Anm.: Die mathematische Definition des Totzeitgliedes müsste korrekterweise e^{-T1s} lauten (Druckfehler in der Originalquelle).

Gunter Schwarze

1928	am 6. April in Pirna geboren
1946	Abitur in Pirna
1946 – 1949	Studium der Mathematik an der Universität Rostock
1949 – 1951	Studium der Mathematik an der Humboldt-Universität
1951	Diplom-Mathematiker; Diplomthema: Über die Klassenzahlformel der einfach reellen nicht abelschen kubischen Zahlkörper
1952 – 1958	Assistent und Oberassistent an der Sektion Mathematik mit anschließender Industrietätigkeit am Institut für Regelungstechnik (IfR) als Wissenschaftlicher Mitarbeiter
1959 – 1963	Leiter der Theoretischen Gruppe mit Rechenzentrum am IfR
1963	Promotion zum Dr. rer. nat. Dissertationsthema: Über die 1., 2. und 3. äußere Randwertaufgabe der Schwingungsgleichung $\Delta F + K^2 F = 0$
1964 – 1968	Leiter des Rechenzentrums der HU Berlin
1967	Habilitation zum Dr. rer. nat. habil. an der TH Magdeburg. Algorithmische Ermittlung der Übertragungsfunktion linearer Modelle mit konstanten konzentrierten Parametern für analoge Systeme mit einem Eingang und einem Ausgang durch Analyse der zu charakteristischen Testsignalen gehörigen Ausgangssignale im Zeitbereich
1967	Berufung zum Dozent für Numerische Mathematik und Rechentechnik an der Sektion Mathematik
1969	Berufung zum ordentlichen Professor für Mathematische Kybernetik und Rechentechnik an der HU Berlin
ab 1990	Neugründung des Fachbereichs Informatik an der HU Berlin
1992	Neuberufung zum Universitätsprofessor für das Fachgebiet Systemanalyse am Institut für Informatik an der HU Berlin
1994	Ausscheiden aus der Universität aus Altersgründen

6 Objektorientierung – wie alles im Norden Europas begann

Man erzählt sich, dass Ole-Johan Dahl und Kristen Nygaard (Bild 13 und 14), beschäftigt am Norwegian Computing Center (NCC) in Oslo, Mitte der 60er Jahre an Schiffssimulationen gearbeitet haben (vgl. [16]). Dabei soll sich durch die kombinatorische Explosion von Parameterbeziehungen eine verwirrende Vielfalt an Möglichkeiten ergeben haben, nach denen die verschiedensten Attribute und Verhaltenseigenschaften der unterschiedlichen Schiffe voneinander abhängig waren. So kam man schließlich auf die Idee, die unterschiedlichen Schiffe jeweils als eigenständige Objekte nach ihrem Typ zu klassifizieren, wobei jede Klasse für die Beschreibung der Daten und des Verhaltens ihrer eigenen Objekte zuständig war. Das Zusammentreffen dieser beiden Männer war ideal für die Kreierung eines völlig neuen Modellierungsparadigmas.

Abb. 13: Dahl und Nygaard in den Tagen der Simula-Enwicklung

Nygaards Erfahrungen aus dem Bereich interaktiver Mensch-Maschine-Systeme und Dahl als Experte im Compilerbau machten die Konzeption der ersten objektorientierten Sprache möglich. Aus dem Jahre 1962 stammt die erste formale Beschreibung der Sprache, vorgestellt auf dem IFIP-Weltkongress in München. Nachdem der Computerhersteller UNIVAC das Simula-Projekt unterstützte, lief (für damalige Verhältnisse erstaunlich) bereits 1964 der erste Simula-Compiler auf einer UNIVAC-Anlage. Dabei war die Sprache (in ihrer Version Simula-I) noch auf die Modellierung und Simulation ausgerichtet [17]. Drei Jahre später erschien eine stark überarbeitete Sprachversion Simula-67 (kurz Simula) mit dem Anspruch, eine universelle höhere Programmiersprache zu sein, die u. a. eine Standardklassenbibliothek zur Modellierung

Abb. 14: Nygaard und Dahl anlässlich ihrer Ernennung zu „Kommandør av Den Kongelige Norske St. Olavs Orden" durch den König Norwegens im Jahre 2000

und Simulation zeitdiskreter Prozesse anbot und die Möglichkeit besaß, weitere Bibliotheken aufzubauen [18]. Es ist einfach erstaunlich, was die beiden Informatik-Pioniere bereits 1967 als sinnvolle Konzepte erkannt, in ihrer Sprache definiert und implementiert hatten:

- Klassen und Einfachvererbung,
- dynamische Objekterzeugung bei Einführung eines sicheren Objekt-Referenzkonzeptes,
- Speicherverwaltung mit einem dynamischen *Garbage Collector*,
- Virtualiät von Funktionen,
- statische und dynamische Qualifizierung von Objekt-Referenzen,
- Vorbereitung eines Modulkonzeptes in Form präfigierter Blöcke[8],
- Auszeichnung von passiven und aktiven Klassen (Coroutinen / Prozesse).

Darüber hinaus wurden kleine kompakte (Standard-)Klassenbibliotheken für verschiedene Anwendungsbereiche zur Verfügung gestellt, so zur

- Textverarbeitung,
- Ein- und Ausgabe,

---

[8] Das Blockkonzept war das zentrale Strukturierungskonzept der Basissprache Algol-60.

– generischen Listenverarbeitung und zur
– zeitdiskreten Simulation paralleler Prozesse.

Überraschend ist noch ein weiteres Phänomen. Von Schülern der Simula-Schöpfer (Bild 15) wurde später ein Compiler entwickelt, der bereits virtuellen Code (S" Code) als eine maschinenunabhängige Zwischendarstellungsform generierte, um die Verbreitung von Simula auf unterschiedlichen Anlagen zu befördern. Aber nicht bei allen Großrechnern dieser Zeit war eine Adressierung von Bytes möglich, so dass Simula-Implementierungen unter Effizienzproblemen zu leiden hatten. Von Hartwig und Strobel wurde 1980 ein Simula-Compiler für eine verbreitete Großrechenanlage in der DDR entwickelt, deren kleinste adressierbare Einheit ein Wort von 48 Bits war [19].

Java sollte diese Technologie später (nach Pascal und Modula) wieder sehr erfolgreich aufgreifen. In den 70er Jahren wurde Simula in der Praxis vielfach eingesetzt, so dass die theoretischen Konzepte der Sprache großen Einfluss auf die Entwicklung der nachfolgenden Programmier- und Modellierungssprachen hatten. Die Konzepte der Objektorientierung wurden weiter entwickelt und schließlich in Smalltalk-80 erstmals so umgesetzt, dass nun jedes Sprachkonzept dem objektorientierten Paradigma entsprang. Die erste Smalltalk-Version wurde übrigens in Simula geschrieben. Aber auch die ursprüngliche Herangehensweise von Dahl und Nygaard, eine existierende bewährte Sprache (hier Algol-60) um das Paradigma Objektorientierung zu erweitern, fand vielfältige Nachahmungen. So wurden Sprachen wie Pascal, Modula, SDL oder C auf unterschiedliche Art und Weise um objektorientierte Konzepte à la Simula erweitert. Vielen war dabei aber nur eine kurze Lebenszeit beschienen. Eine Ausnahme bildete jedoch die Sprache C++ von Bjarne Strostrup.

7 Etablierung der Objektorientierung als Programmierparadigma

Einerseits überzeugt von der Eleganz und Ausdrucksmächtigkeit der Simula-Klassen und andererseits enttäuscht von der Effizienz verfügbarer Werkzeuge, versuchte Anfang der 80er Jahre auch Bjarne Strostrup[9] einen eigenen Weg in Richtung Objektorientierung einzuschlagen.

Er erweiterte die Sprache C, die zu der Implementierungssprache moderner portabler Betriebssysteme (UNIX) avanciert war, da sie sich leicht und effizient auf unterschiedlichen Rechnerarchitekturen implementieren ließ. Den ersten Schritt dazu unternahm Stroustrup 1979 mit Hilfe eines Präprozessor Cpre, der C um Simula-ähnliche Klassen erweiterte [21]. Dieser Präprozessor kam seinerzeit immerhin auf 16 unterschiedlichen Systemen zum Einsatz.

---

[9] Bjarne Stroustrup: geboren 1950 in Aarhus (Dänemark), studierte Mathematik und Informatik, promovierte 1979 an der Universität von Cambridge (England), leitete danach über viele Jahre eine Forschungsabteilung bei AT&T (USA), seit 2002 ist er Professor für Informatik an der Texas A&M University (USA).

Abb. 15: Prof. Birger Møller-Pederson (Schüler von Kristen Nygaard) vor dem damaligen NCC-Gebäude in Oslo, wo die Objektorientierung erstmal das Licht der Welt erblickte. (1992)

Spannende Anwendungsprojekte waren erste Bibliotheken für C++ und eine (noch nicht portable) Prozessverwaltung, die eine Programmierung auf der Basis von Coroutinen unterstützte, wofür wiederum die Sprache Simula mit der Standardklassenbibliothek SIMULATION Pate stand. Die durch den Sprachprozessor bestimmte Sprache wurde von ihm „C with Classes" genannt.

Mit der Entwicklung von Cfront als herkömmliches Front-End eines C++-Compilers für die Sprache C84 wurde 1982 ein weiterer Schritt für die Konsolidierung der Sprache getan. Zur Implementierung wurde dabei selbstverständlich „C with Classes" benutzt. Weitere 16 Jahre intensiver Arbeit waren jedoch nötig, ehe C++ als gemeinsamer ISO- und ANSI-Standard verabschiedet werden konnte. Entscheidender Grund für diesen relativ langen Zeitraum war der immense Aufwand, der mit der Entwicklung und Konsolidierung diverser Bibliotheken für C++ (auch in Konkurrenz zu Java) verbunden war. Stroustrup legte mit [22] 1994 eine eindrucksvolle Dokumentation über den Entwurfs- und Entwicklungsprozess seiner Sprache vor.

In Anlehnung an seine ersten Klassen zur Prozessverwaltung, die inzwischen von Hansen [23] hinsichtlich ihrer Portabilität etwas verbessert wer-

Abb. 16: Bjarne Stroustrup

den konnten, wurde 1993 von Ahrens, Fischer und Witaszek unter Verwendung und Harmonisierung der Basiskonzepte von Stroustrup und Hansen die ODEM-Bibliothek zur Modellierung zeitdiskreter und zeitkontinuierlicher Systeme entwickelt [24].

8 Die Wiederentdeckung graphischer Modellbeschreibungen

Mit dem Übergang von alphanumerischen zu graphischen Oberflächen bei der Realisierung von Mensch-Computerschnittstellen erlebten viele ältere Modellierungstechniken eine wahre Renaissance. Ein typisches Beispiel dafür ist die Sprache SDL (System Definition Language), deren Ursprung bis in die 70er Jahre zurückgeht. Die ITU-T (damals noch CCITT) stand vor dem Problem, eine effizientere Entwicklung von Vermittlungsanlagen in der Telekommunikation zu befördern, wofür eine Reihe unterschiedlicher Modellierungssprachen benötigt wurde. Mit der Sprache SDL sollte dabei eine implementationsunabhängige Beschreibung verteilter Systeme in ihrer Struktur und ihrem spezifischen Verhalten ermöglicht werden, so dass sie von Netzwerkbetreibern als

auch von industriellen Herstellern gleichermaßen als neutrale Verständigungs-
basis benutzt werden konnte.

Die erste Version von SDL wurde 1976 als internationaler Standard [26]
verabschiedet. Damit lag eine kleine, kompakte, informal beschriebene und
graphische Notationsform vor, mit der man Signalisierungs- und Vermittlungs-
prozesse in Form endlicher Zustandsautomaten beschreiben konnte.

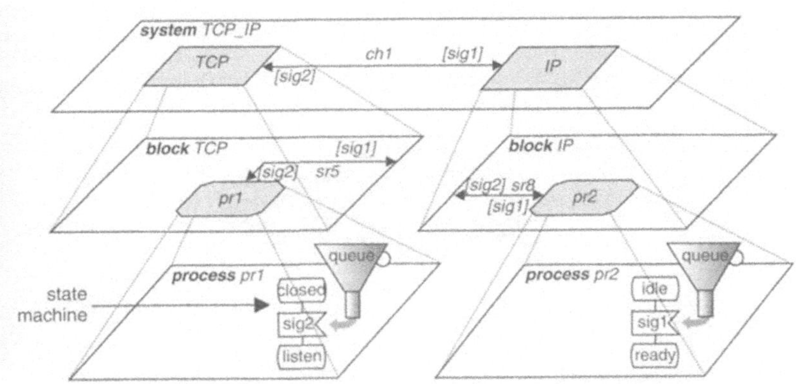

Abb. 17: Eine Systemarchitektur in SDL

Bild 17 zeigt drei der möglichen strukturellen Abstraktionsebenen eines
Systems in SDL und ihrem Zusammenhang: System–Block–Process. Ein System wird hier in einzelne Komponenten (Funktionsblöcke) strukturiert, die
sich in weitere Komponenten zerlegen lassen, deren Verhalten über kommu-
nizierende Zustandsautomaten beschrieben werden. Die Kommunikation der
Zustandsautomaten erfolgt auf der Basis eines asynchronen Signalaustausches
unter Nutzung von Signalempfangspuffern. Den Transport der Signale übernehmen zeitlose oder zeitbehaftete Übertragungskanäle. Zur graphischen Darstellung der Zustandsautomaten wurden spezielle Symbole für die Knoten eingeführt, u.a. Symbole für den Startzustand, für einen beliebigen Zustand, für
Trigger, Decision, Task und einen Stoppzustand.

Mit der Version SDL” 88 wurde die Sprache um ein Datentypkonzept erweitert und unter Verwendung unterschiedlichster Kalküle (ACT ONE, CCS,
MetaIV, ...) in einzelnen Sprachteilen formalisiert [27]. Dabei wurde die konkrete Syntax, die abstrakte Syntax, die statische Semantik und die dynamische
Semantik von SDL jedoch erst definiert, nachdem zuvor eine zusätzliche textuelle Notation für die Sprache festgelegt worden war. Die textuelle Form bot
die Möglichkeit, Techniken des Compilerbaus zu nutzen, um die Analyse, die
simulative Ausführung und die Codegenerierung aus SDL-Modellen heraus zu
unterstützen.

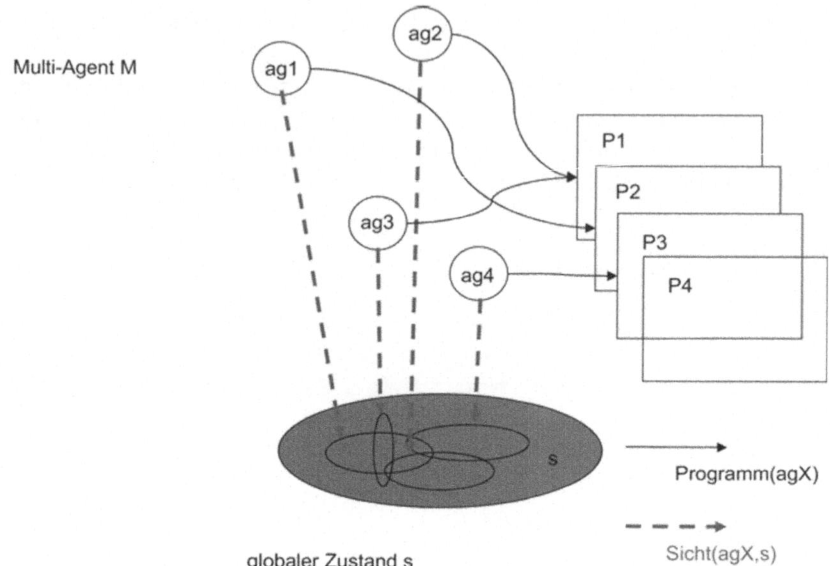

Abb. 18: Schematische Darstellung eines Multi-Agenten-ASM-Systems

Die Schwächen der ersten Formalisierung der Sprache, die vor allem in dem undefinierten Zusammenspiel verschiedener Aspekte der Beschreibung bestanden, wurden erst durch die Arbeiten von Andreas Prinz [30] und Martin von Löwis [31] mit der Sprachversion SDL-2000 [29] überwunden. Die Autoren setzen zudem erfolgreich das Kalkül der *Abstract State Machines* (ASM) von Gurevich [32] für die Entwicklung eines SDL-Referenz-Compilers ein.

Dieser Compiler transformiert SDL-Programme in Multi-Agenten-ASM-Programme. Bild 18 zeigt ein Multi-Agenten-ASM-Programm M, bestehend aus den Agenten *ag1*, *ag2*, *ag3* und *ag4*, wobei sich die Zugehörigkeit eines Agenten zum System durchaus (wie in SDL gefordert) dynamisch ändern kann. Das Verhalten eines jeden Agenten ist definiert durch ein Programm aus einer statisch vorgegebenen Menge von ASM-Programmen. Die Agenten operieren durch Ausführung ihrer Programme parallel zueinander und interagieren asynchron über geteilt nutzbare globale Lokalisierungen ihrer Zustände, wobei mehrere Agenten entsprechend einer *Partially-Ordered*-Semantik lesend und schreibend auf die Zustandslokalisierungen zugreifen. Die Funktion *Programm* ordnet jedem Agenten sein Programm zu, wobei *a2* und *a3* dasselbe Programm zugeordnet ist. *P4* ist ein Programm, was momentan noch keinem Agenten zugeordnet ist. Jeder Agent verfügt über eine eigene (eingeschränkte) Sicht auf einen gegeben globalen Zustand s von M. Über diesen partiellen Zustand operiert das zugeordnete Programm des Agenten. Den jeweiligen partiellen Zustand eines Agenten liefert die Funktion *View*.

Mit diesem generellen Zugang und der Formalisierung der komplexen statischen Semantik im ASM-Kalkül wurde ein Meilenstein gesetzt, der eine praxisrelevante Modellierungssprache mit graphischer Syntax auf eine formale semantische Basis gehoben hat – und dies ca. 60 Jahre nach Einführung der Modellierungstechnik für Analogrechner.

9 Etablierung der Objektorientierung als Modellierungsparadigma

In den 90er Jahren setzte sich die Objektorientierung auch zunehmend als Modellierungsparadigma durch. Auch die Sprache SDL erfuhr mit ihrer Version von 1992[10] eine komplette Überarbeitung bei Einführung objektorientierter Konzepte:

- Typisierung von System, Block, Process und Service,
- Vererbung von Typen,
- Virtualität von Prozeduren und Strukturtypen,
- Kontextparameter für Typschablonen.

Mit der Offensive von ISO und ITU entstand ein internationaler Standard zur Modellierung offener verteilter Systeme (ODP) [33], der Konstrukte wie Klasse, Objekt, Interface und Vererbung als elementare Konzepte definierte. Obwohl dieser Standard rein konzeptuell daher kam, also keinerlei Sprachdefinitionen im üblichen Sinne enthielt, beeinflusste er die Entwicklung vieler verteilter Plattformen und Architekturen. Parallel dazu entstanden verschiedene graphisch orientierte Sprachen und Methoden wie die von Rambough (OMT), Booch (Booch-Methode), Selic (Room) oder die von Coad und Yourdan oder Jacobsson. Sie sind die Vorläufer der heute weit verbreiteten Unified Modelling Language (UML).

Bild 19 verdeutlicht den direkten und indirekten Einfluss verschiedener formalen Sprachen und Kalküle, so aus frühster Zeit die Konzepte CSP von Hoare, CSS von Millner und VDM von Jones, dann den Einfluss der zum Teil auf diesen Konzepten basierenden Sprachen wie SDL, MSC und Lotos. Spannende Semantikbeschreibungskonzepte von Broy und Gurevich sind dagegen bislang noch nicht in die UML-Entwicklung eingeflossen. Aber die semantische Präzisierung von UML steht ja auch noch aus.

Haupteinfluss auf die Herausbildung von UML nahmen dagegen nahezu alle objektorientierten Konzepte, die auf die Urform von Simula zurückgeführt werden können. Daneben spielten aber auch Modellierungskonzepte eine Rolle, die wie das Entity-Relationship-Modell (ER) aus dem Datenbankbereich übernommen worden sind. Kompositionstrukturkonzepte haben ihren Ursprung im Bereich von Middleware-Architekturen wie Common Object Request Broker Architecture (Corba), Enterprise Java Beans (EJB) und Web-Services.

---

[10] Diese SDL-Version ist der Vorläufer von SDL-2000

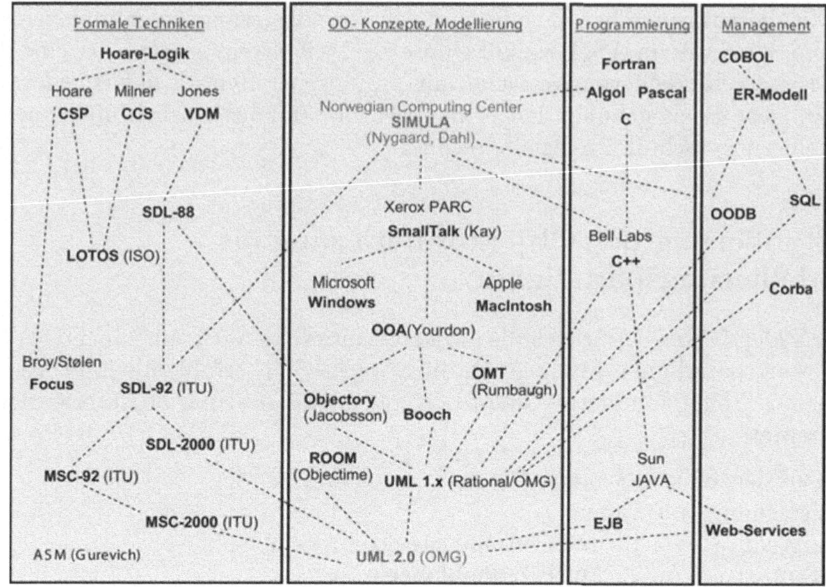

Abb. 19: Konzeptuelle Wurzeln von UML

10 Zusammenfassung

Es scheint als habe sich im Lauf der Entwicklung praxisrelevanter Modellierungssprachen der Katalog wünschenswerter Forderungen nicht allzu viel geändert. Die Objektorientierung hat dabei lange gebraucht bis sie sich im Modellierungsbereich fest etablieren konnte.

Domänen-spezifische Sprachen, die UML folgen, werden gerade von diesem Prinzip profitieren, um die semantische Präzisierung ähnlicher Sprachkonzepte oder Familien kleinerer Sprachen in ihrer statischen und dynamischen Semantik zu rationalisieren. Dabei hat sich die Notwendigkeit einer Trennung von Modellierungskonzepten und ihrer möglicherweise variierenden syntaktischen Darstellung als äußerst sinnvoll erwiesen, da nun die Bedeutung der Modellierungskonzepte unabhängig von der jeweiligen syntaktischen Darstellung geklärt werden kann. Dies wird künftig umso bedeutungsvoller, wenn graphische Repräsentationen der Modelle mit größeren Darstellungsfreiheiten für Nutzerklassen und Tool-Hersteller benötigt werden. Im Hinblick auf eine eindeutige Interpretation der Modellierungskonzepte einer Sprache wird die Forderung nach ihrer jeweiligen semantischen Formalisierung bei Eröffnung von Möglichkeiten toolgestützter Analyse-, Transformations- und Interpretationsverfahren zu einer praxisrelevaten Angelegenheit.

Der historische Ausflug in die Zeit der Analogrechentechnik und in die Anfangszeit der Objekorientierung mit Simula-67 lehrt uns Respekt vor der erbrachten Leistung unserer wissenschaftlichen Wurzeln aber auch zugleich die Bedeutung schöpferischer Unruhe bei der Analyse ihrer bestehenden Unzulänglichkeiten aus heutiger Sicht.

Bildquellen

Bild 1: Analoge Systeme. in: [11], S. 18

Bild 2: Integrierer mit Rückkopplung und Zerhackerverstärker. in: [4], S. 301–316

Bild 3: Helmut Hoelzer (1912 – 1996). in: [10]

Bild 4: Analogrechner ENDIM 2000 (Baujahr: 1965–68, Serienfertigung von ca. 20 Geräten).
in: `http://rechentechnik.foerderverein-tsd.de/endim2000/bilder/endim.T.jpg`

Bild 5: Zusammenschaltung einzelner Rechenelemente. in:
`http://rechentechnik.foerderverein-tsd.de/endim2000/bilder/dscn0044.jpg`

Bild 6: Pneumatischer Analogrechner (VEB GARW Teltow, 1965). in: V. Ferner *Anschauliche Regelungstechnik.* Huss-Medien GmbH, Verlag Technik, Berlin, 1960

Bild 7: Gunter Schwarze vor einem MEDA-42 TA am Institut für Informatik der Humboldt-Universität zu Berlin (2005). Privataufnahme

Bild 8: Modellelemente einer graphischen Beschreibungssprache und deren formale Semantik. in: [11], S. 19

Bild 9: Graphisches Modell entsprechend Gleichung (3). in: [11], S. 93

Bild 10: Prof. Granino Arthur Korn zu einem Gastaufenthalt in Berlin-Adlershof (1997). in: [15]

Bild 11: Die Mercury-Kapsel.
in: `http://images.jsc.nasa.gov/PhotoID.S63-18867`

Bild 12: BORIS-Rechenblöcke als Funktionen einer Fortran-Bibliothek und ihre formale Semantikdefinition. in: [7], S. 42

Bild 13: Dahl und Nygaard in den Tagen der Simula-Enwicklung.
in: `http://www.jot.fm/issues/issue_2002_09/eulogy`

Bild 14: Nygaard und Dahl anlässlich ihrer Ernennung zu „Kommandør av Den Kongelige Norske St. Olavs Orden" durch den König Norwegens im Jahre 2000. in: `http://cs-exhibitions.uni-klu.ac.at/`

Bild 15: Prof. Birger Møller-Pederson (Schüler von Kristen Nygaard) vor dem damaligen NCC-Gebäude in Oslo, wo die Objektorientierung erstmal das Licht der Welt erblickte (1992). Privataufnahme während eines Gastaufenthaltes an der Universität Oslo 1992.

Bild 16: Bjarne Stroustrup.
in: `http://www.research.att.com/~bs/homepage.html`

Bild 17: Eine Systemarchitektur in SDL. in: L. Doldi: *SDL Illustrated. Visually design executable models.* 2001; siehe `http://perso.wanadoo.fr/doldi/sdl`

Bild 18: Schematische Darstellung eines Multi-Agenten-ASM-Systems. in: [30]

Literaturverzeichnis

1. Th. Lange, *Helmut Hoelzer – Inventor of the Electronic Analog Computer an his Contributions to the Development of the A4 Rocket* Proceedings of the International Conference on the History of Computing, Paderborn, August 1998, S. 253–283.
2. http://www.raumfahrtgeschichte.de/space1/peenemuende1.htm
3. K. Biener *Computerpionier zu Gast in der Humboldt-Universität* in: RZ-Mitteilungen Nr. 3, Berlin, Juli 1992.
4. H. Hoelzer *Guidance and Control Symposium* in: E.A. Steinhof (Hrsg.) The Eagle has returned. Proceedings of the Dediciation Conference of the International Space Hall of Fame, Vol. 43, Space and Technology, Alamogordo/NM, Oktober 1976.
5. J.E. Tomayko *Computers in Space* Journeys with NASA. Alpha books, 1994.
6. E. Griepentrog *Mehrschrittverfahren zur numerischen Integration von gewöhnlichen Differentialgleichungssystemen und asymptotische Exaktheit; digitale Simulation des Übergangsverhaltens nichtlinearer elektrischer Netzwerke* Dissertation, Humboldt-Universität zu Berlin, 1974.
7. G. Schwarze *Simulation – kontinuierliche Systeme* Reihe Automatisierungstechnik 177, Huss-Medien GmbH, Verlag Technik, Berlin, 1978.
8. G. Schwarze *Digitale Simulation. Konzepte – Werkzeuge – Applikationen* Akademie-Verlag, Berlin, 1990.
9. G. Schwarze *Die Geschichte des Rechenzentrums der Humboldt-Universität zu Berlin im Kontext der Entwicklung von Rechentechnik und Informatik* in: RZ-Mitteilungen Nr. 8, Oktober 1994.
10. G. Schwarze *Nachruf. Dr.-Ing. Helmut Hoelzer* cms-journal Nr. 13, Januar 1997.
11. A. Sydow *Programmierungstechnik für elektronische Analogrechner* Huss-Medien GmbH, Verlag Technik, Berlin, 1964.
12. F.E. Cellier *Continuous System Modeling* Springer Verlag New York Inc., 1991.
13. J.W. Backus, F.L. Bauer, J. Green, C. Katz, J. McCarthy, P. Naur, A.J. Perlis, H. Rutishauser, K. Samuelson, B. Vauquois, H.J. Wegstein, A. van Wijngaarden, M. Woodger *Revised Report on the Algorithmic Language Algol 60* XX, 1960.
14. http://www.omg.org/docs/ptc/03-07-06.pdf
15. http://www.gmd.de/pointer/10-97/korn.html
16. http://www.jot.fm/issues/issue_2002_09/eulogy
17. O.-J. Dahl, K. Nygaard *Simula – An Algol-based Simulation Language* CACM, 9(9), 1966, S. 671–678
18. O.-J. Dahl, B. Myrhaug, K. Nygaard *Simula 67 – Common Base Language* Norwegian Computing Centre, Oslo 1968.
19. M. Hartwig, R. Strobel *Das Simula-System der BESM-6* Akademie der Wissenschaften der DDR, ZfR-Information, ZfR-P-82.01, Berlin 1982.
20. G. Geoffrey *GPSS – General Purpose Systems Simulator* 1960.
21. B. Stroustrup *A History of C++: 1979–1991* Proc ACM History of Programming Languages conference (HOPL-2), ACM Sigplan Notices, Vol 28 No 3, März 1993, S. 271–298
22. B. Stroustrup *Design und Entwicklung von C++* Addison-Wesley, 1994.
23. T.L. Hansen *The C++ Answer Book* Addison Wesley, 1990.
24. J. Fischer, K. Ahrens *Objektorientierte Prozesssimulation in C++* Addison-Wesley Publishing Company, 1996.

25. F.H. Speckhart, W. Green *A Guide To Using CSMP* Prentice-Hall Inc., Englewood Cliffs, NJ, 1976.

26. ITU-T *Specification and Description Language SDL (Orange Book)* CCITT Recommendation Z.100, Genf, 1976.

27. ITU-T *Specification and Description Language SDL (Blue Book)* CCITT Recommendation Z.100, Genf, 1988.

28. ITU-T *Specification and Description Language SDL* ITU Recommendation Z.100, Genf, 1993.

29. ITU-T *Specification and Description Language SDL* ITU Recommendation Z.100, Genf, 2000.

30. A. Prinz *Formal Semantics for SDL. Definition and Implementation* Habilitation, Humboldt-Universität zu Berlin, 2001.

31. M. v. Löwis *Formale Semantik des Datentypmodells für SDL-2000* Dissertation, Humboldt-Universität zu Berlin, 2001.

32. Y. Gurevich *Evolving Algebra 1993: Lipari Guide* in: E. Börger (Hrsg.) Specification and Validation Methods, Oxford University Press, 1995, S. 9–36

33. ITU-T *Open Distributed Processing – Reference Model. Part 1–4* ITU Recommendation X.901, X.902, X.903, X.904, ISO/IEC 10746-1, ISO/IEC 10746-2, ISO/IEC 10746-3, ISO/IEC 10746-4, Genf 1995.

Data Everywhere – Der lange Weg von Datensammlungen zu Datenbanksystemen

Johann-Christoph Freytag

Humboldt-Universität zu Berlin
`freytag@dbis.informatik.hu-berlin.de`

Zusammenfassung. In den vergangenen vierzig Jahren hat die Entwicklung im Datenbankbereich dramatische technische Fortschritte gemacht. In diesem Beitrag sollen wesentliche Entwicklungen im Bereich der Datenbanksysteme, aber auch der Entwicklung der Plattentechnologie nachgezeichnet werden, um dem interessierten Leser ein Einblick in das bisher Erreichten zu geben, ohne dass zu viele technische Details präsentiert oder diskutiert werden.

1 Einleitung

In den vergangenen dreißig Jahren hat die Entwicklung im Datenbankbereich dramatische technische Fortschritte gemacht, die es dem Benutzer erlauben, Daten unabhängig vom Wissen über physische Eigenschaften zu speichern und anzufragen und das Ergebnis in einer für den Benutzer verständlichen Form zu erhalten. Diese Entwicklung wäre aber ohne die Entwicklung der Jahre zuvor begonnen Speicherplattentechnologie undenkbar gewesen, die seit 1960 kontinuierlich höhere Speicherungsdichte und schnelleren Datenzugriff ermöglichte.

Aus diesem Grund soll in diesem Artikel zunächst die Entwicklung der Speicherplattentechnologie an einigen wichtigen technologischen Verbesserungen nachvollzogen werden. Erst auf dieser Grundlage ist dann zu verstehen, weshalb relationale Datenbanktechnologie und relationale Datenbankmanagementsysteme (RDBMSe) seit 1970 erfolgreich entwickelt wurden und die heutige effiziente und moderne Speicherung von Daten bestimmen.

Ziel dieses Beitrages ist es, sowohl die unterschiedlichen Entwicklungen im Datenbankbereich nachzuzeichnen als auch Abhängigkeiten zur Speicherplattentechnologie aufzuzeigen. Wichtige Personen, Organisationen und Firmen, die an der Entwicklung beteiligt waren, sollen ebenfalls genannt und eingeordnet werden. Dabei ist sich der Autor als Forscher im Bereich Datenbanken bewusst, dass seine Sichtweise durch die Entwicklung der relationalen Datenbanktechnologie stark geprägt ist und durch seine früheren Arbeiten im industriellen Rahmen beeinflusst wurde.

Dieser Beitrag ist wie folgt gegliedert. Im Kapitel 2 werden die wichtigen Entwicklungen im Bereich der Speicherplattentechnologie dargestellt und quantitativ bewertet, ehe dann auf dieser Grundlage in Kapitel 3 auf die unterschiedlichen Entwicklungen im Datenbankbereich eingegangen wird. Hier wird die Darstellung der Entwicklung der relationalen Datenbanktechnologie eine besondere Stellung einnehmen. Abschließend soll in Kapitel 4 kurz auf weiterführende Arbeiten im Datenbankbereich eingegangen werden, die über relationale Technologie hinaus stattgefunden haben bzw. sich gerade entwickeln. Insbesondere das Internet und das „World-Wide-Web" (WWW) haben die bisher geltenden Voraussetzungen für den Einsatz der Datenbanktechnologie soweit verändert, dass neue Ansätze und Lösungen notwendig geworden sind.

2 Datensammlungen und Speichertechnologie

Um die heutige Verwaltung umfangreicher Datensammlungen verstehen zu können, soll bis in die zweite Hälfte des 19. Jahrhunderts zurück gegangen werden, als Herman Hollerith (1860–1929) mit seiner „Lochkarten-Tabuliermaschine" (engl. „punch card tabulating machine") die Grundlagen der maschinellen Verwaltung mit Hilfe mechanischer Mittel legte. Seine Maschine wurde 1890 von der Amerikanischen Regierung zur Volkszählung (engl. „census") und -befragung von ca. 63 Millionen Bürgern eingesetzt, nachdem er 1892 mit der Entwicklung dieser Maschine begonnen hatte (siehe Abb. 1). Die Hollerith-Maschine erlaubt die von jedem Bürger vorhandenen Lochkarten nach unterschiedlichen Kriterien zu sortieren und auszuwerten. 1896 gründete er die „Tabulating Machine Co.", einer seiner ersten Aufträge bekam er von der „New York Central Railroad", denen er mit seinen Maschinen half, Fahrscheine auf Lochkarten umzustellen (Referenz: $http://www.schoene-aktien.de/ibm1\_alte\_aktien.html$, 6. Dezember 2005). Zusammen mit zwei anderen Firmen verschmolz die Tabulating Machine Co. im Jahre 1911 zur neuen Firma „Computing-Tabulating-Recording Co.", kurz „C-T-R, mit anfänglich 1400 Mitarbeitern, die im Jahre 1924 in „International Business Machines" (IBM) umbenannt wurde.

Mit dieser Gründung wurde das Fundament einer Firma gelegt, das in den kommenden Jahren viele Innovationen der heutigen Datenverwaltung ermöglichte. Viele dieser Innovationen haben die Entwicklung der Datenverarbeitung maßgebend beeinflusst. Im Kontext dieses Artikels beschränken wir uns auf die Entwicklung der Plattentechnologie.

Diese Entwicklung begann 1952, als Reynold B. Johnson (1906–1998) von der Geschäftsleitung der IBM den Auftrag bekam, ein kleines Forschungslabor an der Westküste aufzubauen. San Jose wurde als strategisch günstiger Ort gewählt, da es zwischen den Metropolen Los Angeles und Seattle lag, in denen potentielle Kunden der IBM in der Flugzeug- und Militärindustrie zu finden waren. Johnson, ein ehemaliger High-school-Lehrer wurde die Aufgabe übert-

Zähl- und Sortierapparatur von Herman Hollerith, 1890:
auf der Zählapparatur der Pantograph Handlocher, daneben
die manuelle Lochkartenabfühlung, rechts der Sortierkasten.

Hollerith-Abteilung der frühen 1950er Jahre:
in der Mitte die Tabelliermaschine D 11,
davor eine alphabetschreibende Tabelliermaschine.

Abb. 1: Verschiedene Modelle der Hollerith-Tabelliermaschinen
       (Quelle: http://privat.swol.de/SvenBandel/Hollerith.htm)
       6. Dezember 2005

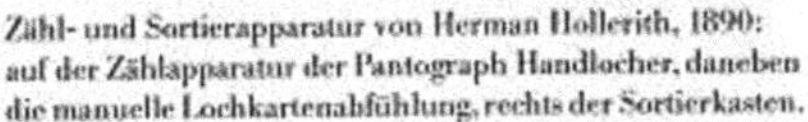

Abb. 2: Die Codierung der Lochkarte geht auf Hollerith im Jahre 1896 zurück

ragen, in seinem Labor neue Technologien zu entwickeln, die mit Rechnern zu
tun haben, ohne jedoch Entwicklungen in anderen Forschungsstätten der IBM
zu replizieren (Abb. 3a). In einem sog. Bootleg-Projekt (einem Projekt außerhalb der kommerziellen Entwicklung) wurde 1955/56 von einer kleinen Gruppe
von IBM-Mitarbeitern unter der Leitung Reynolds die RAMAC 350 („Random Access Method of Accounting and Control") entwickelt, ohne zunächst
Aussicht auf kommerzielle Verwertung zu haben [1] (Abb. 3a und 3b).

---

[1] Diese weniger zukunftsträchtige Aussicht haben etliche Projekte der IBM in der
Vergangenheit gehabt, wie später noch aus diesem Artikel sichtbar wird. Dieses
Problem ist sicherlich nicht ungewöhnlich in einer industriellen Umgebung.

(a) Originalgebäude in Santa Clara bei San Jose, CA, für die Entwicklung der ersten Magnetplatte

(b) Die erste RAMAC im „prototypischen Einsatz"

(c) Die RAMAC im späteren kommerziellen Einsatz

Abb. 3: Alle Bilder wurden der Webseite des Magnetic Disk Heritage Centers, Santa Clara, CA, (Quelle: http://www.magneticdiskheritagecenter.org) entnommen

Die technischen Daten der ersten Version sind beeindruckend. Bei einem Gewicht von einer Tonne konnten 50 Magnetscheiben mit einem Durchmesser von 61 cm (24 inch) bei einer Umdrehungsgeschwindigkeit von 1200 U/min mit 5 Millionen Bytes (hier ein Byte mit sieben Bits) beschrieben werden. Der Plattenarm flog 200 µm über den Platten bei einer Speicherdichte von 100 Bits pro Inch; durchschnittlich brauchte ein Plattenzugriff 600 bis 700 msec bei einer Übertragungsrate von 8,8 KB pro Sekunde. IBM entschloss sich, diese Technologie ausgewählten Kunden zur Miete anzubieten, da man nicht sicher war, wie zuverlässig diese neue Technologie arbeiten würde. Die Miete betrug $ 50.000 jährlich, eine vergleichsweise hohe Summe, wenn man weiß, dass zur damaligen Zeit ein Rolls Royce ca. $ 10.000 kostete [1].

Seit der ersten Version der RAMAC vollzog sich die Entwicklung in rasanten Schritten. Schon die nächste Plattengeneration der IBM mit Namen

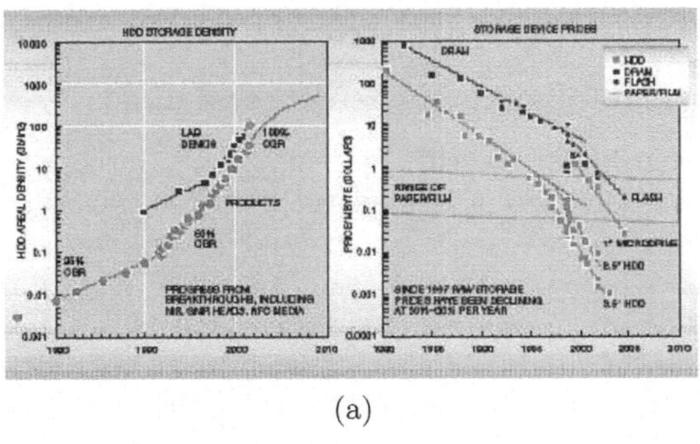
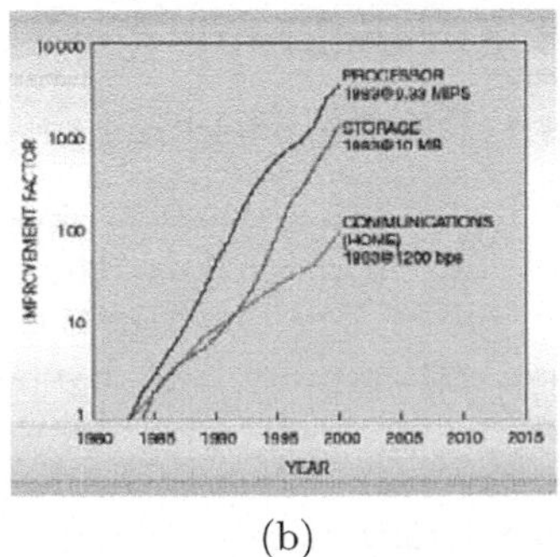

(a)   (b)

Abb. 4: Speicherentwicklung anhand der Größen Speicherdichte, Speicherkosten sowie ein Vergleich zur Entwicklung der Prozessor- und Netzwerkgeschwindigkeit (Quelle: IBM SYSTEMS JOURNAL, VOL 42, 206 NO 2, 2003)

ADF (später auch unter dem Namen IBM 1301 verkauft) hatte eine Speicherkapazität von 50MB bei 1800 U/min und einer Übertragungsrate von 68 KB pro Sekunde. Dieses Produkt besaß für die Geschäftsleitung der IBM einen hohen strategischen Stellenwert, so dass zwischen 1957 und 1959 mit hohem Aufwand im SDF-Projekt (Single Disk File) eine Magnetplatte mit einer 100 Mal höheren Speicherkapazität als bei der RAMAC entwickelt wurde, deren revolutionäre Eigenschaften erst viel später auf den Markt kamen [2].

Ohne auf Einzelheiten einzugehen, sollen für die Weiterentwicklung die Speicherdichte (engl. storage density) und die Speicherkosten pro Byte herangezogen werden. Während sich die Speicherdichte jährlich fast verdoppelt (siehe Abb. 4a), halbierte sich der Preis für die Speicherung pro Byte im gleichen Zeitraum (siehe Abb. 4b, in Dollar).

Diese rasche technologische Entwicklung lässt sich auch mit den folgenden drei Vergleichen eindrucksvoll belegen. Während 1956 die Speicherkosten pro Megabyte ca. \$ 10.000 bei einer Speicherungsdichte von 1000 Bits pro Inch^2 und einer Zugriffszeit von knapp 1 sec betrugen, kostete die Speicherung eines MegaBytes (MB) an Daten im Jahre 2005 ca. \$ 0,001 (Faktor 107 billiger) bei einer Speicherungsdichte von 80 GB pro Inch^2 (Steigerung um den Faktor 64 × 107) und einer mittleren Zugriffszeit von 4 msec (Steigerung um den Faktor 250).

Aus der Sicht der Datenbanksysteme wurden damit seit 1956 in kurzer Zeit Möglichkeiten zur Speicherung großer Datenmengen geschaffen, die die Notwendigkeit erkennen ließen, durch geeignete Software die Verwaltung und den Zugriff auf diese Daten zu vereinfachen. Diese Notwendigkeit wurde schon wenige Jahre später in der IBM erkannt und durch die Entwicklung geeigneter Software Rechnung getragen.

3 Entwicklung der Datenbanktechnologie

3.1 Die Entwicklung erster Datenbankmanagementsysteme

Schon Anfang der 60er Jahre wurde der Begriff „Datenbanken" durch Entwickler im Bereich der Hard- und Softwareentwicklung geprägt, da sich schon zu dieser Zeit die Erkenntnis durchsetzte, dass Daten unabhängig von spezieller Hardware bzw. Rechenmaschinen zu bearbeiten, zu strukturieren und zu manipulieren seien. Es wurde nach geeigneten Konzepten gesucht, um maschinenunabhängige Beschreibungen zu ermöglichen. Zunächst wurden diese Bemühungen jedoch hauptsächlich durch die Entwicklung der Programmiersprache COBOL (Common Business Object Language) um das Jahr 1960 getragen, in der eine Datendefinitions(sub)sprache zur Beschreibung von Datenformaten eingebettet wurde. Insbesondere mit der Standardisierung von COBOL, deren Entwicklung der gleichen Motivation entsprang (sich nämlich unabhängig mit seinen Programmen von einer bestimmen Rechenmaschine zu machen) wie die der Datenbanken.

Der Begriff „Datenbanken" soll zunächst definiert werden. Unter einer Datenbank soll für den Rest dieses Beitrages die Sammlung aller Daten, die auf einem Speichermedium abgelegt sind (wie einer Platte, einem Band oder – moderner – auf einer CD oder DVD), verstanden werden. Diese Daten werden von einem Datenbankmanagementsystem (DBMS) verwaltet, einem Programm, dessen Aufgabe es ist, Daten zu speichern, auf diese zuzugreifen und möglicherweise auch zu verändern. Beides gemeinsam, also Datenbankmanagementsystem und Datenbank, werden als Datenbanksystem bezeichnet. In diesem Sinn wurde zu Beginn der Entwicklung der Begriff Datenbank im Sinne eines Datenbanksystems eingeführt – noch heute werden beide Begriffe häufig synonym verwendet.

Eines der ersten, kommerziell verfügbaren DBMSe wurde als „Integrated Data Store" (IDS) bekannt. Dieses System – von Charles Bachman (1924–) bei General Electric entwickelt – nutzte die neue Plattentechnologie und realisierte in ersten Ansätzen einen Transaktionsmanager, d. h. eine Softwarekomponente zur Synchronisation mehrerer Zugriffe auf die Datenbank sowie der Fehlererholung durch das Mitschreiben einer Fehlerdatei (Logging).

Die Bemühungen, auch im Datenbankbereich eine einheitliche Schnittstelle für die Bearbeitung und den Zugriff von Daten zur Verfügung zu stellen, wurde von der CODASYL-Gruppe (CODASYL: **CO**nference on **DA**ta **SY**stems **L**anguages) unterstützt, die sich in der zweiten Hälfte der 50er Jahre aus einer Konferenz zwischen Militär, Wirtschaft und Computerherstellern entwickelt hatte. Durch diese Gruppe initiiert, wurde eine Standardisierung durch die Database Task Group (DBTG) 1971 fertig gestellt; der beschlossene Standard, der die Verwaltung der Daten unabhängig von einer bestimmten Firma und bestimmten Rechnern ermöglichen sollte, legte die Grundlagen für sog. *Netzwerkdatenbanken.*

Gleichzeitig erkannte die IBM ebenfalls die Notwendigkeit, ein eigenes DBMS zu entwickeln. Zusammen mit der Firma Rockwell wurde seit Beginn der 60er Jahre ein sog. *Information Control System* entwickelt, das die NASA in ihrem Apollo-Raumfahrtprogramm einsetzte. Aus dieser Entwicklung entstand das DBMS *IMS* (**I**nformation **M**anagement **S**ystem), das die Firma IBM seit 1968 kommerziell anbietet und bis heute weiterentwickelt hat. Zur Strukturierung der Daten und für den Zugriff auf diese wurde eine hierarchische Sichtweise (Datenmodell) gewählt, das im Gegensatz zu den Standardisierungsbemühungen der Database Task Group stand. Auch konnte *IMS* nur auf IBM-Rechnern zur Ausführung gebracht werden, was aber der Popularität und der Nutzung durch viele Kunden weltweit keinen Abbruch tat. Im Gegensatz zu vielen Datenbankprodukten, die den DBTG-Ansatz (Netwerk-Datenmodell) realisierten, ist *IMS* auch heute ein immer noch häufig eingesetztes DBMS, das seit 40 Jahren kontinuierlich weiterentwickelt wurde und der IBM einen jährlichen Umsatz von mehr als 1 Milliarde $ beschert. Seine Popularität ist auf die hohe Leistungsfähigkeit und seine Fehlertoleranz zurückzuführen – allerdings tragen entstehende (und nicht unerhebliche) Kosten bei einer Konvertierung zu neueren Datenbankprodukten, die auch eine Anpassung der mit dem Datenbanksystem kooperierenden Anwendungsprogramme zur Folge hätte, ebenfalls dazu bei, dass *IMS* auch weiterhin eingesetzt wird. Noch heute werden durch *IMS* mehr Daten verwaltet als durch jedes andere DBMS.

Wie schon zuvor dargestellt, unterscheidet sich das DBMS *IMS* sehr wesentlich von solchen Systemen, die den DBTG-Standard zugrunde legten. Mit der wichtigste Unterschied ist bei dem verwendeten Datenmodell festzustellen, d.h. bei der Art und Weise, wie dem Benutzer bzw. dem Anwendungsprogramm die Daten präsentiert werden und welche Operationen zur Verfügung stehen, um auf die Daten zuzugreifen bzw. diese zu verändern.

Während für das DBMS *IMS* die Hierarchie (Baum) die bestimmende Struktur für die Organisation der Daten ist, werden im DBTG-Standard (beliebige) Netze als Struktur für die Bearbeitung zur Verfügung gestellt (siehe Abb. 5). Für beide (Daten-) Modelle wurden komplexe Sprachen (besser beschrieben als eine Menge von Funktionsaufrufen) entworfen, die sowohl die Navigation durch die Baum- bzw. Netzwerkstruktur erlauben als auch Veränderungen auf den Daten zulassen (Einfügen neuer Datenelemente, Entfernen existierender Elemente, Strukturoperationen und Indexierung). Neben Kenntnissen über die Strukturen (sogenannte „logische" Eigenschaften) der zu verwaltenden Daten muss der Nutzer auch plattenorientierte Eigenschaften (sogenannte „physische" Eigenschaften) kennen, um einen (effizienten) Zugriff sicherzustellen. Da sich physische Eigenschaften über die Zeit hinweg ändern konnten, war es für den Programmierer eine kontinuierliche Herausforderung, seine Programme diesen Veränderungen eventuell anpassen zu müssen – eine Aufgabe, die weder einfach noch kostenlos war.

Grundsätzlich spielt die Entwicklung neuer Datenmodellen eine wichtige Rolle im Datenbankbereich. Die Möglichkeit, system- und implementationsunabhängig zunächst strukturelle und operationale Eigenschaften zu definieren, wurde immer wieder genutzt, um Grundlagen für zukunftsweisende Ent-

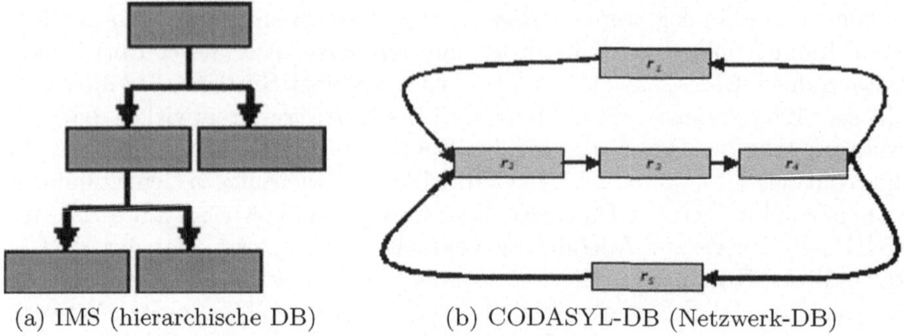

(a) IMS (hierarchische DB)   (b) CODASYL-DB (Netzwerk-DB)

Abb. 5: Hierarchisches Modell (a) und Netzwerkmodell (b)

wicklungen zu legen. Abb. 6 stellt die wichtigsten Datenmodelle, die in den vergangenen Jahrzehnten im Datenbankbereich entwickelt wurden, in ihrem zeitlichen Bezug untereinander dar. Während schon das Hierarchische Datenmodell und das Netzwerkmodell vorgestellt wurden, soll als nächstes auf das relationale (Daten-) Modell eingegangen werden, das die Grundlage für die Entwicklung der relationalen Datenbanksysteme bildet. Auf alle anderen Modelle (Non-First-Normal-Form-Modell – NF^2), Objektorientiertes Datenmodell, sowie XML) soll in diesem Beitrag nicht eingegangen werden, sie werden nur vollständigkeitshalber genannt.

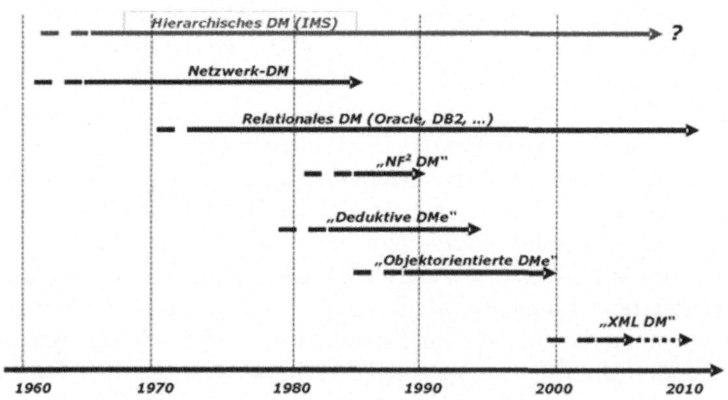

Abb. 6: Datenmodellentwicklung über die letzten 4 Jahrzehnte

3.2 Das relationale Datenmodell und relationale Datenbanksysteme

Eine der wesentlichen Grundlagen zur Verwaltung von Daten wurden mit der Entwicklung des relationalen Datenmodells durch Edgar F. „Ted" Codd und eine prototypische Implementierung des Modells durch eine IBM-Gruppe (System-R) gelegt. Der britische Mathematiker Edgar F. (Ted) Codd (1923–2003), von 1949–1979 IBM-Mitarbeiter und IBM-Fellow und 1981 für seine wegweisenden Arbeiten mit dem ACM-Turing-Award geehrt, konnte mit seiner Arbeit „A relational model of data for large shared data banks" [3] nur geringe Aufmerksamkeit erzielen. Seine Vision für sein tabellenorientiertes Datenmodell fasste er zu Beginn der genannten Veröffentlichung folgendermaßen zusammen:

Abb. 7: Edgar F. „Ted" Codd

> "It provides a means of describing data with its natural structure only – that is, without superimposing any additional structure for machine representation purposes. Accordingly, it provides a basis for a high level data language which will yield maximal independence between programs on the one hand and machine representation on the other."

Sein Ansatz für ein Datenmodell war einfach und mathematisch fundiert. Aufbauend auf Tabellen als Basisstruktur (siehe Abb. 8) definierte er mit der

supply	(supplier	part	project	quantity)
	1	2	5	17
	1	3	5	23
	2	3	7	9
	2	7	5	4
	4	1	1	12

FIG. 1. A relation of degree 4

Abb. 8: Eine Originaltabelle aus Codds erster Veröffentlichung zum Relationenmodell [3]

Relationalen Algebra sowie mit dem Tupel- und Domänenkalkül deklarative Sprachen zum Operieren auf Tabellenstrukturen. Diese Sprachen ermöglichten es dem Benutzer, sich bei einer Anfrage auf den Inhalt (das „was") zu konzentrieren und es einem System zu überlassen, wie (d.h. algorithmisch mit welcher Sequenz an Ausführungsschritten) das gewünschte Ergebnis zu bestimmen sei. Mit diesem Ansatz, sich bei der Formulierung einer Anfrage auf das inhaltliche zu beschränken, unterschieden sich diese Sprachen qualitativ deutlich von den Sprachen für das hierarchische Modell bzw. das Netzwerkmodell.

Darüber hinaus fügte er 1981 in seiner Turing-Award-Rede weitere visionäre Grundsätze hinzu, die die Nutzung dieses Modells und der damit verbundenen Technologie deutlich machten:

- Alle Informationen können als Werte in Relationen (Tabellen) dargestellt werden;
- Keine Information soll durch Zeiger (engl. „pointer"), Indexe, Links oder durch Ordnen von Objekten repräsentiert werden;
- Zugriffsmethoden sollen ausschließlich zur Verbesserung der Performanz genutzt werden, sie dürfen aber keine essentielle Information enthalten.

Sein Modell fand jedoch Unterstützung durch eine kleine, aber einflussreiche Gruppe an exzellenten Technologen innerhalb der IBM, die die Coddsche Vision verstanden. Durch eine Implementierung des relationalen Modells in dem prototypischen relationalen Datenbanksystem System-R zeigten sie, dass dies auch effizient mit den geforderten Eigenschaften realisiert werden konnte. Gleichzeitig wurde das Relationenmodell von vielen, mehr theoretisch orientierten Forschern als geeignete Grundlage wahr genommen, das Modell weiter auf Eigenschaften zu prüfen, neue Konzepte hinzuzufügen und damit das Verständnis für das relationale Modell zu vertiefen.

Zunächst wurden diese neuen Ideen zu relationalen DBMSen innerhalb der Firma IBM weder inhaltlich noch geschäftsorientiert verstanden. Mitte der 70er Jahre florierten verschiedene Datenbankprodukte, die auf dem Netzwerkmodell basierten; für die Firma IBM war das Datenbanksystem IMS sehr erfolgreich. Hinzu kam, dass die Idee des Relationenmodells an der Westküste in einem kleinen Labor entwickelt wurde, ohne jedoch den Beweis der Nutzbarkeit und der Realisierung erbracht zu haben. Das „Headquarter" der IBM, das sich zur damaligen Zeit eher als Hardwarelieferant und weit weniger als Softwareproduzent verstand, befand sich zusammen mit den wichtigsten Produktionsstätten an der Ostküste.

Um seinen Vorstellungen und Visionen dennoch die notwendige Beachtung zu verschaffen, setzte Codd auf verschiedene Strategien. Zum einen veröffentlichte er – teilweise zusammen mit anderen Forschern innerhalb und außerhalb der IBM – weitere Forschungspapiere, die die konzeptuellen Vorteile des Relationenmodells weiter vertieften. Wichtiger jedoch war seine sehr fruchtbare Kooperation mit Chris Date, dessen Bücher die Konzepte des Modells im geschäftlichen Umfeld beschrieben und diese einer breiteren Gruppe technisch interessierter Personen in verständlicher Weise zugänglich machte. Bis heute sind Chris Dates Bücher Klassiker bei der Beschreibung und Darstellung des Relationenmodells und der relationalen Technologie im Allgemeinen. Hinzu kamen öffentliche Diskussionen und Rededuelle zwischen Charles Bachmann als dem Vertreter des Netzwerkmodells und Ted Codd, die teilweise sehr hitzig geführt wurden.

Als wichtigstes Argument für das Relationenmodell entwickelte sich jedoch – wie schon zuvor bemerkt – dessen Realisierung ab 1975 durch das System-R im Forschungslabor der IBM in San Jose, Kalifornien [5]. Dieser Gruppe aus versierten Softwaretechnologen, -architekten und Forschern gelang es in kurzer Zeit, durch den Prototypen System-R zu beweisen, dass das Modell effizient implementiert werden kann. Mit System-R wurde der Grundstein für die „klassische Architektur" heutiger Datenbankma-

Abb. 9: Chris Date und eines seiner Bücher

nagementsysteme mit den Komponenten Anfrageoptimierer, Transaktionsverwaltung und Zugriffsmethoden gelegt, schuf aber auch mit der Datenbanksprache SEQUEL (heute SQL) eine neue Anfragesprache für Datenbanksysteme, die durch ihren deklarativen Charakter besonders innovativ war: Der Nutzer beschrieb mit seiner Anfrage die inhaltlichen Eigenschaften, die das Ergebnis zu erfüllen hatte, ohne dem System „vorschreiben zu müssen", welche Schritte algorithmisch zur Erzeugung des Ergebnisses notwendig waren. Letzteres war Aufgabe des DBMS: der Anfrageoptimierer musste anhand verschiedener Entscheidungskriterien eine effiziente Anfrageauswertungsstrategie bestimmen und zur Ausführung bringen.

Wichtige Mitglieder des System-R-Gruppe waren Morton Astrahan, Jim Gray (späterer ACM-Turing-Award-Träger für seine innovativen Arbeiten im Transaktionsbereich), Bruce Lindsay, Raimond Lorie, Mike Blasgen, Irv Traiger, Pat (Patricia) Selinger sowie Don Chamberlin [14]. Mit Rudolf (Rudi) Bayer war ein Deutscher ebenfalls an der Entwicklung beteiligt. Zusammen mit Edward M. McCreight hatte er während seiner Tätigkeit bei Boeing in Seattle, Washington, den B-Baum (B = balanciert) entwickelt [6] und diesen mit in das Projekt bei der IBM als effiziente Zugriffstruktur eingebracht. Noch bis heute gilt der B-Baum als diejenige Datenstruktur, die den effizienten Datenzugriff damals wie heute ermöglichte. R. Bayer kehrte Mitte der 70er Jahre nach Deutschland zurück und lehrte bis 2005 an der Technischen Universität München.

Neben der Entwicklung in San Jose wurde in der unmittelbaren Nachbarschaft an der Universität Berkeley, CA, ab 1975 von Michael („Mike") Stonebraker ebenfalls ein relationales DBMS entwickelt, das in starker Konkurrenz zu System-R stand. Stonebraker und sein Team verfolgte mit dem System INGRES einen ähnlichen Weg wie seine IBM-Kollegen, entwickelte aber eine alternative Anfragesprache, die aber ebenfalls deklarativen Charakter hatte. Auch für diesen Prototyp wurden viele Neuerungen entwickelt, die Eingang in spätere Datenbankprodukte fanden.

Don Chamberlin	Pat Selinger	Jim Gray	Raimond Lorie	Rudolph Bayer

Neben der Umsetzung des Coddschen Relationenmodells in effiziente Systeme wurde gleichzeitig dazu seit Mitte der 70er Jahre die mehr theoretische Bearbeitung des Modells weiter fortgesetzt und vertieft. Schon Ted Codd hatte mit seinen Arbeiten darauf hingewiesen, dass nur ein theoretisch gut fundiertes Modell ein in der Praxis erfolgreiches Softwaresystem nach sich ziehen könne. Seine eigenen Vorstellungen zum Relationenmodell verfolgte er – teilweise mit unterschiedlichen Co-Autoren – bis zu seinem Tode im Jahre 2003 weiter. Eine ständig wachsende Forschungsgemeinschaft formte sich schnell, die verschiedenen Aspekte sowohl theoretisch als auch in praktischer Hinsicht weiter entwickelte und vertiefte. Zu den Themenkreisen gehörte der Datenbank- und Schemaentwurf, verschiedene Theorien von (Daten-)

Abb. 10: Mike Stonebraker

Abhängigkeiten (functional dependencies (FDs), multi-valued dependencies (MDVs), ...) mit dazu „passenden" (Schema-) Normalformen, Untersuchungen zu Anfragesprachen (Fragen der Mächtigkeit und Aussagekraft), Transaktionsmodelle und ihre Eigenschaften sowie Entwicklungen neuer Datenbanksprachen bzw. Weiterentwicklungen der Sprache SQL (u.a. deduktive Sprachen). Die wichtigsten Entwicklungen von theoretischen Konzepten lassen sich gut in verschiedenen Artikeln und Büchern nachlesen, bei denen häufig Jeffrey D. Ullman (bis zu seiner Emeritierung 2003 Professor an der Stanford University tätig) als Autor bzw. Co-Autor zu finden ist.

3.3 Relationale Datenbankentwicklung in Amerika

Etliche relationale Prototypen führten auch zu Datenbankprodukten, die auf dem IT-Markt angeboten und verkauft wurden. Ein wenig halbherzig und nur dem Trend folgend wurde 1981 von der IBM mit *SQL/DS* das erste relationale Datenbankprodukt auf der strategisch weniger wichtigen Betriebssystemplattform VM mit geringer Leistungsstärke (Performanz) angeboten. Erst einige Jahre später, dann aber in einer dem Hochleistungsbetriebssystem MVS angepassten Form wurde *DB2/MVS* als leistungsstarkes DBMS entwickelt und verkauft. Inzwischen entwickelten ab 1979 die Forscher des IBM San Jose Forschungslabors unter dem Namen *System R** eine verteilte Version des ersten Prototypen, mit dem sie vielen technischen Entwicklungen auf dem IT-Markt weit vorauseilten und deshalb auch für seine Kommerzialisierung keine Unterstützung innerhalb der IBM-Entwicklungslabors fanden [7]. Viele der in *System R** entwickelten Algorithmen zur verteilten Transaktions- und Anfragebearbeitung waren wegweisend für das erst 15 Jahre später anbrechende Zeitalter des Webs. Ca. 5 Jahre (1984) nach dem Beginn der Entwicklung von *System R** wurde ein weiteres Datenbankforschungsprojekt unter dem Namen *Starburst* am IBM San Jose Forschungslabor (heute IBM Almaden Research Center) begonnen. Auslöser waren auf der einen Seite die Entwicklung neuer Hardware- und Betriebssystemplattformen (PC, Workstations, DOS und kommerzielle Entwicklungen des Betriebssystems UNIX), die auch bei der IBM zur Überzeugung führten, mit einer völlig neuen Entwicklung diesem Trend Rechnung zu tragen. Ziel des Projektes war es, u.a. ein Hochleistungs-DBMS für UNIX-/DOS-Rechner zu schaffen, das Mechanismen für die Erweiterung des Datenbankkerns für neue Anwendungen zur Verfügung stellen sollte. Diese Vision wurde mit der Einbettung von abstrakten Datentypen („abstract data types" – ADTs) und benutzerdefinierten Funktionen („user-defined functions" – UDFs) in das DBMS *Starburst* ermöglicht [8]. Auch dieser Prototyp wurde von der IBM als Basis zur Entwicklung des DBMS *DB2/UDB* genutzt und ist heute eines der wichtigen Datenbankprodukte der IBM (neben dem noch immer eingesetzten DBMS *IMS*).

Auch außerhalb der IBM erkannte man das kommerzielle Potential dieser neuen Entwicklungen und Technologie. Auch der zuvor erwähnte DBMS-Prototyp INGRES wurde zu einem Produkt weiterentwickelt. Mike Stonebraker, damals Professor and der UC Berkeley, CA, heute am MIT, MA, übernahm mit etlichen Doktoranden, die am System INGRES promovierten, die Produktentwicklung des DBMS, das auch auf dem Markt unter dem Namen INGRES für viele Jahre trotz der Dominanz von IBM und Oracle (siehe weiter unten) erfolgreich verkauft wurde. Einer der Mitarbeiter, Bob Epstein, machte sich nach wenigen Jahren selbständig und gründete die Firma *Sybase* mit einem eigenen DBMS-Produkt, das den bisher etablierten Firmen erfolgreich Konkurrenz machte. Mitte der 90er Jahre konnte sich jedoch das Produkt nur noch kläglich gegen die übermächtige Konkurrenz behaupten und wurde deshalb an die Firma *Computer Associates* (CA) verkauft.

Mike Stonebraker selbst blieb seiner Vision als erfolgreicher Technologieentwickler und Geschäftsmann treu. Als Nachfolger und Konkurrent zu *Starburst* entwickelte er das System *Postgres* [9] , dessen Kommerzialisierung die Firma *Illustra* (ebenfalls von ihm gegründet) übernahm, die Mitte der 90er Jahre an die Datenbankfirma *Informix* verkauft wurde. *Informix*, ebenfalls eine erfolgreiche Firma mit verschiedenen Datenbankprodukten, wurde 2001 von der Firma IBM aufgekauft, seine Produkte sind aber bis heute noch am Markt erhältlich.

Die kommerziell wohl erfolgreichsten Produkte im Datenbankbereich entstanden durch die Firma Oracle, die Mitte der zweiten Hälfte der 70er Jahre von Larry Ellison gegründet wurde [10]. In seiner zunächst unter dem Namen *Software Development Laboratories* (SDL) gegründeten Firma sammelte er genügend bis zu diesem Zeitpunkt in der Öffentlichkeit zugänglichen Informationen über die entstehenden RDBMS-Prototypen (insbesondere Veröffentlichungen über *System-R* der IBM), die ihn in die Lage versetzten, ein eigenes Produkt zu entwerfen und zu implementieren. 1979 wurde die Firma in Relational Software, Inc. (RSI) umbenannt, ehe die Firma 1983 mit Oracle (zunächst nur der Codename des Datenbankprojektes) ihren heutigen Namen erhielt. 1979 wurde von Oracle das erste RDBMS auf dem Markt angeboten.

Die tragende Strategie, die Larry Ellison von Beginn an verfolgte und zum großen Erfolg verhalf, lag darin, das angebotene DBMS auf möglichst allen Hardware- und Betriebssystemen zur Verfügung zu stellen. Dies konnte er unter anderem nur dadurch erreichen, dass er – für damalige Zeiten revolutionär – sein DBMS in der Programmiersprache C implementierte. Erste Hardware und Betriebssystemplattform war DECs (Digital Equipment) PDP-11 unter dem Betriebssystem UNIX. Noch heute führt Larry Ellison die Firma Oracle erfolgreich; sein Geschäftssinn gepaart mit der effektiven Nutzung neuer Technologien machen ihn immer noch zu einem der erfolgreichsten Geschäftsleute Amerikas.

Abb. 11: Larry Ellison, Gründer von Oracle

Erst spät erkannte die Firma Microsoft, dass ein leistungsfähiges DBMS ebenfalls zu ihrem Produktportfolio gehören sollte. Das zunächst seit ca. 1989 entwickelte *Microsoft Access* war ein erster Versuch. Gleichzeitig wurde in einer Kooperation mit der Firma Sybase der Quellcode deren DBMSs gekauft und unter eigenem Namen – *Microsoft SQL-Server* – vertrieben und weiterentwickelt. Erst zu Beginn der 90er Jahre wurde mit einer Eigenentwicklung von Grund auf der strategischen Bedeutung und der Notwendigkeit eines leistungsfähigen DBMS Rechnung getragen. In den letzten zehn Jahren wurde *SQL-Server* der Firma Microsoft kontinuierlich weiterentwickelt; heute kann *SQL-Server* es in Funktionalität und Leistungsfähigkeit mit anderen Datenbankprodukten anderen Firmen aufnehmen.

3.4 Relationale Datenbankentwicklung in Deutschland

Auch in Deutschland erkannte man die Möglichkeiten und Vorteile der relationalen Technologie schnell. So gab es auch hier prototypische Entwicklungen – meist an Universitäten, die dann teilweise auch in Produkte überführt wurden.

Eines der langlebigsten, aber wenig bekannten deutschen Datenbankprodukte wurde von Dr. Rudolf (Rudi) Munz Ende der 70er Jahre initiiert. Er entwickelte prototypisch ein (verteiltes) DBMS an der Technischen Universität Berlin, das wenig später von einer von ihm gegründeten Firma (*WELL System*) als DBMS-Produkt angeboten wurde [11]. Diese Firma wurde bald durch die Firma Nixdorf aufgekauft – das DBMS (zusammen mit vielen Mitabeitern) dann bei der Übernahme von Nixdorf durch Siemens ein Siemensprodukt. Siemens entschloss sich, dieses an die Software AG, Darmstadt, zu verkaufen (samt der wichtigsten Entwickler), ehe es dann aus strategischen Gründen von der Firma SAP Ende der 90er Jahre unter dem Namen *SAP DB* übernommen wurde. Noch heute wird das System von der SAP in Berlin weiter entwickelt und unter dem Namen *MaxDBTM* durch die Firma MySQL am Markt angeboten.

Eine weitere Entwicklung fand im Münchner Raum statt. Als Prototyp an der Technischen Universität von Prof. Rudolf (Rudi) Bayer entwickelt, wird heute das Produkt *Transbase* von der Firma TransAction Software GmbH, München, vertrieben, die von ehemaligen Mitarbeitern des Lehrstuhls 1987 gegründet wurde. Das DBMS ist zwar weniger bekannt, doch Weiterentwicklungen an der Technischen Universität München haben für eine kontinuierliche Weiterentwicklung (und damit Behauptung am Markt) gesorgt.

Neben diesen kommerziell erfolgreichen DBMSen gab es auch universitäre Prototypentwicklungen, die national und international für Aufmerksamkeit sorgten. So wurde seit 1977 an der Universität Hamburg unter der Leitung von Prof. Joachim W. Schmidt das DBMS PASCAL-R entworfen und implementiert, das mit seiner Erweiterung der Programmiersprache einen eleganten Brückenschlag zwischen relationalen DBMSen (und der damit verbundenen mengenorientierten Verarbeitung) und Programmiersprachen („tuple-at-a-time-Verarbeitung") herstellte [12]. Im Gegensatz zu vielen anderen DBMSen setzte Prof. Schmidt (heute Technische Universität Hamburg-Harburg) nicht auf SQL als der relationalen Sprache, sondern bevorzugte die Entwicklung einer eigenen, auf dem Tupelkalkül basierenden Sprache, die sich ohne Brüche die Programmiersprache PASCAL einfügte und diese erweiterte.

An der Technischen Universität Darmstadt wurde in den 80er Jahren, basierend auf dem NF^2-Model, einer Erweiterung des Relationenmodells um Relationen als Werte, ebenfalls ein prototypisches System mit Namen *DASDBS* entwickelt, dessen Ziel es war, trotz der gestiegenen Mächtigkeit des Datenmodells eine effiziente Implementierung zu erreichen [13]. Mit dieser Entwicklung durch Prof. Hans-Jörg Schek an der TU Darmstadt stand die Entwicklung des NF^2-Prototypen *AIM* (Advanced Information Management) am IBM Wissenschaftszentrum Heidelberg in Konkurrenz, das ebenfalls von Prof. Schek während seiner Zeit als Mitarbeiter begonnen und später durch Prof. P. Dadam (heute Universität Ulm) fortgesetzt wurde [4]. Im DBMS AIM wurde nicht nur das NF^2-Modell effizient realisiert, sondern auch Aspekte der Versionierung, der DBMS-Erweiterung und der zeitlichen Dimension von Daten forschungsmäßig untersucht und prototypisch realisiert.

3.5 Die Sprache SQL als Schnittstelle zwischen Datenbanksystem und Anwendung

Schon früh setzte sich die Sprache *SQL* (*"Structured Query Language"* – zunächst wurde der Name SEQUEL benutzt, der später aus rechtlichen Gründen in *SQL* geändert wurde) als die Sprache für relationale DBMS durch. Sie wurde als Teil des Projektes System-R entwickelt und konnte sowohl mit ihrem deklarativen Ansatz als auch mit ihrer Mächtigkeit überzeugen. Besondere Gewichtung erhielt die Sprache dann auch durch die ersten DBMS-Produkte, insbesondere durch das DBMS *Oracle*, so dass sich die Sprache schnell als "Quasi-Standard" für DBMSe etablierte. Seit Ende der 70ger Jahre hat sich SQL in vielfältiger Weise weiterentwickelt. Zum einen wurde früh erkannt, dass nur eine herstellerunabhängige Weiterentwicklung der Sprache die notwendige Offenheit und Kompatibilität zwischen den einzelnen Produkten sicherstellen würde. Sie wurde durch das *American National Standard Institute (ANSI)* über die letzten knapp 30 Jahre standardisiert und kontinuierlich erweitert. 1986 wurde mit SQL1 der erste Sprachstandard von *ANSI* verabschiedet, dem eine weitere Version unter dem Namen SQL2 bzw. SQL-92 mit wichtigen Erweiterungen folgte. Erheblich verändert wurde die Sprache mit dem 1999 verabschiedeten SQL3-Standard, dem bisher letzten Standard, dessen Dokumentumfang fast 1700 Seiten umfasst, etwa der dreifache Umfang des ursprünglichen Standards SQL1 (600 Seiten). Ohne auf alle Einzelheiten eingehen zu wollen, werden in Abb. 12 die wichtigsten Weiterentwicklungen auch außerhalb des Standards angezeigt. Insbesondere die Erweiterung um objektrelationale Eigenschaften in den 90er Jahren führte zu objektrelationalen Erweiterungen, die aber sehr schnell durch die um die Jahrtausendwende begonnen Entwicklung der Sprache XML überholt wurde.

4 Weiterentwicklung relationaler Datenbanktechnologie

Aus der Sicht des Autors dieses Artikels realisieren SQL und andere relationale Anfragesprachen zusammen mit den damit zugehörigen relationalen Datenbanktechnologien Eigenschaften, die wichtige Voraussetzungen für eine Weiterentwicklung boten:

1. Relationale Sprachen garantieren einen maschinenunabhängigen, deklarativen Zugriff auf Daten.
2. Ansprüche auf Höchstleistung werden durch die entsprechenden Datenbanksysteme sichergestellt.
3. Die deklarative Sprachschnittstelle erlaubt die kontinuierliche Anpassung der ausführenden DBMS an neue Hardware- und Softwaretechnologien bzw. neue Architekturen, ohne dass dadurch die Anwendungen wesentlich geändert werden müssen.

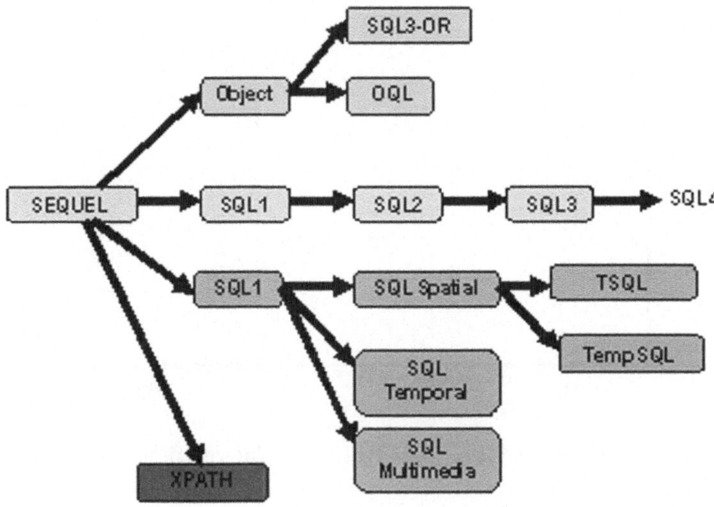

Abb. 12: Entwicklung der Sprache SQL

4. Relationale DBMSe sind in allen Anwendungsbereichen und Branchen im Einsatz; im kommerziellen Bereich haben sich relationale DBMSe als Datenverwaltungssysteme durchgesetzt.

5. Ein kontinuierlicher Schub an Innovationen sowohl aus der Industrie als auch aus Forschungseinrichtungen heraus sorgt für ständige Anpassungen an neue Anforderungen für immer komplexere Anwendungen. Eine enge Verzahnung zwischen Theorie und Praxis, meist zwischen Universitäten und IT-Firmen, hat diesen Austausch ermöglicht.

6. Datenbanktechnologie wird für neue Aufgaben genutzt, so beispielsweise für die Informationsintegration, für das Web bzw. das GRID oder für neue Technologien wie die Verwendung von XML in seinen vielfältigen Facetten.

Als Beispiel sei auf die Entwicklung der 90er Jahre verwiesen, in denen die „Skalierbarkeit" von DBMSen für die Verwaltung immer größerer Datenmengen im Vordergrund standen. Hinzu kamen weiter steigende Anforderungen an die Verarbeitung der Daten (Data-Warehouse- und Data-Mining-Funktionen): Wichtige Verarbeitungsaufgaben sollten aus Anwendungen heraus in das DBMS verlagert und deren Verarbeitung durch das DBMS sichergestellt werden. Abbildung 13 zeigt das rasante (exponentielle) Wachstum der Größe der in der Industrie vorgefundenen Datenbanken, das weiterhin anhält.

Diese beiden Faktoren führten zu einer Entwicklung der Datenbanktechnologie, um parallele Hardware sowohl in der sog. „Shared-memory", „Shared-disk" bzw. „Shared-nothing" Architektur (siehe Abb. 14) nutzen zu können, ohne das SQL-Anfragen in existierenden Anwendungen geändert werden mussten. Diese qualitative Anpassung von DBMSen, die auch die Entwicklung

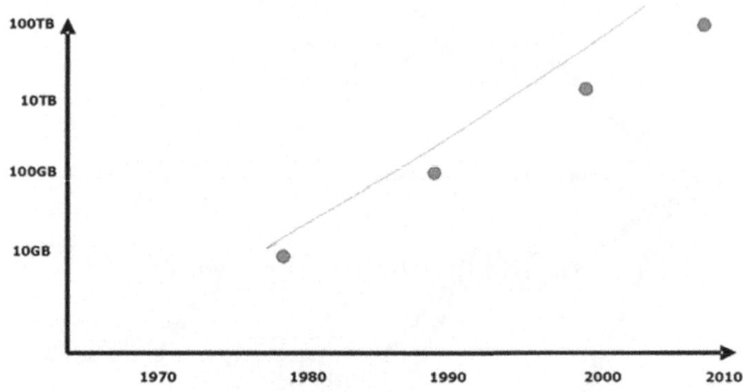

Abb. 13: Wachstum des Datenvolumens für relationale DBMSe

neuer Techniken und Technologien notwendig machte, und die funktionalen Erweiterungen der Sprache SQL führten zu einer neuen Generation an relationalen DBMSen, die für die existierenden Anwendungen große Verbesserungen ohne großen Anpassungen erbrachte.

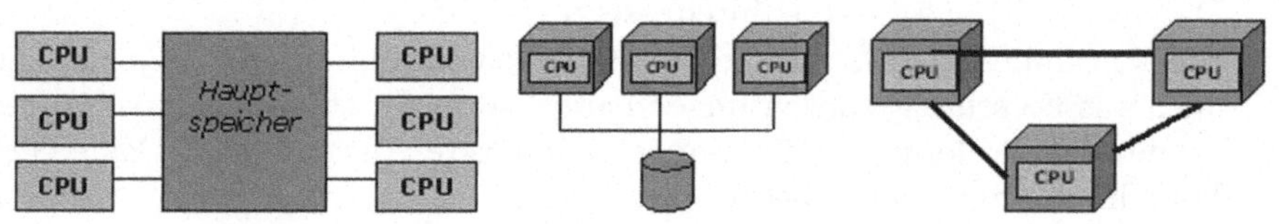

Abb. 14: Datenbankarchitekturen „Shared-memory", „Shared-disk" und „Shared-nothing" für parallele Hardware

Seit Anfang 2000 steht die Datenbanktechnologie vor weit größeren Herausforderungen als je zuvor. Das relationale Modell scheint sich mit der Entwicklung von XML (gemeinsame Speicherung von Daten und beschreibenden (Meta-) Daten in hierarchischer Form) ein alternatives Datenmodell zu entwickeln, das sich möglicherweise als „ernsthafter Konkurrent" zum relationalen Modell erweisen könnte. Neue Entwicklungen von Anfragesprachen (XPath und XQuery) nehmen bewährte Elemente aus SQL auf, um einen deklarativen Zugriff auf hierarchisch organisierte Daten zu erlauben. In diesem Bereich sind die Entwicklungen sowohl der Sprache als auch entsprechender DBMSe noch lange nicht abgeschlossen. Es ist aber offensichtlich, dass zukünftig der Fokus auf relationale Strukturen allein der Vergangenheit angehört und – gerade im Kontext des WWW – Datenmodellen wie XML die Zukunft gehören wird. Neue Anwendungen fordern, dass Semantik enger mit den Daten ver-

knüpft werden muss. Andere Herausforderungen, beispielsweise durch sog.
P2P-Architekturen sind gerade in der Entwicklung; gleiches gilt für das neue
Anfrageparadigma der „Suche" (engl. search), das mehr und mehr für den
Zugriff auf (weniger strukturierte) Daten an Bedeutung zu gewinnen scheint.
Eng verbunden mit der Suche sind weiterhin die noch vielfältigen Fragen bei
der Daten- und Informationsintegration, deren Lösungen in vielfältiger Weise
– nicht nur durch datenbankorientierte Ansätze – in vielen Fällen noch auf
sich warten lassen.

Literaturverzeichnis

1. `http://www-03.ibm.com/ibm/history/exhibits/storage/storage_350.html` (Dezember 2005)
2. `http://www.magneticdiskheritagecenter.org/MDHC/HISTORY.HTM` (Dezember 2005)
3. E.F. Codd *A Relational Model of Data for Large Shared Data Banks.* Communication of the ACM 13(6), 1970, S. 377–387
4. P. Dadam, K. Küspert, F. Andersen, H.M. Blanken, R. Erbe, J. Günauer, V.Y. Lum, P. Pistor, G. Walch *A DBMS Prototype to Support Extended NF2 Relations: An Integrated View on Flat Tables and Hierarchies.* SIGMOD Conference 1986, S. 356–367
5. M.M. Astrahan, M.W. Blasgen, D.D. Chamberlin, J. Gray, W.F. King III, B.G. Lindsay, R.A. Lorie, J.W. Mehl, T.G. Price, G.R. Putzolu, M. Schkolnick, P.G. Selinger, D.R. Slutz, H.R. Strong, P. Tiberio, I.L. Traiger, B.W. Wade, R.A. Yost *System R: A Relational Data Base Management System.* IEEE Computer 12(5), 1979, S. 42–48
6. R. Bayer, E.M. McCreight, *Organization and Maintenance of Large Ordered Indices.* Acta Informatica 1, 1972, S. 173–189
7. B.G. Lindsay *A Retrospective of R*: A Distributed Database Management System.* Proceedings of the IEEE 75(5), 1987, S. 668–673
8. L.M. Haas, W. Chang, G.M. Lohman, J. McPherson, P.F. Wilms, G. Lapis, B. Lindsay, H. Pirahesh, M.J. Carey, E. Shekita *Starburst Mid-Flight: As the Dust Clears.* IEEE Transactions on Knowledge and Data Engineering, vol. 02, no. 1, März 1990, S. 143–160
9. M. Stonebraker, G. Kemnitz *The Postgres Next Generation Database Management System.* Communation ACM 34(10), 1991, S. 78–92
10. `http://www.oracle.com/corporate/history.html`
11. R. Munz *The WELL system: a multi-user database system based on binary relationships and graph-pattern-matching.* Inf. Syst. 3(2), 1978, S. 99–115
12. M. Jarke, J.W. Schmidt *Query Processing Strategies in the PASCAL/R Relational Database Management System.* SIGMOD Conference 1982, S. 256–264
13. H.-J. Schek, M.H. Scholl, G. Weikum *The Background of the DASDBS & COSMOS Projects.* MFDBS, 1991, S. 377–388
14. `http://www.mcjones.org/System_R/` (December 2005)

Kryptographie zwischen Goldkäfer und Primzahlen

Ernst-Günter Giessmann

Humboldt-Universität zu Berlin
`giessman@informatik.hu-berlin.de`

Zusammenfassung. Kryptographie ist die Wissenschaft, die technische Zugriffsrechte für Informationen untersucht. Welche Rechte das sind und mit welchen Mitteln man was erreichen kann, ist Gegenstand dieser Vorlesung.

1 Was ist Kryptographie?

Eine bestimmte Information kann unter Umständen unterschiedliche Bedeutung haben, was für den einen nur eine Aneinanderreihung sinnloser Zeichen ist, kann für eine andere ein genialer Beweis eines mathematischen Satzes sein.

Informationen, zum Beispiel personenbezogene Daten, können auch besonders schützenswert sein, um das Recht des Einzelnen auf Selbstbestimmung über seine Daten zu garantieren.

Wer welche Rechte beim Zugriff auf gespeicherte Informationen hat, muss bei der Verarbeitung der Daten festgelegt sein, ohne ein solches Regelwerk kommt man nicht aus. Aber auch das muss geschützt werden, denn eine Änderung der Zugriffsregeln kann wichtige Schutzmechanismen für die gespeicherten Informationen aushebeln.

Die Kryptographie untersucht die technischen Hilfsmittel für den Schutz von Informationen. Dies ist wie ein Gegenstück zu den Datenschutzgesetzen zu sehen, die die juristischen Rechte für den Zugriff auf Informationen regeln.

Welche grundlegenden Eigenschaften benötigt man, um Informationen zu schützen? Natürlich ist das zuerst des Verbergen vor unberufenem Lesen. Wir nennen das die *Vertraulichkeit* der Daten. Nur bestimmte Personen oder Systeme sollen bestimmte Informationen lesen können. Für andere nicht zugelassene müssen die Informationen sicher verborgen bleiben.

Andere Informationen muss man nicht unbedingt verbergen, wie zum Beispiel das Regelwerk für den Zugriff, das auch wieder selbst eine Information ist. Hier kommt es nicht so sehr auf die Vertraulichkeit, als auf die Unveränderbarkeit dieser Daten an. Diesen Schutz der *Integrität* ist ein weiteres Ziel, für das die Kryptographie geeignete Mechanismen bereitstellt.

Man erreicht damit eigentlich nicht, dass Daten nicht mehr verändert werden können, korrekt wäre es, wenn man dieses Ziel als den Schutz gegen *unbemerkte* Veränderung und nicht als Schutz *vor* Veränderung bezeichnen würde. Integritätsschutz hat sich aber als kurze Bezeichnung dafür durchgesetzt und deshalb werden wir das auch so verwenden.

Manchmal ist es, über den Schutzes der erstellten Daten hinaus, auch wichtig festzuhalten, *wer* der Urheber gewesen ist. Dies ist eine besondere Form des Integritätsschutzes, nämlich des der Bindung an den Autor. Damit kann zu einem späteren Zeitpunkt nachgewiesen werden, wer (und möglicherweise auch zu welchem Zeitpunkt) die Daten erstellt, verarbeitet oder geändert hat.

Alle diese Sicherheitsziele sind seit Jahrhunderten bekannt, das Verbergen von Informationen, der Integritätsschutz und der Schutz der Urheberschaft wird durch bewährte Verfahren gewährleistet. Wir werden im Folgenden auf einige eingehen und werden zeigen, dass uns dazu auch die elektronischen Mittel für die digitalisierte Informationen zur Verfügung stehen.

2 Geheimschriften

Geheimschriften als Mittel zum Verbergen von Informationen üben seit jeher einen großen Reiz aus. Besonders von Militärs, Diplomaten und Verliebten werden bestimmte Symbole für bestimmte *Sachverhalte* verwendet, ohne das die Beziehung zwischen ihnen aufgedeckt wird. Das das manchmal auch zu fatalen Irrtümern führen könnte, hat der Schriftsteller Roda Roda in einer satirischen Kurzgeschichte beschrieben[1].

Wir wollen uns aber *Geheimschriften* zuwenden, die nach bestimmten Regeln Symbolen oder Teilen des zu schützenden Klartextes neue Symbole oder Zeichen zuordnet. So genannte Gaunerzinken[2] stellen in diesem Zusammenhang keine Geheimschrift dar. Eine schöne Übersicht über verschiedene im Mittelalter verwendete Geheimschriften mit einer Online-Bildergalerie findet man mit einem Zauberspruch[3] im Netz.

Dass die Geheimschriften dem öffentlichen Publikum zugänglich wurden, verdanken wir wohl dem Schriftsteller Edgar Allan Poe, der ab 1839 in *Alexander's Weekly Messenger* regelmäßig so genannte Kryptogramme, verschlüsselte Texte, veröffentlichte und in einer Novelle auch das Verfahren beschrieben hat, wie man diese entschlüsseln kann.

---

[1] An dieser Stelle, wie auch im Weiteren geben wir immer magische Wörter oder Wortkombinationen an, mit deren Hilfe man sich die entsprechenden Textstellen im Netz *ergoogeln* kann. Der hier zu verwendende Zauberspruch lautet „Kaiserfamilie mit Rindschmalz". Man erhält dann die verschiedenen Stellen im Netz, wo auf diese Kurzgeschichte Bezug genommen wird

[2] „Rotwelsch unter Türstöcken"

[3] „erbeitet im sose"

In dieser Geschichte „The Golden Bug" findet der Held ein Pergament-
schriftstück mit folgenden Text[4]:

```
53‡‡†305))6⋆;4826)4‡.)4‡);806⋆;48†8¶60))85;1‡(;:‡⋆8†83(88)5⋆†
;46(;88⋆96⋆?;8)⋆‡(;485);5⋆†2:⋆‡(;4956⋆2(5⋆-4)8¶8⋆;4069285);)
6†8)4‡‡;1(‡9;48081;8:8‡1;48†85;4485†528806⋆81(‡9;48;(88;4(‡?3
4;48)4‡;161;:188;‡?;
```

Eine einfache Analyse der Häufigkeit der verwendeten Zeichen[5] lässt sofort
vermuten, dass die Zahl 8 für das *e* und das Semikolon *;* für das t stehen könnten. In der Verteilung der Buchstaben in einem englischen Text sind nämlich
e und *t* die häufigsten Buchstaben. Danach kommt eine Gruppe {*oani*} deren Häufigkeit sich nicht so deutlich unterscheidet. Interessant ist dabei, dass
zwar in einem deutschen Text auch zwei Buchstaben, nämlich *e* und *n* zu
den häufigen Zeichen gehören, ihre *relativen* Häufigkeiten aber ganz anders
sind. So findet man in dem Goldkäfer-Text die Ziffer *8* insgesamt 33 Mal und
das Semikolon *;* insgesamt 26 Mal, was einem Verhältnis von 1,3 entspricht. In
einem deutschen Text müsste das Verhältnis des häufigsten zum zweithäufigs-
ten Symbols aber 1,7 betragen. Der Text ist also wahrscheinlich in englisch
abgefasst worden.

Versucht man nun die Zeichen der Buchstabengruppe {*oani*} auf das
dritthäufigste Zeichen *4* zu verteilen, erhält man in jedem Fall Buchstaben-
kombinationen, die in *keinem* englischen Wortteil vorkommen und erst die
Zeichen der nächsten Häufigkeitsgruppe {*rsh*} bringen den Erfolg. Die *4* entspricht dem *h* und wir erhalten durch Einsetzen den folgenden Text:

```
53‡‡†305))6⋆the26)h‡.)h‡)te06⋆the†e¶60))e5t1‡(t:‡⋆e†e3(ee)5⋆†
th6(tee⋆96⋆?te)⋆‡(the5)t5⋆†2:⋆‡(th956⋆2(5⋆-h)e¶e⋆th0692e5)t)
6†e)h‡‡t1(‡9the0e1te:e‡1the†e5thhe5†52ee06⋆e1(‡9thet(eeth(‡?3
hthe)h‡t161t:1eet‡?t
```

Noch einfacher hat man es, wenn man das magische Wort **hlimbea** kennt
und weiß, dass es zeichenweise der großen in dem Text vorkommenden Zahl
4069285 entspricht. Wenn diese Buchstaben alle eingesetzt werden, ergibt sich
bereits:

```
a3‡‡†31a))i⋆thebi)h‡.)h‡)teli⋆the†e¶il))eat1‡(t:‡⋆e†e3(ee)a⋆†
thi(tee⋆mi⋆?te)⋆‡(thea)ta⋆†b:⋆‡(thmai⋆b(a⋆-h)e¶e⋆thlimbea)t)
i†e)h‡‡t1(‡mthele1te:e‡1the†eathhea†abeeli⋆e1(‡mthet(eeth(‡?3
hthe)h‡t1i1t:1eet‡?t
```

Für die Verteilung der bis dahin noch nicht zugeordneten nächsthäufigs-
ten Buchstaben *o* und *n* gibt es danach nur noch eine einzige Variante mit
möglichen englischen Wortteilen und, nachdem man dann auch noch *s* und *r*
zugeordnet hat, ist der Text schon fast entschlüsselt:

---

[4] Hier hilft die magische Zahl 4069285, die in dem Text vorkommt.
[5] „words-or-words follow-the-e"

```
a3oo†3lassinthebisho.shostelinthe†e¶ilsseat1ort:one†e3reesan†
thirteenmin?tesnortheastan†b:northmainbran-hse¶enthlimbeasts
i†eshoot1romthele1te:eo1the†eathhea†abeeline1romthetreethro?3
htheshot1i1t:1eeto?t
```

Für die verbleibenden Zeichen gibt es schließlich nur eine einzige Interpretation, die dann dem Helden der Geschichte zu dem sagenhaften Piratenschatz führt:

```
agoodglassinthebishopshostelinthedevilsseatfortyonedegreesand
thirteenminutesnortheastandbynorthmainbranchseventhlimbeast
sideshootfromthelefteyeofthedeathheadabeelinefromthetreethro
ughtheshotfiftyfeetout
```

Was sieht man an diesem Beispiel? Zum einen, dass man zum Entschlüsseln oft nur ein kleines Zauberwort wie *hlimbea* wissen muss, um den gesamten Text schnell entziffern zu können.

Man sieht auch, dass man unter Umständen Methoden findet, an die der Verschlüsselnde sicher gar nicht dachte, wie der Ausschluss unmöglicher Wortteile, die eine deutliche Beschleunigung des Entschlüsselns ermöglichen. Zu glauben, dass ein unberufener Entschlüsseler versuchen würde, die 26! verschiedenen Möglichkeiten der Zuordnung des Alphabets zu den verwendeten Symbolen durchzuprobieren, ist hier ein gefährlicher Trugschluss.

Das Verschlüsseln durch Vertauschen der Buchstaben, wir nennen das auch Permutationschiffren, ist sehr einfach zu brechen, obwohl die Menge der vorhandenen Schlüssel ausreichend groß genug ist[6].

3 Symmetrische und asymmetrische Verfahren

Mit einem gemeinsamen Geheimnis, das Alice und Bob[7] allein kennen, können sie ihre Informationen vor dem unberufenen Zugriff durch andere schützen. Dieses Geheimnis, der Schlüssel, muss immer aus einer hinreichend großen Menge ausgewählt werden, um ein einfaches Durchprobieren auszuschließen. Eine Bitlänge von 80 Bit gilt dafür heute als ausreichend. Wer ganz sicher gehen will, sollte als Schlüssel 16 zufällige Bytes (128 Bit) auswählen.

Wie wir in dem Goldkäfer-Beispiel gesehen haben, ist es es aber auch notwendig, dass das eigentliche *Verfahren* der Verschlüsselung ausreichend sicher ist. So war im Beispiel die Beschränkung auf die Verschlüsselung einzelner Buchstaben entscheidend für die Schwäche des Verfahrens.

---

[6] 26!=403291461126605635584000000 ist das Produkt aller natürlichen Zahlen von 1 bis 26, eine Zahl, die größer als 2^{88} ist. Selbst bei einem Versuch pro Nanosekunde würde man immer noch 12 Milliarden Jahre benötigen.

[7] In der Kryptographie werden mit diesen Namen immer die Partner eines Nachrichtenaustausches bezeichnet. Sie ergeben bei Google mehr als 10 Millionen Treffer.

Gute und sichere Algorithmen verwenden heute keine Einzelbuchstaben mehr, sondern verschlüsseln ganze Gruppen von 64 oder 128 Bit. Die Häufigkeitsanalyse, die beim Goldkäfer so erfolgreich war, versagt bei Buchstabengruppen, die einer solchen Bitlänge entsprechen würde.

Solche Verfahren, bei dem Alice und Bob gemeinsam ein Geheimnis besitzen, nennen wir *symmetrisch*. Ob die Nachricht von Alice zu Bob oder von Bob zu Alice geht, ist für das Verfahren ohne Unterschied. Beide schützen damit ihre *gemeinsamen* Daten vor dem Zugriff durch andere. Wir können aber nicht feststellen, ob eine Nachricht von Alice oder Bob verschlüsselt wurde, da beide ja das gleiche Verfahren verwenden.

Kleine Veränderungen, zufällig oder bewusst durch einen Dritten, sind trotz Verschlüsselung schwer zu erkennen, man weiß nicht, ob es ein Schreibfehler von Alice oder ein vielleicht ein Fälschungsversuch war.

Um Daten gegen Veränderung zu schützen, kann man die Daten als Ganzes in Granit meißeln, einfacher ist es jedoch, wenn man einen kleinen Prüfwert berechnet, der sich auch bei einer zufälligen oder bewussten Veränderung der Daten ändert. Bei einem Vergleich kann man später feststellen, ob der Prüfwert noch korrekt ist und weiß dann, dass die Daten nicht verändert wurden.

Die dabei verwendeten kryptographischen Prüffunktionen, so genannte Hash-Funktionen, haben die Eigenschaft, dass es schwer ist, zwei solche Datensätze zu finden, die bei einer Berechnung der Prüffunktion den gleichen Hash-Wert ergeben.

Natürlich kann man bei einer endlichen Menge von kleinen Werten[8] nicht ausschließen, dass es zwei Dokumente mit gleichem Prüfwert gibt, aber sie sollten einfach nicht in realen Zeiträumen zu finden sein. Um hier sicher zu gehen, muss man die Prüfwerte etwa in der Größenordnung von 160 Bit wählen, was ungefähr 27 Buchstaben oder einer 48-stelligen Dezimalzahl entspricht

Wenn man dann zu den Daten die entsprechenden Prüfwerte bestimmt hat, dann wird jede Veränderung der Daten bemerkbar, weil die veränderten Daten mit fast hundertprozentiger Sicherheit einen neuen Prüfwert haben.

An eine Hash-Funktion wird für die kryptographische Eignung noch eine weitere Anforderung gestellt. Man verlangt, dass auch die Bestimmung der Original-Daten aus dem Prüfwert schwer sein muss[9]. Damit schafft man die Möglichkeit, selbst zu verbergende Daten durch *öffentlich* bekannte Prüfwerte zu schützen. Da es ausgeschlossen ist, dass man aus den Prüfwerten die Daten in realistischen Zeiträumen rekonstruieren kann, müssen die Prüfwerte nicht mehr vor anderen verborgen werden.

Aber wie schützt man die Prüfwerte vor *Veränderungen*? Etwa auch wieder durch Prüfwerte? Nein, hier benötigen wir neue Methoden.

---

[8] Bei einer Bitlänge von 160 gibt es ja *nur* 2^{160} verschiedene Prüfwerte.

[9] Das schließt die Möglichkeit des Meißelns in Granit aus kryptographischer Sicht aus.

Es sind die so genannten asymmetrischen Verfahren, die wir dazu einsetzen. Dabei gehört ein Geheimnis nicht mehr mehreren Personen, sondern allein Alice verfügt über eine solche Information, die es ihr gestattet, ihre Prüfwerte zu schützen.

Ein solches Verfahren ist das nach den Erfindern Ron Rivest, Adi Shamir und Len Adleman benannte RSA-Verfahren. Bei diesem werden Daten mit Hilfe einer Berechnung in Restklassen verschlüsselt.

Um das Verfahren zu verstehen, muss man wissen, wie man mit Restklassen rechnet. Damit bezeichnet man einfach die natürlichen Zahlen (die Null eingeschlossen), die kleiner als eine vorgegebene Zahl m, der Modul, sind.

Man kann mit ihnen die gleichen Operationen (Addition und Multiplikation) wie mit natürlichen Zahlen ausführen, mit dem einzigen Unterschied, dass man, wenn man den vorgegebenen Bereich verlassen würde, das Resultat durch den *Rest* bei der Division durch m ersetzt.

Für den Modul $m = 7$ ergibt also die Summe der Restklassen 4 und 5 die Restklasse 2, weil die Summe 9 der natürlichen Zahlen 4 und 5 bei Division durch 7 den Rest 2 läßt. Wir verwenden dann auch kein Gleichheitszeichen, sondern schreiben $4 + 5 \equiv 2 \bmod 7$. Bei einer Multiplikation würde man zum Beispiel $4 \times 5 \equiv 6 \bmod 7$ erhalten.

Sei p eine Primzahl. Dann kann man zeigen, dass für eine von Null verschiedene Restklasse a aus $\{1, 2, \ldots, p-1\}$ gilt, dass die Zahlen und auch ihre Restklassen

$$a, 2 \times a, 3 \times a, \ldots, (p-1) \times a$$

alle voneinander verschieden sind und dass daher diese Menge nichts anderes als eine Vertauschung der von Null verschiedenen Restklassen $1, 2, \ldots, p-1$ darstellt[10].

Daraus ergibt sich für das Rechnen mit Restklassen bezüglich Primzahlen der so genannte kleine Fermatsche Satz, nach dem für eine von Null verschiedene Restklasse a immer $a^{p-1} \equiv 1 \bmod p$ ist.

Man muss dazu nur das Produkt aller Elemente der beiden Mengen $\{1, 2, \ldots, p-1\}$ und $\{a, 2 \times a, 3 \times a, \ldots, (p-1) \times a\}$, also aller von Null verschiedenen Restklassen betrachten und diese beiden Produkte miteinander vergleichen. Durch schrittweise Division ergibt sich am Ende die Behauptung, auf der einen Seite verbleibt 1 und auf der anderen Seite $(p-1)$-mal der Faktor a.

Wenn man mit einem *zusammengesetzten* Modul $m = pq$ rechnet, der das Produkt von zwei verschiedenen Primzahlen p und q ist, dann gilt der kleine Fermatsche Satz sozusagen doppelt und es ist für alle von Null verschiedenen Restklassen a:

$$a^{(p-1)(q-1)} \equiv \left(a^{p-1}\right)^{q-1} \equiv \left(a^{q-1}\right)^{p-1} \equiv 1 \bmod m.$$

---

[10] In den Restklassen modulo 11 sind beispielsweise 7 3 10 6 2 9 5 1 8 4 die entsprechenden Vielfachen von 7.

Diese Eigenschaft nutzt man beim RSA-Verfahren aus. Man verschlüsselt eine Nachricht n indem man sie in den zu m gehörigen Restklassen potenziert

$$c \equiv n^d \bmod m.$$

Ein weiteres Potenzieren mit einem Exponenten e, für den das Produkt $e \times d$ um Eins größer als das Produkt $(p-1)(q-1)$ ist[11], ergibt wieder die Original-Nachricht n

$$c^e \equiv n^{ed} \equiv n^{1+(p-1)(q-1)} \equiv n^1 \times 1 \equiv n \bmod m.$$

Das Besondere an dieser Rechnung ist, dass man das Potenzieren mit d und e in den Restklassen zum Modul m leicht ohne Kenntnis von p und q ausführen kann, die Berechnung von d aus e aber ohne die Kenntnis von $(p-1)(q-1)$ schwer ist.

Kennt man nur das Produkt m und nicht die beiden Faktoren, müsste man zur Bestimmung von d aus e erst einen der beiden Teiler p oder q finden.

Das heißt, dass Alice, die über das Geheimnis der Zerlegung von m in zwei Primfaktoren verfügt, leicht ihren Prüfwert h durch Potenzieren mit d schützen könnte

$$s \equiv h^d \bmod m.$$

Jeder, der m und e kennt, kann jetzt nachvollziehen, dass ($s^e \bmod m$) der Prüfwert h für die Daten von Alice ist. Erstellen kann den Wert s aber nur Alice allein, da nur sie den Wert d kennt. Der Prüfwert h kann deshalb nicht mehr geändert werden, weil er sich eindeutig aus s ergibt.

Damit hat Alice aber nicht nur eine Möglichkeit des Schutzes ihres Prüfwertes h, sondern sie könnte auch gleichzeitig ihre Urheberschaft nachweisen, wenn man sicher wäre, dass niemand anders den Wert d kennen kann.

Dieses Verfahren ist *asymmetrisch*, weil die beiden Schlüssel d und e nicht mehr gleichberechtigt sind. Den Schlüssel d kennt nur Alice, Bobs Schlüssel e, der zur Kontrolle des Prüfwertes verwendet wird, kann man sogar öffentlich machen, ohne das der vorhandene Schutz verloren geht.

Das Berechnen von d aus m und e muss aber wirklich schwer sein, also in realistischen Zeiträumen nicht durchführbar sein. Um zu garantieren, dass man mit den gegenwärtig bekannten schnellsten Faktorisierungsverfahren die beiden Primfaktoren nicht so leicht findet, müssen auch hier bestimmte Bitlängen erreicht werden. Kürzlich[12] wurde bereits eine Zahl mit 200 Dezimalstellen in ihre beiden 100-stelligen Primteiler zerlegt, deshalb sollten die beiden Primfaktoren mindestens 200 Dezimalstellen haben und daraus ergibt sich dann für das Produkt m eine Länge von 400 Dezimalstellen.

Aber wie bei Goldkäfer darf man sich nicht von der allgemeinen Schwierigkeit der Zerlegung in Sicherheit wiegen lassen, der unberufene Angreifer geht immer auf ganz eigenen Wegen vor.

---

[11] Da der kleine Fermatsche Satz gilt, kann man e und d auch so wählen, dass $e \times d$ um eins größer als irgendein Vielfaches von $(p-1)(q-1)$ ist.

[12] „Dickopf RSA200"

Betrachten wir einmal die aus der Geschichte des Goldkäfers bekannte magische Zahl 4069285. Man sieht natürlich gleich, dass diese Zahl durch 5 teilbar ist. Mit dem Wissen um die so genannte Querdifferenz kann man auch den zweiten Teiler 11 erkennen[13]. Aber was ist mit der verbleibenden Zahl?

$$4069285 = 813857 \times 5 = 73987 \times 5 \times 11.$$

Wider Erwarten findet man die beiden Faktoren dieser Zahl ohne langwieriges Probieren sofort, wenn man die Quadratwurzel aus 73987 kennt

$$\sqrt{73987} = 272.005514\ldots$$

Sie ist also größer als das Quadrat von 272. Nun prüft man, ob eine der Zahlen $273^2 - 73987$, $274^2 - 73987$, $275^2 - 73987$ und so weiter wieder eine Quadratzahl ergibt.

Bei der ersten erhält man 542, was keine Quadratzahl ist[14] und bei der zweiten $1089 = 9 \times 121$, offensichtlich das Quadrat von 33. Nach der binomischen Formel ist deshalb

$$73987 = 274^2 - 33^2 = (274 + 33)(274 - 33) = 307 \times 241.$$

Quasi durch Kopfrechnen und ein wenig Glück haben wir eine fünfstellige Zahl in ihre beiden Primfaktoren zerlegt, mit einem Verfahren, das in diesem Bereich gut anwendbar ist und das uns zeigt, dass kryptographische Verfahren nicht automatisch sicher sind, nur weil das allgemeine Verfahren schwer ist.

4 Zusammenfassung

Die Geschichte der Kryptographie, insbesondere die des Verschlüsselns von Texten, ist mit vielen interessanten Geschichten verbunden, manche chiffrierten Texte sind bis heute ungebrochen[15], bei anderen, wie der Tyler-Chiffre, gelang das erst nach vielen Jahren später. Hier kann man nur auf verschiedene Quellen im Netz[16] verweisen, da dies sonst den Rahmen einer einzigen Vorlesung sprengen würde.

Wie wir gesehen haben, läßt sich mit kryptographischen Methoden nicht nur die Vertraulichkeit von Daten schützen, sondern durch man kann mit Prüfwerten und asymmetrischen Verfahren auch die Unversehrtheit und die Urheberschaft dieser Daten feststellen.

---

[13] Die Querdifferenz ist die Differenz aus der Summe der Ziffern an ungerader Position und der Summe der Ziffern an gerader Position. In unserem Beispiel ist sie $(4 + 6 + 2 + 5) - (0 + 9 + 8) = 0$. Ist die Querdifferenz durch 11 teilbar, ist auch die ursprüngliche Zahl durch 11 teilbar.

[14] Quadratzahlen enden auf 0, 1, 4, 9, 6 oder 5.

[15] „Beale Bufords"

[16] Magische Wörter sind hier „256–883–XXXX", „Achsenbund" oder „simonsingh".

Die Entwicklung und der Einsatz kryptographischer Algorithmen muss in jedem Fall mit einer sorgfältigen Prüfung aus verschiedenen Blickwinkeln und mit verschiedenen Methoden einhergehen, um festzustellen, ob die erforderliche Sicherheit auch noch heute oder in Zukunft gewährleistet ist. Eine Aufgabe, die mit den Mitteln der Informatik zu bewältigen ist und der man sich immer neu stellen muss.

Literaturverzeichnis

Allgemeine Einführungen

1. F.L. Bauer *Entzifferte Geheimnisse.* Springer-Verlag Berlin, 2000
2. A. Beutelspacher *Kryptologie.* Vieweg Verlag Braunschweig, 1993
3. S. Singh *Geheime Botschaften.* Hanser Verlag München, 1999

Weiterführende Literatur

4. J. Buchmann *Einführung in die Kryptographie.* Springer-Verlag Berlin, 1999
5. N. Koblitz *A course in Number Theory and Cryptography.* Springer Verlag Berlin, 1987
6. A.J. Menezes, P.C. van Oorschot, S.A. Vanstone *Handbook of Applied Cryptography.* CRC Press Boca Raton, 1997 und
   `http://www.cacr.math.uwaterloo.ca/hac/`
7. B. Schneier *Angewandte Kryptologie.* Addison-Wesley Verlag Bonn, 1996
8. M.R. Schroeder *Number Theory in Science and Communication.* Springer Verlag, 1997
9. R. Wobst *Abenteuer Kryptologie.* Addison-Wesley Verlag Bonn, 1997

Von der Turingmaschine zum Quantencomputer – ein Gang durch die Geschichte der Komplexitätstheorie

Johannes Köbler, Olaf Beyersdorff

Humboldt-Universität zu Berlin
`koebler,beyersdo@informatik.hu-berlin.de`

Zusammenfassung. Die Komplexitätstheorie beschäftigt sich mit der Abschätzung des Aufwandes, welcher zur Lösung algorithmischer Probleme nötig ist. In diesem Aufsatz verfolgen wir die spannende Entwicklung dieses Teilgebiets der Theoretischen Informatik von ihren Wurzeln in den 30er Jahren des 20. Jahrhunderts bis in die heutige Zeit.

Die Informatik als eine den Anwendungen verpflichtete Wissenschaft sieht sich vor die Aufgabe gestellt, für praktisch auftretende Probleme möglichst gute Algorithmen zu finden. Anwendungsszenarien aus völlig verschiedenen Bereichen führen dabei auf einer abstrakteren Ebene häufig zu derselben Problemstellung. Oftmals lassen sich solche Probleme mit Methoden der Logik, Graphen oder anderen kombinatorischen Werkzeugen modellieren. Viele dieser Probleme sind seit Jahrzehnten intensiv untersucht worden, und für viele hat man gute Algorithmen gefunden: diese Algorithmen sind schnell und gehen sparsam mit dem Speicherplatz um. Eine große Klasse praktisch überaus relevanter Probleme jedoch hat sich einer befriedigenden algorithmischen Lösung bislang hartnäckig widersetzt. Trotz der stetig steigenden Leistungsfähigkeit moderner Rechner werden selbst für einfache Instanzen dieser Probleme derart immense Rechenkapazitäten benötigt, dass diese Probleme nach derzeitigem Wissensstand als praktisch unlösbar angesehen werden müssen. Woran liegt das? Warum sind manche Probleme relativ einfach und andere, oft ganz ähnliche Probleme, anscheinend algorithmisch viel komplizierter?

Antworten hierauf sucht die Komplexitätstheorie. Die Komplexitätstheorie klassifiziert Probleme anhand des Aufwands, der zu ihrer algorithmischen Lösung nötig ist. Die wichtigsten Aufwandsparameter sind die Rechenzeit und der Speicherplatzbedarf. Zwei Klassen von Problemen haben wir bereits grob unterschieden: solche mit guten Algorithmen und solche ohne. Aber auch die algorithmische Welt lässt sich nicht hinreichend durch eine Einteilung in schwarz und weiß erklären, und so ist in den letzten 40 Jahren eine beinahe schon unübersichtliche Vielzahl von Komplexitätsklassen definiert worden:

durch Kombinationen aus Zeit- und Platzschranken, aber auch durch die Einbeziehung anderer Ressourcen wie Zufall, Nichtuniformität, Kommunikationsaufwand oder Orakelanfragen. Einige dieser Klassen werden wir in unserem historischen Spaziergang durch die Komplexitätstheorie genauer vorstellen. Auf diesem Spaziergang werden uns typische Probleme aus der Zahlentheorie, der Logik und der Graphentheorie begleiten, anhand derer wir den stürmischen Fortschritt dieses Gebietes zu illustrieren versuchen.

1 Die 30er Jahre: die Anfänge, Turings Maschinenmodell und die Rekursionstheorie

Die Wurzeln der Komplexitätstheorie liegen in der Rekursionstheorie. Die Rekursionstheorie lotet die Grenzen des prinzipiell algorithmisch Machbaren, des Berechenbaren aus, ohne sich jedoch um den Zeit- und Platzbedarf von Algorithmen zu kümmern. Zentral ist hier zunächst die Präzisierung des Algorithmenbegriffs.

1.1 Die Formung des Algorithmenbegriffs

Das Wort Algorithmus geht auf den usbekischen Mathematiker Muhammad ibn Musa al-Chorezmi zurück, der im 9. Jahrhundert verschiedene Schriften u.a. zur Algebra und Arithmetik verfasste. Aus dem Namenszusatz al-Chorezmi, seine vermutliche Geburtsstadt Choresm bezeichnend, formte sich der Begriff Algorithmus. Diesen Begriff präzise zu definieren bestand lange Zeit keine Notwendigkeit. Man verstand unter einem Algorithmus einfach eine Vorschrift zum Lösen eines mathematischen Problems, etwa zum Auflösen von Gleichungen oder für geometrische Konstruktionen.

Diese Situation veränderte sich zu Beginn des 20. Jahrhunderts im Zusammenhang mit den Bemühungen um die Fundierung der Mathematik und der so genannten Grundlagenkrise. Auf dem 2. Internationalen Mathematikerkongress im Jahre 1900 in Paris stellte David Hilbert eine Liste von 23 ungelösten mathematischen Problemen vor, deren Bearbeitung er für die weitere Entwicklung der Mathematik große Bedeutung beimaß. In der Tat lieferte die Beschäftigung mit vielen dieser Probleme den Anstoß für ganz neue mathematische Disziplinen. Einige der Hilbertschen Probleme sind noch heute offen. Das zehnte Hilbertsche Problem betrifft die Frage nach der algorithmischen Lösbarkeit Diophantischer Gleichungen. Diophantische Gleichungen, benannt nach dem griechischen Mathematiker Diophantos (3. Jahrhundert), sind Polynomgleichungen in mehreren Variablen mit ganzzahligen Koeffizienten. Das zehnte Hilbertsche Problem fragt nun nach der Existenz eines Algorithmus, der entscheidet, ob eine vorgelegte Diophantische Gleichung ganzzahlige Lösungen besitzt oder nicht. In positiver Weise hätte diese Frage durch die Angabe eines Algorithmus beantwortet werden können. Um jedoch nachzuweisen, dass für dieses Problem kein Algorithmus existiert, muss zuvor natürlich

David Hilbert (1862–1943)   Alonzo Church (1903–1995)   Kurt Gödel (1906–1978)   Alan M. Turing (1912–1954)

geklärt werden, was ein Algorithmus im präzisen Sinne ist. In der Tat konnte schließlich 1970 Juri Matijasevič [66] unter Benutzung von Vorarbeiten von Julia Robinson, Martin Davis und Hilary Putnam [25] die algorithmische Unlösbarkeit des zehnten Hilbertschen Problems nachweisen.

Für die mathematische Formalisierung des Algorithmenbegriffs scheint in den 30er Jahren des 20. Jahrhunderts die Zeit reif gewesen zu sein: unabhängig und in zeitlich dichter Folge wurden mehrere, auf den ersten Blick völlig unterschiedliche Konzepte zur Berechenbarkeit vorgeschlagen. Stephen Cole Kleene stellte 1936 die allgemeinrekursiven Funktionen als Verallgemeinerung der von Kurt Gödel 1931 untersuchten primitiv rekursiven Funktionen vor. Zur selben Zeit entwarf Alonzo Church den so genannten λ-Kalkül. Die Ansätze von Kleene und Church beschreiben Operationen zur Bildung berechenbarer Funktionen aus einfachen Basisfunktionen. Maschinenorientierte Rechenmodelle lieferten 1936 unabhängig voneinander Alan Turing und Emil Post. Natürlich stellte man sich sofort die Frage, in welcher Beziehung diese verschiedenen Algorithmenmodelle zueinander stehen, und erstaunlicherweise erwiesen sich alle Ansätze als äquivalent, d.h. sie beschreiben dieselbe Klasse berechenbarer Funktionen. Daher formulierte Church 1936 die nach ihm benannte These, dass durch die genannten Präzisierungen des Algorithmenbegriffs genau die intuitive Vorstellung von Effektivität eingefangen wird, d.h. dass sich die Klasse aller durch Turingmaschinen berechenbaren Funktionen mit der Klasse aller im intuitiven Sinne berechenbaren Funktionen deckt. Natürlich lässt sich eine solche These nicht beweisen, da sich der intuitive Berechenbarkeitsbegriff durch seine Verschwommenheit einer mathematischen Analyse entzieht. Empirisch aber haben die seither verstrichenen 70 Jahre die Churchsche These bestätigt. Trotz des enormen Fortschritts auf dem Gebiet der Rechentechnik haben sich grundsätzlich keine Erweiterungen des Berechenbarkeitsbegriffs gezeigt, nicht einmal durch so neuartige Ansätze wie etwa die Verwendung von Quantenrechnern.

1.2 Turings Maschinenmodell

Da die Turingmaschine das zentrale Maschinenmodell der Komplexitätstheorie darstellt, wollen wir es genauer beschreiben. Wie bereits erwähnt wurde diese 1936 von Turing in der Arbeit „On computable numbers with an application to the Entscheidungsproblem" [94] entworfen. Mit dem Entscheidungsproblem ist übrigens die von Alonzo Church ebenfalls 1936 gezeigte Unentscheidbarkeit der Prädikatenlogik erster Stufe gemeint [19].

Die Turingmaschine besteht aus einer Steuereinheit und einem Arbeitsband, auf welches die Steuereinheit mittels eines Schreib- und Lesekopfes zugreifen kann. Das Arbeitsband ist dabei in einzelne Felder unterteilt, die jeweils einen Buchstaben des Arbeitsalphabets enthalten, meist besteht dies einfach aus dem Binäralphabet $\{0,1\}$, erweitert um ein spezielles Blanksymbol für leere Felder. Die Turingmaschine arbeitet taktweise. Die Arbeitsweise wird von der Steuereinheit bestimmt, die sich in verschiedenen, aber insgesamt nur endlich vielen Zuständen befinden kann. Pro Takt liest der Schreib- und Lesekopf ein Zeichen vom Band und ersetzt dieses in Abhängigkeit vom gelesenen Zeichen

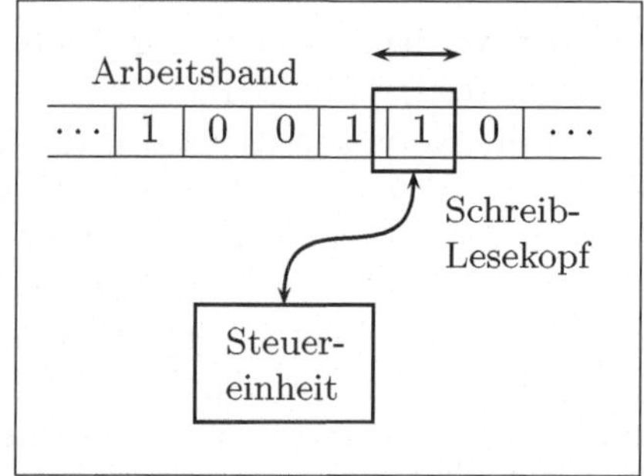

Abb. 1: Die Turingmaschine

und dem Zustand der Steuereinheit. Sodann wird der Kopf um ein Feld nach links oder rechts bewegt und der Zustand der Steuereinheit neu bestimmt, wiederum geschieht dies abhängig vom gelesenen Zeichen und dem alten Zustand.

Wie können nun mit solchen Maschinen konkrete Probleme gelöst werden? In der Komplexitätstheorie betrachtet man meist Entscheidungsprobleme, bei denen die Eingabeinstanz durch eine ja/nein-Antwort entschieden wird. Alle positiven Instanzen eines Problems werden dann zu einer Sprache zusammengefasst. Einige typische Entscheidungsprobleme, auf die wir auch im folgenden oft zurückkommen werden, sind in Abb. 2 zusammengefasst. Um diese Probleme durch Turingmaschinen zu lösen, werden zunächst die Eingabeinstanzen, also natürliche Zahlen, aussagenlogische Formeln oder Graphen geeignet binär kodiert. Zu Beginn der Turingmaschinenrechnung steht die Eingabe kodiert auf dem Band. Sodann liest die Maschine die Eingabe, modifiziert diese eventuell oder macht auf dem Band Zwischenrechnungen und begibt sich zum Ende der Rechnung in einen Zustand, welcher signalisiert, ob die Eingabe akzeptiert oder verworfen wird.

Viele praktische Probleme treten auch als Optimierungsprobleme oder Berechnungsprobleme auf, bei denen eine Ausgabe abhängig von der Eingabe berechnet werden soll. In diesem Fall schreibt die Turingmaschine das Ergebnis am Ende der Rechnung in kodierter Form auf das Band. Oftmals lassen sich

Das Primzahlproblem PRIMES:
Gegeben: Eine natürliche Zahl n.
Gefragt: Ist n eine Primzahl?

Das Faktorisierungsproblem FACTORIZE:
Gegeben: Zwei natürliche Zahlen n, k.
Gefragt: Besitzt n einen Faktor in der Menge $\{2, \ldots, k\}$?

Das Cliquenproblem CLIQUE:
Gegeben: Ein Graph G und eine natürliche Zahl k.
Gefragt: Existiert in G eine Clique der Größe k?

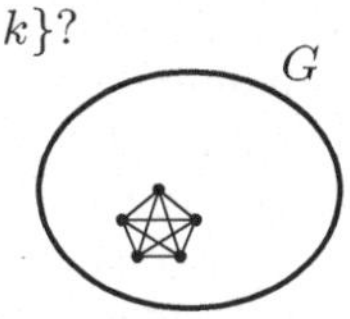

Das aussagenlogische Erfüllbarkeitsproblem SAT:
Gegeben: Eine aussagenlogische Formel F.
Gefragt: Ist F erfüllbar?

Das Graphenisomorphieproblem GI:
Gegeben: Zwei Graphen G und H.
Gefragt: Sind G und H isomorph?

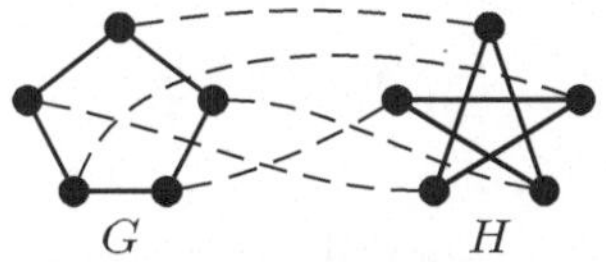

Das Flussproblem MAXFLOW:
Gegeben: Ein Netzwerk N mit zwei Knoten s, t und eine Zahl k.
Gefragt: Existiert in N ein Fluss der Größe k von s nach t?

Das Erreichbarkeitsproblem GAP:
Gegeben: Ein gerichteter Graph G und zwei Knoten s, t.
Gefragt: Existiert in G ein gerichteter Pfad von s nach t?

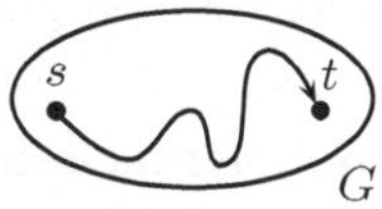

Das Erreichbarkeitsproblem UGAP in ungerichteten Graphen ist analog zu GAP definiert.

Abb. 2: Algorithmische Problemstellungen

aber solche funktionalen Probleme in Entscheidungsprobleme vergleichbarer Komplexität übersetzen, so dass die Fokussierung auf letztere gerechtfertigt ist (wie etwa beim Faktorisierungsproblem FACTORIZE, siehe Abb. 2).

Berechtigterweise erhebt sich an dieser Stelle vielleicht die Frage, warum wir ein solch eingeschränktes und aus praktischer Sicht eher untaugliches Rechenmodell als Ausgangspunkt wählen. Turing formulierte seine Ideen zu einer Zeit, als die praktische Realisierung von Computern noch ausstand (übrigens widmete sich Turing dann in den 40er und 50er Jahren selbst intensiv dem Bau von Rechenanlagen). Später wurden auch, inspiriert von der Architektur dann schon verfügbarer Rechner, praxisnähere Modellierungen vorgeschlagen, so etwa 1963 die Registermaschine, auch Random Access Machine genannt, von John Shepherdson und Howard Sturgis [86]. Aber auch diese Modelle sind bezüglich ihrer Rechenkraft äquivalent zu Turings Ansatz – ein weiterer Beleg für die Gültigkeit der Churchschen These. Dass sich die Turingmaschine trotzdem durchsetzte, liegt vor allem an ihrer Einfachheit, die elegante Beweise erlaubt. Natürlich entwirft niemand Algorithmen durch Angabe von

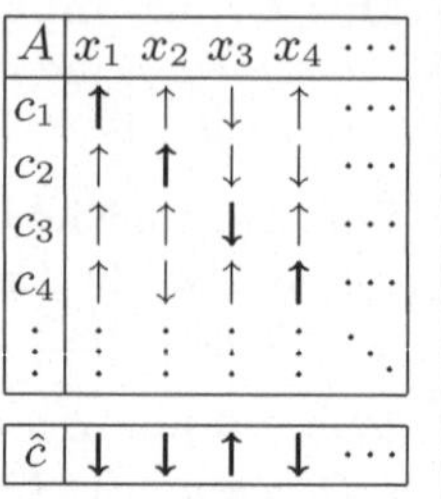

Turingmaschinen bestehen nur aus endlich vielen Anweisungen und können daher binär kodiert werden. Bezeichne M_c die durch c kodierte Maschine. Das Halteproblem ist

$$H = \{c\#x \mid M_c(x)\!\downarrow\},$$

wobei „$M_c(x)\!\downarrow$" bedeutet, dass M_c bei Eingabe x hält. Unter der Annahme, dass H entscheidbar ist, können wir eine Turingmaschine $\hat{M}$ konstruieren, die bei Eingabe c genau dann hält, wenn $c\#c \notin H$ ist (d.h. $\hat{M}$ verhält sich komplementär zur Diagonalen der Matrix A, deren Eintrag in Zeile c und Spalte x angibt, ob $M_c(x)$ hält oder nicht). Für die Kodierung $\hat{c}$ von $\hat{M}$ folgt dann

$$\hat{c}\#\hat{c} \in H \;\Leftrightarrow\; M_{\hat{c}}(\hat{c})\!\downarrow \;\Leftrightarrow\; \hat{M}(\hat{c})\!\downarrow \;\Leftrightarrow\; \hat{c}\#\hat{c} \notin H \; \lightning$$

Abb. 3: Die Unentscheidbarkeit des Halteproblems

Programmcodes für Turingmaschinen. Will man aber nachweisen, dass für ein konkretes Problem keine Algorithmen gewisser Güte existieren, so ist es von Vorteil, diesen Unmöglichkeitsbeweis, der ja gegen alle möglichen Algorithmen argumentieren muss, anhand eines restriktiven Modells zu führen.

1.3 Unentscheidbare Probleme

Probleme, die prinzipiell nicht algorithmisch lösbar sind, d.h. für die es nicht gelingt, ein Turingmaschinenprogramm zu entwerfen, heißen unentscheidbar. Bereits 1936 zeigte Turing die Unentscheidbarkeit des Halteproblems, welches zu einem gegebenen Turingmaschinenprogramm und einer zugehörigen Eingabe bestimmt, ob die Turingmaschine bei dieser Eingabe hält oder aber unendlich lange läuft. Der Beweis benutzt die auf Georg Cantor (1845–1918) zurückgehende Diagonalisierungstechnik (siehe Abb. 3). Dieses Resultat hat durchaus praktische Konsequenzen. In moderner Terminologie könnten wir es etwa so formulieren: es gibt keinen Algorithmus, der für ein gegebenes C-Programm entscheidet, ob das Programm bei einer bestimmten Eingabe nach endlicher Zeit terminiert oder in eine Endlosschleife gerät. Dem Fortschritt bei der automatischen Programmverifikation sind also Grenzen gesetzt.

In gewisser Weise das allgemeinste Resultat dieser Art bewies 1953 Henry Rice [77]. Der Satz von Rice besagt, dass es unmöglich ist, anhand des Programmcodes interessante Eigenschaften der vom Programm akzeptierten Sprache zu entscheiden.

1.4 Effektivität versus Effizienz

In der Rekursionstheorie stehen die unentscheidbaren Sprachen im Mittelpunkt. Entscheidbare Sprachen gelten aus dieser Perspektive als trivial, da

Juris Hartmanis (geb. 1928)   Richard Karp (geb. 1935)   Stephen Cook (geb. 1939)   Leonid Levin (geb. 1948)

man sie ja algorithmisch lösen kann. Algorithmische Lösungen, bei denen der Aufwand nicht in Betracht gezogen wird, heißen effektiv.

Für die Praxis ist es aber natürlich wichtig zu wissen, wieviel Rechenressourcen zur Lösung dieser Probleme nötig sind. Ein Beispiel mag das verdeutlichen. Das Erfüllbarkeitsproblem SAT der Aussagenlogik besteht darin, zu einer aussagenlogischen Formel zu entscheiden, ob diese erfüllbar ist. Natürlich gibt es hierfür einen Algorithmus: man überprüft einfach den Wahrheitswert der Formel unter allen Belegungen. Für eine Formel mit n Variablen benötigt man so etwa 2^n Schritte. Hat die Formel also 100 Variablen, und solche Formeln treten häufig bei automatisch generierten Prozessen auf, so ist der Zeitbedarf etwa 2^{100} Schritte. Angenommen, ein Computer kann eine Milliarde solcher Operationen pro Sekunde ausführen, so ergibt sich für 2^{100} Operationen immer noch eine Rechenzeit von mehr als 10^{13} Jahren. Dieser Algorithmus für SAT ist also praktisch nicht durchführbar. Wesentlich bessere Algorithmen, d.h. mit subexponentieller Laufzeit, sind bislang nicht bekannt. Gerade für SAT-Solver gibt es einen aktiven Wettbewerb um die schnellsten Verfahren. Die beste Laufzeit für 3-SAT (mittels eines probabilistischen Algorithmus) liegt derzeit bei 1.32216^n [79]. Somit ist SAT mit heutigen Methoden zwar effektiv, aber nicht effizient lösbar.

2 Die 60er Jahre: Effizienz

Die Entscheidbarkeit eines Problems ist nicht genug, um es auch praktisch befriedigend lösen zu können, wie das Beispiel des letzten Abschnitts gezeigt hat. Welches aber ist die richtige Bedingung für Effizienz? Mit der Beantwortung dieser Frage beginnt die eigentliche Geschichte der Komplexitätstheorie.

Die wichtigsten Parameter sind der Bedarf an Rechenzeit und Speicherplatz, gemessen bei Turingmaschinen in der Anzahl der Schritte bzw. der Anzahl der insgesamt besuchten Bandfelder. Erste Überlegungen zu effizienten Algorithmen äußerte 1956 Kurt Gödel in einem Brief an Johann von Neumann [38]. Gödels Ideen, von denen erst in den 80er Jahren ein größerer Kreis Kenntnis erhielt, wurden jedoch zunächst nicht weiter verfolgt.

1964 zeigte Alan Cobham [20], dass viele wichtige Probleme in Polynomialzeit lösbar sind, d.h. die Laufzeit ist durch ein Polynom der Form $n^k + k$ in der Länge n der Eingabe beschränkt. Etwa zur gleichen Zeit schlug Jack Edmonds [28] Polynomialzeitberechnungen als Formalisierung von berechnungsmäßiger Effizienz vor. Die Komplexitätsklasse P enthält alle Entscheidungsprobleme, die mit Turingmaschinen in polynomieller Laufzeit lösbar sind. Ähnlich wie bei der Churchschen These zeigten Cobham [20] und Edmonds [28], dass diese Klasse nicht vom verwendeten Maschinenmodell abhängt.

Die systematische Untersuchung von Zeit- und Platzbeschränkungen für Turingmaschinen begann 1965 mit Juris Hartmanis und Richard Stearns [44]. In dieser sehr einflussreichen Arbeit formalisierten Hartmanis und Stearns Zeit- und Platzbedarf für Turingmaschinen und bewiesen für diese Komplexitätsmaße Hierarchiesätze, die besagen, dass bei wachsenden Zeit- bzw. Platzschranken die Anzahl der lösbaren Probleme echt zunimmt. Einfacher ist der Platzhierarchiesatz: sind $s_1(n)$ und $s_2(n)$ zwei hinreichend einfach zu berechnende Funktionen, für die der Quotient $s_1(n)/s_2(n)$ gegen 0 strebt, so existieren Probleme, die zwar mit Platzbedarf $s_2(n)$, aber nicht mit $s_1(n)$ entschieden werden können. Den bislang besten Zeithierarchiesatz bewiesen 1966 Hennie und Stearns [48]: falls $t_2(n)$ asymptotisch schneller als $t_1(n)\log t_1(n)$ wächst, garantiert dies die Existenz von Problemen, die in Zeit $t_2(n)$, aber nicht in $t_1(n)$ lösbar sind. Auch die Beweise der Hierarchiesätze benutzen das Diagonalisierungsverfahren von Cantor, derzeit eigentlich die einzige verfügbare Technik zur Trennung von Komplexitätsklassen.

3 Die 70er Jahre: das P/NP-Problem und die NP-Vollständigkeit

Anfang der 70er Jahre wurde man auf eine wachsende Menge praktisch sehr relevanter Probleme aufmerksam, für die trotz intensiver Bemühungen keine effizienten Algorithmen angegeben werden konnten. Vielfach waren das Optimierungsprobleme, wie etwa das Problem des Handlungsreisenden, oder deren Entscheidungsvarianten, zu denen auch die schon erwähnten Probleme PRIMES, SAT und CLIQUE gehörten. Verschiedene Hypothesen bezüglich des Status dieser Probleme wurden geäußert: meinten manche, mit der Zeit werde man die algorithmische Behandlung dieser Probleme Schritt für Schritt verbessern können, so gab es auch weniger optimistische Stimmen, die deren Entscheidbarkeit in Polynomialzeit bezweifelten.

Um Hilberts Optimismus bezüglich einer positiven Antwort auf sein zehntes Problem zu widerlegen, musste zu Beginn des Jahrhunderts die Rekursionstheorie geschaffen werden. Welche theoretische Rechtfertigung gab es aber nun gegen die Existenz effizienter Algorithmen für PRIMES, SAT oder CLIQUE? Und zum zweiten: sind alle diese Probleme gleich schwer und aus dem gleichen Grund? Die Antwort fällt differenziert aus: für das Primzahlproblem

Turing-Award	Gödel-Preis	
1976: M. Rabin, D. Scott	1993: L. Babai,	1998: S. Toda
1982: S. Cook	S. Goldwasser,	1999: P. Shor
1985: R. Karp	S. Micali,	2001: S. Arora, U. Feige,
1993: J. Hartmanis, R. Stearns	S. Moran,	S. Goldwasser,
1995: M. Blum	C. Rackoff	C. Lund, L. Lovász,
2000: A. Yao	1994: J. Håstad	R. Motwani,
2002: R. Rivest, A. Shamir,	1995: N. Immerman,	S. Safra, M. Sudan,
L. Adleman	R. Szelepcsényi	M. Szegedy

Abb. 4: Turing-Award- und Gödel-Preisträger aus der Komplexitätstheorie. Der Turing-Award wird seit 1966 jährlich vergeben und gilt als wichtigster Preis für Informatiker, da es für die Informatik keinen Nobelpreis gibt. Für herausragende Arbeiten im Bereich der Theoretischen Informatik wird seit 1993 jährlich der Gödel-Preis verliehen.

PRIMES wurde schließlich im Jahr 2002 ein Polynomialzeitalgorithmus entworfen (siehe Abschnitt 6.1). Für die anderen Probleme ist dies bis heute nicht gelungen und wird auch allgemein für die Zukunft nicht erwartet. Die theoretische Rechtfertigung hierfür lieferte Stephen Cook zu Beginn der 70er Jahre mit der Theorie der NP-Vollständigkeit, mit der die Erfolgsgeschichte der Komplexitätstheorie beginnt.

3.1 Nichtdeterminismus

Den erwähnten Problemen SAT und CLIQUE ist gemeinsam, dass ihrer Lösung exponentiell große Suchräume zugrunde liegen. Bei SAT sind dies die Menge aller Belegungen, unter denen eine erfüllende gesucht wird. Bei CLIQUE suchen wir unter allen Knotenmengen der Größe k eine solche, bei der alle Knoten untereinander verbunden sind. Bei dem naiven Ansatz, der so genannten Brute-Force-Methode, wird dieser Suchraum systematisch durchsucht, dazu braucht man aber im allgemeinen exponentiell viel Zeit in der Länge der Eingabe. Andererseits sind die Lösungen, im Beispiel erfüllende Belegungen oder Cliquen, einfach zu verifizieren, wenn sie vorgelegt werden. Dies ist typisch für nichtdeterministische Berechnungen, ein von Michael Rabin und Dana Scott [73] 1959 in die Informatik eingeführtes Konzept. Rabin und Scott wurden hierfür 1976 mit dem Turing-Award ausgezeichnet (Abb. 4).

Eine nichtdeterministische Turingmaschine darf in jedem Schritt zwischen mehreren Alternativen beliebig wählen. Zu einer Eingabe gibt es damit nicht nur eine, sondern mehrere Turingmaschinenrechnungen, von denen durchaus manche akzeptierend und andere verwerfend sein können. Das Akzeptanzverhalten ist nun so definiert, dass es nur einer akzeptierenden Rechnung bedarf, damit die Eingabe zur von der Maschine akzeptierten Sprache gehört. Bei Eingaben außerhalb der Sprache müssen hingegen alle Rechnungen verwerfend sein. Man kann sich das auch so vorstellen, dass die Turingmaschine zunächst nichtdeterministisch ein Element des zur Eingabe gehörenden Suchraums rät und dann deterministisch die Korrektheit dieses Zeugen überprüft. In der Komplexitätsklasse NP werden nun alle Sprachen zusammengefasst, die durch nichtdeterministische Turingmaschinen in Polynomialzeit akzeptiert werden. Der NP-Algorithmus für SAT etwa sieht so aus: bei Eingabe einer aussagenlogischen Formel wird zunächst eine Belegung geraten und dann überprüft, ob diese die Formel erfüllt. Dies ist in Polynomialzeit möglich.

3.2 NP-Vollständigkeit

1971 führte Stephen Cook den Begriff der NP-Vollständigkeit ein, der wie viele komplexitätstheoretische Definitionen aus der Rekursionstheorie in den Kontext effizienter Berechnungen übertragen wurde. Zugrunde gelegt wird hierbei ein Reduktionsbegriff, mittels dessen Sprachen bezüglich ihrer Schwierigkeit verglichen werden können. Informal ausgedrückt ist ein Problem A auf ein Problem B reduzierbar, falls A berechnungsmäßig einfacher ist als B. Cook benutzt den relativ starken Begriff der Turing-Reduktion zur Definition der NP-Vollständigkeit (siehe Abschnitt 3.5). Die NP-vollständigen Probleme bilden die schwersten Probleme innerhalb der Klasse NP, d.h. alle Probleme aus NP sind auf sie reduzierbar. In [21] zeigte Stephen Cook die NP-Vollständigkeit von SAT und einer eingeschränkten Variante 3-SAT.

Die Tragweite dieser Resultate wurde als erstes von Richard Karp verstanden, der 1972 in der sehr einflussreichen Arbeit [53] die NP-Vollständigkeit von 20 weiteren natürlichen Problemen nachwies, unter ihnen auch das Cliquenproblem CLIQUE. Hierbei benutzte Karp einen feineren Reduktionsbegriff, die many-one-Reduktionen für Polynomialzeitberechnungen, und führte die Klassenbezeichnungen P (polynomial time) und NP (nondeterministic polynomial time) ein.

In der Folge wurde die NP-Vollständigkeit für eine große, bis heute wachsende Anzahl praktisch wichtiger Probleme nachgewiesen. Einen vorläufigen Höhepunkt dieser Entwicklung markierte 1979 das klassische Lehrbuch zur Komplexitätstheorie von Michael Garey und David Johnson [36], welches im Anhang eine Beschreibung von rund 300 NP-vollständigen Problemen enthält.

Unabhängig von Cook und Karp untersuchte Leonid Levin [63] 1973 „universelle Suchprobleme", einen der NP-Vollständigkeit verwandten Begriff, und zeigte diese Eigenschaft für SAT sowie fünf weitere Probleme. Auch andere Ergebnisse zu Polynomialzeitberechnungen waren unabhängig in den 60er Jahren in der Sowjetunion, insbesondere von Boris Trachtenbrot, entwickelt worden, jedoch waren diese auf russisch publizierten Resultate in der westlichen Welt bis in die 70er Jahre hinein unbekannt.

3.3 Das P/NP-Problem

Mit dem Nachweis der NP-Vollständigkeit von SAT, CLIQUE und vielen weiteren Problemen verlagert sich die Frage nach der Existenz effizienter Algorithmen für diese Probleme auf eine abstraktere Ebene: die der Trennung der Klassen P und NP. Gilt nämlich P $\neq$ NP, so gibt es für kein NP-vollständiges Problem Algorithmen mit polynomieller Laufzeit. Gelingt es andererseits, für ein NP-vollständiges Problem einen effizienten Algorithmus zu finden, so ist P = NP, und somit kann man auch alle anderen NP-Probleme effizient lösen.

Trotz intensiver Bemühungen ist der Status des P/NP-Problems, d.h. die Frage, ob P $\neq$ NP gilt, weiterhin offen. In Anlehnung an die von Hilbert 1900 in Paris vorgestellten Probleme wurden zur Jahrtausendwende, wiederum in Paris, sieben „Millennium Prize Problems" präsentiert, von denen für die Mathematik des 21. Jahrhunderts wichtige Impulse erwartet werden. Für die Lösung eines jeden dieser Probleme, und hierunter befindet sich auch das P/NP-Problem, hat das Clay Mathematics Institute ein Preisgeld von einer Million Dollar festgesetzt.

Wie nah wir derzeit der Lösung des P/NP-Problems sind ist unklar. In einer Diskussion über Perspektiven der Logik im 21. Jahrhundert benennt Samuel Buss den Zeitraum 2010 ± 10 Jahre zur Lösung des Problems [18]. Die meisten Forscher sind jedoch weitaus pessimistischer.

3.4 Komplemente von NP-Mengen

Das P/NP-Problem ist bei weitem nicht die einzige Ungewissheit bezüglich der Klasse NP. Eine Verschärfung des P/NP-Problems besteht in der Frage nach dem Komplementabschluss von NP. Alle Komplemente von NP-Mengen bilden die Klasse coNP. Falls NP nicht unter Komplementbildung abgeschlossen ist, d.h. NP $\neq$ coNP, so folgt auch P $\neq$ NP. Die umgekehrte Implikation konnte aber bislang nicht bewiesen werden. Aus Cooks NP-Vollständigkeitsresultat für Sat ergibt sich leicht die coNP-Vollständigkeit des aussagenlogischen Tautologienproblems Taut. Die Frage nach der Existenz von NP-Algorithmen für Taut führt in die aussagenlogische Beweiskomplexität, einem maßgeblich von Stephen Cook mitbegründeten Forschungsgebiet (vergl. Abschnitt 5.3).

3.5 Orakelberechnungen und die Polynomialzeithierarchie

Orakelberechnungen, ein ebenfalls aus der Rekursionstheorie entlehntes Konzept, erlauben einer Turingmaschine Zugriff auf eine Sprache möglicherweise hoher Komplexität, das so genannte Orakel. Die Maschine darf dabei während ihrer Rechnung beliebige Anfragen an die Orakelsprache stellen und erhält hierauf sofort die Antwort in einem speziellen Zustand. Der Maschine wird also gratis Information zur Verfügung gestellt, die sie selbst im allgemeinen nicht berechnen könnte. Hierdurch ergeben sich die von Cook für seine Vollständigkeitsresultate benutzten

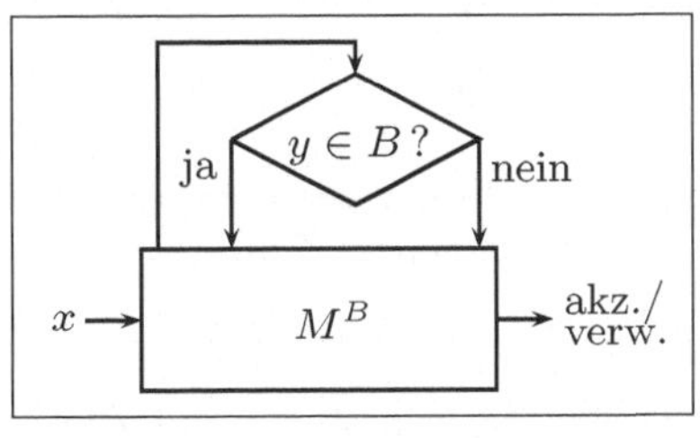

Abb. 5: Die Orakelmaschine

Turing-Reduktionen: wird A von einer Orakelturingmaschine in Polynomialzeit mit Hilfe des Orakels B entschieden, so heißt A Turing-reduzierbar auf B. Auch Komplexitätsklassen können relativ zu einem Orakel definiert werden. So wird zum Beispiel die Klasse aller in Polynomialzeit unter Zugriff auf ein Orakel B entscheidbaren Probleme mit P^B bezeichnet.

Eines der interessantesten und historisch auch das erste Orakelresultat wurde 1975 von Theodore Baker, John Gill und Robert Solovay [11] betreffs des P/NP-Problems nachgewiesen. Die Autoren konstruieren zwei Orakel A und B, bezüglich derer das P/NP-Problem verschiedene Antworten erfährt. Unter dem ersten Orakel gilt $\mathsf{P}^A = \mathsf{NP}^A$, relativ zum zweiten jedoch $\mathsf{P}^B \neq \mathsf{NP}^B$. Im Jahr 1981 zeigten Charles Bennet und John Gill [14] sogar, dass man bei zufälliger Wahl des Orakels A mit Wahrscheinlichkeit 1 $\mathsf{P}^A \neq \mathsf{NP}^A \neq \mathsf{coNP}^A$ erhält. Unter fast allen Orakeln sind also die Klassen P, NP und coNP verschieden. Über den eigentlichen Status des P/NP-Problems sagt dies wenig, mehr allerdings über die gegenwärtigen Schwierigkeiten bei der Lösung des Problems. Die meisten bisher bekannten Beweistechniken, insbesondere das Diagonalisierungsverfahren, sind nämlich relativierbar, d.h. die erzielten Resultate gelten bezüglich beliebiger Orakel. Nach den Ergebnissen von Baker, Gill und Solovay lässt sich aber das P/NP-Problem nicht mit relativierbaren Methoden bewältigen.

Eine wichtige Verallgemeinerung der Klassen P, NP und coNP bildet die Polynomialzeithierarchie PH, eingeführt 1976 von Albert Meyer und Larry Stockmeyer [67, 90]. Ähnlich wie bei der in

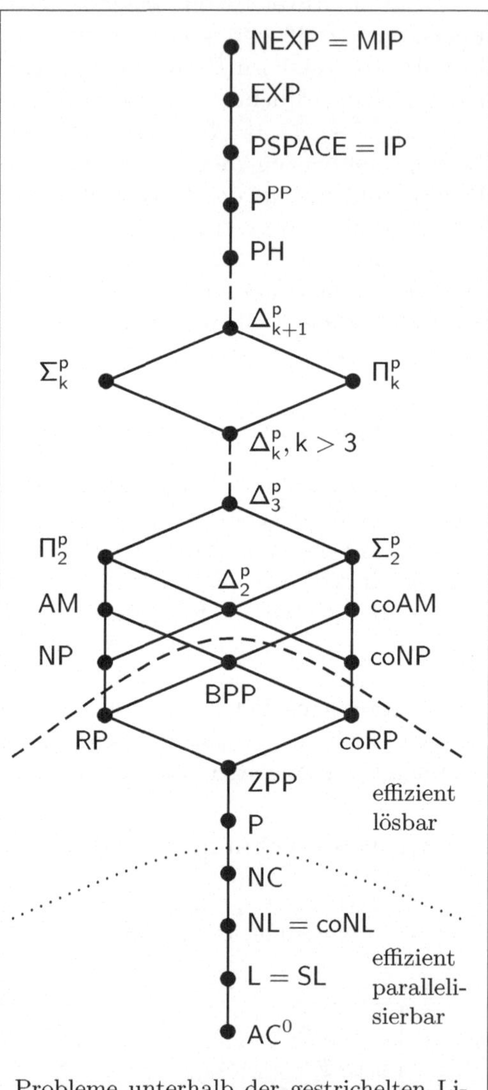

Probleme unterhalb der gestrichelten Linie haben polynomielle Schaltkreiskomplexität.

Abb. 6: Die wichtigsten Zeit- und Platzkomplexitätsklassen

der Rekursionstheorie 1943 von Kleene definierten arithmetischen Hierarchie wird hier eine unendliche Hierarchie von Komplexitätsklassen gebildet, wobei jede Stufe auf die darunter liegende als Orakel zugreift. Beginnend mit $\Sigma_0^p = P$ und $\Sigma_1^p = NP$ werden die Stufen von PH mit $\Delta_k^p = P^{\Sigma_{k-1}^p}$, $\Sigma_k^p = NP^{\Sigma_{k-1}^p}$ und $\Pi_k^p = co\Sigma_k^p$ bezeichnet. Eine starke, jedoch heute generell akzeptierte Verallgemeinerung von $P \neq NP$ ist die Hypothese, dass alle Stufen von PH verschieden sind.

3.6 Weitere klassische Komplexitätsklassen

Nicht alle interessanten Problemstellungen liegen in NP oder selbst PH. Manche benötigen zu ihrer Lösung weitaus größere Ressourcen. Diejenigen Probleme, die mit polynomiellem Platzaufwand entscheidbar sind, bilden die Klasse PSPACE. Auch für PSPACE wurden Vollständigkeitsresultate erzielt, etwa für die Erfüllbarkeit von quantifizierten aussagenlogischen Formeln 1973 von Stockmeyer und Meyer [91].

Weitere typische PSPACE-vollständige Probleme stammen von Erweiterungen klassischer Brettspiele wie Dame oder Go für beliebig große Bretter (Fraenkel et al. [33] 1978, Lichtenstein und Sipser [64] 1980). Schachspielen ist sogar noch komplizierter und erfordert Exponentialzeit (Fraenkel und Lichtenstein [34] 1981). Diese bereits sehr mächtige Problemklasse wird mit EXP bezeichnet. Die spieltheoretischen Charakterisierungen von PSPACE sind kein Zufall. PSPACE kann nämlich als Klasse aller Gewinnstrategien für 2-Personenspiele mit effizient auswertbaren Spielregeln und polynomieller Rundenzahl aufgefasst werden. Beschränkt man sich dagegen auf konstant viele Runden, so gelangt man zur Polynomialzeithierarchie PH, genauer gesagt ergibt die Frage, ob der erste Spieler eine Gewinnstrategie mit k Zügen besitzt, ein Σ_k^p-vollständiges Problem.

Einen Überblick über die Lagebeziehungen zwischen den wichtigsten Komplexitätsklassen vermittelt Abb. 6. Interessant ist, dass aus dem Zeithierarchiesatz $P \neq EXP$ folgt. Mithin muss wenigstens eine der Beziehungen $P \neq NP$ oder $NP \neq EXP$ gelten, jedoch wissen wir gegenwärtig nicht, welche. Es wird aber angenommen, dass alle drei Klassen verschieden sind. Die einzigen weiteren bekannten Separierungen zwischen den in Abb. 6 angegebenen Klassen sind $NP \neq NEXP$, $NL \neq PSPACE$ und $AC^0 \neq L$ (vergl. Abschnitt 4.2).

3.7 Determinismus und Nichtdeterminismus für Platzklassen

Die Frage, ob Nichtdeterminismus als Berechnungsmodell stärker ist als Determinismus, ist nicht nur in Form des P/NP-Problems für Polynomialzeitberechnungen interessant, sondern zieht sich als roter Faden durch die gesamte Komplexitätstheorie. Für Platzklassen konnte Walter Savitch [81] bereits 1970 zeigen, dass Nichtdeterminismus höchstens einen geringen Vorteil bedeutet:

jedes nichtdeterministisch in Platz $s(n)$ berechenbare Problem kann deterministisch mit Platz $s(n)^2$ gelöst werden. Damit fällt zum Beispiel die Klasse **PSPACE** mit ihrem nichtdetermistischen Analogon zusammen.

Ein weiteres, aufsehenerregendes Resultat, mit dem wir jetzt bereits die 80er Jahre betreten, erzielten 1987 unabhängig voneinander Neil Immerman [49] und Róbert Szelepcsényi [92]. Mittels einer neuen Technik, dem „inductive counting", wiesen sie nach, dass nichtdeterministische Platzklassen unter Komplementbildung abgeschlossen sind. Für nichtdeterministische Zeitklassen ist dies offen, wird aber im allgemeinen nicht erwartet.

Der Satz von Immerman und Szelepcsényi ist auch ein gutes Beispiel dafür, dass die allgemeine Intuition bezüglich berühmter ungelöster Probleme durchaus irren kann. Die Frage, ob nichtdeterministische Platzklassen unter Komplement abgeschlossen sind, wurde nämlich bereits seit den 60er Jahren als zweites LBA-Problem diskutiert, und gemeinhin wurde eine negative Antwort erwartet. Um so überraschender war fast 30 Jahre später die positive Lösung, und dazu noch zeitgleich in zwei Beiträgen, die in der Beweisführung zwar trickreich, aber dennoch elementar waren.

Das zweite LBA-Problem ist somit geklärt. Das erste hingegen, bestehend in der Frage, ob Nichtdeterminismus für linear beschränkte Automaten (LBA) mächtiger als Determinismus ist, wartet noch immer auf seine Lösung.

4 Die 80er Jahre: Randomisierung, Nichtuniformität und interaktive Beweise

Neben dem Ausbau der strukturellen Komplexitätstheorie, die sich vornehmlich den im letzten Kapitel besprochenen Komplexitätsklassen widmet, rückten in den 80er Jahren zunehmend weitere Berechnungsparadigmen in den Blickpunkt komplexitätstheoretischer Forschung. Als wichtigstes hiervon kann Randomisierung gelten, die sich des Zufalls als Berechnungsressource bedient.

4.1 Probabilistische Algorithmen

1977 entwarfen Robert Solovay und Volker Strassen [89] einen neuen, zufallsbasierten Algorithmus zum Primzahltest. Der Algorithmus läuft in polynomieller Zeit, benutzt aber Münzwürfe bei der Berechnung. Diese Münzwürfe machen natürlich auch das Ergebnis zu einer Zufallsvariablen, d.h. manchmal gibt der Algorithmus die falsche Antwort. Im Fall des Solovay-Strassen-Algorithmus liegt ein einseitiger Fehler vor: Primzahlen werden immer als solche erkannt, zusammengesetzte Zahlen dagegen nur mit Wahrscheinlichkeit $1 - \varepsilon$. Anfangs wurden solche „unzuverlässigen" Algorithmen teilweise recht kontrovers diskutiert. Man kann jedoch durch eine etwas höhere, aber immer noch polynomielle Laufzeit den Fehler ε vernachlässigbar klein machen, sogar so klein, dass zum Beispiel die Ausfallwahrscheinlichkeit des Computers während der Rechnung über der Fehlerschranke des Algorithmus liegt.

Entscheidungsprobleme, für die randomisierte Polynomialzeitalgorithmen mit einseitigem Fehler existieren (genauer: die ihre Eingabe nie fälschlicherweise akzeptieren), werden zur Klasse RP (**r**andomized **p**olynomial time), eingeführt 1977 von Leonard Adleman und Kenneth Manders [2], zusammengefasst. Erlaubt man bei polynomieller Laufzeit einen beidseitigen Fehler, gelangt man zur Klasse BPP von John Gill [37], der bereits 1972 in seiner Dissertation die Grundlagen für randomisierte Turingmaschinen und randomisierte Komplexitätsklassen legte. 1983 zeigte Michael Sipser [88], dass BPP in PH enthalten ist. Kurz darauf lokalisierten Peter Gács (ebenfalls in [88]) und Clemens Lautemann [61] BPP genauer in der zweiten Stufe Σ_2^p der Polynomialzeithierarchie.

Da Probleme in BPP immer noch eine praktisch befriedigende Lösung erfahren, hat man die These „Effizienz=Polynomialzeit" aus den 60er Jahren zu „Effizienz=randomisierte Polynomialzeit" erweitert. Ob allerdings in BPP wirklich mehr Probleme liegen als in P ist unklar. Derandomisierungsresultate der 90er Jahre deuten eher auf P = BPP hin (vergl. Abschnitt 5.2).

Es gibt aber auch randomisierte Polynomialzeitalgorithmen, die nicht mehr als effizient gelten können: Algorithmen, bei denen die Wahrscheinlichkeit, die richtige Antwort zu erhalten, nur minimal größer ist als $\frac{1}{2}$, führen zur Klasse PP (**p**robabilistic **p**olynomial time) von Gill. Im Gegensatz zu BPP-Algorithmen, bei denen die Antwort mit hoher Wahrscheinlichkeit richtig ist, lassen sich hier falsche von richtigen Antworten kaum noch unterscheiden. Ein Hinweis dafür, dass die Klasse PP vermutlich wesentlich stärker ist als BPP, liefert bereits die Inklusion NP $\subseteq$ PP. Die Beziehung zwischen NP und BPP ist hingegen ungeklärt. Für viele überraschend gelang Seinosuke Toda [93] 1991 der Nachweis, dass sogar die gesamte Polynomialzeithierarchie fast in PP (genauer: in ihrem Turing-Abschluss P^{PP}) enthalten ist.

Im Gegensatz zu den randomisierten Algorithmen mit ein- oder beidseitigem Fehler, auch Monte-Carlo- bzw. Atlantic-City-Algorithmen genannt, geben Las-Vegas-Algorithmen immer die richtige Antwort. Dafür muss man aber in Kauf nehmen, dass nun die Laufzeit vom Zufall abhängt, im Extremfall muss man also sehr lange auf die Antwort warten. Die ebenfalls von Gill eingeführte Klasse ZPP (**z**ero **e**rror **p**robabilistic **p**olynomial time) vereinigt alle Probleme, die Las-Vegas-Algorithmen mit erwarteter polynomieller Laufzeit besitzen. Es ist leicht zu sehen, dass ZPP = RP $\cap$ coRP ist.

1987 gelang Leonard Adleman und Ming-Deh Huang [1] der Nachweis, dass der Primzahltest mit solchen Las-Vegas-Algorithmen ausführbar ist, d.h. PRIMES $\in$ ZPP. Der in der Praxis am häufigsten verwendete Algorithmus für PRIMES ist jedoch ein Monte-Carlo-Algorithmus, entworfen 1980 von Michael Rabin [72] unter Verwendung von Vorarbeiten von Gary Miller [68].

4.2 Boolesche Schaltkreise

Ein anderes interessantes Berechnungsmodell bilden Boolesche Schaltkreise. Turingmaschinen liefern Algorithmen, die alle Instanzen eines gegebenen Pro-

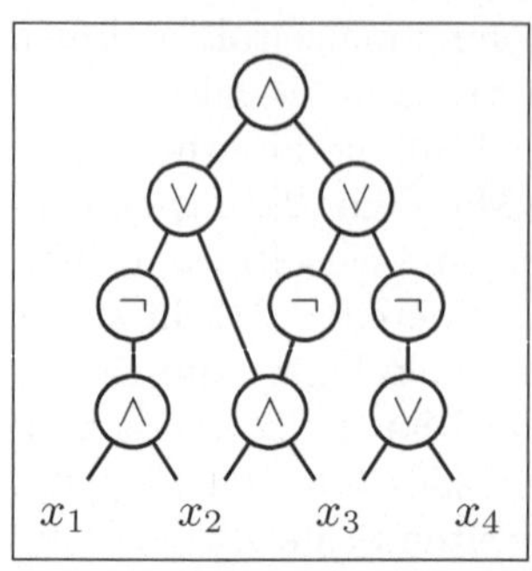

Abb. 7: Ein Schaltkreis

blems entscheiden. Dieses Modell wird deshalb auch als uniform bezeichnet. Wenn wir für jede Eingabelänge einen anderen Algorithmus erlauben, gelangen wir zu einem weitaus mächtigeren, nichtuniformen Modell. Hier werden alle Eingaben derselben Länge durch einen Schaltkreis mit UND-, ODER- sowie Negationsgattern entschieden, für verschiedene Eingabenlängen können jedoch völlig andere Schaltkreise benutzt werden. Die Ausgabe liefern die Schaltkreise binär in einem speziellen Ausgabegatter. Als Rechenmodell mögen nichtuniforme Schaltkreisfamilien unrealistisch erscheinen, denn wie sollte man mit einer unendlichen Anzahl verschiedener Algorithmen zurechtkommen? Gerade aber wenn es wie in der Kryptografie auf die Sicherheit von Verfahren ankommt, sollte man auch gegen möglicherweise sehr starke Gegner gewappnet sein. Bei der Sicherheitsanalyse kryptografischer Algorithmen werden daher meist nichtuniforme Gegner betrachtet.

Ein wichtiges Komplexitätsmaß bei Schaltkreisen ist deren Größe, gemessen in der Anzahl der Gatter. Die Mächtigkeit des Modells zeigt sich bereits darin, dass schon mit Schaltkreisfamilien konstanter Größe unentscheidbare Probleme berechnet werden können. Andererseits gibt es längst nicht für alle Probleme kleine Schaltkreise: mit einem relativ einfachen Abzählargument wies bereits Mitte der 40er Jahre Claude Shannon [85] nach, dass fast alle Booleschen Funktionen Schaltkreise exponentieller Größe benötigen.

Probleme, für die Schaltkreisfamilien polynomieller Größe existieren, werden zur Klasse P/poly zusammengefasst. 1972 bewies John Savage [80], dass P in P/poly enthalten ist (die Notation P/poly wurde allerdings erst 1980 von Karp und Lipton [54] eingeführt). 1981 bemerkten Charles Bennett und John Gill [14], dass sich dieses Resultat ebenfalls auf BPP überträgt (siehe auch [82]). Ob es jedoch auch für die Klasse NP gilt, ist ein berühmtes offenes Problem. Gelingt es nämlich, für ein NP-Problem superpolynomielle untere Schranken für die Schaltkreisgröße zu zeigen, so folgt mit dem Resultat von Savage P $\neq$ NP. Einen Hinweis darauf, dass zumindest NP-vollständige Probleme keine Schaltkreise polynomieller Größe haben, liefert der 1980 von Richard Karp und Richard Lipton [54] bewiesene und später vielfach verbesserte Satz: NP ist nicht in P/poly enthalten, außer wenn die Polynomialzeithierarchie auf ihre zweite Stufe kollabiert. Dies jedoch gilt als unwahrscheinlich.

Die Klasse ZPP^{NP} enthält zwar für jedes Polynom p Probleme, die keine Schaltkreise der Größe p haben [56]. Für konkrete Probleme gestaltet sich der Nachweis unterer Schranken für die Schaltkreiskomplexität aber äußerst schwierig. Derzeit sind lediglich lineare untere Schranken bekannt.

Bedeutende Resultate wurden jedoch für eingeschränkte Schaltkreisklassen erzielt. So zeigten zu Beginn der 80er Jahre unabhängig voneinander Merrick Furst, James Saxe und Michael Sipser [35] sowie Miklós Ajtai [5], dass die

Paritätsfunktion nicht mit Schaltkreisen konstanter Tiefe, so genannten AC^0-Schaltkreisen, berechnet werden kann. Johan Håstad [45] konnte dieses Ergebnis 1989 noch einmal wesentlich verbessern und die verwendete Technik, das so genannte „switching lemma", auch für viele weitere Anwendungen nutzbar machen. Für monotone Schaltkreise, die auf Negationsgatter verzichten, zeigte Alexander Razborov [74] 1985, dass für das Cliquenproblem exponentiell große monotone Schaltkreise notwendig sind. Diese Resultate auf uneingeschränkte Schaltkreise zu übertragen ist jedoch bislang nicht gelungen. Vielmehr kam der in den 80er Jahren enthusiastisch begrüßte Fortschritt in der Schaltkreistheorie in den 90er Jahren nachhaltig ins Stocken: Alexander Razborov und Steven Rudich [75] zeigten 1994 unter kryptografischen Annahmen, dass eine große Klasse kombinatorischer Beweisverfahren, so genannte „natural proofs", prinzipiell nicht zum Nachweis superpolynomieller unterer Schranken für die Schaltkreisgröße von NP-Problemen geeignet ist.

4.3 Parallele Algorithmen

Ein wenig paradox erscheint es vielleicht: obwohl die Rechentechnik in Riesenschritten voranschreitet, interessieren sich die theoretischen Informatiker für immer eingeschränktere Rechenmodelle. Befasste man sich in den 30er Jahren unbekümmert mit Turingmaschinen in ihrer vollen Mächtigkeit und schränkte sich dann in den 60er Jahren auf Polynomialzeitberechnungen ein, so rückten später verstärkt noch restriktivere Rechenmodelle, die Komplexitätsklassen innerhalb von P definieren, in den Blickpunkt. Gerade aber durch wachsende technische Möglichkeiten gewinnt die Feinstruktur der effizienten Welt zunehmend an Bedeutung.

Eine solche Klasse innerhalb von P, eigentlich sogar eine ganze Hierarchie von Komplexitätsklassen, bildet die von Nick Pippenger [71] 1979 eingeführte Schaltkreisklasse NC. Besondere Bedeutung kommt NC deshalb zu, weil sie genau diejenigen Probleme enthält, die sich effizient parallelisieren lassen, wie Stephen Cook Anfang der 80er argumentierte [22]. Dies bedeutet, dass sich die Rechenzeit durch den Einsatz einer polynomiellen Anzahl von Prozessoren von polynomiell auf polylogarithmisch (d.h. $(\log n)^k + k$) beschleunigen lässt.

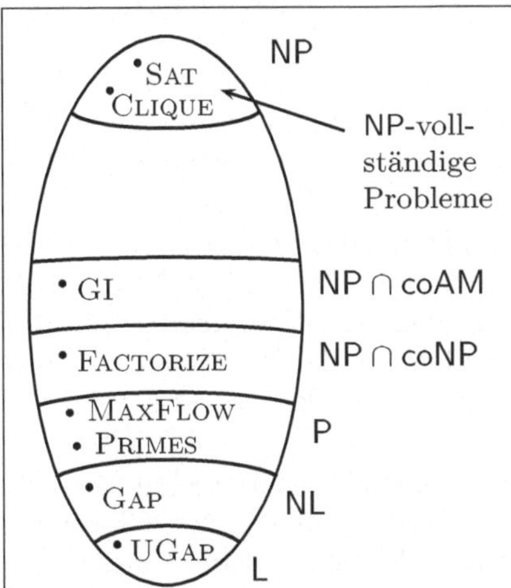

Da SAT und CLIQUE NP-vollständig sind, sind sie nicht in einer kleineren Komplexitätsklasse C enthalten (außer wenn NP = C ist). Entsprechendes gilt für die in ihrer jeweiligen Klasse vollständigen Probleme MAXFLOW, GAP und UGAP.

Abb. 8: Komplexität von NP-Problemen

Viele Probleme, insbesondere viele Spezialfälle schwieriger Probleme, befinden sich in NC. So wiesen Richard Karp und Avi Wigderson [52] 1985 nach, dass sich maximale, d.h. nicht erweiterbare Cliquen effizient parallel finden lassen. Hingegen ist das allgemeine Cliquenproblem, welches nach der größten Clique eines Graphen fragt, wie schon bemerkt, NP-vollständig und damit wahrscheinlich wesentlich schwieriger (siehe Abb. 8).

Eine weitere wichtige Teilklasse von P ist L, die alle in logarithmischem Platz entscheidbaren Probleme umfasst. Zunächst sieht diese Definition wahrscheinlich etwas problematisch aus, da man mit weniger Platz, als die Eingabe ohnehin schon verbraucht, sicherlich nicht zurechtkommt. Um aber auch solche Algorithmen, die im Platzverbrauch extrem sparsam sind, besser analysieren zu können, müssen wir das Maschinenmodell etwas modifizieren. Bei der Offline-Turingmaschine steht die Eingabe auf einem speziellen Eingabeband, auf das nur lesend, nicht aber schreibend, zugegriffen werden darf. Zusätzlich steht für Zwischenrechnungen ein Arbeitsband zur Verfügung, und nur der Platzverbrauch auf diesem Band, auf welches natürlich auch geschrieben werden darf, wird gewertet. Diese Definition befindet sich im Einklang mit der Architektur tatsächlicher Computer: auch hier ist es ja häufig so, dass sich die Eingabe, etwa eine große Datenbank, auf einem externen Speichermedium befindet, während die eigentliche Rechnung im viel kleineren Arbeitsspeicher abläuft. Eine Reihe interessanter Probleme können mit logarithmischem Platz gelöst werden (siehe z.B. [23]).

Das nichtdeterministische Gegenstück zu L ist die Klasse NL aller in logarithmischem Platz durch nichtdeterministische Offline-Maschinen entscheidbaren Probleme. Analog zum P/NP-Problem ist die Trennung von L und NL eine große, bislang nicht bewältigte Herausforderung. Im Gegensatz zur offenen Frage nach der Gültigkeit von NP $\neq$ coNP impliziert das bereits erwähnte Resultat von Immerman und Szelepcsényi aus dem Jahr 1988 jedoch NL = coNL. Wie für NP wurden auch für NL eine Reihe von Vollständigkeitsresultaten erzielt. Das bekannteste NL-vollständige Problem ist das Erreichbarkeitsproblem GAP in gerichteten Graphen, dessen Vollständigkeit bereits 1975 von Neil Jones [51] nachgewiesen wurde.

Ein für die Praxis sehr wichtiges Problem besteht in der Berechnung maximaler Flüsse in Netzwerken. Thomas Lengauer und Klaus Wagner [62] zeigten im Jahr 1990, dass dieses Problem MAXFLOW vollständig für die Klasse P ist. MAXFLOW ist also vermutlich nicht effizient parallelisierbar.

4.4 Interaktive Beweissysteme

Das Grundszenario interaktiver Beweise wurde 1985 unabhängig von László Babai [8] und Shafi Goldwasser, Silvio Micali und Charles Rackoff [40] entworfen: ein Beweiser (prover) und ein Verifizierer (verifier) führen gemeinsam ein in Runden ablaufendes Protokoll aus, um eine vorgegebene Behauptung zu überprüfen. Der berechnungsmäßig mächtige Beweiser hat dabei die Aufgabe, den berechnungsmäßig eingeschränkten Verifizierer durch die Beantwortung

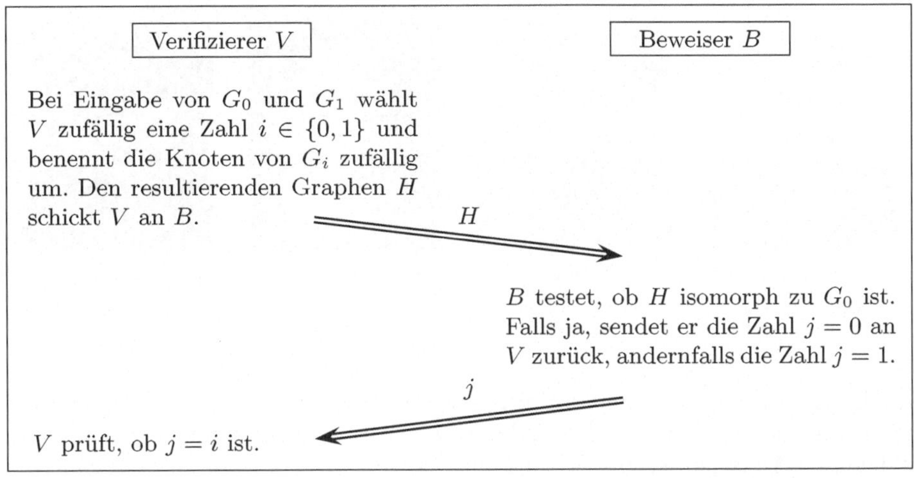

Abb. 9: Ein $\mathsf{IP}[2]$-Protokoll für $\overline{\mathsf{GI}}$ mit Zero-Knowledge-Eigenschaft

von Fragen von der Gültigkeit der Behauptung zu überzeugen. Verifizierer und Beweiser arbeiten dabei randomisiert, und auch der Verifizierer muss nur mit hoher Wahrscheinlichkeit richtige von falschen Beweisen unterscheiden können.

Die von Babai sowie von Goldwasser, Micali und Rackoff untersuchten interaktiven Beweissysteme unterscheiden sich darin, ob der Beweiser und der Verifizierer die benutzten Zufallsbits gegenseitig einsehen dürfen. Bei dem Modell von Goldwasser, Micali und Rackhoff, bezeichnet mit $\mathsf{IP}[k]$ (**i**nteractive **p**roofs, k Runden), bleiben die Zufallsbits geheim. Dagegen werden bei Babais Klasse $\mathsf{AM}[k]$, benannt nach dem englischen König Artus, der als Verifizierer die Beweise des Zauberers Merlin überprüfen muss, die Zufallsbits offengelegt.

Babai [8] zeigte bereits 1985, dass bei seiner Version interaktiver Beweise eine beliebige konstante Rundenzahl durch ein Beweissystem mit nur zwei Runden ersetzt werden kann. Damit folgt $\mathsf{AM}[k] = \mathsf{AM}[2]$ für konstantes $k \geq 2$. Bei einem $\mathsf{AM}[2]$-Protokoll (auch kurz AM-Protokoll genannt) schickt also Artus in der ersten Runde eine Anfrage an Merlin, Merlin antwortet, und zum Schluss ist es an Artus, Merlins Beweis zu akzeptieren oder zu verwerfen. Oded Goldreich und Michael Sipser [39] konnten 1989 nachweisen, dass es überraschenderweise egal ist, ob die Zufallsbits geheim gehalten werden: es gilt $\mathsf{IP}[k] \subseteq \mathsf{AM}[k+2]$ und somit $\mathsf{IP}[k] = \mathsf{AM}$ für konstantes $k \geq 2$.

Ein interessantes Problem in der Klasse AM ist das Komplement $\overline{\mathsf{GI}}$ des Graphenisomorphieproblems, bestehend in der Frage nach der Nichtisomorphie zweier gegebener Graphen. Das $\mathsf{IP}[2]$-Protokoll für $\overline{\mathsf{GI}}$ von Goldreich, Micali und Wigderson [41] ist in Abb. 9 dargestellt. Hieraus folgt auch, dass GI vermutlich nicht NP-vollständig ist. Ravi Boppana, Johan Håstad und Stathis Zachos [17] haben nämlich 1987 gezeigt, dass die Klasse AM keine Komplemente NP-vollständiger Probleme enthält, es sei denn, die Polyno-

Ronald L. Rivest (geb. 1947)   Adi Shamir (geb. 1952)   Leonard Adleman (geb. 1945)   Seinosuke Toda (geb. 1959)

mialzeithierarchie kollabiert auf ihre zweite Stufe (siehe auch [83]). Dies wird jedoch nicht angenommen. Da andererseits trotz intensiver Suche bislang kein effizienter Algorithmus für GI bekannt ist, gilt GI als Kandidat für ein NP-Problem, welches weder in P liegt, noch NP-vollständig ist. Zwar hatte schon Richard Ladner [60] 1975 gezeigt, dass es solche Probleme geben muss (falls $P \neq NP$ ist), konkrete Kandidaten hierfür sind jedoch nur wenige bekannt.

Eine vor allem für kryptografische Anwendungen wichtige Spielart interaktiver Beweise bilden Zero-Knowledge-Protokolle, ebenfalls eingeführt 1989 von Goldwasser, Micali und Rackoff [40]. Solche interaktiven Beweise, aus denen der Verifizierer nichts außer der Gültigkeit des Beweises lernt, besitzt neben $\overline{GI}$ auch GI, wie Goldreich, Micali und Wigderson [41] 1991 nachwiesen. Obiges Protokoll für $\overline{GI}$ hat zwar die Zero-Knowledge-Eigenschaft, wenn der Verifizierer das Protokoll befolgt, nicht jedoch, wenn er hiervon abweicht.

Wie bereits erwähnt ändert sich die Ausdrucksstärke interaktiver Beweise nicht, falls wir statt zwei eine beliebige andere konstante Rundenzahl zulassen. Darf der Verifizierer hingegen polynomiell viele Runden mit dem Beweiser kommunizieren, bevor er seine Entscheidung trifft, kommen wir zur Klasse IP = IP[poly]. Hierdurch erhalten wir eine sehr mächtige Komplexitätsklasse, es gilt nämlich IP = PSPACE. Dieses bedeutsame Resultat wurde 1989 in recht kurzer Zeit über verschiedene Zwischenergebnisse (u.a. [65]) von einem via E-Mail kommunizierenden Forscherkreis gewissermaßen interaktiv bewiesen (siehe [9]). Den letzten Baustein erbrachte 1990 Adi Shamir [84]. Die Charakterisierung IP = PSPACE verdient auch deswegen Interesse, weil sie eines der wenigen komplexitätstheoretischen Resultate darstellt, die nicht relativieren, d.h. sich nicht auf beliebige Orakel übertragen [32].

Eine interessante Erweiterung des Modells ergibt sich, wenn der Verifizierer statt mit einem mit mehreren unabhängigen Beweisern kommunizieren darf. Dieses Szenario wurde erstmals 1988 von Ben-Or, Goldwasser, Kilian und Wigderson [12] betrachtet. Dadurch, dass der Verifizierer die verschiedenen Beweiser gewissermaßen gegeneinander ausspielen kann, ergibt sich eine wesentlich größere Ausdrucksstärke: 1990 bewiesen Babai, Fortnow und Lund [10], dass die Multi-Prover-Klasse MIP nichtdeterministischer Exponentialzeit NEXP entspricht. Dieses Resultat wurde vor allem als Zwischenschritt zum PCP-Theorem wichtig, womit wir allerdings ein neues Jahrzehnt betreten.

5 Die 90er Jahre: algebraische, logische und physikalische Paradigmen

Die in den 80er Jahren begonnene Entwicklung, die Komplexitätstheorie mit immer weiteren mathematischen Teilgebieten und Anwendungsfeldern zu vernetzen, setzte sich in den 90er Jahren in verstärktem Maße fort. Die vier Teilgebiete, die wir für dieses Jahrzehnt ausgewählt haben, reichen zwar auch in frühere Jahre zurück, sind aber typisch für den gegenwärtigen Trend, algebraische Ansätze, Methoden der Logik und ganz neue physikalische Paradigmen fruchtbar im Zusammenspiel mit bewährten kombinatorischen Techniken einzusetzen.

5.1 Das PCP-Theorem

Die Geschichte des PCP-Theorems, das zu Beginn der 90er Jahre für viel Aufsehen sorgte, knüpft an die im letzten Abschnitt besprochenen interaktiven Beweissysteme an. Auch die Klasse NP kann als ein Beweissystem aufgefasst werden: der mächtige Beweiser erstellt einen Beweis, den der Verifizierer in Polynomialzeit überprüft. Ist es dem Verifizierer aber auch möglich, den Beweis zu überprüfen, ohne ihn vollständig gelesen zu haben? Auf den ersten Blick scheint dies intuitiv schwierig, andererseits hat aber sicher auch schon mancher Literaturkritiker ein Buch ohne vollständige Lektüre rezensiert.

Im Jahr 1992 bewiesen Arora, Lund, Motwani, Sudan und Szegedy [7] das erstaunliche Resultat, dass es für jede Sprache aus NP Beweise gibt, zu deren Überprüfung der Verifizierer unter Benutzung von logarithmisch vielen Zufallsbits nur konstant viele Bits des Beweises lesen muss. Diese Charakterisierung von NP wird als PCP-Theorem (**p**robabilistically **c**heckable **p**roofs) bezeichnet.

Das PCP-Theorem hat immense Auswirkungen auf die Approximation schwieriger Probleme. Christos Papadimitriou und Mihalis Yannakakis [70] führten 1991 die Klasse MAXSNP approximierbarer Optimierungsprobleme ein. Hier geht es nicht darum, die Lösung exakt zu bestimmen, sondern möglichst gute Näherungen zu finden. Beim Cliquenproblem etwa sucht man möglichst große Cliquen, und beim Erfüllbarkeitsproblem MAxSAT interessiert man sich für Belegungen, die nicht unbedingt die gesamte Formel, aber doch viele Klauseln erfüllen. Arora et al. zeigten jedoch, dass unter der Annahme $P \neq NP$ kein MAXSNP-vollständiges Problem, wozu z.B. auch MAxSAT gehört, gut approximiert werden kann. Für MaxSat bedeutet dies z.B. die Existenz einer Konstante $\delta > 1$, so dass das Verhältnis der Anzahl maximal erfüllbarer Klauseln zur Zahl der vom Algorithmus erfüllten Klauseln für keinen effizienten Approximationsalgorithmus garantiert kleiner als δ wird.

Die genaue Bestimmung dieser maximalen Approximationsgüte δ ist in vielen Fällen noch offen. Für 3-SAT und einige weitere Probleme erzielte Johan Håstad [46] 1997 exakte Schranken.

5.2 Pseudozufallsgeneratoren und Derandomisierung

Randomisierte Algorithmen spielen für die Praxis eine immer größere Rolle. Oft sind diese konzeptionell einfacher als ihre deterministischen Gegenstücke, manchmal sind auch gar keine effizienten deterministischen Algorithmen bekannt. Reale Computer sind aber nicht randomisiert sondern deterministisch. Eine kleine Anzahl zufälliger Bits lässt sich meist aus der Systemzeit, zufälligen Mausbewegungen oder ähnlichem gewinnen, echter Zufall bleibt aber eine kostbare Ressource. Der Grundgedanke bei Pseudozufallsgeneratoren besteht darin, aus einer kleinen Anzahl echter Zufallsbits effizient eine große Anzahl pseudozufälliger Bits zu erzeugen. Pseudozufällig bedeutet hierbei, dass die Bits von echten Zufallsbits nicht effizient unterscheidbar sind.

Die erste Arbeit zu Pseudozufallsgeneratoren stammt von Manuel Blum und Silvio Micali [16] aus dem Jahr 1982, die Pseudozufallsgeneratoren aus harten kryptografischen Funktionen gewinnen. Kurz darauf leistete Andrew Chi-Chih Yao [95] einen wichtigen Beitrag, in dem grundlegende Konstruktionen für Pseudozufallsgeneratoren beschrieben werden. Insbesondere zeigte Yao, dass die Existenz von Einwegpermutationen die Existenz von Pseudozufallsgeneratoren nach sich zieht. Dieses Resultat wurde vielfach verallgemeinert. Den Höhepunkt dieser Entwicklung markiert die Arbeit von Håstad, Impagliazzo, Levin und Luby [47], die 1999 nachwiesen, dass Pseudozufallsgeneratoren genau dann existieren, wenn es einfach zu berechnende, aber schwer zu invertierende Einwegfunktionen gibt. Die Frage nach der Existenz von Pseudozufallsgeneratoren bleibt damit offen, ist jedoch eng mit zentralen kryptografischen und komplexitätstheoretischen Fragen verknüpft.

Einen anderen Weg beschritten 1994 Noam Nisan und Avi Wigderson [69], die Pseudozufallsgeneratoren aus Funktionen konstruieren, die hohe nicht-uniforme Komplexität besitzen. Solche Pseudozufallsgeneratoren erlauben die Derandomisierung probabilistischer Komplexitätsklassen. Die Grundidee besteht darin, die für die probabilistischen Algorithmen benötigten Zufallsbits durch Pseudozufallsgeneratoren zu erzeugen. Haben die Pseudozufallsgeneratoren hinreichend gute Expansionseigenschaften, so können auch die zur Initialisierung der Generatoren nötigen Zufallsbits eliminiert werden. Die so gewonnenen Algorithmen sind also deterministisch. Auf diese Weise gelang Impagliazzo und Wigderson [50] 1997 der Nachweis, dass die Komplexitätsklassen P und BPP zusammenfallen, falls es Sprachen in EXP gibt, die nicht mit Schaltkreisen subexponentieller Größe berechnet werden können.

5.3 Aussagenlogische Beweiskomplexität

Aussagenlogische Beweissysteme spielen für Anwendungen wie das automatische Theorembeweisen oder die künstliche Intelligenz eine wichtige Rolle.

In der Beweiskomplexität stehen die Beweislängen im Mittelpunkt: wie lang müssen aussagenlogische Beweise für konkrete Formeln in einem gegebenen System mindestens sein? Diese Frage wurde bereits 1956 von Gödel in dem schon erwähnten Brief an von Neumann gestellt [38].

Eine der ersten und für das Gebiet grundlegenden Arbeiten stammt aus dem Jahr 1979 von Stephen Cook und Robert Reckhow [24], in der die Autoren eine sehr allgemeine komplexitätstheoretische Formalisierung aussagenlogischer Beweissysteme angeben, welche alle in der Praxis verwendeten Beweissysteme einschließt. Cook und Reckhow zeigen auch den Zusammenhang zwischen Beweislängen und zentralen Fragen der Komplexitätstheorie: gibt es kein Beweissystem mit polynomiell langen Beweisen für alle Tautologien, so ist die Klasse NP nicht unter Komplementbildung abgeschlossen, und damit ist P $\neq$ NP. Daraus leitet sich das so genannte Cook-Reckhow-Programm ab, das darin besteht, schrittweise für leistungsfähigere Beweissysteme untere superpolynomielle Schranken für die Beweislänge nachzuweisen.

Das erste große Resultat auf diesem Weg erbrachte 1985 Amin Haken [43] für den Resolutionskalkül, das in der Praxis am häufigsten eingesetzte Beweissystem. Haken bewies, dass die aus dem Dirichletschen Schubfachschluss entstehenden Tautologienfolgen exponentiell lange Resolutionsbeweise erfordern. Seitdem wurden untere Schranken für eine Vielzahl weiterer Beweissysteme nachgewiesen, die auf verschiedenen algebraischen, geometrischen oder kombinatorischen Prinzipien beruhen.

Sehr starke Beweissysteme, für die gegenwärtig keine interessanten unteren Schranken bekannt sind, bilden aussagenlogische Hilbert-Kalküle, im Kontext der Beweiskomplexität meist Frege-Systeme genannt. Für eingeschränkte Frege-Systeme konnte Ende der 80er Jahre Miklós Ajtai [6] mit modelltheoretischen Methoden superpolynomielle untere Schranken nachweisen. Zusammen mit nachfolgenden Verbesserungen ist dies das bislang stärkste Resultat.

Eine allgemeine Technik zum Nachweis unterer Schranken lieferte 1997 Jan Krajíček [57] mit der Methode der effizienten Interpolation, die für viele schwache Beweissysteme erfolgreiche Anwendung fand. Eine weitere neue Technik, die den Zusammenhang zwischen minimalen Formelgrößen in Beweisen und minimalen Beweislängen ausnutzt, wurde 1999 von Eli Ben-Sasson und Avi Wigderson [13] vorgestellt. Für starke Beweissysteme wie Frege-Systeme greifen diese Techniken leider nicht, wie Jan Krajíček und Pavel Pudlák [59] 1998 nachweisen konnten. Ein vielversprechender Ansatz zur Verwendung der im letzten Abschnitt vorgestellten Pseudozufallsgeneratoren in der Beweistheorie wurde Ende der 90er Jahre von Krajíček [58] vorgeschlagen.

5.4 Quantencomputer

Ein ganz neues Forschungsgebiet, welches die Informatik in bisher unbekannter Weise mit der Physik verbindet, hat in der letzten Zeit vermehrt für Schlagzeilen gesorgt: die Quantenrechner. Der Physiker Richard Feynman [29] stellte

Richard Feynman (1918–1988)   David Deutsch (geb. 1952)   Peter W. Shor (geb. 1959)   Lov Grover (geb. 1960)

1982 fest, dass klassische Computer nicht in der Lage sind, quantenmechanische Systeme effizient zu simulieren, und erörterte in diesem Zusammenhang erstmals die Möglichkeit, Computer auf der Grundlage quantenmechanischer Prinzipien zu bauen. Die Frage nach der Einsetzbarkeit der Quantenmechanik für den Rechnerbau motiviert sich außerdem durch die Erwartung, dass bei fortschreitender Miniaturisierung elektronischer Bauteile ohnehin quantenmechanische Effekte in den Komponenten auftreten werden. Setzt sich die gegenwärtige Entwicklung ungebremst fort, wäre dies ungefähr 2020 der Fall, wie Robert Keyes [55] bereits 1988 prognostizierte.

1985 führte David Deutsch [26] ein theoretisches Modell für Quantenrechner, die Quanten-Turingmaschine, ein. Deutsch demonstrierte auch, dass es Probleme gibt, die mittels Quanten-Turingmaschinen effizienter lösbar sind als mit klassischen Turingmaschinen. Zwar haben die von Deutsch 1985 und auch 1992 in Zusammenarbeit mit Richard Jozsa [27] untersuchten Probleme keine praktische Relevanz. Sie zeigen jedoch die prinzipielle Überlegenheit von Quantenrechnern gegenüber klassischen und selbst randomisierten Verfahren.

Das wohl wichtigste Resultat zu Quantenalgorithmen stammt von Peter Shor [87] aus dem Jahr 1993. Shor entwarf einen Quantenalgorithmus, der das Faktorisierungsproblem FACTORIZE in Polynomialzeit löst. Die besten bekannten klassischen Algorithmen benötigen hingegen fast exponentielle Laufzeit. Dieses Ergebnis sorgte deswegen für Furore, weil die Sicherheit vielfach eingesetzter kryptografischer Verfahren wie des RSA [78] auf der Härte des Faktorisierungsproblems beruht. Gelänge der Bau von Quantenrechnern, würden nahezu alle derzeit benutzten Public-Key-Verfahren unsicher.

Ein weiteres bemerkenswertes Resultat lieferte Lov Grover [42] 1996 in Form eines Quantenalgorithmus, der Suchoperationen in einer unstrukturierten Datenbank mit n Elementen in $\sqrt{n}$ Schritten realisiert. Klassische Verfahren können das nicht in weniger als n Schritten durch vollständiges Durchsuchen der Datenbank leisten, randomisierte Verfahren benötigen im Mittel immerhin noch $\frac{n}{2}$ Vergleiche. Solche Suchprobleme sind typisch für NP-vollständige Probleme. Die Brute-Force-Suche in Zeit 2^n könnte also mittels Quantenrechner auf $2^{n/2}$ beschleunigt werden.

1997 führten Ethan Bernstein und Umesh Vazirani [15] die Klasse BQP ein, die alle in Polynomialzeit mit Quantenalgorithmen lösbaren Probleme enthält. Die Frage, ob NP in BQP enthalten ist, wird durch Grovers Resultat nicht beantwortet. Überhaupt ist das Verhältnis der Klasse BQP zu den klassischen Komplexitätsklassen noch relativ ungeklärt. Bernstein und Vazirani zeigten BQP $\subseteq$ PSPACE. Leonard Adleman, Jonathan DeMarrais und Ming-Deh Huang [3] verbesserten dies kurz darauf zu BQP $\subseteq$ PP. Lance Fortnow und John Rogers [31] konnten sogar zeigen, dass BQP-Orakel für PP-Berechnungen nutzlos sind, was für NP-Orakel als unwahrscheinlich gilt. Dies ist ein Indiz, dass BQP keine NP-vollständigen Probleme enthält.

Über dem Gebiet der Quantenalgorithmen steht die große Frage, ob der Bau praktisch einsetzbarer Quantencomputer technisch jemals möglich sein wird. Zur Zeit bereitet vor allem die Realisierung von Quantenrechnern mit einer größeren Anzahl von Quantenbits Probleme. Im Jahr 2001 wurde in einem IBM-Labor die Zahl 15 mit Shors Verfahren auf einem Quantenrechner faktorisiert, der über sieben Quantenbits verfügte. Ob aber Quantenrechner tatsächlich eines Tages die Informatik revolutionieren werden, kann heute niemand mit Gewissheit voraussagen.

6 Das neue Jahrhundert

Ein noch recht junges und schnell wachsendes Forschungsgebiet wie die Komplexitätstheorie umfassend zu würdigen, ist kein einfaches Unterfangen. Gerade Ergebnisse der jüngsten Zeit entziehen sich oft einer objektiven geschichtlichen Darstellung. Deshalb verzichten wir auf eine ausführlichere Besprechung der erst zur Hälfte abgelaufenen Dekade und erwähnen exemplarisch zwei herausragende Resultate des neuen Jahrhunderts.

6.1 Zwei herausragende Ergebnisse aus jüngster Zeit

Das erste Ergebnis betrifft die seit über 30 Jahren diskutierte Frage, ob das Primzahlproblem PRIMES in Polynomialzeit gelöst werden kann. Bereits 1976 bewies Gary Miller [68], dass diese Frage eine positive Antwort erfährt, wenn man die Gültigkeit der Riemannschen Vermutung, eines der großen ungelösten Probleme der Analysis, voraussetzt. Für die praktische Lösung des Primzahlproblems verwendete man die schon erwähnten randomisierten Algorithmen. Im Jahr 2002 nun gelang es drei indischen Forschern, Manindra Agrawal, Neeraj Kayal und Nitin Saxena [4], einen Polynomialzeitalgorithmus für PRIMES zu entwerfen. Der Algorithmus, der auch außerhalb der Informatik für großes Aufsehen sorgte, macht wesentlich von zahlentheoretischen Ergebnissen Gebrauch – ein weiterer Beleg für den erfolgreichen Einsatz algebraischer Methoden in der Komplexitätstheorie.

Das zweite Resultat stammt von Omer Reingold [76] aus dem Jahr 2004. Bei dem Erreichbarkeitsproblem UGAP gilt es herauszufinden, ob in einem

Omer Reingold | Nitin Saxena | Neeraj Kayal | Manindra Agrawal
(geb. 1969) | (geb. 1981) | (geb. 1979) | (geb. 1966)

gegebenen ungerichteten Graphen ein Weg zwischen zwei ausgezeichneten Knoten existiert. Für gerichtete Graphen ist das Problem GAP, wie schon erwähnt, NL-vollständig. Für ungerichtete Graphen ist die Frage aber vermutlich einfacher. Mit einem trickreichen Algorithmus zeigte Reingold, dass UGAP deterministisch mit logarithmischem Platz lösbar ist. Dadurch gibt es jetzt sogar eine Komplexitätsklasse weniger: bislang wurde nämlich UGAP mit der Klasse SL assoziiert. Aus Reingolds Resultat folgt $L = SL$.

Diese beiden Algorithmen sind auch gute Beispiele für die Derandomisierung konkreter Probleme, da sowohl für PRIMES als auch für UGAP zuvor randomisierte Algorithmen bekannt waren.

6.2 Ausblick

Damit sind wir am Ende unseres historischen Spazierganges angelangt. Wichtige Teilbereiche haben wir dabei unerwähnt gelassen. Zählklassen etwa, deskriptive und parametrisierte Komplexitätstheorie, Kolmogoroff- und Kommunikationskomplexität und vieles weitere haben keine Aufnahme gefunden. Für ergänzende Lektüre und weiterführende Literaturempfehlungen verweisen wir auf die geschichtliche Darstellung der Komplexitätstheorie von Lance Fortnow und Steve Homer [30].

Naturgemäß steht am Ende einer solchen Übersicht die Frage, wie es weitergeht. Darüber kann nur spekuliert werden. Zu hoffen und zu erwarten ist jedoch, dass die Komplexitätstheorie auch im neuen Jahrhundert nichts von ihrer Faszination und Vitalität einbüßen wird. Neue Anwendungsfelder gilt es zu erschließen, und die großen Fragen des letzten Jahrhunderts harren ihrer Lösung.

Literaturverzeichnis

1. L. Adleman, M. Huang *Recognizing primes in random polynomial time.* in: Proc. 19th ACM Symposium on Theory of Computing, ACM Press, 1987, S. 462–469

2. L. Adleman, K. Manders *Reducibility, randomness, and intractibility.* in: Proc. 9th ACM Symposium on Theory of Computing, ACM Press, 1977, S. 151–163

3. L.M. Adleman, J. DeMarrais, M.-D.A. Huang *Quantum computability.* SIAM Journal on Computing, 1997, 26(5):1524–1540

4. M. Agrawal, N. Kayal, N. Saxena *PRIMES is in P.* Annals of Mathematics, 2004, 160(2):781–793

5. M. Ajtai σ_1^1-*formulae on finite structures.* Annals of Pure and Applied Logic, 1983, 24(1):1–48

6. M. Ajtai *The complexity of the pigeonhole-principle.* Combinatorica, 1994, 14(4):417–433

7. S. Arora, C. Lund, R. Motwani, M. Sudan, M. Szegedy *Proof verification and the hardness of approximation problems.* Journal of the ACM, 1998, 45(3):501–555

8. L. Babai *Trading group theory for randomness.* Proc. 17th ACM Symposium on Theory of Computing, ACM Press, 1985, S. 421–429

9. L. Babai *E-mail and the unexpected power of interaction.* Proc. 5th Structure in Complexity Theory Conference, 1990, S. 30–44

10. L. Babai, L. Fortnow, C. Lund *Non-deterministic exponential time has two-prover interactive protocols.* Computational Complexity, 1991, 1:1–40

11. T. Baker, J. Gill, R. Solovay *Relativizations of the P=?NP question.* SIAM Journal on Computing, 1975, 4:431–442

12. M. Ben-Or, S. Goldwasser, J. Kilian, A. Wigderson *Multiprover interactive proofs: How to remove intractability assumptions.* Proc. 20th ACM Symposium on Theory of Computing, 1988, S. 113–131

13. E. Ben-Sasson, A. Wigderson *Short proofs are narrow – resolution made simple.* Journal of the ACM, 2001, 48(2):149–169

14. C.H. Bennett, J. Gill *Relative to a random oracle A, $P^A \neq NP^A \neq co\text{-}NP^A$ with probability 1.* SIAM Journal on Computing, 1981, 10:96–113

15. E. Bernstein, U. Vazirani *Quantum complexity theory.* SIAM Journal on Computing, 1997, 26(5):1411–1473

16. M. Blum, S. Micali *How to generate cryptographically strong sequences of pseudorandom bits.* SIAM Journal on Computing, 1984, 13(4):850–864

17. R. Boppana, J. Håstad, S. Zachos *Does co-NP have short interactive proofs?* Information Processing Letters, 1987, 25(2):27–32

18. S.R. Buss, A. Kechris, A. Pillay, R.A. Shore *The prospects for mathematical logic in the twenty-first century.* Bulletin of Symbolic Logic, 2001, 7(2):169–196

19. A. Church *A note on the Entscheidungsproblem.* The Journal of Symbolic Logic, 1936, 1:345–363

20. A. Cobham *The intrinsic computational difficulty of functions.* Proc. of the 1964 International Congress for Logic, Methodology, and Philosophy of Science, 1964, S. 24–30

21. S.A. Cook *The complexity of theorem proving procedures.* Proc. 3rd Annual ACM Symposium on Theory of Computing, 1971, S. 151–158

22. S.A. Cook *A taxonomy of problems with fast parallel algorithms.* Information and Control, 1985, 64:2–22

23. S.A. Cook, P. McKenzie *Problems complete for deterministic logarithmic space.* Journal of Algorithms, 1987, 8:385–394

24. S.A. Cook, R.A. Reckhow *The relative efficiency of propositional proof systems.* The Journal of Symbolic Logic, 1979, 44:36–50

25. M. Davis, H. Putnam, J. Robertson *The decision problem for exponential Diophantine equations.* Ann. Math., 1961, 74:425–436

26. D. Deutsch *Quantum theory, the Church-Turing principle and the universal quantum computer.* Proc. of the Royal Society, 1985, 400:97–117

27. D. Deutsch, R. Jozsa *Rapid solutions of problems by quantum computations.* Proc. of the Royal Society, 1992, 439:553–558

28. J. Edmonds *Paths, trees, and flowers.* Canadian Journal of Mathematics, 1965, 17(3):449–467

29. R. Feynman *Simulating physics with computers.* International Journal of Theoretical Physics, 1982, 21:467–488

30. L. Fortnow, S. Homer *A short history of computational complexity.* Bulletin of the EATCS, 2003, 80:95–133

31. L. Fortnow, J. Rogers *Complexity limitations on quantum computation.* Journal of Computer and System Sciences, 1999, 59(2):240–252

32. L. Fortnow, M. Sipser *Are there interactive protocols for co-NP languages.* Information Processing Letters, 1988, 28:249–251

33. A.S. Fraenkel, M.R. Garey, D.S. Johnson, T. Schäfer, Y. Yesha *The complexity of checkers on an n x n board – preliminary report.* Proc. 19th IEEE Symposium on the Foundations of Computer Science, 1978, S. 55–64

34. A.S. Fraenkel, D. Lichtenstein *Computing a perfect strategy for n x n chess requires time exponential in n.* J. Comb. Theory, Ser. A, 1981, 31(2):199–214

35. M.L. Furst, J.B. Saxe, M. Sipser *Parity, circuits, and the polynomial-time hierarchy.* Mathematical Systems Theory, 1984, 17(1):13–27

36. M. Garey, D. Johnson *Computers and Intractability – A Guide to the Theory of NP-Completeness.* Freeman and Company, 1979

37. J. Gill *Computational complexity of probabilistic complexity classes.* SIAM Journal on Computing, 1977, 6:675–695

38. K. Gödel *Ein Brief an Johann von Neumann, 20. März, 1956.* in: P. Clote, J. Krajíček (Hrsg.) Arithmetic, Proof Theory, and Computational Complexity, Oxford University Press, 1993, S. 7–9

39. A. Goldberg, M. Sipser *Private coins versus public coins in interactive proof systems.* in: S. Micali (Hrsg.) Randomness and Computation, Advances in Computing Reasearch, Vol 5, JAI Press, 1989, S. 73–90

40. O. Goldreich, S. Micali, C. Rackoff *The knowledge complexity of interactive proof systems.* SIAM Journal on Computing, 1989, 18(2):186–208

41. O. Goldreich, S. Micali, A. Wigderson *Proofs that yield nothing but their validity or all languages in NP have zero-knowledge proof systems.* Journal of the ACM, 1991, 38:691–729

42. L. Grover *A fast quantum mechanical algorithm for database search.* Proc. 28th ACM Symposium on Theory of Computing, 1996, S. 212–219

43. A. Haken *The intractability of resolution.* Theoretical Computer Science, 1985, 39:297–308

44. J. Hartmanis, R.E. Stearns *On the computational complexity of algorithms.* Transactions of the American Mathematical Society, 1965, 117:285–306

45. J. Håstad *Almost optimal lower bounds for small depth circuits.* in: S. Micali (Hrsg.) Randomness and Computation, Advances in Computing Reasearch, Vol 5, JAI Press, 1989, S. 143–170

46. J. Håstad *Some optimal inapproximability results.* Journal of the ACM, 2001, 48(4):798–859

47. J. Håstad, R. Impagliazzo, L.A. Levin, M. Luby *Construction of a pseudorandom generator from any one-way function.* SIAM Journal on Computing, 1999, 28(4):1364–1396

48. F.C. Hennie, R.E. Stearns *Two-tape simulation of multitape turing machines.* Journal of the ACM, 1966, 13(4):533–546

49. N. Immerman *Nondeterministic space is closed under complementation.* SIAM Journal on Computing, 1988, 17(5):935–938

50. R. Impagliazzo, A. Wigderson *P=BPP unless E has sub-exponential circuits: derandomizing the XOR lemma.* Proc. 29th ACM Symposium on Theory of Computing, ACM Press, 1997, S. 220–229

51. N.D. Jones *Space-bounded reducibility among combinatorial problems.* Journal of Computer and System Sciences, 1975, 11:68–85

52. R. Karp, A. Wigderson *A fast parallel algorithm for the maximal independent set problem.* Journal of the ACM, 1985, 32:762–773

53. R.M. Karp *Reducibility among combinatorial problems.* in R.E. Miller, J.W. Thatcher (Hrsg.) Complexity of Computer Computations, Plenum Press, 1972, S. 85–103

54. R.M. Karp, R.J. Lipton *Some connections between nonuniform and uniform complexity classes.* Proc. 12th ACM Symposium on Theory of Computing, ACM Press, 1980, S. 302–309

55. R.W. Keyes *Miniaturization of electronics and its limits.* IBM Journal of Research and Development, 1988, 32:24–28

56. J. Köbler, O. Watanabe *New collapse consequences of NP having small circuits.* SIAM Journal on Computing, 1998, 28(1):311–324

57. J. Krajíček *Interpolation theorems, lower bounds for proof systems and independence results for bounded arithmetic.* The Journal of Symbolic Logic, 1997, 62(2):457–486

58. J. Krajíček *Tautologies from pseudo-random generators.* Bulletin of Symbolic Logic, 2001, 7(2):197–212

59. J. Krajíček, P. Pudlák *Some consequences of cryptographical conjectures for S_2^1 and EF.* Information and Computation, 1998, 140(1):82–94

60. R.E. Ladner *On the structure of polynomial-time reducibility.* Journal of the ACM, 1975, 22:155–171

61. C. Lautemann *BPP and the polynomial hierarchy.* Information Processing Letters, 1983, 17:215–217

62. T. Lengauer, K.W. Wagner *The binary network flow problem is logspace complete for P.* Theoretical Computer Science, 1990, 75(3):357–363

63. L. Levin *Universal sequential search problems.* Problems of Information Transmission, 1975, 9(3):265–266, Englische Übersetzung des 1973 in russischer Sprache veröffentlichten Originalartikels

64. D. Lichtenstein, M. Sipser *GO is polynomial-space hard.* Journal of the ACM, 1980, 27(2):393–401

65. C. Lund, L. Fortnow, H. Karloff, N. Nisan *Algebraic methods for interactive proof systems.* Journal of the ACM, 1992, 39(4):859–868

66. J.V. Matijasevič *Enumerable sets are Diophantine.* Dokl. Akad. Nauk, 1970, 191:27–282 (russisch).
67. A.R. Meyer, L.J. Stockmeyer *The equivalence problem for regular expressions with squaring requires exponential space.* Proc. 13th IEEE Symposium on Switching and Automata Theory, 1972, S. 125–129
68. G.L. Miller *Riemann's hypothesis and tests for primality.* Journal of Computer and System Sciences, 1976, 13:300–317
69. N. Nisan, A. Wigderson *Hardness vs randomness.* Journal of Computer and System Sciences, 1994, 49(2):149–167
70. C.H. Papadimitriou, M. Yannakakis *Optimization, approximation, and complexity classes.* Journal of Computer and System Sciences, 1991, 43(3):425–440
71. N. Pippenger *On simultaneous resource bounds.* Proc. 20th IEEE Symposium on the Foundations of Computer Science, IEEE Computer Society Press, 1979, S. 307–311
72. M.O. Rabin *Probabilistic algorithm for testing primality.* Journal of Number Theory, 1980, 12(1):128–138
73. M.O. Rabin, D. Scott *Finite automata and their decision problems.* IBM Journal of Research and Development, 1959, 3:114–125
74. A.A. Razborov *Lower bounds on the monotone complexity of boolean functions.* Doklady Akademii Nauk SSSR, 1985, 282:1033–1037, Englische Übersetzung in: Soviet Math. Doklady, 31, S. 354–357.
75. A.A. Razborov, S. Rudich *Natural proofs.* Proc. 26th ACM Symposium on Theory of Computing, 1994, S. 204–213
76. O. Reingold *Undirected st-connectivity in log-space.* Proc. 37th ACM Symposium on Theory of Computing, ACM Press, 2005, S. 376–385
77. H.G. Rice *Classes of recursively enumerable sets and their decision problems.* Trans. Am. Math. Soc., 1953, 74:358–366
78. R.L. Rivest, A. Shamir, L.M. Adleman *A method for obtaining digital signatures and public-key cryptosystems.* Communications of the ACM, Feb. 1978, 21(2):120–126
79. D. Rolf *Improved bound for the PPSZ/Schöning-algorithm for 3-SAT.* Technical Report TR05-159, Electronic Colloquium on Computational Complexity, 2005.
80. J.E. Savage *Computational work and time of finite machines.* Journal of the ACM, 1972, 19:660–674
81. W. Savitch *Relationships between nondeterministic and deterministic tape complexities.* Journal of Computer and System Sciences, 1970, 4(2):177–192
82. U. Schöning *Complexity and Structure*, Band 211 von *Lecture Notes in Computer Science.* Berlin Heidelberg, Springer-Verlag, 1986.
83. U. Schöning *Graph isomorphism is in the low hierarchy.* Journal of Computer and System Sciences, 1988, 37:312–323
84. A. Shamir *IP=PSPACE.* Journal of the ACM, 1992, 39(4):869–877
85. C. Shannon *Communication theory of secrecy systems.* Bell Systems Technical Journal, 1949, 28:657–715
86. J.C. Sheperdson, H.E. Sturgis *Computability of recursive functions.* Journal Ass. Comp. Mach., 1963, 10:217–255
87. P. Shor *Polynomial-time algorithms for prime factorization and discrete logarithms on a quantum computer.* SIAM Journal on Computing, 1997, 26(5):1484–1509
88. M. Sipser *A complexity theoretic approach to randomness.* Proc. 15th ACM Symposium on Theory of Computing, ACM Press, 1983, S. 330–335

89. R. Solovay, V. Strassen *A fast Monte-Carlo test for primality.* SIAM Journal on Computing, 1977, 6:84–85

90. L.J. Stockmeyer *Arithmetic versus Boolean operations in idealized register machines.* Technical Report RC 5954, Math. Dept., IBM Thomas J. Watson Research Center, 1976.

91. L.J. Stockmeyer, A.R. Meyer *Word problems requiring exponential time.* Proc. 5th ACM Symposium on Theory of Computing, 1973, S. 1–9

92. R. Szelepcsényi *The method of forced enumeration for nondeterministic automata.* Acta Informatica, 1988, 26(3):279–284

93. S. Toda *PP is as hard as the polynomial-time hierarchy.* SIAM Journal on Computing, 1991, 20:865–877

94. A.M. Turing *On computable numbers, with an application to the Entscheidungsproblem.* Proc. Lond. Math. Soc., 1936, 42:230–265

95. A.C. Yao *Theory and applications of trapdoor functions.* Proc. 23rd IEEE Symposium on the Foundations of Computer Science, IEEE Computer Society Press, 1982, S. 80–91

A Perspective on Parallel and Distributed Computing

Miroslaw Malek

Humboldt-Universität zu Berlin
malek@informatik.hu-berlin.de

Summary. Trying to compress about 50 year history of parallel and distributed computing (which we call multicomputing for short) is a highly ambitious goal and would require an entire book to give justice to several developments that took place world wide. Instead, in this article in addition to some historical account, the author's personal perspective is offered which includes experiences with multicomputing in America, Europe and Japan. Starting from humble beginnings we travel in time through a period of flurry of developments in parallel computing and make an account of key events in distributed computing. Next, through the perspective of our NOMADS (Networks of Mobile Adaptive Dependable Systems) framework which provides the infrastructure for the Service-Oriented Computing, we present our view on today's computing and also describe the things to come. Some speculations about the future and trends will end with conclusions.

1 Humble Beginnings

Computing dates back to about 4,000 BC when the ancient nation of Sumerians were first to use clay tables to register major transactions such as buying a land or a house. Followed by developments in China and the Middle East where abacus was introduced 4,000–2,500 BC, the Arabic numeral system (with Hindus adding all important in computing number "0") which has been brought to Europe by Leonardo Fibonacci as late as 13th century and among other things saved the budget balance of Emperor Friedrich II because a zero in Roman numeral system has not been known. About 400 years later several calculating machines have been constructed, including the adder/subtractor proposed by Blaise Pascal (1623–1662) and four function calculator developed by Gottfried Leibniz (1646–1716). Leibniz and Newton are also credited with developing calculus.

George Boole (1815–1864) during the 1840s and 50s developed a notational system that showed that logical statements could be represented by algebraic equations. This system is known as Boolean logic today and forms the basis for the switching technology. Another major breakthrough came also in the

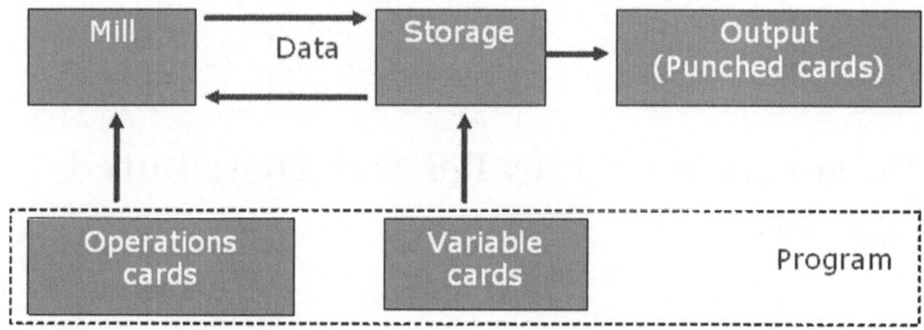

Fig. 1: Architecture and organization of Babbage's Analytic Engine

19th century when Charles Babbage (1791–1871) developed a Differential Engine and then Analytic Engine, computers that formed the basis of today's computing. The Differential Engine could compute sixth degree polynomials with 20 digit precision while Analytic Engine could solve a set of linear equations. Babbage's contemporary, Luigi G. Menebrea, developed a hypothetical program to solve a set of linear equations and Ada Augusta Byron, later Lady of Lovelace programmed this application. The architecture and organization of Analytical Engine are forefathers of contemporary computers (see: Fig. 1). In the figure the Mill corresponds to a processor, Storage is a main memory and I/O is represented by Operations and Variable Cards as well as by Output Punched Cards. The prototype was built but a complete reconstruction of Analytical Engine took place a couple of centuries later to honor Babbage's 200th anniversary of birth and it can be seen at the London Technology Museum.

In 1889 Herman Hollerith with his punched cards facilitated the 1890 US census and in 1986 founded Tabulating Machine Company which after several mergers was finally named finally International Business Machines Corporation (IBM) in 1924 with Thomas J. Watson as a cofounder.

Alan Turing's "Universal Machine" and stored program concept from von Neumann led to an explosion of activities. During WWII Konrad Zuse developed in Berlin during four consecutive models of electronic computers from Z1 to Z4. The Z3 is considered as the first fully-functional, program controlled, electronic, digital computer ever built. A flurry of activity followed. In 1943, a team of architects including Tommy Flowers and mathematicians such as Max Newman and Alan Turing developed a computer, called Colossus, and ten of them were used simultaneously to break German codes generated by a machine known as Enigma. One could consider the system as the first ever parallel/distributed computer. The Colossus was rebuilt to its original specification in 1996 as a tribute to its pioneering design which brings new light to the long debate on who built the first large-scale electronic computer. Was it Colossus or ENIAC?

Howard H. Aiken constructed at Harvard a computer Mark I and the first electronic American computer, called ENIAC (Electronic Numerical Integrator and Computer) was developed by John Presper Eckert and John W. Mauchly. Also, John von Neumann was involved at the conceptual stage. Then EDVAC (Electronic Discrete Variable Automatic Computer) and numerous other machines have been implemented.

Frederic C. Williams and Tom Kilburn built at Manchester University the first General-Purpose-Stored-Program-Computer. Then Eckert and Mauchly developed UNIVAC I (UNIversal Automatic Computer), which is considered to be the first commercial computer.

When William Shockley, Walter Brattain and John Bardeen of Bell Labs discovered a transistor, the next generation of computer development began with companies such as Bull Burroughs, Control Data, Honeywell, IBM, Nixdorf, Siemens, Sperry-Rand, UNIVAC and later Digital Equipment Corporation and Hewlett-Packard taking a lead.

Then, Jack Kilby (Texas Instruments) and Robert Noyce (Fairchild Semiconductor) developed the integrated circuit, which in turn lead to miniaturization of electronics and with Intel 4004 a new revolution in the processor manufacturing has been initiated. Charles Moore observed that the chip density doubles every year and performance doubles every 18-months (known today as "Moore's Law"). This aggressive pace has even been surpassed as Intel delivered 1.7 B transistor Itanium-2 processor chip in 2005. Experts say that this exponential growth will continue until about 2010.

In 1976 Steve Wozniak and Steve Jobs developed Apple, a personal computer which wrote a history. Then IBM came with its version of personal computers and about 40 clones followed resulting in unprecedented growth with about one billion PCs today with companies such as Microsoft, SAP, Oracle and Google playing a major role in the software world running their products on computers mainly from IBM, Dell, HP, Sun Microsystems, Siemens, Sony, Lenova and many others.

A solid account on history of computing can be found in the IEEE Annals on the History of Computing. Several books have been written on this topic and references [1–3] provide a good sample. An excellent but highly technical description of machine organizations can be found in [1] while in [2], a history traced more from the mathematics and the number theory perspective is presented. Computing since 1945 is well documented in [3]. A widely accessed website which gives a good account of many contributions to computing can be found under [4] and several useful links to the computer pioneers and machines mentioned here are in [5].

2 Parallel Computing

Parallel computing (also called parallel processing), in its pure form, is the simultaneous execution of the same task or program (partitioned or specially adapted) on multiple processors in order to obtain a shorter execution time of that task or program. In short: the simultaneous use of more than one processor to execute a program results in parallel computation. In general to broaden this definition, a parallel computer is considered to be a computer system in which interconnected two or more processors perform simultaneous (concurrent, parallel) execution of two or more processes. This definition also includes distributed computing as a form of parallel computing without clock synchronization.

One may consider that parallel computing began in the mid-fifties when the need for supercomputing sprung the ideas of multiple processing units. The supercomputers such as Atlas led by Jim Thorton (University of Manchester, Ferranti and Plessey) who proposed parallelism at the instruction level, STRETCH (IBM) which used two processing units and Livermore Automatic Research Computer (Univac) which had an arithmetic and an input/output processor are considered to be one of the first parallel (internally or externally) computers. First commercial parallel (or rather concurrent) machines focused mainly on development of supercomputers with multiple peripheral processors. Control Data Corporation (CDC) built the CDC 6000 series with up to ten peripheral units and Bull of France delivered the Gamma 60 computer with multiple functional units and the ability to distribute and collect information via fork and join operations to its I/O computers. Jim Thorton and Seymour Cray did not only architect the fastest machines of the time but also developed a "true" parallel computer, a CDC 6400, with two main processing units. Also, John Cocke and Daniel Slotnick tinkered with the ideas of parallel computing which later led to a major project, ILLIAC IV.

In 1962 Atlas computer became operational. It was the first machine with pipelined execution of instructions, virtual memory and paging; it contains separate fixed- and floating-point arithmetic units (one could consider them as parallel arithmetic units) and transfers of data and instructions were parallel, not bit by bit.

Burroughs introduced a parallel machine, called D825, with four processor-memory pairs connected over the crossbar switch (see Fig. 2). The machine was capable of working in one to four processor mode and supported various forms of parallelism.

A flurry of activity began when some universities started to cooperate with computer companies on some parallel computing government-supported projects. Daniel Slotnick proposed a design of 256-processor machine in the mesh configuration of which an 8x8 64-processor system: the ILLInois Automatic Computer (ILLIAC-IV) was built at the University of Illinois with the help of Burroughs and Texas Instruments. With performance of 200 MIPS, 15 MFLOPS instead of expected 1 GFLOPS ILLIAC IV became a testament to the fact that making a commercially viable parallel computer is not simple. The ILLIAC IV (1965–1975) was a major effort but due to the high cost exceeding 31 million US dollars and lower than expected performance the project was discontinued. Texas Instruments followed up and developed an

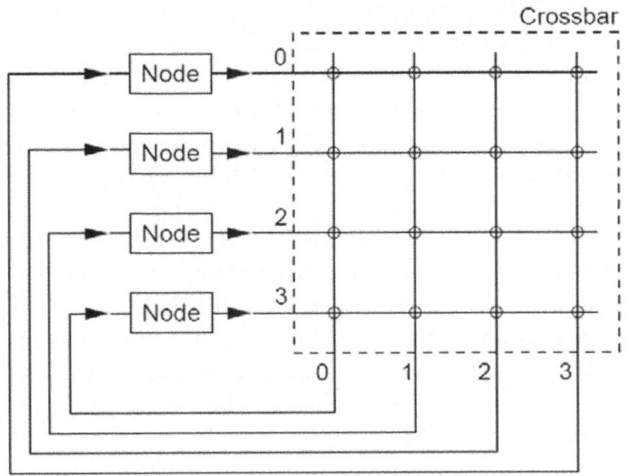

Fig. 2: One of the first commercial parallel computers, Burroughs' D825, with 4
processors and typically 4 memories (forming computing nodes) connected
over the crossbar switch

Advanced Scientific Computer (ASC) which is known for its 10-stage floating
point pipelines. It was delivered in 1971 but only four copies of this machine
were sold to the government.

In 1965 Fernando Corbato started working on the Multics (Multiplexed
Information and Computing Services) project at MIT which was developed in
cooperation with General Electric and AT&T Bell Laboratories (replaced by
Honeywell in 1969).

It was based on Corbato's Compatible Time Sharing System (CTSS) which
he developed for IBM 7090/94 computer series. The project's aim was to
build a general-purpose shared-memory multiprocessing timesharing system
which would allow information access as computer utility in a similar way as
today's wide spread utilities such as electricity or telephone service. Honeywell
delivered the first Multics system with up to 8 processors in 1969. Multics
operating system at its peak was installed on over one hundred sites in the US.
Multics ideas have been rediscovered in the nineties under the name "utility
computin" which is becoming a reality today.

Michael Flynn published papers in 1966 and 1972 [6, 7] describing a clas-
sification of computer architectures. The four classes defined by Flynn are
based upon the number of concurrent instruction and data streams available
in the particular computer organization:

– Single Instruction – Single Data (SISD) is a sequential uniprocessor which
   exploits no parallelism in either the instruction or data streams.

- Multiple Instruction – Single Data (MISD) – may be observed at the microprogram level where a single piece of data is processed by many microinstructions.
- Single Instruction – Multiple Data (SIMD) is a typical parallel computer where a single instruction is broadcast to all computers which may operate on different data. Good examples of such architectures include signal and array processors.
- Multiple Instruction – Multiple Data (MIMD) allows multiple processors simultaneously execute different instructions on different data. Typical massively parallel computers support both SIMD and MIMD modes using a common or synchronised clock. Distributed systems may also be considered as MIMD architectures with asynchronous clock. These systems use either a shared memory space or a distributed memory and communicate via shared memory or messages respectively.

Extensions to this taxonomy include:

- SMIMD which supports both SIMD and MIMD execution modes.
- Single Program – Multiple Data (SPMD) where multiple processors simultaneously execute the same program on different data.

Although several other computing taxonomies have been proposed later such as by Haendler [8], Shore [9], as well as by Hockney and Jesshope [10] none of them have been so widely accepted as Flynn's.

In 1967 Gene Amdahl, chief architect of numerous IBM's systems (including 360 and 370) and founder of his own well-known Amdahl Corporation published his paper [11] on limitations of parallelism which is known as "Amdahl's Law" today. The law states that the maximum speedup S (ratio of execution time of a single processor system to the execution time of an n-processor parallel system) achievable by parallel computer is limited by its sequential execution part. Consider a whole program that contains k operations, to be executed on a parallel machine with n processors. If the fraction p of the operations can be executed in parallel, and 1-p must operate in serial mode, we have the speedup of:

$$S = \frac{T_{single}}{T_{parallel}} = \frac{1}{\frac{p}{n} + (1 - p)}$$

It can clearly be seen that if all operations can be executed in parallel the speedup is equal to n but if half of the operations must be executed sequentially a speedup for a 256 processor system is only just under two. This law of diminishing returns continues to challenge the architects of parallel systems. Extensions to this law such as one proposed by Gustafson [12] in support of parallel computing turned out to be mathematically equivalent somewhat refined to that of Amdahl's.

In the seventies a flurry of activities, Phase 2, began at many universities where most notable (?) included Caltech's Cosmic Cube developed by Chuck

Seitz and Geoffrey Fox [13] where vertices represented computing nodes and communicated via a binary hypercube structure (see Fig. 3).

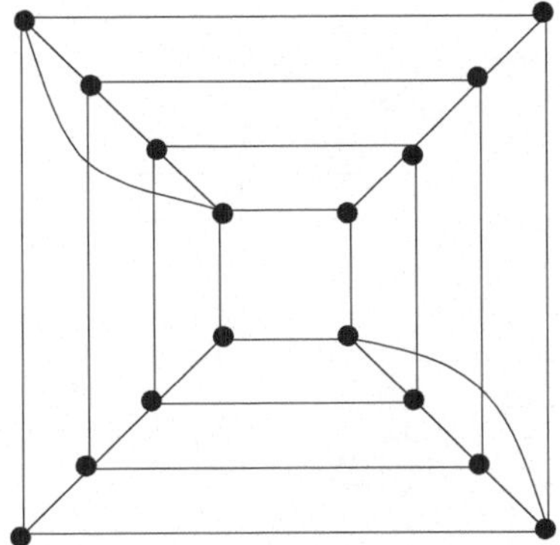

Fig. 3: An interconnection structure of a 16 processor Cosmic Cube Computer

A working prototype was ready in 1982. It was followed by Intel's 64-processor computer and later a company called n-Cube developed a system with 1024-processors.

At the University of Texas at Austin (1978–83), Lipovski, Browne and Malek developed a parallel computing system, called Texas Reconfigurable Array Computer (TRAC) [14] connecting 16-processors to 81 memories over the banyan interconnection network. This was the first computer using the multistage network. See Fig. 4 where an eight processor system connected to eight sharable memory modules over the banyan network with 2x2 crossbars is shown. A banyan network provides a single path between every processor-memory pair. Such network is scalable and guarantees logarithmic delay, $O(log\ n)$, as a function of the number of processors and acceptable cost of $O(n\ log\ n)$. Crossbar networks on the other hand have delay of one but their cost grows at unacceptable rate of $O(n^2)$, not mentioning that the physical implementation of over 24x24 crossbar is practically not possible.

Many projects that followed also used multistage networks and included systems such Siegel's Parallel Array SMIMD (PASM) computer at Purdue University [15]], and Schwartz'es Ultracomputer at New York University [16]. On the basis of TRAC and Ultracomputer IBM decided to develop a 512 processor machine, called Research Parallel Processor Project (RP3) using a multistage banyan network with 4x4 crossbar switches. An extra stage has been added for fault tolerance and improved performance. Ultimately, a 64-processor prototype has been built in the mid-eighties and in turn served as the basis for a commercial version of RP3 with four to 64 processors, called SP-1 (Scalable Parallel) computer and then the second version known as SP-2. The SP-2 became the first commercial success in parallel computing

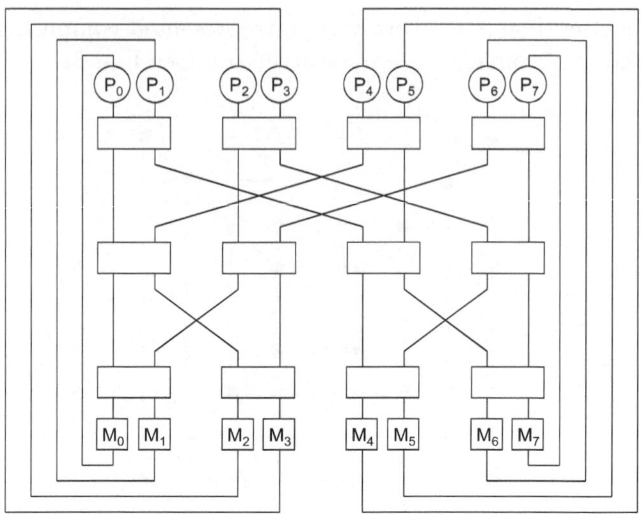

Fig. 4: An 8-processor connected via a banyan network with 2x2 switches

by employing simple on demand, brute force processing in lieu of idealized problem partitioning and "parallelization".

At the same time a GF-11 (gigaflop 11) was undertaken at IBM for solving the physics problem in quantum chromodynamic. A performance of 7.6 GFLOPS was achieved using 576 processor system connected over two-stages of 24x24 crossbars in the Benes network configuration.

Other significant projects include:

Seymour Cray after legendary supercomputer CRAY-1 and parallel XMP introduced CRAY Y-MP with 8 processors delivering GFLOPS performance in 1989.

Intel built the Touchstone Delta prototype for its Paragon multicomputer, which used a two-dimensional mesh of i860 microprocessors with wormhole routing (see Fig. 5). The machine supported various types of computation including graphics and symbolic processing.

In 1993 Sun Microsystems delivered SPARCcenter 1000 and 2000 servers, shared-memory multiprocessors with up to 8 and 20 SPARC CPUs, respectively. The era of commodity multiprocessor servers, workstations, PCs and even laptops had begun.

In the meantime in the former Soviet Union several parallel computer projects were initiated with the most notable by E. V. Yevreinov at the Institute of Mathematics in Novosibirsk (IMN) who built Minsk-222, a parallel system with programmable interconnects. BESM-6, a machine developed at the Institute of Precision Mechanics and Computer Technology (ITMVT) in Moscow used virtual memory and contained a pipelined processor. In 1970 V. S. Burtsev led a major effort (at the same institute) on Elbrus fault-tolerant

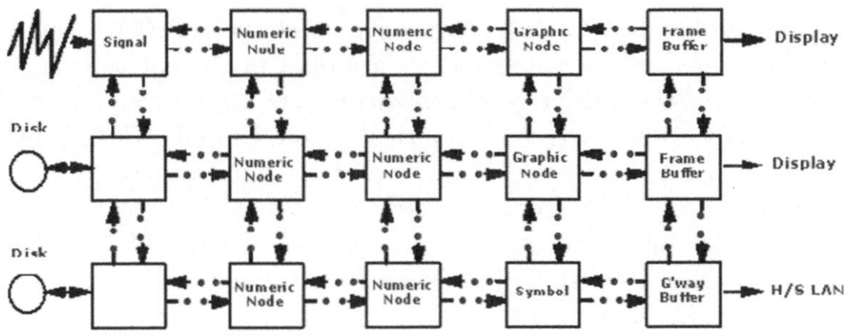

Fig. 5: Intel's mesh-configured Paragon parallel computer

multiprocessors with up to 10 CPUs using shared memory. It took another ten years until the first multiprocessor became operational and commercialized. The PS-2000 contained 64 24-bit processing elements achieving performance of 200 MIPS and was developed at the Institute of Control Problems in Moscow (IPU) and the Scientific Research Institute of Control Computers in Severodonetsk, Ukraine (NIIUVM).

The Japanese National Aerospace Laboratory (NAL) developed and Fujitsu delivered the first Japanese pipelined vector processor, the FACOM-230 (please check sentence). Then in the early eighties Fujitsu delivered its first VP-200 vector supercomputer, with a peak rate of 500 MFLOPS. And the first PACS (Parallel Array for Continuum Simulation, later known as PAX) with nine processors had been developed by Tsutomu Hoshino at the University of Kyoto in 1977, PAX-32 followed and in 1981 the project moved to the University of Tsukuba.

In 1982 the Japanese Ministry of International Trade and Industry (MITI) began the Fifth Generation Computer Systems project, with the aim of building parallel knowledge-based machines using Prolog as a kernel language. It was a fantastic effort resulting in five impressive parallel computer architectures. The main problem was that when the project ended ten years later and computers were ready for experimentation, there were no additional funds to evaluate them and re-implement them using new technology, so the goal of 10 GFLOPS was not reached. In my opinion, a great opportunity was missed to experimentally compare parallel computer architectures and finally decide which interconnection networks and for which applications perform best in practice.

In 1988, the 128 processing-element SIGMA-1 dataflow machine of Japan's Electro-Technical Laboratory (ETL) in Tsukuba could operate at 100 MFLOPS. It used a banyan network with two levels of 8x8 crossbar switching elements. A year later the University of Tsukuba completed a 432 processor machine called QCDPAX in collaboration with Anritsu Corporation to solve the quantumchronodynamics problem (QCD). Fujitsu developed the AP1000, containing 64 to 512 SPARC processors connected by a global broadcast tree, a point-to-point toroidal network, and a synchronization bus.

Fujitsu installed a 140-processor Numerical Wind Tunnel (NWT) machine at Japan's National Aerospace Laboratory (NAL). Each processor is a vector supercomputer with 256 Mbyte memory and a peak performance of 1.6 GFLOPS; processors are connected by crossbar network. The technology in this machine is also used in Fujitsu's VPP-500 which achieved over 120 GFLOPS performance. Four years later, in 1997, the second generation of CP-PAX with peak performance of 600 GFLOPS was delivered.

In the meantime, in Europe [17] ICL (UK) built a prototype of a 1024 one bit processors DAP (Distributed Array Processor) which served as a model for an MIT's Connection Machine. Haendler with support from Hoffmann, and Schneider developed the Erlangen General Purpose Architecture (EGPA) machines at the University of Erlangen in Germany with 5 and later 21 32-bit processors in a pyramid topology using an extended FORTRAN 77. In 1983 David May (Inmos, UK) introduced Occam, a concurrent programming language based on CSP designed for an Inmos transputer, a special processor with memory and extended communication capabilities designed to support parallel computer architectures, mainly grids. 16 and 64-processsor grids are built and distributed at various universities. W. K. Giloi's led the design effort on German Suprenum supercomputer project with PAX operating system. The system gave the experience and laid out the foundation for Parsytec's series of parallel machines (see Fig. 6).

The race to build the world's fastest computers continues. NEC's Earth Simulator developed in Yokahama with 5,120 processors clustered into 640 supercomputers connected over a 12Gb/s network with over 35 TFLOPS performance reigned as world's fastest for five years. NEC – Earth Simulator delivered 35.86 TFLOPS in 2002.

IBM's ASCI White Gene delivered 12.3 TFLOPS in 2002. It required an area of two basketball courts in order to accommodate 8,192 processors, 6 TB RAM (terabytes), 160 TB disk. During the delivery to government labs it took 28 trucks to transport it (106 tons in weight) and finally the price tag of $ 110 M.

Also Hewlett-Packard developed a supercomputer, called ASCI Q with 12,288, 1.25 GHz microprocessors, 33 TB RAM, 664 TB disk (1536 x 5+1 RAID storage arrays). Power and cooling require 7.1 MW (expandable to 30 MW) with 7.73 TFLOPS performance.

The 2004 list of world's fastest computers included: IBM's BlueGene/L with 70.72 TFLOPS with 32 K processors, NASA's Columbia with 51.87 TFLOPS putting NEC's Earth Simulator into the third place. The new No. 1 continues to be DOE's IBM BlueGene/L system, installed at DOE's Lawrence Livermore National Laboratory (LLNL). It has doubled in size (to 65,536-processors) and has achieved a record Linpack performance of 280.6 TFLOPS. The system that should be installed at LLNL by the end of 2005 should achieve

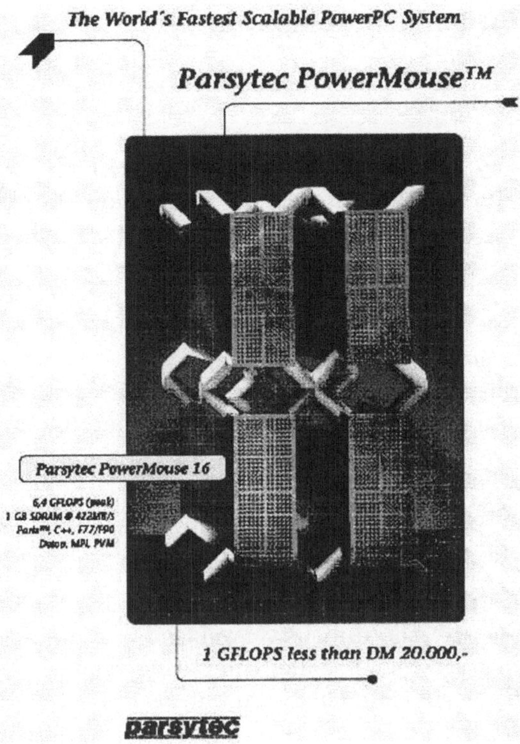

Fig. 6: An 1998 advertisement for 16-processor Parsytec's parallel system with futuristic casing

about 367 TFLOPS with over 130,000 IBM PowerPC ® processors getting closer to enter petacomputing (10^{15} FLOPS) age in the near future.

My estimate is that over the last 30 years at least 400 parallel systems with unique architectures have been built at various universities, research labs and companies, mainly in the US, Europe, Russia, Japan, China and at least two in India. Virtually hundreds of projects if not thousands have been granted to support parallel computing with results that perhaps are not too spectacular due to the lack of major commercial impact (parallel computers still represent about 3% of the total market) but on the other hand developments on parallel computing form a solid base for distributed computing and the emerging multicore technology which will make parallel computing one of the major research and technology directions again.

An Assessment of Parallel Computing

The never satiated hunger for performance has been combated in four different ways:

1. Algorithms – by creating more efficient algorithms to solve particular problems speedups of several orders of magnitude have been achieved.
2. Technology – by continuously improving the speed of switching circuits. In the last four decades the speed has doubled every 18 months.
3. Uniprocessor Architecture – combined with technology improvements, the internal architecture (e.g., pipelining, virtual memory) have sped up processors significantly.
4. Parallel Computing – by connecting n computers to solve a particular problem, speedups of up to n times can be achieved.

Parallel computing has not been able to commercially take off on the large scale for many reasons. First was the cost. Major projects required millions and only government sponsored efforts and a handful of industrial undertakings had a chance to be developed. Many of them have never been completed due to the cost overruns and the majority have never worked as expected. As in software industry, the difficulty level and complexity are simply too high to be highly successful. Parallel computing requires not only brilliant engineering skills in harnessing hardware but also in software the number of solutions are too few and most of them opt for a brute force parallelism. On the other hand there are some very successful and extremely expensive government sponsored projects such as NEC's Earth Simulator and IBM's gene project which work very well for special hand picked applications.

The second reason is that the single processor technology made a stunning progress as the leading manufacturers are just about to release a 10 GFLOPS microprocessors. The parallel computers except for massively parallel ones have difficulty to compete with state-of-the-art single processors because parallel processors system development takes three to five years. Therefore, the main components such as processors and memories become obsolete even during the development period. The only hope is to create systems with pluggable components which can be exchanged to the latest technology but it has not happened as yet.

The third main reason is that software, despite thousands of attempts, remains still somewhat of a mystery for effective parallel computing. There exist a number of paradigms and methods but attempts for universal automatic, parallelisation have not been encouraging. The most successful systems use demand driven or greedy scheduling where a dispatcher assigns jobs to idle processors. This MIMD architecture proved to be commercially effective as proved by Sequent but a "true" parallelism where all processors work towards a common problem even if automated lacks performance efficiency, except for a few hand woven applications.

Other major problems include excessive power consumption, cooling and clock synchronization which, in turn, invoke problems with scalability and reliability.

All in all, parallel computing went through periods of development from ecstatic to disappointing. But since the new technology called multicore which allows placement of multiple processors on a single chip has become a reality and the rise in parallel computing activities is imminent.

Multicore – a New Opportunity

After five decades of ups and downs in parallel computing the new opportunity is on the horizon that may significantly accelerate research activities in this field again. This new opportunity is called multicore and it means that many processors can be connected on a single chip. Initial proposals from AMD and Intel call for systems with up to 128 processors in the next five years. As physical limits in accelerating the switching logic will be reached around 2010, major manufacturers are looking for ways to continue to follow Moore's Law, i.e., doubling the speed every 18 months or so. To maintain such pace of speedup, it became evident that the next expansion step will be parallel processing on the chip. This will make multicomputing accessible to everyone and accelerate further progress in parallel algorithms and software.

3 Distributed Computing

It is very difficult if not impossible to establish when distributed computing has begun. Since the beginning of our civilization the moment we could find two humans communicating with each other we could claim that a distributed system was born. But it was not until parallel systems matured and distributed computing constructs were created that distributed computing systems were developed.

If we define a distributed system as a set of connected independent entities with a processing/storage/communication (computers) capability that appears to the users as a single system we can easily extend our analogy by substituting humans with machines, specifically computers, which form then a distributed computing system.

Carrying out our analogy fully, we may say that the machines correspond to human beings and processing to being alive. Furthermore, communication devices and exchange of signals corresponds to forming a group, a nation or even mankind while a nation or a republic can serve as a model of a distributed computing system (DCS). Once we set up special interest groups or communities acting to achieve specific goals we might as well form DCS clusters or communities to support specific application. A good example is a service-oriented architecture. Also, the largest distributed system, the internet, relies on communication and exchange of computing or computed data in form of messages and files.

Vannevar Bush, MIT Professor and White House advisor, is considered a grandfather of Internet as already in the 1930ies he had ideas of having a distributed information system. He proposed to develop a machine, called "Memex" (Memory Extender), which he described in his article entitled "As We May Think" published in Atlantic Monthly in 1945. In "Memex" all activities of a given individual should be stored at personal memory cells and then recalled remotely. It took this idea almost 50 years to become a reality when Berners-Lee proposed and implemented a world wide web.

In 1939 Bell Telephone Labs developed first full-scale electromagnetic relay calculator for solving equations with complex numbers: "Complex Number Calculator" (later: "Bell Labs Model 1") and then a year later the next version was used remotely over telephone lines creating what is known in today's terminology as a server. So distributed computing concerns communicating computers (servers) and at the heart of it is synchronization which is the essence of cooperation. Synchronization can be based on the actual time (clock synchronization) or on relative ordering (logical synchronization). A snapshot of such system records its state. Other vital issues connected with distributed computing systems include naming, addressing and routing. Name identifies an entity (be it a computer or a file). The name of an access point to an entity is called an address. The purpose of routing is finding a path between source and destination only.

Already in 1961 Leonard Kleinrock at MIT published a paper [18] on packet-switched networks and a year later Paul Baran of RAND (Research And No Development) Corporation [19] proposed an idea of distributed, packet-switching networks resulting in decentralized network linking computers which communicate using small packages of data (messages). This work is viewed as fundamental for distributed computing and many consider it to be the first work in this area. Baran also postulated to build fault-tolerant networks which should function even in presence of link faults and suggested searching for methods to find the best possible route in the network. In 1964 he was asked by ARPA (Advanced Research Projects Agency) to develop the proposed network, known as ARPAnet.

J.C.R. Licklider from Massachusetts Institute of Technology (MIT) together with Bob Taylor 1967, DARPA manager wrote the paper about Internet ("The Computer as a Communication Device" [20] which resulted, with efforts from RAND and Bolt Beranek and Newman (BBN), in functioning ARPAnet in 1969 connecting University of Utah, Stanford Research Institute, UCLA and UCSB.

First services for internet communication were telnet and FTP (File Transfer Protocol) which allowed data transfer and in 1971 electronic mail (e-mail) using SMTP (Simple Mail Transfer Protocol) was developed.

In the early seventies Local Area Networks (LAN) went through the rapid development phase. In 1973 Robert Metcalfe created Ethernet at Xerox PARC and IBM proposed to develop a token passing ring which was earlier patented in Sweden.

The basic protocol was proposed, the NTP (Network Transfer Protocol), which also as a later proposed TCP/IP worked on the basis of packet switching. It was more efficient to divide the data into small packets and transfer them along a given route.

A plethora of protocols existed but it was not until 1982 when TCP/IP (Transmission Control Protocol and Internet Protocol) was established as the standard for ARPANET which ten years later became de facto Internet.

Vinton Cerf and Robert Kahn co-developed as well as pushed for TCP/IP protocol which allowed interoperability and tremendously simplified communication. They set four goals for the design which led to the design of the TCP:

- Network connectivity: Any network could connect to another network through a gateway
- Distribution: There would be no central network administration or control
- Black box design: No internal changes would have to be made to a network to connect it to other networks
- Error recovery: Lost packets would be retransmitted

Soon ARPAnet became a network connecting over 100 universities. In 1984 1,000 nodes were connected, and three years later 10,000 and by 1990 already 100,000 and six years later 10 million hosts. Now, as internet it boasts over one billion users. The rampant, unstoppable growth continues.

Ted Nelson proposed a term "hypertext" in 1965 but it was not until 1989 when Berners-Lee while working at the Research Center for Physics CERN in Geneva created a world wide web. He then developed a universal addressing scheme: URL (Uniform Resource Locator), a simple description language HTML (Hypertext Markup Language) and a simple communication protocol HTTP (Hypertext Transfer Protocol) – which formed the basis for the internet communication. This is an excellent example of modestly funded research ($90,000) with spectacular results and enormous impact which by the way was discovered while tinkering with the idea of exchanging scientific papers among scientists. In 1993 Marc Andreesen, a student at the University of Illinois, developed a browser and a year later Stanford Professor James Clark co-founded with Andreesen a company called Netscape which in 1995 entered the Wall Street and sold $4B worth of shares to investors. A new era of internet began. In the meantime, Stefan Schambach with his colleagues worked on the idea of shopping via the net and founded a company called Intershop in 1994 which at its peak in 2000 became the second largest software company in Germany.

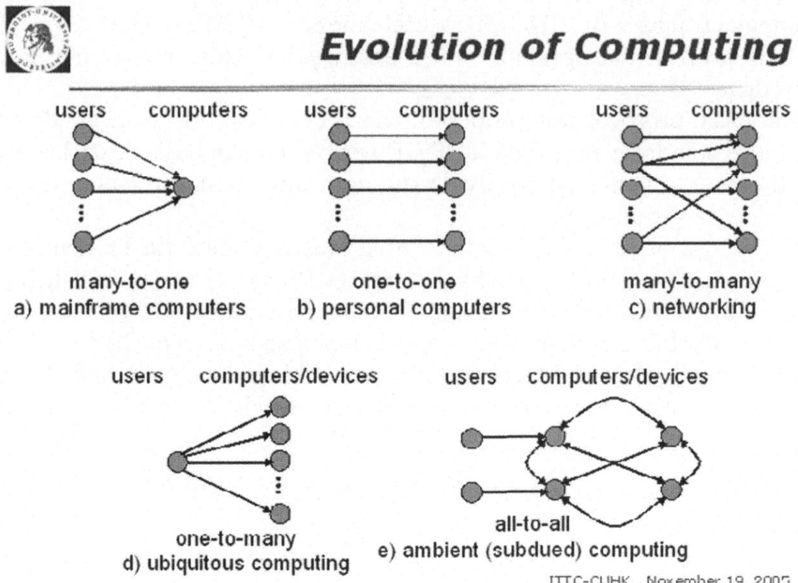

Fig. 7: Evolution of computing

Summary of Evolution

We extend Weiser's taxonomy [21] in order to summarize the developments in multicomputing (see Fig. 7).

At the beginning, when first computers were built the most popular mode of operation was mainframe computing. Users would submit their jobs, usually in a form of Hollerith's punched cards and waited hours if not days for results of their programmed application.

The next step involved switching to personal computing where each user wanted to have his own computer and thought that that way will be fully independent. It took only a decade to realize that the joys of sharing are irresistible and with development of internet access to many computers and files became a reality.

Weiser proposed ubiquitous computing where each user has many computers at his disposal taking care of different tasks. Computing everywhere (ubiquitous) and sometimes known as pervasive lead to one user to many computers connectivity. Embedded computing became popular as many devices that do not look like computers such as phones are in fact computers in disguise and contain one or more processors (average car is equipped with about 60 microprocessors).

We propose for the next stage ambient (subdued) computing where the human is back in charge and environment is convenient also for people not mainly machines. Ambient computing will require all-to-all connectivity and machine-to-machine (M2M) communication and computing. It is expected that M2M communication will dominate in volume over the human interactions. We call such a system the NOMADS (Networks of Mobile Adaptive Dependable Systems) Republic which is described in the next section.

4 The NOMADS Republic

The Challenge

After a period of explosive, unmitigated growth, the world is ready for the second chapter of the Internet revolution, namely, the support of ubiquitous computing where dynamic change, flexibility and on-demand components and services configurability will be expected. While consolidation, emerging maturity and survival of the fittest will rule at the corporate level, the web with virtually billions or maybe trillions of devices attached to it and trillions of bytes of data will have to transform into an information, knowledge and remote control utility available to unprecedented numbers of novice as well as mature users anywhere, anytime [27]. To lay out a foundation for this challenge the dream of ubiquitous, adaptive, maintenance-free, secure, self-relying (autonomic) systems must become a reality as public dependence on those systems will continue to rise and there will be insufficient human resources to continually support and maintain the computing/communication infrastructure.

The Societal Model

With machine-to-machine computing on the rise, rampant growth of networks and communication volume may result in a system whose complexity might be unmanageable. Several attempts are being made: ranging from graphs to biologically inspired models. While various aspects of the web are being researched with graphs modelling needs to tackle the global change. Physics and biology inspired models suffer from lack of understanding of physics or biology itself. We can draw parallels such as atoms, cells and organism but this will not lead very far.

We propose to use a societal model as computers have developed and grown up with people. Most of the networked subsystems today have been developed along the lines of organisations such as companies and universities. Computers are geared towards the human interaction. Considering an analogy between living beings and machines we observe that the main properties that humans are able to communicate by are, for example, gestures, sounds and exchange of goods even if they do not speak the common language. Machines with some processing capability are able to exchange signals only if they possess a modem or another communication device. By taking analogy to a republic of people, the NOMADS (Networks of Mobile Adaptive Dependable Systems) republic possesses autonomy, order and some common knowledge which can be shared via NOMADS interfaces. NOMADS citizens can be divided into communities which act in a specific environment and share data.

We should explore the analogy to organization forms created by humans with purpose while not excluding others such as biological or chemical processes which have their models in literature. Some biological analogies, i.e., survival of the fittest, can be found in the republic as well the NOMADS republic, survival of services that are used versus unused ones (also it can be compared to species and their survival or evolution in the natural history). The comfort level of humans should not be disturbed. We are overrun by e-mails today, and will be overrun by services tomorrow. Service must be user-friendly, effective, efficient and inexpensive. The systems should be ubiquitous but not overbearing and non-invasive, ensuring privacy, security and other MAD (explanation of MAD?) properties. Ideally, also anticipating user functions and tolerating mistakes which humans often make. The decisions should be made in small communities by consensus.

To create such societal model and conquer the challenge, we propose the NOMADS Republic. We chose the "Republic" with all its potential inefficiencies in favour of dictatorship, as historically seen no perfect dictator was ever born (if there was one to make only the right decisions and be able to delegate when necessary, such system would probably be most efficient). We also rejected anarchy as such form ultimately leads to chaos. The NOMADS (Networks of Mobile Adaptive Dependable Systems) infrastructure is aimed at supporting the functionality of the Republic [28]. It consists of all types of systems such as embedded systems, sensor networks, personal computing, server farms and GRID computing which must satisfy certain minimum requirements, namely, the ability to communicate and to discover, provide and/or use NOMADS services. It is established by incorporating the service paradigm in which "everything" is considered to be in a form of a service [29], [30] and guaranteeing three key properties: mobility, adaptivity and dependability (including security and real-time requirements). The goal of NOMADS infrastructure is to deliver low cost, dependable and adaptive connectivity in intelligent and highly semantic manner, making it possible to enter the age of "ambient computing" (we also use the term "subdued computing"), where computing and communication converge, and humans are back in control, free of unwanted actions and events such as cyber attacks, breakdowns, etc.

The Goal of NOMADS Infrastructure

The current trends in convergence of computing and communication in computer science can be best described as trying to develop ways for different devices to communicate with each other. Much effort is being spent on interoperability, but the key issue, semantics of such interoperation, is rarely if at all addressed. Therefore, NOMADS infrastructure should enable not only communication, but intelligent and purposeful behaviour of all connected systems. The time has come for creating an infrastructure which possesses basic properties such as Mobility, Adaptivity and Dependability (MAD properties) in broad sense including security and real time ensuring that every citizen of the NOMADS Republic is safe and can rely on services that are being offered.

The modern nomadism, where people travel extensively physically or in a virtual space is on the rise. Virtual presence and "omnipresent living" by sensing, observing, and controlling processes and events remotely or participating in joint experiments will experience an explosive growth and to accelerate this growth a creation of the NOMADS Republic and its infrastructure is proposed.

Ambient Computing

We call our extension ambient computing (also "subdued computing" to emphasize that the humans should be in control) which corresponds to the Internet where "many-to-many" mapping dominates, but goes even further and becomes "all-to-all". We consider pervasive and ubiquitous models of computing a bit overbearing and sometimes dangerous and risky to human activities and privacy. We want to provide an environment where humans are in charge and their comfort level is not disturbed. Hence the term subdued computing. With over one billion users of cellular phones alone who are already migrating to the web, billions of devices (sensors, actuators and terminals) appended to the net, billions lines of code, billions of web pages, many of them unmanaged or unmanageable a new order is required. The complexities are enormous and the methods of dealing with them must be pursued. Our response to this challenge is the NOMADS Republic where each network (cluster, overlay or a peer-to-peer group) focuses on guaranteeing a specific level of quality-of-service and a minimum level of adaptivity. The networks are connected over some type of net (e.g., the web) and sensors, actuators, terminal devices such as PCs, PDAs and phones and other arbitrary devices such as webcams, robots, mechanical games are attached to it. The users and devices may be mobile and can control, observe and/or be controlled via the network, be it physical or wireless.

Organization of the NOMADS Republic

Organization of the NOMADS Republic should include:

- citizens
- laws
- Beconomy
- social structure
- services

– support of MAD properties

like in a republic of people.

Citizens of the Republic must be able to communicate (e.g., to have IP), discover, provide and/or use NOMADS services as well as ensure MAD properties. In the future we may be surprised that every item in the supermarket may become a citizen by having an RFID chip attached to it. So, for example, a bottle of milk in addition to its id and price, could have the expiration date, level of fat, temperature, etc. Humans have a specific role and become citizens only if they have an access device such as a telephone or a laptop which already is a citizen of the republic.

Laws must be flexible and allow decentralized governing of citizens. This will be possible, as in real life, by contracts and trustworthiness. The brokerage agencies and reputation will play an important role. Also, competition will continuously improve the quality of provided services. Service providers and users should be liable if they break a contract as well as there must be punishment for fraud and other illegal activity.

The proposed social structure is, as already mentioned, a republic with all its pros and cons. All citizens are born equal, however the role of humans is special as control particular devices so the device is their citizenship's representative. There might be certain priorities given to emergency operations or those who affect many citizens.

Elements of the NOMADS economy must cover resource utilization, use of idle resources, e.g., for back-up operations and elimination of useless processing and storage. Unfortunately, the amount of useless processing and communication is on the rise. It is also important to ensure the right identity and security for transactions including sometimes location awareness but the most important challenge will be billing where a method that is easy to use still must be found. There exist over ten methods for micro-payments but none of them conquered the world at this time.

Since "everything" is a service, complexity is hidden behind services. Questions such as: "Who are you?", "Where are you?", and "What do you offer?" should be answered efficiently with minimum processing overhead. The services should expose contracts (interfaces) in which functional properties and non-functional properties should be comprehensively specified. The services must be composable with properties preservation. The support for cooperation, coordination (orchestration), composition, decomposition and adaptation should be secured. Existing approaches such as WSCI (Web Services Choreography Interface), WSFL (WS Flow Language) and BPEL (Business Process Execution Language) suffer from excessive complexity, inability to compose and to handle non-functional properties, limited applicability and excessive code size making them inadequate for embedded and sensor networks environments. Other approaches such as OWL-S do handle non-functional properties but are not capable of verifying correctness.

Support for MAD (Mobility, Adaptivity and Dependability) Properties is essential to ensure continuous and correct operation.

Physical mobility and logical mobility must be featured. Mobility issues along the layers deal with wireless transmission, medium handling and error handling at the physical layer and location management, adaptation and handover at the network layer. At the application layer general mobility support and logical mobility must be incorporated. Security issues such as authenticity, integrity, non-repudiation (unforgeable relationship), confidentiality and privacy must be handled as well.

Adaptivity is the ability to handle change such as fault, location or resource level. Dealing with unexpected events as in real life is not easy and the increasingly dynamic nature of business and our daily lives demands adaptivity.

Dependability support must ensure maximization of probability so that the system operates correctly, ideally even in the presence of faults (which leads to fault tolerance). Dependability covers a wide spectrum of issues including security and real time. Fundamental principle is redundancy in space such as replication and redundancy in time such as a retry. An optimal choice of means is difficult as it depends on many factors such as specification, fault classes, failure rate, repair rate and others. There might also be conflicting requirements: for fault tolerance multiple copies of devices or medium are needed but for security the number should be as small as possible for the device to be effectively protected.

The goal is to hide the underlying complexity of software and hardware systems behind the services they offer. It is our understanding that the majority of communication in the NOMADS Republic will be intra-system, meaning that systems will communicate with each other without human intervention. Only a small percentage of systems will interface directly with human users. Therefore, our focus must be on machine-to-machine interaction, rather than on human-machine interface. We must enable, through the resources of the NOMADS Republic, smooth and seamless interoperation between systems on a much higher scale and semantic level than ever attempted before. So the ultimate challenges are: orchestration of resources, development of trusted components and services and non-stop operation of the NOMADS infrastructure.

5 Summary and Outlook

From its humble beginning six millennia ago computing went through many transformations but nothing matches the developments of the last 50 years where computer architecture, parallel and distributed computing made a lasting impact on the way humanity functions, the way we live, research, discover, work and entertain. The progress of the last 50 years has been simply unmatched. The processing speed has increased over one trillion times and the growth in the size of memory and the number of transistors has been phenomenal. Today, we are able to model and simulate the most sophisticated marvels of human creativity such as supersonic jets and Maglev trains, and this is mainly due to the progress in computing. Starting with processor architecture where speedup methods such as parallel instructions execution, parallel data transfer, arithmetic unit pipelining, virtual memory and multithreading combined with tremendous speedup in the switching logic and awesome increase in the number of transistors brings us to the level of ten billion floating-point operations per second performance is a testimony to incredible human ingenuity and creative engineering.

Further progress has been achieved by spawning the idea of parallel computing where many processors can work together towards a common goal. Although still expensive, it does work and delivers spectacular performance such as latest IBM's Blue Gene/L supercomputer which with more than 65,000 microprocessors is capable of delivering over 280 TFLOPS performance. With latest developments in multicore technology it is expected that the cost barrier will be broken and "plugg" or "microprocessors" will not be needed, so parallel computing will become commonplace.

But raw computer power is not the only goal. Even more successful has been distributed computing where convenience is placed above performance. It turned out that low cost, broad access, simplicity and convenience are valued more than just giga or teraflops. Combining it with the progress in computer communication has resulted in the unprecedented growth of the internet where over 15% of the world's population is connected and can communicate with another "internaut" or another device any time, and in the future from any place.

The recent developments, flagged as GRID computing, combine advantages of parallel and distributed computing by developing an infrastructure that exploits unused computing power by interconnecting idle, often distributed, computers into one huge parallel computing assembly in order to deliver high performance at low cost: the best combination of both worlds.

Every trend in computer development that was identified over the last 50 years (see Fig. 8) seems to have become a permanent fixture of the design evolution. So has it been with functionality which was the major challenge in the sixties. Once basic functionality was mastered, the designers' next obsession became performance. Speed became the major competitive advantage in the seventies. The following decade was hallmarked by cost-cutting measures which resulted in a trend of delivering diverse functionality and highest performance at the lowest cost. After having those three factors somewhat under control, customers began to demand dependability, security and easy maintenance resulting in a new trend for quality of service. The current trend, which I proposed to be called "zeromania" is about driving many of the computer design and development to almost zero. Examples include "zero power" which should bring very low power devices technology, "zero downtime" which

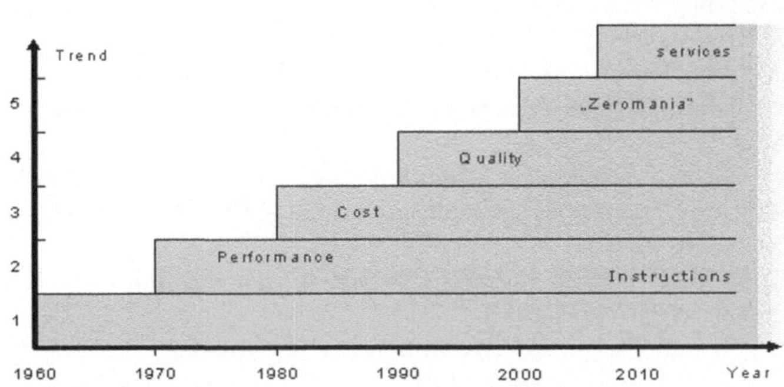

Fig. 8: Trends in computer development

should result in practically non-stop computing with zero downtime and finally "zero time to market" as the pressure to minimize time to market continues.

In my opinion, the service oriented computing will hallmark the next decade. With sufficient computer performance and experience in distributed computing, we are well positioned to develop an infrastructure that supports service oriented architectures where all applications are in a form of services. Such a unifying paradigm spread over systems ranging from sensor networks to large server farms could result in a new generation of computing. To provide such an infrastructure is one of the main goals of the NOMADS Republic where ambient, service oriented computing will become a reality.

References

1. R. Rojas, U. Hashagen *The First Computers – History and Architectures.* 2002
2. G. Ifrah *Universal History of Computing: From Abacus to the Quantum Computer.* 2002
3. P.E. Ceruzzi *A History of Modern Computing.* MIT Press, 1998
4. http://ei.cs.vt.edu/~history/
5. http://www.hitmill.com/computers/history/index.html
6. M.J. Flynn *Very High-Speed Computing Systems.* Proceedings of IEEE, Vol. 54, No. 12, December 1966, pp. 1901–09.
7. M.J. Flynn *Some Computer Organizations and Their Effectiveness.* IEEE Transactions on Computers, Vol. C-21, No. 9, September 1972, pp. 948–960.
8. W. Handler *Innovative computer architecture – how to increase parallelism but not complexity.* Parallel Processing Systems, An Advanced Course, Evans DJ ed, Cambridge University Press, Cambridge, 1982, pp. 1–41

9. I. Hennessy, D. Patterson *Computer Architecture – a Quantitative Approach.* Palo Alto, 1990
10. R.W. Hockney, C.R. Jesshope *Parallel Computers 2.* Adam Hilger/IOP Publishing, Bristol, 1988
11. G.M. Amdahl *Validity of single-processor approach to achieving large-scale computing capability.* Proceedings of AFIPS Conference, Reston, VA, 1967, pp. 483–485
12. J.L. Gustafson *Reevaluating Amdahl's Law.* CACM, 31(5), 1988, pp. 532–533
13. C.L. Seitz *The cosmic cube.* Communications of the ACM, 28(1), January 1985–June 1984, pp. 22–33
14. G.J. Lipovski, M. Malek *Parallel Computing: Theory and Comparisons.* Wiley-Interscience, New York, 1987
15. H.J. Siegel, L.J. Siegel, F.C. Kemmerer, P.T. Mueller, Jr., H.E. Smalley, S.D. Smith *PASM: a partitionable SIMD/MIMD system for image processing.* ACM SIGARCH Computer Architecture News, Vol. 12, Issue 4, September 1984, pp. 7–19
16. J.T. Schwartz *Ultracomputers.* ACM Transactions on Programming Languages and Systems, Vol. 2, No. 4, October 1980, pp. 484–521
17. M. Malek *High-Performance Computing in Europe.* DIANE Publishing Company, 1993
18. L. Kleinrock *Information Flow in Large Communication Nets.* RLE Quarterly Progress Report, 1961
19. P. Baran *On Distributed Communications Networks.* The RAND Corporation, Paper-P2626, 1962
20. J.C.R. Licklider, R.W. Taylor *The Computer as a Communication Device.* Science and Technology, April 1968
21. M. Weiser *Some Computer Science Issues in Ubiquitous Computing.* ACM ,36(7), 1993, pp. 74–84
22. K. Hwang, F.A. Briggs *Computer Architecture and Parallel Processing.* McGraw Hill, London, 1984, pp. 32–40
23. M.J. Quinn *Designing Efficient Algorithms for Parallel Computers.* McGraw Hill, 1987
24. G.S. Almasi, A. Gottlieb *Highly Parallel Computing, 2nd ed.* Benjamin/Cummings division of Addison Wesley Inc., 1994 1st edition, 1989
25. A.S. Tanenbaum *Distributed Operating Systems.* Vrije University, Amsterdam, Prentice Hall, 1995
26. M. Ben-Ari *Principles of Concurrent and Distributed Programming.* Prentice Hall International Inc., Englewood Cliffs, NJ, 1989
27. M. Malek *CobWeb: Challenge of Billions in the Web.* Proceedings of Future Directions in Distributed Computing, Bertinoro, Italy, 2002
28. M. Malek *The NOMADS Republic.* Proceedings of SSGRR 2003, Telecom Italia, L'Aquila, Italy, 2003
29. N. Milanovic, V. Stantchev, J. Richling, M. Malek *Towards Adaptive and Composable Services.* Proceedings of IPSI 2003, Sveti Stefan, Montenegro, 2003
30. N. Milanovic, J. Richling, M. Malek *Lightweight Services for Embedded Systems.* Proceedings of 2nd IEEE Workshop on Software Technologies for Embedded and Ubiquitous Computing Systems, Vienna, Austria, 2004

Signalverarbeitung im Weltraum

Beate Meffert, Frank Winkler

Humboldt-Universität zu Berlin
`meffert,fwinkler@informatik.hu-berlin.de`

Zusammenfassung. Die Raumfahrt hat vielen Wissenschaftsdisziplinen neue Forschungsfelder eröffnet. Nicht nur lebenswissenschaftliche, sondern auch materialwissenschaftliche Experimente versprechen unter den Bedingungen der Schwerelosigkeit neue Erkenntnisse. Während bei medizinischen und biologischen Experimenten der Einfluss der Restbeschleunigung oft vernachlässigbar ist, fordern materialwissenschaftliche Experimente eine genaue Kenntnis der Einflussgrößen Beschleunigung und Temperatur. Die Erfassung, Aufbereitung und Verarbeitung dieser zeitabhängigen physikalischen Größen ist Gegenstand des Forschungsgebiets Signalverarbeitung, das seit Gründung der Sektion Elektronik im Jahre 1970 an der Humboldt-Universität vertreten ist. In diesem Beitrag werden Messeinrichtungen für die Signale Beschleunigung und Temperatur vorgestellt, die in den Jahren 1980 bis 1993 an der Sektion Elektronik und von 1993 bis 2002 am Institut für Informatik entwickelt wurden.

Bis zum Anfang der 90er Jahre waren die Forschungsarbeiten der beteiligten Institutionen der Humboldt-Universität gemeinsam mit dem Institut für Kosmosforschung der Akademie der Wissenschaften der DDR in das Programm INTERKOSMOS der UdSSR eingebunden. Ab 1992 hat das Deutsche Zentrum für Luft- und Raumfahrt die verschiedenen Programme koordiniert, zu denen auch weiterhin materialwissenschaftliche Experimente gehörten.

An der Entwicklung und Realisierung der verschiedenen Messsysteme hat eine Reihe von Kollegen mitgearbeitet. Neben den Autoren gehören dazu u. a. Manfred Günther, Lothar Heese und Thomas Morgenstern (Institut für Informatik der Humboldt-Universität), Gerald Kell, Henry Langer und Holger Quaas (damals Mitarbeiter der Sektion Elektronik der Humboldt-Universität).

1 Elektronische Messtechnik für materialwissenschaftliche Experimente

Das Schmelzen ausgewählter Materialien unter den Bedingungen der Schwerelosigkeit ist ein materialwissenschaftliches Experiment, für das die ortsbezogene, hochgenaue Kontrolle und Auswertung der Temperaturen im Schmelzofen ein zentrales Problem darstellt.

Abb. 1: Raumstation Saljut mit Raumschiff Sojus

Obwohl nahezu Schwerelosigkeit herrscht, können jedoch vor allem bei der bemannten Raumfahrt durch Erschütterungen störende Restbeschleunigungen auftreten, die während des Erstarrungsvorganges in den Materialproben zu lokalen Kristallbaufehlern führen. Deshalb ist auch die messtechnische Erfassung der sogenannten Mikrogravitation bei vielen Experimenten von besonderem Interesse.

Die für die Experimente entwickelten Messgeräte sind in der Tabelle 1 zusammengefasst; in Kapitel 3 (S. 231ff) werden sie ausführlich beschrieben.

Die Messgeräte wurden in den sowjetischen Raketen Sojus, in der ersten Raumstation Saljut (Abb. 1) und in der russischen Raumstation MIR (Abb. 2) eingesetzt.

Tabelle 1: Fünf Messgerätegenerationen, Bau- und Einsatzjahre sowie Anzahl der materialwissenschaftlichen Experimente im Weltraum

Messgerät	Baujahr	Temperatur	Gravitation	Einsatz	Experimente
IMITATOR	1980	×		1980	1
ARP	1982	×		1984–89	5
TES	1992	×		1992–94	6
TEGRA	1995	×	×	1995–99	20
Advanced TEGRA	2000	×	×		

Abb. 2: Raumstation MIR

2 Messprinzipien

Hochgenaue Messungen von Temperaturen und Mikrogravitation unter den besonderen Bedingungen in einer Raumstation erfordern Forschungs- und Entwicklungsarbeiten sowohl zu den Messprinzipien als auch zu ihren schaltungstechnischen Umsetzungen. Im Folgenden sollen die Arbeitsweise und die wesentlichen Eigenschaften der entwickelten Messsysteme vorgestellt werden.

2.1 Temperatur

Für die genaue Messung der Temperatur in geschlossenen Schmelzöfen werden vorzugsweise Thermoelemente genutzt. Die Wirkungsweise von Thermoelementen basiert auf dem Seebeck-Effekt. Johann Seebeck beobachtete 1821 erstmals, dass in einem Leiterkreis aus zwei verschiedenen Metallen bei Erwärmung einer Verbindungsstelle ein Strom fließt. Auf diese Weise kann eine Temperaturdifferenz in eine elektrische Spannung umgesetzt werden. Werden zwei leitende Materialien A und B verbunden und ist die Temperatur T_1 am Verbindungspunkt des Messortes verschieden von der Temperatur T_2 der Leitungsenden am Ausgleichspunkt, so ist die Spannung U_{AB} über die materialabhängigen Seebeck-Koeffizienten S von dieser Temperaturdifferenz abhängig:

$$U_{AB} = (S_A - S_B) \times (T_1 - T_2)$$

Für Temperaturbereiche zwischen 100 und 1250°C, die für materialwissenschaftliche Experimente relevant sind, kommen als Leitungsmaterial nur hochschmelzende Metalle oder Metalllegierungen wie Ni-NiCr oder Pt-PtRh in Frage. Die Seebeck-Koeffizienten dieser Materialien unterscheiden sich nur wenig (10 bis 40 μV/K), so dass hochempfindliche Verstärker benötigt werden, um diese Spannungen auszuwerten.

Für eine exakte Temperaturmessung mit einer Auflösung von besser als 1 K im gesamten Temperaturbereich waren zahlreiche Probleme zu lösen, wie beispielsweise:

- Entwicklung kleiner, hochgenauer und alterungsbeständiger Thermoelemente mit genau definierten Temperaturkennlinien
- Herstellung einer temperaturbeständigen Isolation zwischen den Materialien A und B, um den Spannungsabfall am Leitungswiderstand infolge der Isolationsströme zu minimieren (50 mV/ 50 kΩ = 1 μA Isolationsstrom bei 1000°C)
- Reduzierung des Messstroms (1 μA Messstrom führt an 1 Ω Leitungswiderstand bereits zu einem Spannungsabfall von 1 μV)
- Einsatz extrem rauscharmer Verstärker mit minimalem niederfrequenten Rauschen der Halbleiterbauelemente (1/f-Rauschen)
- Reduzierung der Störungen im Messstromkreis durch Abschirmung und schaltungstechnische Maßnahmen (hochohmige Störspannungskreise)
- Vermeidung von Temperaturdifferenzen und damit von Verfälschungen der Temperaturmessung am Übergang vom Thermoelement zum Verstärker (Übergang auf Kupferleitungen, Lot und Silizium; Cu-Cu ca. 300 μV/K, Cu-PbSn ca. 2 μV/K, Cu-Si ca. 400 μV/K)
- Genaue Bestimmung der absoluten Temperatur T_2 des Ausgleichspunkts nach einem anderen Messprinzip
- Quantisierung der Messwerte für eine Zifferndarstellung oder digitale Verarbeitung

– Korrektur der nichtlinearen Sensorkennlinien der Thermoelemente.

Die genannten Probleme waren in erster Linie eine Herausforderung an die analoge Schaltungstechnik und die analoge Signalverarbeitung. Verstärker, Thermoelemente und Kontaktierungstechniken waren entsprechend dem jeweiligen Stand der Technik aufeinander abzustimmen und gleichzeitig für die Raumfahrt- und Experimentbedingungen zu optimieren.

Aber auch die Digitalisierung der gemessenen Spannungen erforderte erhebliche Entwicklungsarbeit. Die notwendige hohe Auflösung, Linearität und Stetigkeit waren nur mit Verfahren der indirekten Analog-Digital-Umsetzung zu erreichen. Dazu mussten Spannungs-Frequenz-Umsetzer, Charge-Balance- und Sigma-Delta-Verfahren untersucht und verbessert werden. Ein weiteres Problem bestand darin, dass in der Raumfahrt eine nachträgliche Kalibrierung nicht möglich ist. Deshalb wurden für die Digitalisierung Referenzspannungen benötigt, die über eine lange Zeit stabil arbeiten und nach Möglichkeit ohne Thermostate auskommen.

IMITATOR Die Geräte der ersten Generation mit der Bezeichnung IMITATOR trugen den Namen der Experimentserie, bei der die thermischen Eigenschaften der Schmelzöfen „Kristall" und „Magma" bestimmt wurden [1, 2]. Die unterschiedlich beheizbaren Zonen der Öfen erlaubten die Einstellung verschiedener Temperaturprofile. Der tatsächliche Temperaturverlauf im Schmelzofen wurde anfangs experimentell mit Drahtproben verschieden schmelzender Metalle „imitiert" (Abb. 3).

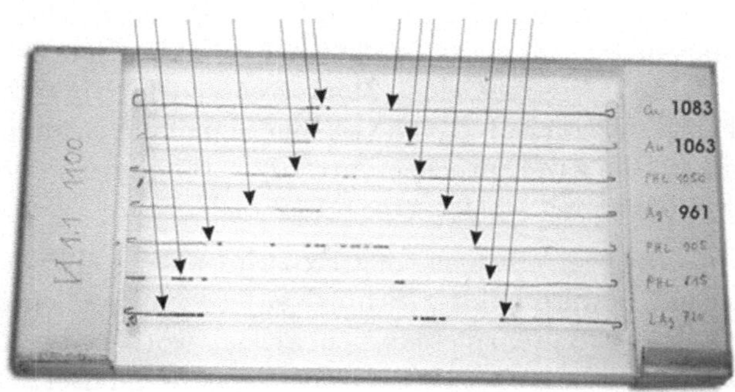

Abb. 3: Temperaturprofil (die Pfeile zeigen die Schmelzgrenze der nach Schmelzpunkten geordneten Metalle)

Zur „Imitation" der Temperaturprofile verwendete das Messgerät IMITATOR erstmalig Thermoelemente. Die Spannungen wurden mit integrierten Operationsverstärkern gemessen, die für die Differenzmessung von sehr kleinen Spannungen besonders geeignet waren. Die Anforderungen an die Linearität erfüllten 10-bit-Spannungs-Frequenz-Umsetzer, die jedoch gegenüber vergleichbaren Produkten einen relativ großen schaltungstechnischen Aufwand erforderten. Da CMOS-Mikroprozessoren zu dieser Zeit noch nicht

verfügbar waren und die p-MOS-Mikroprozessoren bezüglich des Energie-
verbrauchs inakzeptabel waren, wurde die gesamte Steuerung mit digitalen
CMOS-Standardschaltkreisen aufgebaut. IMITATOR war für den mobilen
Batteriebetrieb vorgesehen, was gleichzeitig eine perfekte galvanische Trennung der Versorgung vom Messkreis und eine sehr gute Störunterdrückung
bedeutete.

ARP Die Geräte der zweiten Generation konnten unter der Bezeichnung
ARP (Automatisches Registriergerät für Prozessparameter) bereits mit integrierten 13-bit-Analog-Digital-Umsetzern ausgerüstet werden, die über Ka-
librierungsfunktionen (*auto zero*) und digitale Schnittstellen verfügten [3]. Der
Referenzstrom für diese Umsetzer wurde erstmals mit Hilfe von Doppel-Sperr-
schicht-Feldeffekttransistoren erzeugt. Sie wurden als Kaskodestufe geschaltet
und so ausgesucht, dass sich ihre Temperaturabhängigkeit nahezu vollständig
kompensierte. Diese Lösung brachte eine bessere Konstanz bei Temperatur-
und Versorgungsspannungsschwankungen als die Verwendung industrieller
Referenzelemente in Verbindung mit Operationsverstärkern. Sie war zudem
kleiner und leistungsärmer. Ein 8-bit-Mikroprozessor in Kombination mit
Festwert- und Arbeitsspeicher, programmierbarem Zeitgeber und parallelen
Schnittstellenbaugruppen war bei diesen Geräten in der Lage, die Messungen
programmgesteuert zu übernehmen. Elektronische Messstellenumschalter ge-
statteten die Abfrage von 15 Temperaturmessstellen im Schmelzofen und der
Temperatur T_2 des Ausgleichspunkts [4].

Eine innovative Lösung in dieser Gerätegeneration war der Einsatz von
wechselbaren Halbleiterspeichern (EPROM) zur Datenspeicherung. Die Datenkassetten hatten ein ähnliches Wirkprinzip wie heutige Compact-Flash-
Karten (Abb. 4). In der Größe einer Zigarettenschachtel brachten sie es auf
eine Speicherkapazität von 24 KByte. Nach der Signalaufzeichnung wurden die
Datenkassetten auf die Erde zurückgeführt. Sie konnten nach der Auswertung
mit UV-Licht gelöscht und wiederverwendet werden.

TES In diesen Geräten, die nach der Experimentserie TES (Thermoelek-
trische Eigenschaften unterkühlter Schmelzen) bezeichnet wurden, ist erstmals eine Temperaturdifferenzmessung entwickelt worden, die kleinste Temperaturänderungen zwischen zwei Thermoelementen im Bereich von einem
Hundertstel Kelvin detektieren konnte [5]. Damit war eine kurzzeitige Temperaturänderung, wie sie beim Kristallisationsbeginn in Schmelzen verursacht wird, zeitlich und örtlich genau festzuhalten. Die Steuerung übernahm
ein 16-bit-Prozessor V25, der gegenüber einem 8-bit-Prozessor einen wesentlich größeren Adressraum besitzt und damit mehr Halbleiterdatenspei-
cher adressieren konnte. Die Datenkassette enthielt elektrisch programmierbare und elektrisch löschbare EEPROM-Speicher mit einer Kapazität von
512 KByte [6].

TEGRA Die Bezeichnung resultiert aus den neu entwickelten Modulen zur
Temperatur- und Gravitationsmessung [8]. Für die Temperaturmessung wurde

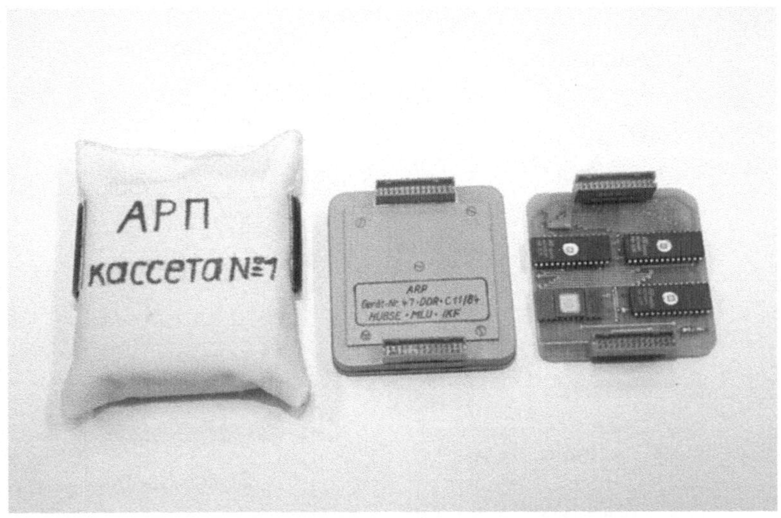

Abb. 4: Transportsack, Datenkassette und Datenkassette ohne Gehäuse

erstmals auch eine neuartige Lösung zur Unterdrückung elektrischer Störungen eingesetzt. Sie ist in Abb. 5 am Beispiel von 2 Messstellen dargestellt. Das Prinzip besteht darin, während der Messzeit sämtliche Thermoelemente nur mit jeweils einem Kondensator (C_2 in Abb. 5) zu verbinden, so dass die Kondensatoren mit den zugehörigen Thermospannungen geladen werden. Dadurch wird eine hohe Impedanz zwischen allen Thermopaaren und dem Verstärkereingang erreicht.

Zum Auslesen der Messwerte werden nacheinander die Kondensatoren (C_1 in Abb. 5) vom jeweiligen Thermoelement abgetrennt und anschließend über einen Multiplexer (Dual MUX in Abb. 5) mit dem Eingang des Vorverstärkers verbunden. Dadurch werden die an den Thermoelementen wirksamen Gleichtaktstörungen vom Eingang des Vorverstärkers weitgehend ferngehalten. Die Güte dieser Stördämpfung wird im Wesentlichen von den Schaltereigenschaften bestimmt und erreicht in einem relativ großen Frequenzbereich 120 dB. Dabei müssen die Kenngrößen der verwendeten Kondensatoren sorgfältig bemessen sein. Die Dynamik bei den Umladevorgängen bestimmt einerseits die Messgenauigkeit, andererseits auch die erfassbare Temperaturänderung je Zeiteinheit.

Die Analog-Digital-Umsetzung konnte in dieser Gerätegeneration mit einer Auflösung von 19 bit innerhalb von 10 ms realisiert werden. Dazu wurde ein 16-bit-Analog-Digital-Umsetzer nach dem Verfahren der sukzessiven Approximation in Verbindung mit einem speziellen Verfahren der Mehrfachmessung eingesetzt, wobei das Eingangssignal zusätzlich mit einer determinierten Rampenfunktion überlagert wurde. Der differenzielle Linearitätsfehler bei der Analog-Digital-Umsetzung lag dadurch unter der Auflösungsgrenze.

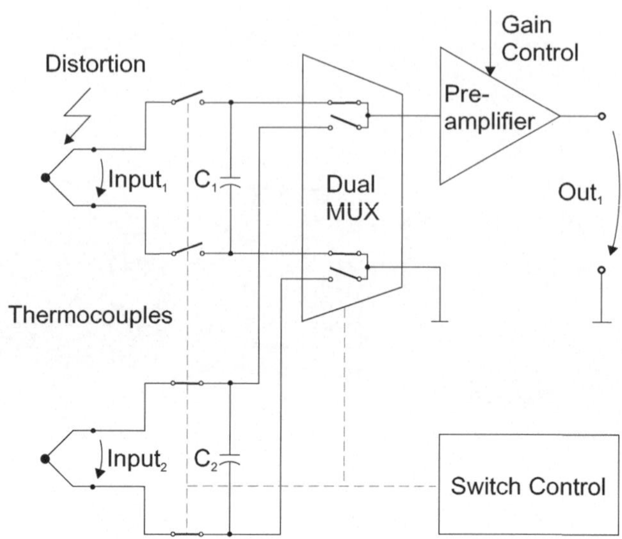

Abb. 5: Prinzip der Temperaturmessung im Messgerät TEGRA

Eine weitere Neuerung in der TEGRA-Generation war die Anbindung an einen Crew-Interface-Computer, ein spezielles raumflugtaugliches Laptop [9, 10]. Über eine serielle Schnittstelle konnte dieser Rechner den Schmelzofen und das Messgerät fernsteuern, Messdaten von beiden Geräten übernehmen und diese speichern. Über einen Telemetrikanal wurden die Daten zur Erde gesendet. Die Messwertaufnahme erfolgte in TEGRA jedoch nach wie vor autonom und völlig getrennt vom Computer, um eine hohe Genauigkeit und Störsicherheit zu erreichen.

Advanced TEGRA Die Geräte der fünften Generation sind für den Einsatz in der internationalen Raumstation ISS vorgesehen [14]. Die neue Qualität besteht darin, dass sie Systembestandteil einer modularen Schmelzofenanlage sind und in deren Versorgungs- und Kommunikationsstruktur eingebunden werden. Die Bedienoberfläche erlaubt direkte Einsicht in den Experimentalablauf. Je nach Experiment sind unterschiedliche Module einsetzbar. Das Modul zur Temperaturerfassung befindet sich hier erstmals unmittelbar am beweglichen Träger für die Materialaproben. Die konstruktiven Gegebenheiten machen deshalb eine besonders kompakte Bauweise und einen leistungsarmen Betrieb erforderlich (s. Abb. 15), wobei natürlich die guten technischen Parameter der TEGRA-Generation beibehalten oder verbessert werden sollten. Aus diesem Grunde wird zur zeitlichen Steuerung ein programmierbarer Schaltkreis des Typs FPGA (*field programmable gate array*) eingesetzt, der eine große Anzahl von Signalen für die zeitkritische Steuerung der analogen Baugruppen und für den Datentransport zur Verfügung stellt und gleichzeitig nur einen geringen Platz- und Leistungsbedarf hat.

Die Signalübertragung erfolgt über optoelektronische Koppler zu den Verarbeitungsmodulen. Die Analog-Digital-Umsetzung übernimmt ein spezieller 23-bit-Umsetzer, der ein besonders ausgewogenes Rauschspektrum über den gesamten Umsetzbereich besitzt. Damit wird gewährleistet, dass die statistische Verteilung der Messwerte von der Aussteuerung des Umsetzerschaltkreises nahezu unabhängig ist – eine wichtige Voraussetzung für die spätere statistische Auswertung sehr kleiner, kaum noch erfassbarer Temperaturänderungen. Ebenfalls unter dem Leistungsaspekt wurden 32-bit-Signalprozessoren eingesetzt, die effizienter mit den Ergebnissen des 23-bit-Umsetzers arbeiten können als die 16-bit-Prozessoren der TEGRA-Serie.

2.2 Gravitation

Nach dem Gravitationsgesetz wirken zwischen zwei Massen Gravitationskräfte. In Raumstationen, die auf einer Erdumlaufbahn in ca. 400 km Höhe kreisen, herrscht Schwerelosigkeit, wenn sich Zentrifugalkräfte und Gravitationskräfte aufheben. Es treten jedoch weitere Kräfte auf, die zu kleinen Beschleunigungen in der Größenordnung von 1 µg führen (1 g ist die mittlere Erdbeschleunigung von 9,81 m/s^2). Diese so genannte Restbeschleunigung oder Mikrogravitation kann verschiedene Ursachen haben. Dazu zählen die Ortsabhängigkeit des Erdgravitationsfeldes, der Luftwiderstand in der Hochatmosphäre, der Gravitationseinfluss von Mond und Sonne, die Abweichung des Standorts des Schmelzofens vom Massenmittelpunkt der Raumstation, Bahnkorrekturmanöver und mechanische Bewegungen in der Raumstation durch die Kosmonauten oder Apparaturen (z. B. Pumpen und Ventilatoren des Lebenserhaltungssystems). Im Extremfall führen im Stationsbetrieb Schwingungen und Stöße sogar zu Beschleunigungen bis 10 mg. Besonders die Beschleunigungen im Bereich tiefer Frequenzen unter 50 Hz können Erstarrungsvorgänge in Schmelzöfen beeinflussen. Aus diesem Grund ist die Messung der Restbeschleunigung auf Raumstationen für materialwissenschaftliche Experimente von großem Interesse.

Sensoren zur absoluten Beschleunigungsmessung sind auf der Erde nur bedingt genau justierbar: einer Änderung von 1 µg entspricht eine Neigungsänderung von 0,1 mm auf 100 m Länge. Der Justagefehler beträgt typischerweise 300 bis 1000 µg. In einem *Orbital Acceleration Research Experiment* verwendeten NASA-Forscher daher ein Messgerät, in dem durch Umklappen eines empfindlichen Sensors um 180° eine Kompensation der Justagefehler vorgenommen werden kann. Diese Geräte wurden bei der Kopplung zwischen einem Space Shuttle und der MIR-Station erfolgreich eingesetzt. Sie arbeiten allerdings nur in einer Raumdimension. Das von der DASA im Auftrag der ESA entwickelte *Microgravity Measurement Assembly* benutzt dagegen drei kapazitive Sensoren, die einen Messbereich von 10 bis 10.000 µg im Frequenzbereich von 0,1 bis 100 Hz in allen drei Raumrichtungen abdecken. Das Messgerät wurde später mit dem französischen System *Accellerometre Spatial Triaxial Electrostatique* erweitert, das im Bereich tiefer Frequenzen (0,0001 bis 2,5 Hz) für kleine Beschleunigungen (1 bis 1000 µg) ausgelegt ist. Für die Integration in einem Schmelzofen ist das Gerät aber zu aufwändig [11].

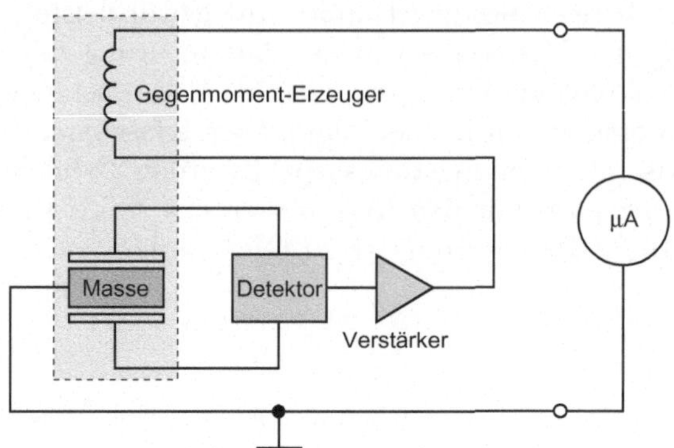

Abb. 6: Wirkprinzip des Sensors QA 1400

Für den interessierenden Beschleunigungsbereich von 25 bis 50.000 µg und einen Frequenzbereich von 0,1 bis 50 Hz war daher ein spezielles Messgerät erforderlich. Der eingesetzte Beschleunigungssensor QA 1400 (Abb. 6) enthält eine dünne Metallplatte mit definierter Masse, die zusammen mit zwei weiteren Platten einen Differenzkondensator bildet. Mit regelungstechnischen Maßnahmen wird die magnetische Platte durch das Magnetfeld einer Spule genau in Mittellage gehalten. Der Korrekturstrom durch die Spule ist ein Maß für die Kraft, die senkrecht auf die Masse wirkt. Aus dieser Kraft ergibt sich bei bekannter Masse die Beschleunigung in derselben Richtung. Die Sensoren gestatten eine Auflösung bis in den µg-Bereich, sind bis 100 Hz nahezu frequenzunabhängig, weisen jedoch Offset- und Temperaturfehler auf, die nur bedingt und mit großem schaltungstechnischen Aufwand kompensierbar sind.

Die Mikrogravitationsmessungen während der materialwissenschaftlichen Experimente kamen erstmals in dem Messgerät TEGRA zum Einsatz [12]. Für jede der drei Raumkoordinaten wurde ein Sensor genutzt. Im Gravitationsteil des Gerätes wurde eine analoge Schaltung zur Kompensation des statischen Anteils entwickelt, die es gestattet, mit einer Bandbreite von 0,1 bis 50 Hz sowohl Untersuchungen auf der Erde bei 1 g als auch in der Schwerelosigkeit im Bereich von maximal 50 mg durchzuführen. Durch die untere Begrenzung des Frequenzbereiches auf 0,1 Hz kann der Einfluss der Temperatur auf die Offsetgrößen des Sensors unterdrückt werden, da übliche Temperaturgradienten der Umgebungstemperatur deutlich unter 0,1 K/s liegen. Nach Verstärkung, Filterung, Abtastung und Analog-Digital-Umsetzung des Signals stehen digitalisierte Messwerte zur Verfügung. Sie werden einem Steuerrechner übergeben, der sie mit anderen prozessbegleitenden Daten verknüpft und entsprechend der Experimentdefinition speichert. Auf Grund der großen Datenmenge und der begrenzten Telemetriekanäle der MIR-Raumstation sind

die gespeicherten Gravitationsdaten mittels wechselbarer Festplatten auf die
Erde zurückgebracht worden [9].

In dem Nachfolgesystem Advanced TEGRA wurden die gleichen Sensoren verwendet, für die Signalfilterung wurden aber digitale Signalprozessoren
eingesetzt, die wesentlich effizienter arbeiten [14]. So können die Ströme aus
den Gravitationssensoren mit einer Abtastfrequenz von 16 kHz abgetastet,
digitalisiert und anschließend mit digitalen Tiefpassfiltern in mehreren Stufen auf den gewünschten Frequenzbereich von 0 bis 64 Hz dezimiert werden.
Ein spezieller niederfrequenter Kanal (0 bis 1 Hz) wird für Langzeitmessun-
gen genutzt, mit dessen Hilfe eine nachträgliche, digitale Nullpunktkorrektur
vorgenommen werden kann.

3 Messgeräte

Im Folgenden sollen die in mehr als 20 Jahren für die Weltraumforschung entwickelten und eingesetzten Geräte vorgestellt werden, und zwar in der Reihenfolge ihrer Entwicklung, die im Jahre 1978 begonnen hat.

3.1 IMITATOR

Das erste mobile Messgerät für den Raumfahrteinsatz, das in einem Schmelzofen Temperaturprofile ermitteln konnte, hieß IMITATOR (Abb. 7). Für die
Messung wurden 10 Ni-NiCr-Thermoelemente eingesetzt. Die Messung erfolgte manuell, die Messwerte wurden über ein kleines Display ausgegeben und die
Ergebnisse von Hand protokolliert. Das Messgerät IMITATOR ist im Jahre
1980 im Raumschiff Sojus 37 und in der Raumstation Saljut 6 eingesetzt worden. Zu den wichtigsten technische Daten dieser Gerätegeneration gehörten:

- 10 direkt angeschlossene Thermoelemente
- 3 Digit Auflösung mit einer Quantisierungsstufe von 40 µV bzw. 1,0 K
- Auslösung einer Messung und Messstellenumschaltung manuell
- Batteriebetrieb 7,2 V
- CMOS-Schaltkreise, kein Prozessor
- 3-stellige LED-Messwertanzeige, kein Speicher.

Wie in der Weltraumforschung üblich, waren von allen Anlagen mehrere
identische Exemplare zu bauen und zu testen, so auch von den Temperatur-
messgeräten IMITATOR. Abbildung 8 zeigt die fünffach gefertigten Flugmus-
ter des Messgeräts IMITATOR 2.

Abbildung 9 zeigt ein Zeugnis, das die Humboldt-Universität für die erfolgreiche Beteiligung am Interkosmosprogramm erhalten hat.

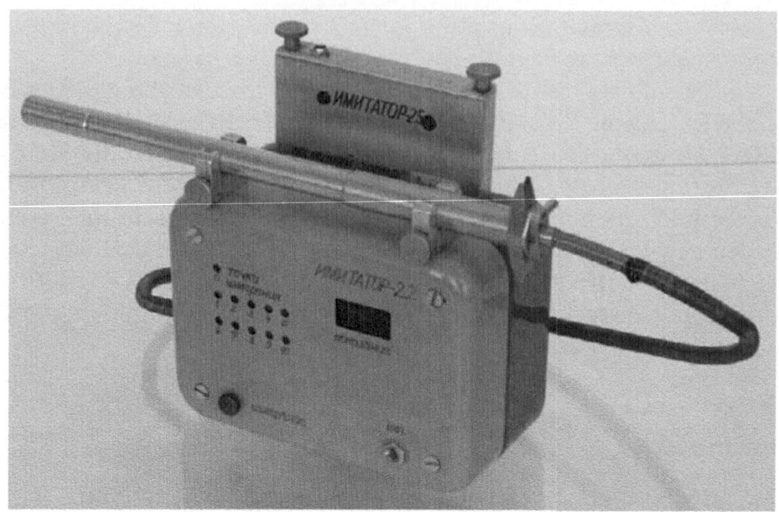

Abb. 7: Messgerät IMITATOR

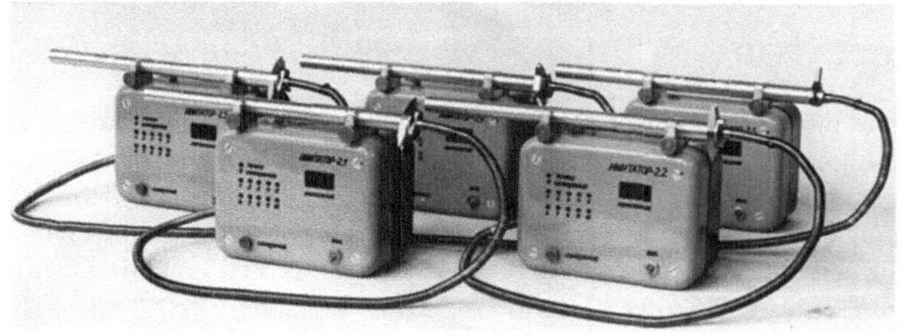

Abb. 8: Fünf Messgeräte IMITATOR 2 (1980)

3.2 ARP

Die nächste Generation der Temperaturmessgeräte (ARP, Abb. 10) besaß als
wesentliche Neuerung einen austauschbaren Speicher. Außerdem waren die
Anzahl der Ni-NiCr-Thermoelemente erhöht und die Auflösung des Analog-
Digital-Umsetzers verbessert worden. Zur Ausstattung gehörte erstmals auch
ein Mikroprozessor. Das Messgerät ARP arbeitete im Jahre 1984 auf Saljut 7
und 1987–89 auf der MIR. Die wichtigsten Charakteristika waren:

– Messsonde mit 15 austauschbaren Thermoelementen
– 13 bit Auflösung mit einer Quantisierungsstufe von 5 μV bzw. 125 mK
– linearisierte Anzeige in °C
– Abtastfrequenz und Messstellen programmierbar
– 8-bit-Prozessor Z80

Abb. 9: Свидетельство (Zeugnis) der Akademie der Wissenschaften der UdSSR (1980)

— austauschbarer Speicher (EPROM 24 KByte)
— Versorgungsspannung 27 V ±5 V vom MIR-Bordnetz
— 8-stellige 7-Segment-LED-Anzeige.

Abbildung 11 zeigt das Deckblatt eines in dieser Zeit veröffentlichten Sonderdrucks der sowjetischen Akademie der Wissenschaften.

3.3 TES

Der Erfolg der internationalen Raumfahrtprojekte und die dabei gewonnenen Erkenntnisse waren die Grundlage dafür, dass auch nach den Strukturverände-

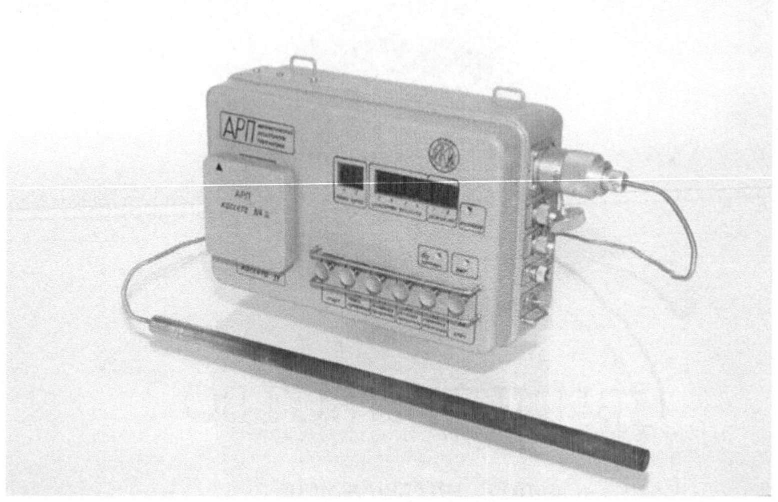

Abb. 10: Messgerät ARP

rungen in Europa und den daraus resultierenden neuen Kooperationen in der
Weltraumforschung die Humboldt-Universität wieder in materialwissenschaftliche Projekte einbezogen wurde. Es ist eine dritte Gerätegeneration TES
entwickelt worden (Abb. 12). Bei dieser neuen Gerätegeneration handelte es
sich um ein modular aufgebautes Messgerät zur hochgenauen Temperaturdifferenzmessung, das in den Missionen MIR'92 und EUROMIR'94 in der
russischen Raumstation MIR eingesetzt wurde. Die wichtigsten technischen
Eigenschaften waren:

– 2 Differenzeingänge, 4 unsymmetrische Eingänge für Thermoelemente
– 12 bit Auflösung mit einer Quantisierungsstufe von 0,1 µV bzw. 2,5 mK
– feste Abtastfrequenz, 2-s-Messzyklus für 6 Messstellen
– 512 KByte EEPROM als Speicher
– 16-bit-Mikroprozessor V25
– austauschbares Speichermodul
– Versorgungsspannung 27 V ±5 V vom MIR-Bordnetz
– Fernbedienung über RS232-Schnittstelle
– Betriebszustandsanzeige über 4 LED.

3.4 TEGRA

Im Jahre 1995 beteiligte sich die europäische Weltraumbehörde ESA an der
Mission EUROMIR. Bei dieser Mission war der Schmelzofen TITUS (*Tubu-
lar Furnace with Integrated Thermal Analysis under Space Conditions*) im

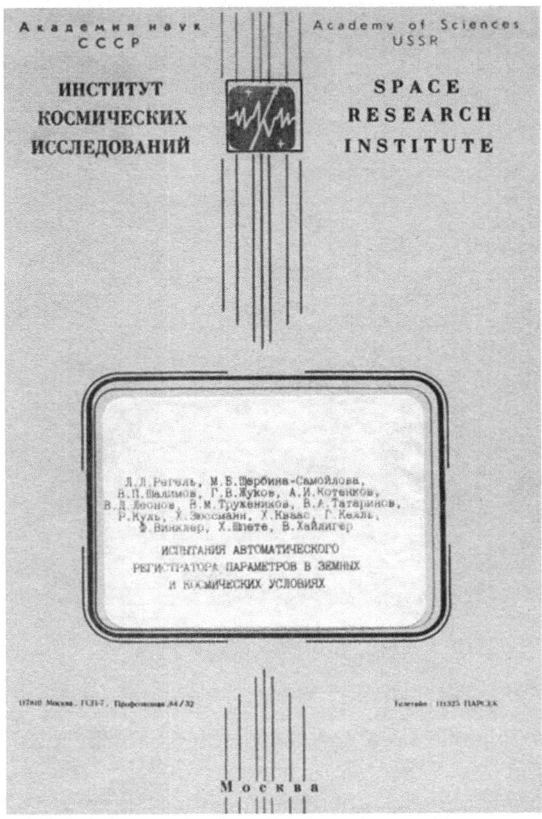

Abb. 11: Sonderdruck zum Messgerät ARP [3]

Einsatz [7]. Für diese neue Ofenanlage war wieder die Erfassung des Temperaturprofils erforderlich. Außerdem sollte erstmals auch eine Gravitationsmessung vorgenommen werden. Das Ergebnis der Forschungs- und Entwicklungsarbeiten war das programmierbare, vollautomatisch arbeitende elektronische Messgerät TEGRA mit einem Temperatur- und einem Gravitationsmessmodul (Abb. 13). Es hat erstmals die Hardware für die Messung von Temperaturen und Gravitation in einem Gerät vereinigt [8]. Unter Einhaltung des hohen technischen Standards der Weltraumtechnik konnten Temperaturen bis 1250°C mit einer Auflösung von 0,0025 K in elektrisch stark gestörter Umgebung gemessen werden. Die gleichzeitige Gravitationsmessung erfolgte mit einer Auflösung von 25 µg [13]. Das Messgerät TEGRA wurde in den Missionen EUROMIR'95, MIR'97 und im Jahre 1999 in der Mission MIR PERSEUS eingesetzt. Die wichtigsten technischen Daten waren:

- 10 Mantelthermoelemente Ni-NiCr oder Pt-PtRh
- Temperaturmessbereich von 0 bis 1250°C (Pt-PtRh)

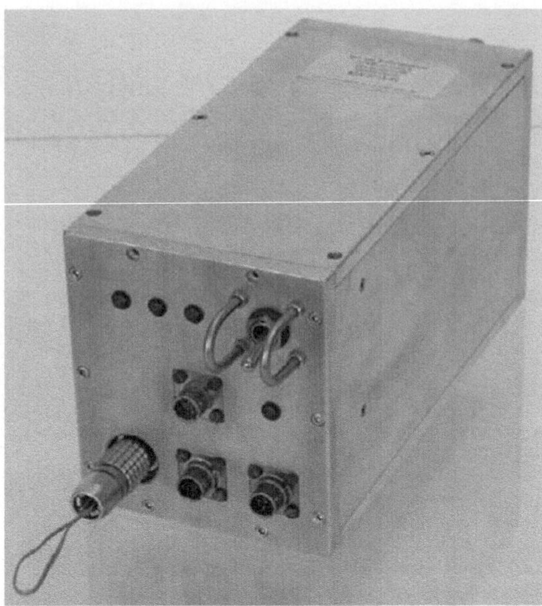

Abb. 12: Messgerät TES

- 3 Beschleunigungssensoren QA 1400, Messbereich $\pm 0{,}050$ g und 25 μg Auflösung
- 10 Universaleingänge für Thermoelemente (Differenz- oder unsymmetrische Eingänge)
- 19 bit Auflösung mit einer Quantisierungsstufe von 0,1 μV bzw. 2,5 mK
- feste Abtastfrequenz von einer Messung pro Sekunde
- 128 KByte Speicher
- 16-bit-Prozessor V25
- serielle Kommunikationsschnittstellen RS232
- Versorgungsspannung 27 V ± 5 V vom MIR-Bordnetz
- Stromaufnahme 0,36 A
- Fernbedienung über RS232-Schnittstelle
- Betriebszustandsanzeige über 3 LED.

Durch die konstruktive Gestaltung des Messgerätes TEGRA als Modul wurde die Integration in die Schmelzanlage TITUS ermöglicht. Die Abbildung 14 zeigt den Schmelzofen TITUS mit einem in den Ofen integrierten Messgerät TEGRA (rechts).

3.5 Advanced TEGRA

Das Messmodul TEGRA hat noch eine Weiterentwicklung erfahren. Es ist für den Einsatz in der Internationalen Raumstation ISS vorgesehen. Gemein-

Abb. 13: Messgerät TEGRA

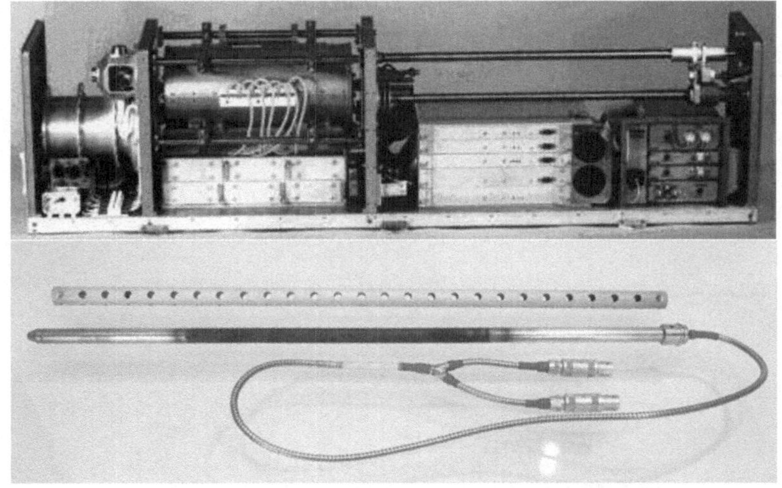

Abb. 14: Schmelzofen TITUS [7] mit TEGRA (rechts) und Sonde (unten)

sam mit einem Schmelzofen ist es integraler Bestandteil einer modularen Experimentalplattform [14]. In dem verbesserten Messgerät Advanced TEGRA (Abb. 15) arbeiten ein digitaler Signalprozessor und ein FPGA, die im Wesentlichen für die Abtastung und die Signalfilterung verantwortlich sind. Außerdem sind der Schmelzofen und die Messgeräte von einem Laptop aus steuerbar. Mit dem Messgerät Advanced TEGRA sind in den Jahren 2000 und 2001 zusammen mit dem DLR Köln Experimente durchgeführt worden. Die verbesserte Leistungsfähigkeit ist aus den technischen Daten ersichtlich:

- bis zu 40 Universaleingänge für Thermoelemente (Differenz- oder unsymmetrische Eingänge)
- 19 bit Auflösung mit einer Quantisierungsstufe von 0,1 μV bzw. 2,5 mK
- Messmodul für Mikrogravitation mit 3 Kanälen
- 3 Beschleunigungssensoren QA 1400, Messbereiche $\pm$0,030 g, $\pm$0,3 g und $\pm$3 g mit jeweils 25 μg Auflösung
- programmierbare Abtastfrequenzen, bis zu 8 Messungen pro Sekunde
- serielle Kommunikationsschnittstelle
- 32-bit-Signalprozessor TMS320C32
- FPGA XC4044 für zeitkritische Vorgänge
- Bussystem zum Ofen und zum Steuer- und Bedienteil (Laptop)
- Versorgungsspannungen 5 V und $\pm$15 V vom TITUS-Netz
- Fernbedienung über RS485-Schnittstelle
- Betriebszustandsanzeige über 6 LED.

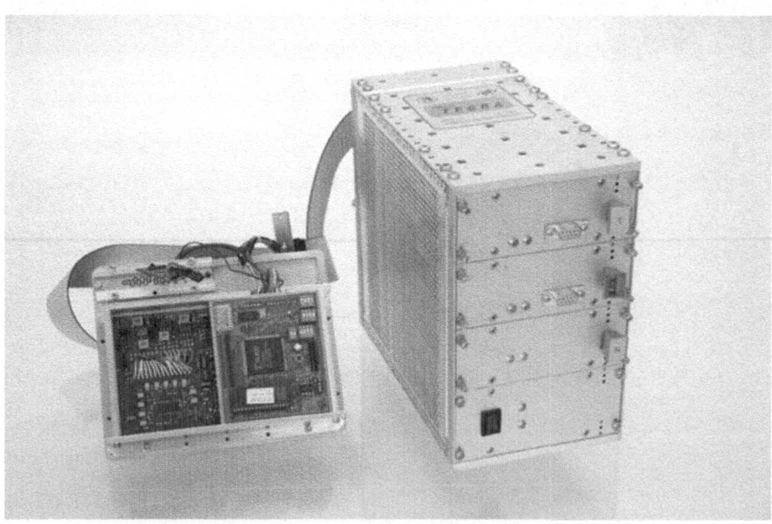

Abb. 15: Messgerät Advanced TEGRA mit offenem Temperaturmessmodul

4 Rückblick und Ausblick

Über die Erfassung, Aufbereitung und Verarbeitung von Signalen können Informationen über Zufallsprozesse gewonnen werden. Die hier vorgestellte Anwendung signalverarbeitender Verfahren hatte das Ziel, den komplexen physikalischen Vorgang der Materialschmelze zu beobachten, um unter den Bedingungen der Schwerelosigkeit Informationen über die Einflüsse auf den Schmelzvorgang zu gewinnen. In verschiedenen Raumschiffen sind Schmelzexperimente durchgeführt worden. In jeder Schmelzanlage ist dabei sehr genau die zeitliche Veränderung des Temperaturprofils und der Mikrogravitation ermittelt und gespeichert worden. Materialwissenschaftler haben eine Fülle von Daten für ihre weiteren wissenschaftlichen Arbeiten gewonnen. Aber auch die Signalverarbeitung hat von den langjährigen Arbeiten sehr profitiert. Unter den extremen Bedingungen der Raumfahrt waren die signalverarbeitenden Systeme besonderen Härtetests ausgesetzt, die zu Erkenntnissen geführt haben, die unter irdischen Bedingungen nicht ohne Weiteres möglich gewesen wären. Eigenschaften wie hohe Auflösung, Linearität, Genauigkeit, Robustheit, Langzeitzuverlässigkeit oder Bedienerfreundlichkeit sind auch auf der Erde wichtige Kennzeichen guter signalverarbeitender Systeme.

Literaturverzeichnis

1. C. Barta, A. Triska, J. Trnka, L.L. Regel *Experimental device for Materials research in Space – CSK-1.* Adv. Space Res. vol. 4, no. 5, 1984, S. 95–98
2. R. Kuhl, R. Röstel *Labors im Orbit – Materialwissenschaftliche und technologische Experimente in Salut-Raumstationen.* Urania 5, 1985, S. 12–17
3. Р. Куль, Х. Зюссманн, Х. Кваас ,Г. Кельл,Ф. и др. Винклер Испытания автоматического регистратора параметров в земных и космических условиях. Конгресс ИКИ АН СССР, Москва (Soviet Union), 1986
4. R. Kuhl, H. Quaas, H. Süssmann *ARP – a multipurpose instrumentation for experiments in materials sciences in space.* Preprint 37th International Astronautical Federation Congress, Innsbruck (Austria), 1986
5. A. Bewersdorff, G.P. Görler, R. Willnecker, K. Wittmann, R. Kuhl, R. Röstel, M. Günther, G. Kell *Measurements of heat capacity in undercooled metals.* ESA SP-333, Proceedings of the 8th European Symposium on Materials and Fluid Sciences in Microgravity, University Libre de Bruxelles (Belgium), 1992
6. G. Kell, F. Winkler, K. Wittmann *High Resolution Temperature Measurement Technique for Materials Sciences Experiments in Space.* Proceedings 45th International Astronautical Federation Congress, Jerusalem (Israel), 1994
7. R. Nähle, R. Röstel, H.P. Schmidt, K. Wittmann *TITUS: A New Facility for Materials Sciences Experiments in Space.* Preprint 46th International Astronautical Federation Congress, Oslo (Norway), 1995
8. B. Meffert, F. Winkler *Hochgenaue Messungen unter Weltraumbedingungen.* HU-Spektrum, 1996, 2:26–31

9. R. Nähle, R. Röstel *Technische und operationelle Nutzerunterstützung für die TITUS-Experimente der Mission MIR 1997/E.* 1996, in: P.R. Sahm (eds.) Research program of the German Russian Space Mission MIR 1997. WPF, Aachen (Germany), S. 453–458

10. U. Merbold, H. Hamacher *Messung der Mikrogravitation auf MIR.* 1996, in: P.R. Sahm (eds.) Research program of the German Russian Space Mission MIR 1997. WPF, Aachen (Germany), S. 372–375

11. R. Nähle, R. Röstel, G. Schmitz *TITUS: Anlagekonzepte und Nutzerunterstützung für MIR-Missionen und ISS.* 2000, in: M.H. Keller, P.R. Sahm (eds.) Bilanzsymposium Forschung unter Weltraumbedingungen. WPF, Aachen (Germany), S. 223–228

12. F. Winkler, G. Kell, R. Röstel *Gravitationsmessungen während der Mission MIR-97.* 2000, in: M.H. Keller, P.R. Sahm (eds.) Bilanzsymposium Forschung unter Weltraumbedingungen. WPF, Aachen (Germany), S. 777–787

13. F. Winkler, R. Röstel *The TEGRA vibration measurement environment on the MIR space station.* Proceedings International Symposium on International Scientific Cooperation onboard MIR, Lyon (France), 2001, S. 457–464

14. G. Seibert *The growth of microgravity research – From Skylab to the International Space Station.* in: G. Seibert (eds.) A World without gravity. ESA, Noordwijk (Netherlands), 2001, S. 367–398

Entwicklung der Spielbaum-Suchverfahren: Von Zuses Schachhirn zum modernen Schachcomputer

Alexander Reinefeld

Humboldt-Universität zu Berlin und
Konrad-Zuse-Zentrum für Informationstechnik Berlin
ar@zib.de

Zusammenfassung. Moderne Schachprogramme haben eine Spielstärke erreicht, die nur noch von Weltmeistern übertroffen wird – und das auch nicht immer. Die zunehmende Überlegenheit der Maschine über den Menschen ist hauptsächlich zwei Dingen zu verdanken: der enormen Leistungssteigerung der Computer-Hardware und den immer ausgefeilteren Baumsuch-Algorithmen, die den Kern eines jeden Spielprogramms ausmachen. In diesem Artikel diskutieren wir die spannende Entwicklung der Spielbaumsuche, an der so berühmte Computer-Pioniere wie John von Neumann, Konrad Zuse, Alan Turing und Claude Shannon mitgewirkt haben.

1 Einführung

Die Erfindung der programmgesteuerten Rechenanlage war primär von dem Wunsch getrieben, den Menschen von der Erledigung repetitiver Rechenaufgaben, wie z. B. der Erstellung von Logarithmentafeln [71], zu befreien. Aber auch einer der größten Träume der Menschheit war damit verbunden: die Schaffung einer Maschine, die in der Lage ist, eigenständig zu planen und somit eine gewisse Art von Intelligenz aufweist:

> *For centuries philosophers and scientists have speculated about whether or not the human brain is essentially a machine. Could a machine be designed that would be capable of "thinking"? During the past decade several large-scale electronic computing machines have been constructed which are capable of something very close to the reasoning process. These new computers were designed primarily to carry out purely numerical calculations. [...] The basic design of these machines is so general and flexible, however, that they can be adapted to work symbolically with elements representing words, propositions or other conceptual entities.*
>
> — Claude E. Shannon, 1950 [60]

Mit den primitiven mechanischen, elektromagnetischen und elektronischen Rechenanlagen der vierziger und fünfziger Jahre war an einen praktischen Einsatz zur Planungsunterstützung in Wirtschaft und Wissenschaft noch gar nicht zu denken. Daher wurden die Algorithmen an einem einfacheren Szenario erprobt, den *Zwei-Personen-Null-Summen-Spielen.* Herausragende Informatik-Pioniere wie John von Neumann, Konrad Zuse, Claude Shannon, Alan Turing, Allen Newell, Herbert Simon und John McCarthy haben neben ihren epochalen Arbeiten, auf denen unsere heutige Informationsverarbeitung aufbaut, wichtige Beiträge zur Spielprogrammierung geleistet. Obwohl die damalige Rechentechnik noch sehr primitiv war, hielten sie sich nicht mit der Lösung trivialer Spiele auf, sondern nahmen sogleich die größtmögliche Herausforderung an, das königliche Spiel:

> *Chess is the intellectual game par excellence. Without a chance device to obscure the contest, it pits two intellects against each other in a situation so complex that neither can hope to understand it completely, but sufficiently amenable to analysis that each can hope to outthink his opponent. The game is sufficiently deep and subtle in its implications to have supported the rise of professional players, and to have allowed a deepening analysis through 200 years of intensive study and play without becoming exhausted or barren. Such characteristics mark chess as a natural arena for attempts at mechanization. If one could devise a successful chess machine, one would seem to have penetrated to the core of human intellectual endeavor.*
> — A. Newell, J.C. Shaw, H.A. Simon, 1958 [40]

Dabei ist die Sache eigentlich ganz einfach: Jeder blutige Anfänger kann ohne jegliches taktisches oder strategisches Geschick optimal spielen, indem er in Gedanken seine möglichen Züge durchprobiert und die resultierenden Stellungen bewertet. Zur Stellungsbewertung versetzt er sich in die Lage seines Gegenspielers und probiert, wiederum in Gedanken, dessen mögliche Zugerwiderungen durch. Das wechselweise Ausprobieren der Zugmöglichkeiten setzt er – zumindest theoretisch – so lange fort, bis eine Endstellung erreicht ist, d. h. bis das Spiel für einen der beiden gewonnen oder remis ist.

Allerdings umfasst der so aufgebaute Suchraum, wie Claude Shannon [60] bereits im Jahr 1950 berechnete, 10^{120} Stellungen, und beim Go sind es aufgrund der größeren Zugalternativen sogar 10^{761} Stellungen. Das aber macht gerade den Reiz dieser Spiele aus, da die beste Strategie vielfach besser durch menschliche Planung als durch maschinelle Enumeration herausgefunden werden kann.

Da die kombinatorische Explosion des Suchraums mit den beschränkten Computer-Ressourcen kaum in den Griff zu bekommen war, bildete sich unter den Spielprogrammierern gegen Ende der siebziger Jahre eine Fraktion, die das Problem nicht durch eine Baumsuche, sondern durch Simulation des menschlichen Planungsvorgangs angehen wollte. Anfängliche Teilerfolge, wie die Entwicklung eines Programms zur umfassenden Planung eines Bauern-Minoritätsangriffs mit der enormen Vorausschau von über zwanzig Zügen konnten aber nicht in vollständig planungsbasierte Schachprogramme umgesetzt werden. Zudem wiesen die planenden Schachprogramme ein zentrales Problem auf, das – bei aller Kreativität – auch den Menschen auszeichnet: das Übersehen wichtiger Alternativen. Letztlich ist es völlig nutzlos, eine gute Variante zwanzig Züge im voraus planen zu können, wenn dabei auch nur eine einzige wichtige gegnerische Erwiderung übersehen wird!

Daher hat sich in der Spielprogrammierung die zuweilen abschätzig als *brute force* bezeichnete vollständige Spielbaumsuche durchgesetzt. Dass die modernen Suchalgorithmen aber gar nicht mit brutaler Gewalt zur Sache gehen, wollen wir in dieser kurzen Abhandlung zeigen. Unser Hauptanliegen liegt darin, dem Leser die algorithmische Eleganz rekursiver, hocheffizienter Suchverfahren nahe zubringen, und gleichzeitig deren Entwicklung im historischen Kontext aufzuzeigen. Die wichtigsten Meilensteine sind: Minimax (1928), Alpha-Beta (1956 bzw. 1958), SSS* (1979) und NegaScout (1982). Jedes Verfahren wird detailliert erläutert. Unser Hauptaugenmerk liegt auf den Algorithmen selbst; ihren Einsatz in Spielprogrammen (zumeist Schach) diskutieren wir nur am Rande.

Im folgenden Abschnitt führen wir zunächst die wichtigsten Grundlagen der Spieltheorie ein. Anschließend zeigen wir, wie eine Strategie mit John von Neumanns Minimaxtheorem berechnet werden kann. Abschnitt 4 bildet den Schwerpunkt des vorliegenden Beitrags: Hier stellen wir die direktionalen Suchverfahren Alpha-Beta, Scout und NegaScout vor, sowie das Bestensuchverfahren SSS*, das den Minimaxwert mit einem gänzlich anderen Ansatz berechnet. In Abschnitt 5 betrachten wir den Stand und die Grenzen der Spielprogrammierung. Abschließend reflektieren wir die Geschichte der überwiegend amerikanisch geprägten Forschung und diskutieren zukünftige Herausforderungen.

2 Spiele und Spielbäume

> *It is not that the games and mathematical problems are chosen because*
> *they are clear and simple; rather it is that they give us, for the smallest*
> *initial structures, the greatest complexity, so that one can engage some*
> *really formidable situations after a relatively minimal diversion into*
> *programming.*
>
> — Marvin Minsky, 1968 [34]

Was sich hinter dem Begriff *Zwei-Personen-Null-Summen-Spielen mit vollständiger Information* [38, 39] verbirgt, lässt sich am besten herausfinden, wenn man den Begriff in seine einzelnen Bestandteile zerlegt:

- *Zwei-Personen:* An dem Spiel sind zwei Parteien beteiligt, die den Spielregeln gemäß abwechselnd Züge ausführen, bis das Spielende[1] erreicht ist.
  Die beiden Spieler werden als *MAX* und *MIN* bezeichnet.
- *Null-Summen:* Die in den Endstellungen stattfindende Gewinnauszahlung
  wird so vorgenommen, dass der Gewinn des einen Spielers genau dem
  Verlust des Gegenspielers entspricht.
- *vollständige Information:* Beide Spieler sind jederzeit über den kompletten
  Spielzustand und alle möglichen Folgezustände informiert und können auf
  dieser Grundlage den für sie günstigsten Zug berechnen.

Die erlaubten Zugfolgen lassen sich in Form eines Baumes veranschaulichen
(Abb. 2). Ausgehend von der Anfangsstellung als Wurzelknoten stellt man
alle Folgestellungen als Knoten und die zu den Stellungen führenden Züge als
Kanten dar. Zwei verschiedene Knotentypen symbolisieren das Zugrecht der
beiden Gegner MAX (Quadrate) und MIN (Kreise).

Definition 1. *Ein* **Spielbaum** *G (game tree) ist ein Baum, in dem alle di-
rekten Nachfolger der MAX-Knoten vom Typ MIN sind, und alle direkten
Nachfolger der MIN-Knoten vom Typ MAX sind. Die Wurzel ε ist ein MAX-
Knoten.*

3 Spielstrategie

Von zentraler Bedeutung ist zweifellos die Frage, welcher Zug bzw. welche
Strategie dem Spieler den größten Gewinn beschert. Diese Frage lässt sich
mit dem Minimax-Verfahren beantworten – ein Verfahren, das seit seiner Erfindung im Jahr 1926 in allen Spielprogrammen angewandt wird. Weniger
bekannt ist die Tatsache, dass auch kontextfreie Grammatiken [22] oder boolesche Funktionen in disjunktiver Normalform zur Ermittlung einer Strategie
(in binär bewerteten Bäumen) herangezogen werden können.

3.1 Minimax-Rückbewertung

Die erste Definition des Minimax-Wertes, und damit auch eine Vorschrift zu
seiner Berechnung, verdanken wir dem großen Mathematiker und Computer-
Pionier John von Neumann (Abb. 1), der damals an der Berliner Universität
– der heutigen Humboldt-Universität zu Berlin – arbeitete und während des
Nationalsozialismus in die USA auswanderte. Im Dezember 1926 hielt er im
Kolloquium der Göttinger Mathematischen Gesellschaft einen Vortrag „Zur
Theorie der Gesellschaftsspiele", in dem er der Frage nach der günstigsten
Strategie in einem n-Personen-Spiel nachging:

---

[1] Unendliche Spielfolgen sind durch die Spielregeln ausgeschlossen.

Abb. 1: John von Neumann (28.12.1903–8.2.1957) vor dem von ihm erfundenen ED-
VAC (Electronic Discrete Variable Automatic Computer). Die heute noch
aktuelle Systemarchitektur des EDVAC mit getrennter Recheneinheit, Speicher und Ein/Ausgabeeinheit wird als *von Neumann-Architektur* bezeichnet.

*Die Fragestellung [nach der günstigsten Strategie] ist allgemein be-
kannt, und es gibt wohl kaum eine Frage des täglichen Lebens, in die
dieses Problem nicht hineinspielte; trotzdem ist der Sinn dieser Frage
kein eindeutig klarer. Denn sobald $n > 1$ ist (d. h. ein eigentliches
Spiel vorliegt), hängt das Schicksal eines jeden Spielers außer von seinen eigenen Handlungen auch noch von denen seiner Mitspieler ab;
und deren Benehmen ist von genau denselben egoistischen Motiven be-
herrscht, die wir beim ersten Spieler bestimmen möchten. Man fühlt,
dass ein gewisser Zirkel im Wesen der Sache liegt.*
— John von Neumann, 1928 [38]

Um die beste Strategie herauszufinden, müssen wir zunächst eine *Gewin-
nauszahlungsfunktion* $f(J)$ definieren, die für jedes Blatt J des Spielbaums,
das eine erreichbare Endstellung repräsentiert, die Höhe der Gewinnauszahlung angibt. Betrachtet man den Gewinn aus der Warte des MAX-Spielers,
so wird dieser, wenn er direkt vor dem Spielende am Zug ist, zu der Endstellung J mit dem größten Wert $f(J)$ ziehen. Der MIN-Spieler verfolgt die
entgegengesetzte Strategie: Er wählt einen Zug zu einer Endstellung J mit
dem kleinsten Wert $f(J)$. Auf diese Weise berechnet man, von den tiefen zu
den höher gelegenen Baumebenen fortschreitend, für jeden inneren Knoten J
einen Wert, den sogenannten *Minimaxwert* $v(J)$:

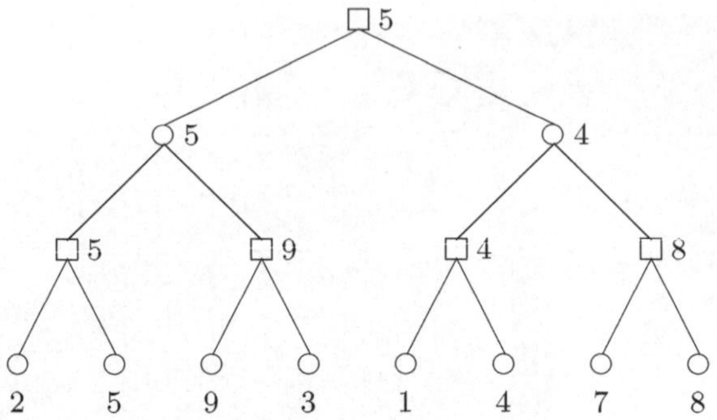

Abb. 2: Minimaxwerte in einem Spielbaum. Die Hauptvariante verläuft von der Wurzel zu dem mit 5 bewerteten Blatt.

Definition 2. *Der* **Minimaxwert** $v(J)$ *eines Knotens* J *ist definiert durch:*

$$v(J) = \begin{cases} f(J) & \text{\textit{falls} } J \text{ \textit{ein Endknoten ist,}} \\ \max\{v(J.j)|\ 1 \leq j \leq w\} & \text{\textit{falls} } J \text{ \textit{ein innerer MAX-Knoten ist,}} \\ \min\{v(J.j)|\ 1 \leq j \leq w\} & \text{\textit{falls} } J \text{ \textit{ein innerer MIN-Knoten ist.}} \end{cases}$$

Die wechselseitige Minimierung und Maximierung beschrieb von Neumann plastisch mit den Worten:

> *Es wird von zwei Seiten am Werte von $g(x,y)$ hin und her gezerrt, nämlich durch S_1, der ihn möglichst groß, und durch S_2, der ihn möglichst klein machen will.*
>
> — John von Neumann, 1928 [38]

Für den Einsatz in Spielprogrammen ist die Minimax-Methode zu umständlich, weil sie eine getrennte Behandlung der Maximierung und Minimierung erfordert. Einfacher ist es, die Knotenwerte stets aus der Sicht des am Zuge befindlichen Spielers zu betrachten. Da $\min\{a,b\} = -\max\{-a,-b\}$ gilt, können wir die Minimierung eliminieren und den *Negamaxwert* $u(J)$ definieren:

Definition 3. *Der* **Negamaxwert** $u(J)$ *eines Knotens* J *ist definiert durch:*

$$u(J) = \begin{cases} g(J) & \text{\textit{falls} } J \text{ \textit{ein Endknoten ist,}} \\ \max\{-u(J.j)|\ 1 \leq j \leq w\} & \text{\textit{falls} } J \text{ \textit{ein innerer Knoten ist,}} \end{cases}$$

mit

$$g(J) = \begin{cases} f(J) & \text{\textit{falls} } J \text{ \textit{ein MAX-Endknoten ist,}} \\ -f(J) & \text{\textit{falls} } J \text{ \textit{ein MIN-Endknoten ist.}} \end{cases}$$

In Spielprogrammen ist jedoch nicht der Minimaxwert einer Stellung gefragt, sondern der beste Zug, der für MAX den größten Gewinn bei gleichzeitig

Abb. 3: Claude E. Shannon (30.4.1916–24.2.2001) (Mitte) zusammen mit Ken Thompson (UNIX-Pionier und Programmierer des Weltmeisterprogramms *Belle*, links) und David Slate (Weltmeisterprogramm *Chess 4.6*, rechts) während der Computer-Schachweltmeisterschaft in Edmonton, Kanada, im Jahr 1989 [31].

bestem Gegenspiel seines Opponenten garantiert. Das ist derjenige Zug, der aus der Ausgangsstellung zu einer Folgestellung mit dem größten Minimaxwert führt; in Abb. 2 die linke Kante. Aus der so erreichten Stellung führt der beste Zug von MIN zu der Folgestellung mit dem kleinsten Minimaxwert, im Beispiel wiederum die linke Kante. Die Folge der jeweils besten Züge nennt man *Hauptvariante*. Der Wert der Hauptvariante, und damit der Minimaxwert der Wurzel, entspricht dem Wert des Blattknotens am Ende der Hauptvariante.

3.2 Minimax im praktischen Einsatz

Der praktische Einsatz des Minimax-Verfahrens in einem Spielprogramm wurde erstmals im Jahr 1950 erwähnt. In seinem vielfach zitierten Artikel „A Chess-Playing Machine" [60] beschreibt Claude E. Shannon (Abb. 3) den systematischen Entwurf eines Schachprogramms:

> *The problem of setting up a computer for playing chess can be divided into three parts: first, a code must be chosen so that chess positions and the chess pieces can be represented as numbers; second, a strategy must be found for choosing the moves to be made; and third, this strategy must be translated into a sequence of elementary computer orders, or a program.*
>
> — Claude E. Shannon, 1950 [60]

1. e4, e5; 2. Nc3, Nf6; 3. d4, Bb4; 4. Nf3, d6; 5. Bd2, Nc6; 6. d5, Nd4; 7. h4, Bg4; 8. a4, Nxf3+; 9. gxf3, Bh5; 10. Bb5+, c6; 11. dxc6, O–O; 12. cxb7, Rb8; 13. Ba6, Qa5; 14. Qe2, Nd7; 15. Rg1, Nc5; 16. Rg5, Bg6; 17. Bb5, Nxb7; 18. O–O–O, Nc5; 19. Bc6, Rfc8; 20. Bd5, Bxc3; 21. Bxc3, Qxa4; 22. Kd2, Ne6; 23. Rg4, Nd4; 24. Qd3, Nb5; 25. Bb3, Qa6; 26. Bc4, Bh5; 27. Rg3, Qa4; 28. Bxb5, Qxb5; 29. Qxd6, Rd8; **0:1**.

Abb. 4: Das erste Spiel eines „Schachcomputers": Im Jahr 1952 verliert Turings handsimuliertes Schachprogramm (weiß) nach 29 Zügen gegen Alick Glennie.

Im selben Jahr veröffentlicht Alan Turing eine konkrete Kodierung eines vollständigen Schachprogramms [66]. Da ihm zum Testen des Programms kein Computer zur Verfügung stand, simulierte er seinen Algorithmus kurzerhand auf dem Papier. Er überredet seinen Kollegen Alick Glennie, einen Anfänger im Schachspiel, gegen sein Programm anzutreten. Der Ausgang dieses ersten Kräftemessens Mensch gegen Maschine, das 1952 im englischen Manchester stattfand, war eindeutig: Turings Schachprogramm verlor bereits nach 29 Zügen.

Analysiert man den in Abb. 4 gezeigten Spielverlauf, so stellt man fest, dass das Programm etwa zwei bis vier Halbzüge weit vorausschaut[2]. Da Turing die Simulation der vollständigen Baumsuche auf dem Papier zu mühselig war, kürzte er sie ab, indem er einige aus seiner Sicht überflüssige Baumzweige kurzerhand außer acht ließ. Vermutlich hat er damit intuitiv bereits die Idee des Alpha-Beta-Algorithmus vorweggenommen, wenngleich dies nicht überliefert ist und er somit nicht „offiziell" als Erfinder von Alpha-Beta gilt. Da sein Programm – schon allein aus pragmatischen Gründen – sehr einfach strukturiert ist, verlor es selbst gegen Anfänger. Es weist aber alle wesentlichen Bestandteile auf, die auch heute noch den Kern eines jeden Schachprogramms ausmachen: Zugerzeugung, Blattbewertung und Minimax-Rückbewertung.

3.3 Eine Alternative zum Minimax-Verfahren

Die Hauptvariante impliziert die bestmögliche Zugwahl beider Parteien. Aber auch dann, wenn der Gegenspieler einen Zug wählt, der nicht auf der Hauptvariante liegt, muss MAX eine optimale Erwiderung parat haben. Gesucht ist also ein Unterbaum des Spielbaumes, der für jeden beliebigen MIN-Zug die beste MAX-Erwiderung enthält. Ein solcher Unterbaum wird *MAX-Strategie* genannt.

---

[2] Alan Turing kritisierte später ein Schachprogramm von Donald Michie wegen seiner geringen Suchtiefe von nur einem einzigen Halbzug.

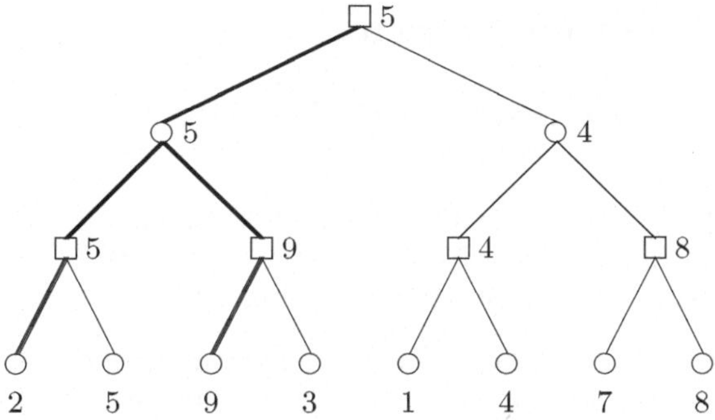

Abb. 5: Ein Spielbaum mit einer möglichen, aber nicht optimalen Strategie (fett
gezeichnete Kanten).

Definition 4. *Eine* **MAX-Strategie** *S eines Spielbaumes G ist ein Unterbaum von G, dessen Wurzel zugleich Wurzel von G ist. Ist ein innerer Knoten J von G in S, so befinden sich alle direkten Nachfolger von J in S, falls J ein MIN-Knoten ist, und es ist genau ein direkter Nachfolger von J in S, falls J ein MAX-Knoten ist.*

Eine MAX-Strategie beschreibt also eine ausgewählte Zugfolge des MAX-Spielers mit allen möglichen MIN-Erwiderungen. Abbildung 5 zeigt eine MAX-Strategie. Diese ist allerdings nicht optimal, weil MAX bei geschicktem Gegenspiel von MIN nur den Wert 2 erzielt, während er bei Wahl einer optimalen Strategie den Wert 5 erzielen könnte (vgl. Abb. 2).

Der *Wert einer MAX-Strategie* ergibt sich aus dem Minimum seiner Blattwerte, da MIN die für ihn beste Zugfolge auswählen kann. MAX, der ja definitionsgemäß in der Ausgangsstellung das Zugrecht besitzt, kann seinerseits aus der Menge aller möglichen MAX-Strategien die günstigste wählen. Da er an der Maximierung des Spielresultats interessiert ist, wird er sich für die MAX-Strategie mit dem größten Wert entscheiden. Der *Wert eines Spielbaumes* entspricht also dem Maximum über alle MAX-Strategien.

Damit haben wir den Minimaxwert auf einem zweiten Weg hergeleitet: Er kann entweder gemäß Definition 2 durch rekursive Rückbewertung der Blattwerte in die höher gelegenen inneren Knoten oder durch systematische Enumeration aller MAX-Strategien und Auswahl der besten Strategie berechnet werden. Beide Methoden sind in der Praxis gebräuchlich. Wie wir im nächsten Abschnitt sehen werden, läßt sich die erste Berechnungsmethode mit einem sehr einfachen rekursiven Algorithmus (Alpha-Beta) realisieren. Die zweite Methode wird vom Bestensuchverfahren SSS* genutzt, das wir anschließend vorstellen.

4 Spielbaum-Suchverfahren

Wie seit Shannon und Turing bekannt, besteht jedes Spielprogramm aus drei Komponenten:

- Erzeugung der Knotennachfolger (Zugerzeugung)
- Bewertung der erreichten Endstellungen (heuristische Blattbewertung)
- Rückbewertung der Knotenwerte (Baumsuche)

Die Art der Zugerzeugung und Blattbewertung sind vom jeweiligen Spiel abhängig und daher für uns hier nicht weiter interessant. Wir konzentrieren uns auf den dritten Punkt, die Baumsuche. Sie dient der Vorausschau und der Rückbewertung der Minimaxwerte. Während des Suchprozesses werden zugleich alle überflüssigen Knoten (und damit auch ganze Unterbäume) abgeschnitten. „Überflüssig" in unserem Sinne sind nur diejenigen Knoten, die für die Berechnung des Minimaxwertes irrelevant sind.

Das Abschneiden geschieht mit Hilfe von zuvor im Suchprozess erworbenen Informationen. *Direktionale Suchverfahren* gehen im Baum in einer bestimmten Richtung (meistens von links nach rechts) vor, während die *Besten-Suchverfahren* vom jeweils besten bekannten Knoten zum nächstbesten springen, wodurch sie die vorhandenen Informationen besser ausnutzen können – so zumindest die Expertenmeinung bis Mitte der achtziger Jahre.

Im Folgenden stellen wir zwei direktionale und ein Besten-Suchverfahren vor: *Alpha-Beta*, das den Baum in einer direktionalen Tiefensuche expandiert, *NegaScout*, das auch direktional arbeitet, dabei aber einige Teilbäume mehrmals durchsucht und *SSS**, das eine globale Bestensuchstrategie anwendet. Diese drei Algorithmen bilden einen Grundstock, aus dem im Laufe der Zeit viele ausgefeilte Varianten abgeleitet wurden.

4.1 Grundlage aller Spielprogramme: Der Alpha-Beta-Algorithmus

Historie.

Als Erfinder des Alpha-Beta-Verfahrens gilt – zumindest in der westlichen Welt – John McCarthy [27, S. 303], der im Jahr 1956 darauf hinwies, dass zur Berechnung des Minimaxwertes gar nicht alle Baumzweige durchsucht werden müssen. Leider hat McCarthy seine Beobachtung nicht schriftlich festgehalten – vermutlich, weil er sie für nicht bedeutsam genug hielt. Dabei wäre die Kenntnis seiner Erfindung gerade bei den damaligen, sehr leistungsschwachen Computern besonders wichtig gewesen.

Die erste Veröffentlichung des Alpha-Beta-Verfahrens ist Newell, Shaw und Simon zu verdanken. Das Trio, das sich in der militärischen Ideenschmiede *RAND Corporation* [37] traf, war überaus produktiv: Neben ihrem Schachprogramm, das namenlos als *Newell, Shaw & Simon*-Schachprogramm in die Geschichte einging, haben sie den ersten Theorembeweiser *The Logic Theorist* und – gewissermaßen als Nebenprodukt ihrer Schachprogrammierung – die

Abb. 6: Herbert A. Simon (15.6.1916–9.2.2001) und Allen Newell (19.3.1927–19.7.1992)

erste höhere Programmiersprache für Probleme der Künstlichen Intelligenz, *IPL*, erfunden. Im Jahr 1975 wurde Newell und Shaw der ACM-Turing-Award verliehen.

Auch einzeln haben die drei Großes geleistet: Allen Newell (in Abb. 6 zusammen mit seinem Kollegen Herbert Simon), der zur Blütezeit der Spieltheorie an ihrem Entwicklungsort Princeton studierte, widmete sein wissenschaftliches Leben der Erforschung menschlicher Problemlösungsstrategien. Das Schachspiel schien dem Kognitionswissenschaftler eine geeignete Abstraktion, und er blieb bis zu seinem Tod im Jahr 1992 am Computerschach interessiert. Zu seinen Studenten an der Carnegie Mellon University zählte auch der Programmierer des ersten Schachweltmeisterprogramms *Deep Thought* [23] Feng-Hsiung Hsu, der 1988 bei ihm promovierte.

Der ältere Herbert A. Simon hatte ähnliche Interessen, war aber mit seiner mathematisch-sozialwissenschaftlichen Ausbildung nicht primär auf die (erst später so genannte) Informatik fixiert, sondern fand sein Anwendungsgebiet in der administrativen Entscheidungsfindung, wo er unter anderem die Umsetzung des Marshall-Plans koordinierte. Im Jahr 1978 erhielt Simon „für seine bahnbrechende Erforschung der Entscheidungsprozesse in Wirtschaftsorganisationen" den Nobelpreis für Wirtschaftswissenschaften.

In ihrem sehr lesenswerten Artikel aus dem Jahr 1958 „Chess-playing programs and the problem of complexity" [40] diskutieren Newell, Shaw und Simon die Entscheidungsfindung im Schachspiel und ihre Abbildung auf den Rechner. Sie unterscheiden klar die drei wesentlichen Komponenten (Zugerzeugung, Stellungsbewertung und Rückbewertung) und präsentieren einen Algorithmus zum Abschneiden von Baumzweigen. Dieser ist, wie sie bemerken, „*not a simple one, neither conceptually nor technically*" [40], was aber wohl nicht an dem Algorithmus selbst liegt, sondern eher auf ihre umständliche verbale Beschreibung zurückzuführen ist.

Genau genommen verdient der Algorithmus von Newell, Shaw und Simon die Bezeichnung „Alpha-Beta" noch gar nicht, weil er keine tiefen Schnitte erkennt. Gemäß Knuth und Moore [27] wurde der vollständige Alpha-Beta-Algorithmus erstmals von Artur L. Samuel in seinem lernenden Dame-Programm [55] eingesetzt, der den Algorithmus aber erst in seiner zweiten Veröffentlichung [56] im Jahr 1967 für erwähnenswert hielt.

Samuel, der als Elektroingenieur und Programmierer bei IBM arbeitete, war damals auch in die Entwicklung des Assembler-Befehlssatzes der IBM 701 involviert. Er nutzte die Chance, einige in seinem Dame-Programm nützliche logische Instruktionen in den Befehlssatz der IBM 701 einzuführen, die später auch von anderen Herstellern übernommen wurden. Wieder einmal hat sich die Spielprogrammierung als Drosophila der Computerentwicklung bewiesen!

In der Literatur wird Samuel als überaus bescheidener und analytisch denkender Wissenschaftler beschrieben. In seiner Arbeit verweist er nicht nur in einer Fußnote auf den wahren Erfinder von Alpha-Beta (McCarthy), sondern kritisiert auch die damals gebräuchliche aber irreführende Bezeichnung des Alpha-Beta-Algorithmus als „Heuristik":

> *This procedure was extensively investigated by Prof. McCarthy and his students at M.I.T., but it has been inadequately described in the literature. It is, of course, not a heuristic at all, being a simple algorithmic procedure and actually only a special case of the more general "branch and bound" technique which has been rediscovered many times ...*
>
> — A. L. Samuel, 1967 [56]

Unabhängig davon – und von der westlichen Welt weitgehend unbemerkt – haben russische Wissenschaftler auch an der Entwicklung effizienter Suchverfahren gearbeitet. Neben Mikhail Botvinnik (1911–95), der sich nach seiner aktiven Zeit als dreimaliger Schachweltmeister (1948–57, 58–60, 61–63) der Entwicklung selektiver Planungssysteme [12] zuwandte, ist vor allem die sehr gründliche, mathematische Arbeit von A. L. Brudno [14] zu nennen, die im Jahr 1963 bereits einige „Erfindungen" der westlichen Welt (z. B. die Fenstersuche) vorweg nahm. Bereits in der Einführung schreibt Brudno ganz selbstverständlich

```
1    integer procedure αβ (position J; integer α, β);
2    begin integer j, w, value;
3        determine successor positions J.1, ..., J.w;
4        if w = 0 then
5            return g(J);                        /* Blattbewertung */
6        value ← α;
7        for j ← 1 to w do begin
8            value ← max (value, −αβ (J.j, −β, −value));
9            if value ≥ β then
10               return value                     /* Schnitt */
11       end;
12       return value
13   end;
```

Abb. 7: Der αβ-Algorithmus

*During the search itself information appears which makes it possible
to throw out a number of positions without examination – namely
subtrees of the tree of the game ...*   — A. L. Brudno, 1963 [14]

An anderer Stelle in seinem Text geht er auf die Bedeutung der Suchfenstergröße ein, die fünfzehn Jahre später von Baudet [6] nochmals „erfunden" und genauer untersucht wird.

Funktionsweise.

Der *Alpha-Beta-Algorithmus*, kurz $\alpha\beta$, ist ein tiefenorientiertes Suchverfahren zur Berechnung des Minimaxwertes. Er expandiert den Baum *direktional*
von links nach rechts, wobei er diejenigen Knoten auslässt, die den Minimaxwert nicht beeinflussen können. Zum Abschneiden der überflüssigen Zweige
verwendet $\alpha\beta$ (Abb. 7) zwei Schrankenwerte, die unteren α-*Schranke* und die
oberen β-*Schranke*. Zusammen bilden sie das *Suchfenster*. Die α-Schranke ist
der Minimaxwert der besten, bisher bekannten MAX-Zugfolge und β ist der
Wert, den MIN im seinerseits besten Fall erzielen kann. Wenn im Verlauf des
Suchprozesses für MAX eine Zugfolge mit einem besseren Minimaxwert gefunden wird, erhöht sich die α-Schranke entsprechend. Wächst sie auf einen
Wert $\geq \beta$, so kann die Expansion der restlichen Knotennachfolger eingestellt
werden (Zeile 10), weil der Gegenspieler die zuvor ermittelte, für ihn bessere
Zugfolge mit dem Wert β bevorzugen würde.

Um sicherzustellen, dass alle auftretenden Blattwerte innerhalb des Suchfensters liegen, wird es zu Anfang mit den Werten $(-\infty, +\infty)$ initialisiert:

$$\alpha\beta \ (root, -\infty, +\infty);$$

Im Verlauf der Suche schrumpft das Suchfenster durch das Auffinden immer besserer Zugfolgen, wodurch die Schnittmöglichkeiten sukzessiv zunehmen. Je nach Knotentyp, in der der Schnitt stattfindet, unterscheidet man

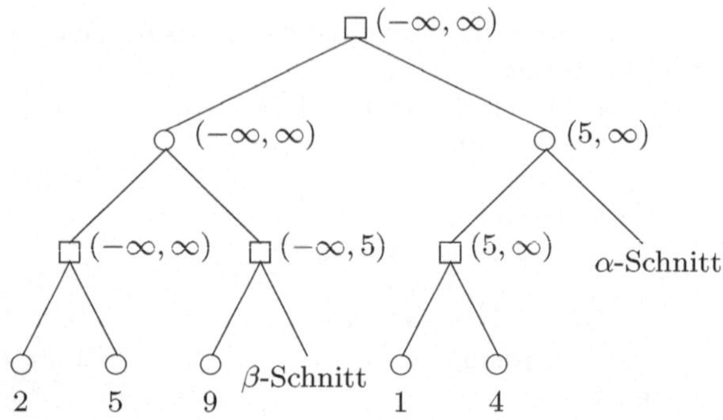

Abb. 8: Ein Baum mit α- und β-Schnitten. Die Kotenwerte sind in Minimaxnotation angegeben. Um den in Abb. 7 gezeigten $\alpha\beta$-Algorithmus auf diesen Baum anwenden zu können, müssen die Minimaxwerte in den Min-Knoten (Kreise) zunächst durch Negierung der Vorzeichen in Negamaxwerte umgewandelt werden.

α-*Schnitte*, die auftreten, wenn ein MIN-Nachfolger einen Wert $\leq \alpha$ zurückliefert und β-*Schnitte*, die auftreten, wenn ein MAX-Nachfolger einen Wert $\geq \beta$ zurückliefert.

Diese beiden Schnittmöglichkeiten wollen wir anhand von Abb. 8 erläutern. Hier expandiert der $\alpha\beta$-Algorithmus zunächst die Knoten[3] entlang des linken Pfades, das heißt die Wurzel, Knoten 1 und Knoten 1.1, mit dem vollständig geöffneten Suchfenster $(-\infty, +\infty)$. Nachdem der Minimaxwert 5 des Knotens 1.1 ermittelt worden ist, wird er als β-Wert bei der Expansion des Knotens 1.2 eingesetzt. Das Suchfenster lautet hier $(-\infty, 5)$. Im Knoten 1.2 wird zunächst das links liegende Blatt 1.2.1 expandiert. Seine Bewertung liefert den Wert $v(1.2.1) = 9$ zurück, der wegen $9 \geq \beta = 5$ einen β-Schnitt verursacht.

Aus Sicht der beiden Spieler lässt sich der Schnitt folgendermaßen begründen: Der MIN-Spieler hat im Knoten 1 die Wahl zwischen dem linken Zug, der ihm den Wert 5 einbringt, und dem rechten Zug, der einen Wert ≥ 9 zur Folge hat. Also wird MIN, dessen Bestreben ja in der Minimierung des Spielresultats liegt, stets den linken Zug wählen, unabhängig vom Wert des noch nicht expandierten Blattes 1.2.2, weil der rechte Zug einen schlechteren (höheren) Wert zur Folge hätte. Analog lässt sich der im rechten Teil des Baumes abgebildete α-Schnitt begründen.

Diese beiden Schnitte werden als *flache Schnitte* bezeichnet. Sie werden von Knotenwerten verursacht, die in derselben Baumebene gefunden wurden. Bei *tiefen Schnitten* (Abb. 9) liegt der Schnittpunkt hingegen eine geradzahlige Anzahl Baumebenen unter der Ebene, in der der versursachende Knotenwert gefunden wurde. Daher sind tiefe Schnitte nur möglich, wenn die α-

---

[3] Knoten werden in der dezimalen Dewey-Notation gekennzeichnet. Der linke Wurzelnachfolger heißt z. B. Knoten 1, sein linker Nachfolger 1.1 und der rechts daneben liegende 1.2.

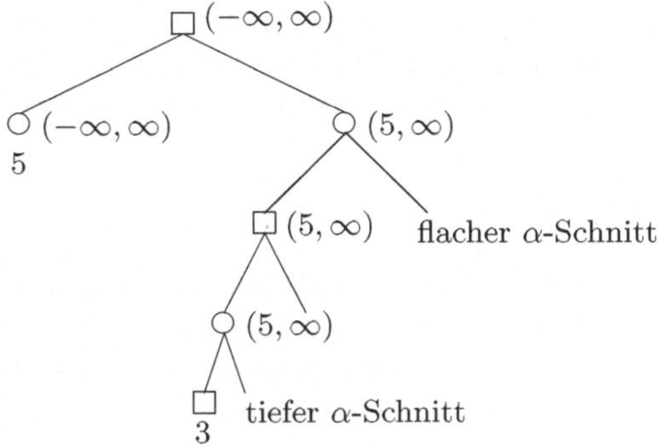

Abb. 9: Flache und tiefe α-Schnitte

und β-Schrankenwerte aus höher gelegenen Baumebenen verfügbar sind. Die Übergabe dieser Werte geschieht im $\alpha\beta$-Algorithmus durch die Vorbesetzung der α- und β-Parameter mit den Werten der zuvor durchsuchten, höher gelegenen Knoten. Genau diese Eigenschaft fehlte dem von Newell, Shaw und Simon beschriebenen $\alpha\beta$-Algorithmus.

4.2 Verbesserungen des Alpha-Beta-Verfahrens

Alpha-Beta ist das am besten erforschte Baumsuchverfahren schlechthin. Bis zum heutigen Tage bildet es den Kern vieler Spielprogramme. Da die Effizienz sehr von der Knotenexpansionsreihenfolge abhängt, wurden im Laufe der Zeit unzählige Heuristiken zur Verbesserung der Knotensortierung ersonnen, die aber nur für bestimmte Spiele anwendbar sind. Im Folgenden stellen wir Verbesserungen vor, die in allen Spielen von Nutzen sind.

Suchfenster-Technik.

Die Schnittmöglichkeiten des $\alpha\beta$-Algorithmus nehmen im Verlauf der Suche durch das ständig kleiner werdende Suchfenster zu. So erscheint es naheliegend, den Schrumpfprozess vorwegzunehmen, indem man die Baumsuche gleich mit einem eingeschränkten Suchfenster $(a,b) \neq (-\infty, \infty)$ startet [6]. Nun muss jedoch damit gerechnet werden, dass der Minimaxwert zuweilen außerhalb des Suchfensters liegt und die Baumsuche nicht den korrekten Minimaxwert zurückliefert. Der Baum muss dann nochmals in einer *Wiederholungssuche* mit einem größeren Suchfenster durchsucht werden. Dabei sind zwei Fälle zu unterscheiden:

- Der erste Suchvorgang mit dem Suchfenster (a,b) liefert das Ergebnis a. Dann steht fest, dass der tatsächliche Minimaxwert $v(\varepsilon) \leq a$ ist und die Suche mit dem geöffneten Fenster $(-\infty, a)$ wiederholt werden muss.

– Der erste Suchvorgang mit dem Suchfenster (a, b) liefert das Ergebnis b. Dann steht fest, dass der tatsächliche Minimaxwert $v(\varepsilon) \geq b$ ist und die Suche mit dem geöffneten Fenster $(b, +\infty)$ wiederholt werden muss.

Fail-Soft-Verbesserung.

Falls der Minimaxwert außerhalb des Suchfensters liegt, liefert $\alpha\beta$ nur eine Intervallgrenze (α oder β) als Ergebnis zurück. Unter Berücksichtigung des großen Aufwandes – es ist ja schließlich der gesamte Baum durchsucht worden – ist das ein recht mageres Ergebnis. Wenn $\alpha\beta$ hingegen eine genauere Abschätzung des tatsächlichen Minimaxwertes zurückliefern würde, könnte dieser Wert in der folgenden Wiederholungssuche sogleich zur Einschränkung des neuen Suchfensters verwendet werden.

Dies kann durch einen kleinen Trick (Initialisierung der Variable *value* mit $-\infty$) erreicht werden. Der so erhaltene Algorithmus expandiert genau dieselben Knoten wie $\alpha\beta$, liefert jedoch auch dann eine gute Abschätzung des Minimaxwertes, wenn das Endergebnis außerhalb des Suchfensters liegt. In die Literatur ist diese Verbesserung als „fail-soft"-Verbesserung [19] eingegangen.

L-Verbesserung.

Die *L-Verbesserung* (last move improvement [19]), die erstmals von Ken Thompson [64] in seinem Schachprogramm *Belle* [65] eingesetzt wurde, macht sich die Tatsache zunutze, dass in Spielprogrammen nicht der genaue Minimaxwert sondern nur der beste Zug benötigt wird.

Das Prinzip ist einfach: Zunächst werden die ersten $w - 1$ Wurzel-Unterbäume in bekannter Weise durchsucht. Der ermittelte Minimaxwert *value* dient anschließend zur Einschränkung des Suchfensters $(value, value + 1)$, das für die Expansion des letzten (w-ten) Wurzelunterbaumss benutzt wird. Da dieses Suchfenster kein Element enthält (weil der zurückgelieferte Minimaxwert eine ganze Zahl ist und die beiden Randwerte schon Schnitte herbeiführen) steht von vornherein fest, dass das Ergebnis außerhalb des Suchfensters liegt: Liegt es darunter, so ist der bereits ermittelte Zug der beste. Liegt es hingegen darüber, so ist damit bewiesen, dass der beste Zug im rechten Wurzelnachfolger liegen muss. Der Vorteil dieser Verbesserung liegt in der beschleunigten Suche mit einem Nullfenster, das die maximale Anzahl Schnitte ermöglicht.

4.3 Effizienzanalyse des Alpha-Beta-Algorithmus

Im praktischen Einsatz hat sich der $\alpha\beta$-Algorithmus bis heute hervorragend bewährt: Er ist einfach zu implementieren, er berechnet stets den korrekten Minimax-Wert und er ist effizient. Aber wie effizient er ist und unter welchen Bedingungen, blieb trotz seiner einfachen Struktur lange Zeit unklar.

Viele Forscher, wie z. B. Baudet, Fuller, Newborn, Slagle, Dixon, Knuth und Moore haben einzelne Eigenschaften des $\alpha\beta$-Algorithmus aufgedeckt, die aber letztlich kein schlüssiges Gesamtbild ergaben.

Am einfachsten sind die beiden Extremfälle zu ermitteln. Slagle und Dixon haben 1969 gezeigt [61], dass $\alpha\beta$ bei bestmöglicher Knotensortierung, also wenn der erste MAX-Nachfolger den größten und der erste MIN-Nachfolger den kleinsten Wert besitzt, nur

$$w^{\lceil \frac{d}{2} \rceil} + w^{\lfloor \frac{d}{2} \rfloor} - 1$$

Blätter bewertet. Der schlechteste Fall, in dem $\alpha\beta$ alle

$$w^d$$

Blätter expandiert, tritt dann ein, wenn alle MAX-Nachfolger aufsteigend und alle MIN-Nachfolger absteigend sortiert sind.

Die Annahme, dass die durchschnittliche Effizienz nun ungefähr in der Mitte zwischen diesen beiden Extremen liegen müsse, ist allerdings falsch. Knuth und Moore haben gezeigt, dass die Blätter jedes beliebigen Baums stets so permutiert werden können, dass $\alpha\beta$ maximal viele Schnitte durchführen kann [27], während die schlechteste Blattwertsortierung, bei der $\alpha\beta$ keinen einzigen Schnitt erzielen kann, in den meisten Bäumen nicht durch Umsortierung zu erzielen ist.

Wie effizient ist $\alpha\beta$ im allgemeinen Fall? An dieser Frage haben sich namhafte Forscher die Zähne ausgebissen. Mehrere Dissertationen sind zu diesem Thema verfasst und viele Artikel veröffentlicht worden. Lässt man die tiefen $\alpha\beta$-Schnitte zunächst außer acht, müssen in unendlich tiefen Bäumen mit unabhängig gleichverteilten, reellwertigen Blattwerten in jedem Knoten $O(w/(\log w))$ Nachfolger durchsucht werden, wie Knuth und Moore bewiesen haben [27]. Ihre Vermutung, dass tiefe Schnitte keinen Einfluss auf den relativen Verzweigungsfaktor (bei $d \to \infty$) haben, wurde von Baudet bestätigt [6]. Judea Pearl hat schließlich den genauen Verzweigungsfaktor von $\alpha\beta$ in Bäumen mit stetig gleichverteilten Blattwerten ermittelt [45, S. 563]:

$$R_{\alpha\beta}(w, \text{stetige Gleichverteilung}) = \frac{\xi_w}{1 - \xi_w} \, ,$$

wobei ξ_w die positive reelle Lösung der Gleichung $x^w + x - 1 = 0$ im Intervall $[0, 1]$ ist. In Bäumen mit *diskreten* Blattwerten ist die Suchleistung besser, weil $\alpha\beta$ schon bei Wertgleichheit Schnitte durchführt. Der Verzweigungsfaktor besitzt dann den Wert

$$R_{\alpha\beta}(w, \text{diskrete Gleichverteilung}) = \sqrt{w} \, .$$

4.4 Der Scout-Algorithmus

Nachdem der relative Verzweigungsfaktor von $\alpha\beta$ bekannt war, wollte Judea Pearl auch zeigen, dass er asymptotisch optimal ist, es also keinen Suchalgorithmus gäbe, der wesentlich weniger Knoten als $\alpha\beta$ expandiert. Hierfür hat

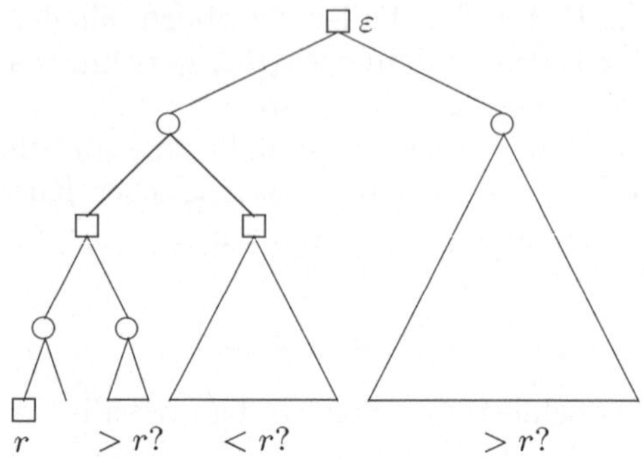

Abb. 10: Prinzipielle Funktionsweise des Scout-Algorithmus

er den *Scout-Algorithmus* [43, 44] eingeführt. Dieser war zunächst gar nicht als praktischer Suchalgorithmus sondern nur als Hilfskonstrukt für seine Beweisführung geplant, bewies sich aber als durchaus praxistauglich.

Scout ist ein sehr naives Verfahren. Es geht davon aus, dass der Minimaxwert im ersten (linken) Blatt liegen wird und alle Alternativen unterlegen sind. Scout ermittelt zunächst im linken Wurzelunterbaum einen anfänglichen Minimaxwert als Referenzwert r und versucht mit einer einfachen booleschen Funktion zu beweisen, dass die folgenden Unterbäume den Minimaxwert nicht beeinflussen. Schlägt der Beweis für einen Unterbaum fehl, muss dessen Minimaxwert mit einer Wiederholungssuche ermittelt werden, um den alten Referenzwert zu ersetzen. Meistens geht die Spekulation jedoch auf und es ist keine Wiederholungssuche notwendig. Dann erzielt die boolesche Funktion erhebliche Knoteneinsparungen, die den Mehraufwand gelegentlicher Wiederholungssuchen mehr als aufwiegen.

Abbildung 10 veranschaulicht die Funktionsweise des Scout-Algorithmus. Unter den schematisch angedeuteten Unterbäumen ist der Referenzwert r eingetragen, mit dem die booleschen Test-Funktionen aufgerufen werden. Wenn bei einem der Test-Vorgänge die angegebene Bedingung "$> r$" bzw. "$< r$" erfüllt ist, muss eine Wiederholungssuche durchgeführt werden. Sie erfolgt rekursiv nach demselben Prinzip, das heißt, der Unterbaum der Wiederholungssuche besitzt wiederum die gleiche Struktur wie der in Abb. 10 gezeigte Baum.

4.5 Eine effiziente Alternative zu Alpha-Beta: NegaScout

Für den praktischen Einsatz schien Scout zunächst aufgrund der aufwendigen Wiederholungssuchen nicht geeignet zu sein. Überraschend stellte sich aber bald heraus, dass die Einsparungen der booleschen Test-Funktion den Mehraufwand gelegentlicher Wiederholungssuchen meistens übertrafen und Scout insbesondere in seiner parallelen Variante oftmals dem $\alpha\beta$-Verfahren

```
1     integer procedure NegaScout (position J; integer α, β);
2     begin integer j, w, t, lo_value, hi_value;
3         determine successor positions J.1, ..., J.w;
4         if w = 0 then
5             return g(J);                              /* Blattbewertung */
6         lo_value ← α;
7*        hi_value ← β;
8         for j ← 1 to w do begin
9*            t ← − NegaScout (J.j, −hi_value, −lo_value);
10*           if t > lo_value and t < β and j > 1 and depth < d − 1 then
11*               t ← − NegaScout (J.j, −β, −t);        /* Wiederholungssuche */
12            lo_value ← max (lo_value, t);
13            if lo_value ≥ β then
14                return lo_value;                      /* Schnitt */
15*           hi_value ← lo_value + 1                    /* Neues Nullfenster */
16        end;
17        return lo_value
18    end;
```

Abb. 11: Der NegaScout-Algorithmus. Im Vergleich zu $\alpha\beta$ sind die mit einem Stern gekennzeichneten Programmzeilen neu hinzugekommen.

überlegen war. Einem praktischen Einsatz stand lediglich die komplizierte Algorithmus-Struktur des Scout-Algorithmus entgegen. Unabhängig voneinander kamen Fishburn [19] und Reinefeld [50, 51] auf die Idee, die boolesche Test-Funktion in Scout durch eine Nullfenstersuche zu ersetzen, was zusätzlich den Vorteil einer genaueren Abschätzung des Minimaxwertes einbrachte.

Der *NegaScout*-Algorithmus hat sich als effizienter und zugleich einfacher erwiesen. Er lässt sich durch Hinzufügung von fünf Programmzeilen aus $\alpha\beta$ ableiten (vgl. Abb. 11). Der rekursive Aufruf in Zeile 9 erfolgt für den ersten Nachfolger mit einem offenen $\alpha\beta$-Fenster, während alle weiteren Nachfolger mit einem Nullfenster expandiert werden, welches in Zeile 15 gesetzt wird. Eine Wiederholungssuche ist nur dann notwendig, wenn der zurückgelieferte Minimaxwert größer (besser) als der bereits bekannte Wert *lo_value* ist. Allerdings ist nicht immer eine Wiederholungssuche erforderlich; die Ausnahmen sind in Zeile 19 aufgeführt.

Fishburns C$\alpha\beta$-Algorithmus, der diese Ausnahmebedingungen zunächst nicht enthielt, schnitt in den empirischen Experimenten so schlecht ab, dass sein Erfinder ihn schlichtweg für unbrauchbar erklärte [19, S. 110ff]. Die Tatsache, dass sich ein ähnlicher Algorithmus in der Schachmaschine *Belle* [15,64] gut bewährte, führte er auf den großen Verzweigungsfaktor der Schachbäume zurück. Am NegaScout-Algorithmus kann jedoch beobachtet werden, dass die Nullfenstersuche auch in schmalen Bäumen Vorteile gegenüber $\alpha\beta$ bietet, wenn man jede Möglichkeit zur Vermeidung überflüssiger Wiederholungssuchen nutzt.

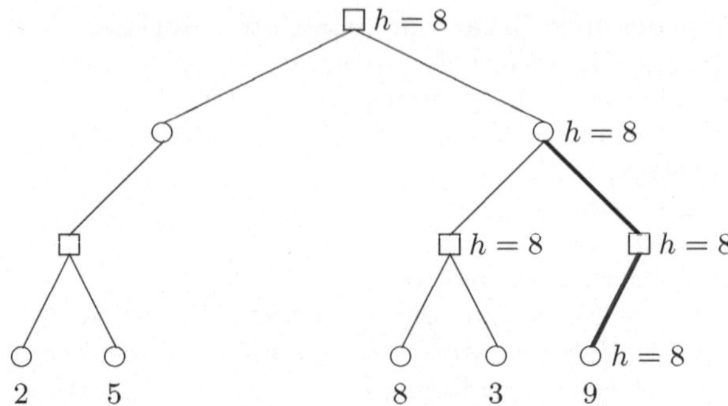

Abb. 12: Illustration einer SSS*-Baumsuche: Top-Down-Konstruktion einer anfänglichen MIN-Strategie (schwache Kanten) mit anschließender Bottom-Up-Vervollständigung zu einer MAX-Strategie (fette Kanten im rechten Unterbaum).

Heute bildet NegaScout den Kern vieler Spielprogramme. Kein anderer Algorithmus ist effizienter und zugleich einfacher zu implementieren. Auch theoretisch ist NegaScout überlegen: Es wurde bewiesen, dass jeder Knoten, den NegaScout expandiert, auch von $\alpha\beta$ expandiert werden muss – der Umkehrschluss gilt aber nicht. Es gibt also Knoten, die $\alpha\beta$ expandieren muss, nicht aber NegaScout. Besonders bemerkenswert ist die Tatsache, dass NegaScout manchmal sogar weniger Knoten als das im folgenden Abschnitt vorgestellte, komplizierte Bestensuchverfahren SSS* expandiert.

4.6 Das Bestensuchverfahren SSS*

Einen ganz anderen Ansatz zur Spielbaumsuche beschritt Stockman mit seinem *SSS**-Algorithmus. Schon der Titel seiner Veröffentlichung *„A minimax algorithm better than alpha-beta?"* [63] zeigt, wie bahnbrechend die Erfindung des SSS*-Algorithmus im Jahr 1979 für die Spielprogrammierung war. Das $\alpha\beta$-Verfahren, das bis dahin unangefochten die Spielbaumsuche dominierte, schien plötzlich in Frage gestellt, weil Stockman den Beweis erbrachte, dass sein Bestensuchverfahren SSS* (state space search) niemals einen Knoten expandiert, den $\alpha\beta$ abschneiden kann. In deren Worten: SSS* dominiert $\alpha\beta$. Stockmans experimentelle Daten belegten eindrucksvoll die Überlegenheit von SSS*: In kleinen Bäumen durchsucht es 30% weniger Knoten als $\alpha\beta$.

Die Grundidee von SSS* ist recht einfach (vgl. Abb. 12): In einer anfänglichen Aufbauphase entwickelt SSS* eine MIN-Strategie, die sämtliche MAX-Nachfolger und jeweils nur einen einzigen MIN-Nachfolger enthält. Der größte Blattwert ist das Ergebnis, auf das MAX hoffen darf, sofern es für MIN keine bessere Alternative gibt. Um dieses herauszufinden, vervollständigt SSS*, beginnend bei den Blättern, die in der Aufbauphase entwickelte Strategie durch das Einbeziehen aller MIN-Alternativen. In dieser sogenannten Lösungsphase springt SSS* von dem jeweils aussichtsreichsten Knoten zum nächsten und versucht so alle sinnvollen MAX-Strategien von unten nach oben zu vervollständigen. Ist die Lösungsphase an der Wurzel angelangt, wird die Suche beendet und der Minimaxwert steht fest.

Warum ist SSS* anderen Suchverfahren überlegen? Das Beispiel in Abb. 12 zeigt einen interessanten Fall, in dem SSS* einen Knoten abschneidet, den jedes der bisher vorgestellten Verfahren expandieren muss. Es handelt sich um Knoten 1.2. Dieser wird von SSS* nicht expandiert, weil sich SSS* in der Lösungsphase sofort den aussichtsreicheren rechten Wurzelunterbaum konzentriert, wo es schließlich die Hauptvariante findet. Man kann sich leicht überlegen, dass sowohl $\alpha\beta$ als auch NegaScout den Knoten 1.2 expandieren müssen. Würden sie dies nicht tun, bestände die Gefahr, dass sie wichtige Informationen übersehen würden und aufgrund ihrer direktionalen Expansion nicht zurückspringen könnten. Bei SSS* besteht diese Gefahr nicht, weil es mit seiner Bestensuch-Strategie an keine statische Expansionsreihenfolge gebunden ist.

Dass sich SSS* in der Praxis dennoch nicht durchgesetzt hat, ist seinem extrem hohen Speicherplatzbedarf zuzuschreiben: SSS* bewahrt die Werte aller expandierten Unterbäume in einer komplizierten Datenstruktur, der OPEN-Liste, auf, deren Größe exponentiell mit der Suchtiefe anwächst. Am Ende der Aufbauphase befinden sich $w^{\lceil d/2 \rceil}$ Deskriptoren in der OPEN-Liste [63, S. 194]. Im Schachspiel, mit seinem durchschnittlichen Verzweigungsfaktor $w = 35$ [21] und einer Suchtiefe moderner Programme von mindestens zwölf, in manchen Fällen sogar über vierzig Halbzügen, kann SSS* selbst auf den leistungsfähigsten Supercomputern nicht eingesetzt werden. Um es mit Pearls Worten auszudrücken:

The meager improvement in the pruning power of SSS is more than offset by the increased storage space and bookkeeping (e.g. sorting OPEN) that it requires. One can safely speculate therefore that $\alpha\beta$ will continue to monopolize the practice of computerized game playing, ...*

— Judea Pearl 1984 [47, S. 310].

Diese Aussage ist auch heute noch gültig, wenngleich Alpha-Beta mittlerweile durch die NegaScout-Variante abgelöst wurde.

4.7 Von der iterativen zur rekursiven Bestensuche

Obwohl für den praktischen Einsatz ungeeignet, hat SSS* in den achtziger und neunziger Jahren nichts von seiner Faszination eingebüßt. Nach seinem Vorbild wurden mehrere andere Besten-Suchverfahren entwickelt, die sich im Umfang der Knoteninformationen und in der Art der Expansionsstrategie unterscheiden [52]. Alle Bemühungen zielten darauf ab, einen Algorithmus zu finden, der die optimale Anzahl Schnitte durchführt – unabhängig von seiner praktischen Einsetzbarkeit in der Praxis. Anhand dieses Algorithmus wollte man erforschen, wie weit die praktisch nutzbaren Verfahren ($\alpha\beta$, NegaScout) vom Optimum entfernt sind.

Ein erster Durchbruch gelang uns mit der Formulierung eines rekursiven SSS*-Verfahrens [53], das nicht nur deutlich einfacher zu implementieren ist, sondern auch weniger Rechenzeit benötigt[4]. Aber die wohl wichtigste Innovation der letzten Jahre ist Aske Plaat zu verdanken, der in seiner Dissertation [48] eine elegante Symbiose aller bekannten Bestensuchverfahren mit den Tiefensuchverfahren $\alpha\beta$ und NegaScout vorstellt. Ähnlich dem NegaScout-Verfahren durchsucht sein MT-Algorithmus (MT steht für „memory enhanced test") den Baum mit einem Nullfenster. Gänzlich anders hingegen deckt MT das gesamte Spektrum möglicher Suchstrategien zwischen Besten- und Tiefensuche in einem einzigen Algorithmus ab. MT speichert die Knoteninformationen in einer Zugumstellungstabelle, die in vielen Spielprogrammen ohnehin vorhanden ist [67]. Daher ist es, wie sein Erfinder betont, ebenso einfach zu implementieren wie $\alpha\beta$.

5 Möglichkeiten und Grenzen der Spielbaumsuche

Im Laufe der Zeit sind die Wissenschaftler zwar immer tiefer in die Geheimnisse der effizienten Spielbaumsuche eingedrungen, den optimalen Algorithmus für Schach oder Go haben sie aber (noch) nicht gefunden. In diesem Abschnitt wollen wir die Möglichkeiten und Grenzen der Spielbaumsuche ausloten. Dazu fragen wir zunächst, wie viele Knoten im günstigsten Fall durchsucht werden müssen und ob die Minimax-Rückbewertung überhaupt sinnvoll ist. Anschließend betrachten wir einige unorthodoxe Verfahren, die nicht auf der Minimax-Rückbewertung beruhen. Und schließlich diskutieren wir, inwieweit Parallelität die Suche beschleunigen kann.

5.1 Größe des minimalen Baumes

Schon Slagle und Dixon [61] haben erkannt, dass jedes Suchverfahren, ganz gleich, über wieviel Knoteninformationen es verfügt, mindestens $w^{\lceil \frac{d}{2} \rceil} + w^{\lfloor \frac{d}{2} \rfloor} - 1$ Blätter in gleichförmigen Bäumen der Breite w und Tiefe d durchsuchen muss, um den Minimaxwert korrekt berechnen zu können. Die Größe des so definierten *minimalen Spielbaums* wird von Spielprogrammierern gerne als Messlatte benutzt, um abzuschätzen, wie viel Leistung aus einem Algorithmus im günstigsten Fall noch herausgeholt werden kann.

Dabei wird allerdings vergessen, dass diese Formel gar nicht auf Spielbäume anwendbar ist, weil Spielbäume Zugumstellungen enthalten: Dieselbe Stellung

---

[4] In Anspielung auf Stockmans Veröffentlichung „A minimax algorithm better than Alpha-Beta" [63] haben wir für unseren Artikel den Titel „A minimax algorithm *faster* than Alpha-Beta" [53] gewählt, da der dort beschriebene *RecSSS**-Algorithmus gegenüber $\alpha\beta$ nicht nur Knotenexpansionen sondern auch Rechenzeit einspart.

kann auf verschiedenen Wegen erreicht werden. Der so genannte Spielbaum
ist tatsächlich ein Graph!

Eine bessere Approximation des minimalen Spielbaums (bzw. -Graphen)
erhält man, indem man die Züge so sortiert, dass Alpha-Beta in allen inneren
Knoten möglichst gleich im ersten Nachfolger einen Schnitt erzielt. Berücksichtigt man nun noch, dass nicht alle Knoten denselben Verzweigungsfaktor
und dieselbe Suchtiefe haben, erhält man durch geschickte Sortierung der Knotenexpansionsreihenfolge den „echten" minimalen Spielbaum. Dieser ist etwa
nur ein viertel (Schach) bis ein halb Mal (Dame) so groß wie der minimale
Alpha-Beta-Baum.

5.2 Ist eine tiefere Baumsuche überhaupt vorteilhaft?

Sämtliche Bemühungen der Spielprogrammierer zielen darauf ab, die Zugva-
rianten möglichst weit in die Zukunft zu verfolgen. Je weiter die Vorausschau,
desto besser die Spielstärke – so zumindest die Annahme. Zur Begründung
wird der erweiterte Suchhorizont oder die statistische Mittelung des Wur-
zelwertes über viele Blattwerte angeführt. Durch eine tiefe Suche, so wird
argumentiert, wachse die Stichprobenmenge, das heißt, die Anzahl der im Minimaxwert berücksichtigten Blattwerte, wodurch statistische Ungenauigkeiten
weitgehend eliminiert werden.

Aber gerade dieses Argument ist mathematisch nicht haltbar. Da die Be-
wertungsfunktion lediglich eine heuristische Abschätzung des tatsächlichen
Blattwertes liefert, wird im Zuge der Minimax-Rückbewertung eine Funktion
auf *Schätzwerte* angewandt – eine der größten Todsünden in der Statistik. Nur
mit absolut korrekten Blattwerten ist die Minimax-Rückbewertung in der Lage, ein korrektes Ergebnis zu liefern. Werden hingegen fehlerbehaftete Werte
verwendet, so erhöht sich die Fehlerquote mit wachsender Suchtiefe [8,35] und
das Ergebnis der Baumsuche ist letztlich ungenauer als die direkte Bewertung
des Wurzelknotens. Dieses Phänomen ist in die Literatur als *pathologisches
Verhalten* der Minimax-Rückbewertung eingegangen [35].

Bekanntermaßen stehen diese theoretischen Überlegungen aber im Widerspruch zur Praxis, wo mit einer tieferen Vorausrechnung stets eine Verbesserung des Ergebnisses einhergeht [65] – ansonsten würde man ja besser auf
die Baumsuche verzichten. Das Schachprogramm *Deep Blue*, das in dem le-
gendären Schachturnier im Jahre 1997 den Weltmeister Gary Kasparov mit
3.2 zu 2.5 schlug, durchsucht alle Positionen mindestens zwölf Halbzüge tief.
Positionen, in denen ein Schlagabtausch stattfindet, werden sogar mehr als 40
Halbzüge tief verfolgt [24].

In der Literatur sind mehrere Einflussfaktoren analysiert worden, von denen man annimmt, sie könnten das Suchergebnis positiv beeinflussen. Eine
mögliche Ursache könnte in der dynamischen Vorausrechnung instabiler Endknoten (quiescence search) [26,33] liegen, die in Schachprogrammen zuverlässi-
gere Schätzwerte liefert. Anstatt eine Blattbewertung inmitten eines Schlagab-
tausches durchzuführen, verfolgen Spielprogramme die Zugfolgen so lange, bis

eine „ruhige" Stellung erreicht ist, in der keine Schlagzüge mehr möglich sind. Natürlich können die Bewertungsungenauigkeiten durch diese Maßnahme nur reduziert, aber nicht ganz vermieden werden. Ein weiteres, häufig genanntes Argument ist das der größeren Zielnähe in tiefen Baumebenen: Je tiefer ein Baum expandiert wird, desto dichter liegen die zu bewertenden Blätter an den echten Endstellungen und desto präziser dürfte der Schätzwert sein. Dieses Argument erwies sich jedoch als nicht sehr überzeugend, da nach Pearls Berechnungen die Fehlerquote von Ebene zu Ebene um mindestens 50% abnehmen müsste [46, S.422], um die pathologischen Effekte aufzuwiegen. Eine derartige Verbesserung der Wertgenauigkeit dürfte in der Praxis kaum zu erwarten sein.

Zwei andere Argumente erscheinen hingegen plausibler. Zum einen führen sehr gute bzw. sehr schlechte Züge normalerweise zu sehr guten bzw. sehr schlechten Nachfolgepositionen, wodurch sich ähnliche Knotenwerte in den einzelnen Unterbäumen häufen. Dieses Phänomen wurde von Beal [9], Nau [36] und Bratko und Gams [13] näher untersucht. Zum zweiten treten auch in höheren Ebenen des Baums meistens einige echte Endknoten auf, beispielsweise durch unsinnige Züge mit schnellem Materialverlust. Schon fünf Prozent Endstellungen pro Baumebene reichen aus, die pathologischen Auswirkungen der Minimax-Rückbewertung ganz zu eliminieren [46]. Diese Erkenntnis hat Beal bei der Entwicklung seines *Nested Minimax*-Algorithmus verwertet [10], der die echten Endknotenwerte getrennt von den heuristischen Werten künstlicher Endknoten zurückbewertet und zusätzlich zu dem Minimaxwert noch eine Aussage über dessen Qualität liefert.

5.3 Alternativen zum Minimax

Einige Forscher haben sich gefragt, ob es überhaupt sinnvoll ist, davon auszugehen, dass der Gegner seine Züge nach denselben Kriterien, also mit einer begrenzten Vorausrechnung und der Minimax-Rückbewertung, auswählt? Unterstellt man einen fehlbaren Opponenten, so macht eine Minimax-Rückbewertung keinen Sinn mehr. Anstatt präziser Minimaxwerte sollten dann besser Wahrscheinlichkeitswerte berechnet werden, die für jeden Zug die Wahrscheinlichkeit, mit der er gewählt wird, angeben. Die Minimax-Rückbewertung muss dann durch die Produktregel ersetzt werden [32,46]. Von dieser Überlegung ist der Schritt zu den echten Glücksspielen, die eine Zufallskomponente enthalten, nicht mehr weit. Für diese existieren effiziente Suchalgorithmen [5,49], die neben den üblichen $\alpha\beta$-Schnitten noch weitere Schnittmöglichkeiten bieten, die auch auf Spiele mit totaler Information übertragbar wären.

Vieles deutet darauf hin, dass der Mensch die kombinatorische Explosion der Zugmöglichkeiten durch eine sehr selektive Vorausschau bewältigt. Er wägt von Fall zu Fall ab, welche Stellungen noch genauer, das heißt noch tiefer analysiert werden müssen. Die ersten Impulse zur Programmierung einer solchen adaptiven Suchstrategie, die in der Literatur auch *Shannon Typ B* genannt wird, gingen von russischen Schachprogrammierern aus [1, 4, 12].

Auch Hans Berliners *B*-Algorithmus* [11], der durch Andrew Palay verfeinert wurde [41,42], expandiert nur diejenigen Zugfolgen, die den Minimaxwert möglicherweise beeinflussen. Auf diese Weise entstehen sehr schmale Analysebäume, die entsprechend tiefer durchsucht werden können. Ein Nachteil des B*-Algorithmus liegt allerdings darin, dass für jeden inneren Knoten gleich zwei Schätzwerte, ein pessimistischer und ein optimistischer, benötigt werden.

Ähnlich funktioniert die Methode der *Conspiracy Numbers* [2,28,58]. Sie entwickelt den Baum nur an den Stellen tiefer, die für die Berechnung des Minimaxwertes besonders interessant erscheinen. Gesucht ist die Zahl x, die den Baum in zwei Teile spaltet: einen Unterbaum, der mindestens den Minimaxwert x besitzt und alle anderen Unterbäume, deren Wert $\leq x$ ist. Der Vorteil des Verfahrens besteht darin, dass der tatsächliche Minimxwert niemals berechnet werden muss, was zusätzliche Schnitte ermöglicht.

5.4 Parallele Spielbaumsuche

Parallelisierung ist ein weiteres Mittel, um die Suchgeschwindigkeit und damit die Spielstärke zu verbessern. Die 1977 von Slate und Atkin eingeführte *Bit-Board-Technik* bietet ideale Voraussetzungen für eine effiziente Parallelisierung. Bit-Boards sind 8×8-Datenfelder, die für jeden interessanten Aspekt einer Spielposition (Zugmöglichkeiten je Figur, bedrohte Felder, Überdeckungen, usw.) jeweils ein Bit oder einen Wert enthalten. Auf der Grundlage von Bit-Boards lassen sich Zugerzeugung [17] und Stellungsbewertung [15] sehr effizient mit Spezialhardware parallelisieren, wie Ken Thompson im Jahr 1980 eindrucksvoll mit seinem Weltmeisterprogramm *Belle* bewies.

Schwieriger ist hingegen die Parallelisierung der komplexeren Baumsuche mit ihren irregulären Schnittmöglichkeiten. Eine statische Partitionierung des Spielbaums in n Unterbäume und ihre parallele Expansion ist nicht sinnvoll, da den n parallel arbeitenden Prozessoren die Schrankenwerte zur Einschränkung des Suchraums fehlen würden, wodurch sehr viel mehr Knoten als im sequentiellen Fall expandiert werden müssten. Man spricht vom *Such-Overhead*. Zwar könnte der Such-Overhead durch Nachrichtenübertragung der jeweils besten bekannten Schrankenwerte reduziert werden, dies würde jedoch wiederum den *Kommunikations-Overhead* erhöhen. Such-Overhead und Kommunikations-Overhead stehen also reziprok zueinander.

Daher hat sich in der Praxis eine parallele Variante des NegaScout-Algorithmus (PV-Split [25,29]) durchgesetzt, die den Spielbaum sukzessiv von links unten nach rechts oben entwickelt. Das *Young Brothers Wait Scheduling (YBWS)* [18] sorgt dafür, dass weiter rechts im Baum liegende Unterbäume erst dann expandiert werden, wenn geeignete Schrankenwerte zur Verfügung stehen. Dieses Vorgehen garantiert, dass bei der Knotenexpansion ähnlich gute Schrankenwerte wie im sequentiellen Fall verfügbar sind. In einigen, allerdings sehr seltenen Konstellationen treten sogar *Speedup-Anomalien* auf, wenn mit n Prozessoren ein überproportionaler Geschwindigkeitsgewinn $\geq n$ erzielt wird [6].

Spezielle VLSI-Chips, die beispielsweise in den amerikanischen Schachma-schinen *Belle, Hitech, Deep Thought* oder *Deep Blue* [24] eingesetzt wurden, verbesserten die Spielstärke der Schachprogramme bis auf das Niveau von Großmeistern. Sie haben allerdings den Nachteil, dass Verbesserungen nur sehr schwer in das Programm eingebracht werden können. Flexibler sind *Field Programmable Gate Arrays (FPGAs)*, die seit einigen Jahren auch als PCI-Boards für Standard-Rechner mit Intel- oder AMD-Prozessoren verfügbar sind.

Das Paderborner Schachprogramm *Parallel Brutus* [16] setzt FPGAs erst-mals nicht nur zur Zugerzeugung und Blattbewertung, sondern auch zur par-allelen Baumsuche ein. Die Suche ist in zwei Phasen unterteilt: Der obere Teil des Spielbaums wird – wie in anderen Programmen auch – von einem normalen C-Programm auf einem (parallelen) Standardrechner durchsucht, während der untere Teil, d. h. die letzten drei Halbzüge, auf den schnellen FPGA-Chips expandiert werden. Auf diese Weise läuft der überwiegende Teil der Baumsuche auf schneller, programmierbarer Spezialhardware. Mit einem ELO-Rating von 2768 spielt *Parallel Brutus* in der Liga der zehn weltbes-ten Schachspieler und es scheint nur noch eine Frage der Zeit, wann es den menschlichen Weltmeister (ca. 2800 ELO-Punkte) schlägt. Dabei profitiert das Programm gleich doppelt von der technologischen Weiterentwicklung der FPGA-Chips: Durch die steigende Taktrate können in gleicher Zeit immer mehr Knoten durchsucht werden und durch die immer größere verfügbare Chipfläche können immer ausgefeilterer Funktionen für eine präzisere Stel-lungsbewertung implementiert werden.

6 Rückblick

Heute können wir auf eine fast achtzigjährige Geschichte der Spielprogram-mierung zurückblicken. Ausgehend von der mathematisch geprägten Formu-lierung des Minimax-Verfahrens durch John von Neumann, der seine Theorie der Gesellschaftsspiele [38] erstmals am 7. Dezember 1926 im Kolloquium der Göttinger Mathematischen Gesellschaft vortrug, sind im Laufe der Zeit vie-le Verfahren entwickelt worden, die den korrekten Minimax-Wert ermitteln, ohne dazu den kompletten Spielbaum zu durchsuchen. Ihren Ursprung haben sie alle im Mimimaxverfahren.

Die Geschichte der Spielprogrammierung ist untrennbar mit den Namen herausragender amerikanischer Wissenschaftler verbunden. Warum konnte Deutschland, dem Land, in dem die Grundlagen der Spieltheorie gelegt wur-den und in dem der programmgesteuerte Computer erfunden wurde, sich auf diesem Gebiet nicht behaupten? Als Antwort den Zweiten Weltkrieg an-zuführen, wäre sicherlich zu kurz gegriffen.

Vielmehr scheint das Erfolgsrezept der amerikanischen Forschung in ei-ner geeigneten Mixtur aus generöser Einzelförderung herausragender Wissen-schaftler und der Schaffung kreativer Think-Tanks wie Princeton, MIT oder CMU zu liegen. Hinzu kommt, dass in den Zeiten des Kalten Krieges der

Tabelle 1: Computerschach-Weltmeisterschaften. Bis zum Jahr 1992 liefen alle Programme auf Supercomputern oder Spezialhardware, seitdem dominieren leistungsstarke Multiprozessor-PCs.

Nr.	Jahr	Austragungsort	Weltmeisterprogramm	Entwickler, Nation
1	1974	Stockholm, SE	Kaissa	Mikhail Donskoy, RU
2	1977	Toronto, CA	Chess 4.6	David Slate, Larry Atkin, USA
3	1980	Linz, AT	Belle	Ken Thompson, USA
4	1983	New York, USA	Cray Blitz	Robert Hyatt, USA
5	1986	Köln, DE	Cray Blitz	Robert Hyatt, USA
6	1989	Edmonton, CA	Deep Thought	Feng-Hsiung Hsu et al., USA
7	1992	Madrid, ES	Chessmachine Schröder	Ed Schröder, NL
8	1995	Hong Kong, HK	Fritz	Frans Morsch, NL
9	1999	Paderborn, DE	Shredder	Stefan Meyer-Kahlen, DE
10	2002	Maastricht, NL	Deep Junior 7	Amir Ban, Shay Bushinsky, IL
11	2003	Graz, AT	Shredder	Stefan Meyer-Kahlen, DE
12	2004	Ramat-Gan, IL	Junior	Amir Ban, Shay Bushinsky, IL
13	2005	Reykjavik, IS	Zappa	Anthony Cozzie, USA

Theorie der Entscheidungsfindung, zu der ja auch die Spieltheorie gehört, in militärischen Kreisen große Bedeutung beigemessen wurde, auch wenn ihr praktischer Nutzen zunächst keinesfalls offensichtlich war. In den USA wurden bestens ausgestattete und streng gegen die Außenwelt abgeriegelte Forschungszentren gegründet, die sich intensiv den mathematischen Grundlagen der Entscheidungsfindung und der Verbesserung der Computer-Technologie widmeten. Ein Beispiel dafür ist die RAND Corporation in Santa Monica, dessen Büroräume Tag und Nacht für Spieltheoretiker und Computerentwickler offen standen:

Die RAND Corporation strotzte vor Selbstvertrauen, Sendungsbewusstsein und Korpsgeist. [...] Das Gefühl, „den Feind übertreffen zu wollen", wie es ein ehemaliger Vizepräsident der RAND später ausdrückte, war hier mit Händen zu greifen.

— S. Nasar, [37, S. 123ff]

Verglichen mit den gut umsorgten amerikanischen Elite-Forschern war der Bekanntheitsgrad europäischer Erfinder vom Schlage eines Konrad Zuse in der Öffentlichkeit eher bescheiden. Mit dem Wiederaufbau Deutschlands nach dem Zweiten Weltkrieg beschäftigt, erkannte weder der Staat noch die Wirtschaft das enorme Potential der Rechenanlagen mitsamt den darauf ablaufenden Algorithmen.

Aber nicht nur in der Hardwaretechnik sondern auch in der Softwareentwicklung fiel Europa zurück. Auf der ersten Computer-Schachweltmeisterschaft, die im Jahre 1974 in Stockholm stattfand, hatten die beiden Russen Arlazarov und Donskoy [3, 4] mit ihrem Programm *KAISSA*, das auf

Abb. 13: Konrad Zuse (1910–1995) am Nachbau des ersten frei programmierbaren
Rechners Z1. Zuse stellte die Z1, die vollständig aus privaten Mitteln fi-
nanziert wurde, in den Jahren 1936–1938 fertig. Die Z1 ist komplett me-
chanisch aufgebaut und enthält bereits alle Komponenten der heutigen
Computer: Leitwerk, Programmsteuerung, Speicher, Mikrosequenz-Code,
Gleitkommaarithmetik, usw.

einem (westlichen) ICL 4/70-Großrechner lief, noch die Nase vorn. Sie gewannen eindrucksvoll mit 4:0. Aber die Amerikaner unternahmen gewalti-
ge Anstrengungen und holten – genau wie beim Wettlauf des ersten bemannten Weltraumflugs – schnell auf. Bekannte Schachprogramme wie David Slate und Larry Atkins *Chess 4.6*, Ken Thompsons *Belle* (erstmals mit
Hardware-Unterstützung), Robert Hyatts *Cray Blitz* oder Feng-Hsiung Hsus
Deep Thought brachten den begehrten Pokal in die USA (Tabelle 1). In den
neunziger Jahren profitierten die Europäer, die ihre Schachprogramme überwiegend ohne große Förderung erstellten, von der zunehmenden Verfügbarkeit
preiswerter, schneller Mikroprozessoren und holten den Titel wieder nach Europa.

7 Ausblick

Trotz der enormen Fortschritte in der Entwicklung immer effizienterer Baum-
suchalgorithmen bleiben viele Fragen offen: Welche Eigenschaften hat ein minimaler Schach- oder Go-Baum? Welche Suchstrategie wäre optimal wenn wir
eine unbeschränkte Anzahl Prozessoren zur Verfügung hätten? Wie hoch wäre
der erzielte Geschwindigkeitsgewinn? Welche Rechenzeit- und Speicherplatz-
komplexität hat ein Algorithmus zur Berechnung einer Gewinnstrategie? Und
nicht zuletzt die brennende Frage: Ist das Schachspiel ein Zugzwangspiel, d. h.
hat er mit seinem ersten Zug den Gewinn vielleicht schon vertan? Allerdings:
In dem Moment, in dem diese Frage geklärt ist, wird das königliche Spiel un-
weigerlich seinen Glanz verlieren. Befragt nach der Lösbarkeit des Schachspiels
durch einen Computer antwortete Konrad Zuse 1990 [70]:

> *Das glaube ich nicht, denn die Zahl der möglichen Stellungen und
> Züge ist so riesig, dass auch der größte und beste Computer das nicht
> können wird. Bei den kleineren Spielen wie Nim oder Mühle geht das
> allerdings.*

In demselben Interview betont Zuse, dass das menschliche Gehirn viel flexibler und komplizierter sei als der beste Computer. Befragt, warum wir das
Schachspiel nicht vollständig durchschauen können und zuweilen von Computern geschlagen werden, sagte er:

> *Ich glaube, die Grenzen des menschlichen Schachspielers sind schon
> erreicht. Kasparov ist nicht nur der Weltmeister, sondern vielleicht
> auch der Meister aller Meister, die je gelebt haben. Meiner Meinung
> nach sind Flexibilität und Komplexität des menschlichen Gehirns oh-
> nehin beschränkt. Falls es dann einmal einen Computer mit viel größe-
> rer Kapazität und Flexibilität gibt, kann der Mensch nicht mehr mit
> ihm gleichziehen. Vielleicht werden in der Zukunft, in Zusammenar-*
>
> *beit mit Computer-Programmierern, sogar die menschlichen Spieler
> ihr Potential oder ihre Spielstärke erhöhen. Trotzdem wird es eine
> Grenze geben, die durch den Aufbau des menschlichen Gehirns be-
> dingt ist. Oder es kommt eines Tages einer daher und entwirft ein
> DNA-Design für ein besseres Gehirn. Ich hoffe allerdings nicht.*
>
> — Konrad Zuse, 1990 [70]

Literaturverzeichnis

1. G.M. Adelson-Velskiy, V.L. Arlazarov, M.V. Donskoy *Some methods of controlling the tree search in chess programs.* Artificial Intelligence 6, 1975, S. 361–371

2. D.A. McAllester *Conspiracy numbers for Min-Max searching.* Artificial Intelligence, 1988, 35(1):287–310

3. G.M. Adelson-Velskiy, V.L. Arlazarov, M.V. Donskoy *Some methods of controlling the tree search in chess programs.* Artificial Intelligence 6(4), 1975, S. 361–371

4. G.M. Adelson-Velskiy, V.L. Arlazarov, M.V. Donskoy *Algorithms of adaptive search.* in: J.E. Hayes, D. Michie, L.I. Mikulich (Hrsg.) Machine Intelligence 9, John Wiley & Sons, 1979, S. 373–384

5. B.W. Ballard *The ∗-minimax search procedure for trees containing chance nodes.* Artificial Intelligence 21, 1983, S. 327–350

6. G.M. Baudet *The design and analysis of algorithms for asynchronous multiprocessors.* Ph.D. Dissertation, Carnegie-Mellon University, Pittsburgh, PA1978

7. F.L. Bauer, H. Wössner *The Plankalkül of Konrad Zuse: A forerunner of today's programming languages.* CACM 15, 1972, S. 678–685

8. D.F. Beal *An analysis of minimax.* in: M.R.B. Clarke (Hrsg.) Advances in Computer Chess 2, Edinburgh University Press, Edinburgh, 1980, S. 103–109

9. D.F. Beal *Benefits of minimax search.* in: M.R.B. Clarke (Hrsg.) Advances in Computer Chess 3, Pergamon Press, Oxford, 1982, S. 17–24

10. D.F. Beal *Mixing heuristic and perfect evaluations: Nested minimax.* ICCA Journal 7, 1984, S. 10–15

11. H.J. Berliner *The B∗ tree search algorithm: A best-first proof procedure.* Artificial Intelligence 12, 1979, S. 23–40

12. M. Botvinnik *Computers, chess and long-range planning.* Springer-Verlag, New York, 1970

13. I. Bratko, M. Gams *Error analysis of the minimax principle.* in: M.R.B. Clarke (Hrsg.) Advances in Computer Chess 3, Pergamon Press, Oxford, 1982, S. 1–15

14. A.L. Brudno *Boundaries and estimates for abridging the search of estimates.* Problems of Cybernetics 10, 1963, S. 225–241

15. J.H. Condon, K. Thompson *Belle chess hardware.* in: M.R.B. Clarke (Hrsg.) Advances in Computer Chess 3, Pergamon Press, Oxford, 1982, S. 45–54

16. C. Donninger, A. Kure, U. Lorenz *Parallel Brutus: The first distributed FPGA accelerated chess program.* Procs. 18th Intl. Parallel and Distributed Processing Symposium IPDPS'04

17. C. Ebeling *All the Right Moves. A VLSI Architecture for Chess.* MIT Press, Juni 1987

18. R. Feldmann *Game Tree Search in Massively Parallel Systems.* PhD. Thesis, Univ. Paderborn, August 1993

19. J.P. Fishburn *Analysis of speedup in distributed algorithms.* Ph.D. Dissertation, Technical Report 431, Computer Sciences Department, University of Wisconsin, Madison, 1981

20. S.H. Fuller, J.G. Gaschnig, J.J. Gillogly *Analysis of the alpha-beta pruning algorithm.* Technical Report, Carnegie-Mellon University, Pittsburgh, PAJuli 1973

21. A.D. de Groot *Thought and Choice in Chess,* Mouton, The Hague, 1965

22. P. Hall *Equivalence between AND/OR graphs and context-free grammars.* Communications of the ACM 16, 1973, S. 444–445

23. F.-H. Hsu *Large scale parallelization of alpha-beta search: An algorithmic and architectural study with computer chess.* Ph.D. dissertation, Carnegie Mellon University, Techn. Report CMU-CS-90-108, 1990

24. F.-H. Hsu *Chess Hardware in Deep Blue.* IEEE Computing in Science and Engineering Vol. 8, No. 1, Jan./Feb. 2006, S. 50–60

25. R. Hyatt, B. Suter *A parallel alpha/beta tree searching algorithm.* Parallel Computing 10, 1989, S. 299–308

26. H. Kaindl *Dynamic control of the quiescence search in computer chess.* in: R. Trappl (Hrsg.) Cybernetics and Systems Research, North-Holland, Amsterdam, 1982, S. 973–977

27. D.E. Knuth, W. Moore *An analysis of alpha-beta pruning.* Artificial Intelligence 6, 1975, S. 293–326

28. U. Lorenz *Controlled Conspiracy-2 Search.* Procs. 17th Annual Symposium on Theoretical Aspects of Computer Science (STACS), 2000, S. 466–478

29. T.A. Marsland, F. Popowich *Parallel game-tree search.* IEEE PAMI-7, 1985, S. 442–452 (Erratum in IEEE PAMI-7, 1985, S. 749)

30. T.A. Marsland, A. Reinefeld, J. Schaeffer *Low overhead alternatives to SSS*.* Artificial Intelligence 31, 1987, S. 185–199

31. T.A. Marsland, J. Schaeffer (Hrsg.) *Computers, Chess, and Cognition.* Springer Verlag, New York, 1990

32. D. Michie *A theory of evaluative comments in chess with a note on minimaxing.* The Computer Journal 24,3(1981), 278-286

33. G. Michon *Recursive random games.* Ph.D. Dissertation, University of California, Los Angeles, CA, 1983

34. M. Minsky *Semantic Information Processing,* Cambridge, MA, MIT Press, 1968, S. 12

35. D.S. Nau *Quality of decision versus depth of search on game trees.* Ph.D. Dissertation, Duke University, Aug. 1979

36. D.S. Nau *An investigation of the causes of pathology in games.* Artificial Intelligence 19, 1982) S. 257–278

37. S. Nasar *Genie und Wahnsinn.* Piper, München 2002. (Titel der amerikanischen Originalausgabe: A Beautiful Mind. Simon & Schuster, New York 1998)

38. J. von Neumann *Zur Theorie der Gesellschaftsspiele.* Math. Ann. 100, 1928, S. 295–320

39. J. von Neumann, O. Morgenstern *Theory of Games and Economic Behavior.* Princeton University Press, 1944

40. A. Newell, J.C. Shaw, H.A. Simon *Chess-playing programs and the problem of complexity.* IBM Journal of Research and Development 2, 1958, S. 320–355. Nachdruck in E.A. Feigenbaum, J. Feldman (Hrsg.) Computers and Thought, McGraw-Hill, New York, 1963, S. 39–70

41. A.J. Palay *The B* tree searching algorithm—New results.* Artificial Intelligence 19, 1982, S. 145–163

42. A.J. Palay *Searching with probabilities.* Ph.D. Dissertation, Carnegie-Mellon University, Pittsburgh, PA 1983

43. J. Pearl *Asymptotic properties of minimax trees and game-searching procedures.* Artificial Intelligence 14, 1980, S. 113–138

44. J. Pearl *Scout: A simple game-searching algorithm with proven optimal properties.* First Annual National Conference on Artificial Intelligence, Stanford, 1980

45. J. Pearl *The solution for the branching factor of the alpha-beta pruning algorithm and its optimality.* Communications of the ACM 25, 1982, S. 559–564

46. J. Pearl *On the nature of pathology in game searching.* Artificial Intelligence 20, 1983, S. 427–453

47. J. Pearl *Heuristics. Intelligent Search Strategies for Computer Problem Solving.* Addison-Wesley Publishing, Reading, MA, 1984

48. A. Plaat *Research, Re: Search & Re-search.* Ph.D. dissertation, Erasmus-University Rotterdam, 1996

49. A.L. Reibmann, B.W. Ballard *Non-minimax search strategies for use against fallible opponents.* Procs. of the National Conference on Artificial Intelligence, 1983, S. 338–342

50. A. Reinefeld *Untersuchungen an modernen Suchbaum-Reduktionsverfahren.* Diplomarbeit, Universität Hamburg, 1982

51. A. Reinefeld *An improvement of the Scout tree search algorithm.* ICCA Journal 6, 1983, S. 4–14

52. A. Reinefeld *Spielbaum-Suchverfahren.* Informatik-Fachberichte 200, Springer-Verlag, Berlin, 1989, ISBN 3-540-50742-6

53. A. Reinefeld *A minimax algorithm faster than alpha-beta.* in: J. van den Herik, L.S. Herschberg, J.W.H.M. Uiterwijk (Hrsg.) Advances in Computer Chess 7, 1994, S. 237–250

54. I. Roizen, J. Pearl *A minimax algorithm better than alpha-beta? Yes and no.* Artificial Intelligence 21, 1983, S. 199–220

55. A.L. Samuel *Some studies in machine learning using the game of checkers.* in: E.A. Feigenbaum, J. Feldmann (Hrsg.) Computers and Thought, McGraw-Hill, New York, 1963, S. 71–105

56. A.L. Samuel *Some studies in machine learning using the game of checkers, II—Recent progress.* IBM Journal of Research and Development 11, 1967, S. 601–617

57. J. Schaeffer *Experiments in search and knowledge.* Ph.D. Dissertation, University of Waterloo, Ontario, 1986

58. J. Schaeffer *Conspiracy numbers.* Artificial Intelligence, 1990, 43(1):67–84

59. C.E. Shannon *Programming a computer for playing chess.* Philosophical Magazine 41, 1950, S. 256–275

60. C.E. Shannon *A chess playing machine.* Scientific American, 1950. Nachdruck in: R. Fenichel, J. Weizenbaum (Hrsg.) Computers and Computation, Readings from Scientific American, 1971, S. 104–112

61. J.R. Slagle, J.K. Dixon *Experiments with some programs that search game trees.* Journal of the ACM 16, Apr. 1969, S. 189–207

62. D.J. Slate, L.R. Atkin *Chess 4.5—The Northwestern University chess program.* in: P.W. Frey (Hrsg.) Chess Skill in Man and Machine, Springer-Verlag, New York, 1977, S. 82–118

63. G.C. Stockman *A minimax algorithm better than alpha-beta?* Artificial Intelligence 12, 1979, S. 179–196

64. K. Thompson *Persönliche Information.* Hamburg, 1982

65. K. Thompson *Computer chess strength.* in: M.R.B. Clarke (Hrsg.) Advances in Computer Chess 3, Pergamon Press, Oxford, 1982, S. 55–56

66. A.M. Turing *Computing machinery and intelligence.* Mind 59, Oct. 1950, S. 433–460. Nachdruck in: E.A. Feigenbaum, J. Feldman (Hrsg.) Computers and Thought, McGraw-Hill, New York, 1963

67. A.L. Zobrist *A hashing method with applications for game playing.* Technical Report 88, Computer Sciences Department, University of Wisconsin, Madison, WI Apr. 1970

68. K. Zuse *Über den Plankalkül als Mittel zur Formulierung schematisch-kombinativer Aufgaben.* in: Archiv der Mathematik, Band I, 1948/49

69. K. Zuse *Der Plankalkül.* BMBW-GMD-63, Berichte der GMD, St. Augustin, 1972

70. K. Zuse *Vom Rechnen zum Denken. Ein Interview mit Professor Dr. Konrad Zuse.* Computer Schach und Spiele, 1990, S. 27–30

71. K. Zuse *Der Computer – mein Lebenswerk.* 3. Auflage, Springer-Verlag, 1993

50 Jahre modellbasierter Entwurf:
Vom Modellieren mit Programmen zum
Programmieren mit Modellen

Wolfgang Reisig

Humboldt-Universität zu Berlin
reisig@informatik.hu-berlin.de

Zusammenfassung. Software entwickeln bedeutet, die Kluft zwischen algorithmischen Ideen und implementierten Rechensystemen zu überbrücken. Dafür sind in den letzten 50 Jahren vielfältige Ausdrucksmittel vorgeschlagen worden. Zu Beginn wurden algorithmische Ideen oft programmiersprachlich modelliert. Neuere Ansätze der *model driven architecture* (MDA) generieren lauffähige Programme aus intuitiv ansprechenden Modellen. Dieser Beitrag beschreibt einige im historischen Kontext wichtige Entwicklungslinien von Modellierungstechniken.

Einleitung

Das Umfeld

Die Informatik ist eine etablierte Wissenschaft. Jede größere Universität hat Studiengänge im Fach Informatik. Die Zahl der Abschlüsse übersteigt die entsprechenden Zahlen der meisten Natur- und Ingenieurwissenschaften.

Man kann sich kaum vorstellen, dass es vor 50 Jahren diese Wissenschaft nicht gab und ihr Aufkommen noch in den 70er Jahren vielerorts als vorübergehende Erscheinung betrachtet wurde, für die eigene Professuren einzurichten sich nicht lohne.

Man sah zunächst keine nennenswerten charakteristischen Fragestellungen oder Methoden, die eine neue Wissenschaft begründen würden. Nur langsam wurden eigenständige, spezifische Artefakte und Konstruktionen der Informatik identifiziert. Zu diesen Konstruktionen gehört insbesondere die Modellierung diskreter Systeme. Im Rückblick schreibt G. Goos in seinem Lehrbuch [26]: „Einsicht in komplexe Sachverhalte zu gewinnen, sich ein Modell von der Struktur der Zusammenhänge zu machen oder komplexe Systemstrukturen selbst zu entwerfen, ist eine Aufgabe der Informationsverarbeitung." Von Beginn an spielt also das Modellieren in der Informatik eine zentrale Rolle.

Seit der Anfangszeit in den 50er Jahren hat sich das Spektrum der Informatik nicht nur vertieft, sondern auch verbreitert. Wiederum aus [26]: „Wir

sehen heute die wesentlichen Aufgaben der Informatik in der Analyse, dem
Entwurf und der Realisierung komplexer diskreter Systeme sowie in der Anpassung solcher Systeme an gegebene Einsatzbedingungen".

Damit haben Modellierungsaufgaben erheblich zugenommen. Die Modellierung diskreter Systeme ist heute eine der zentralen Aufgaben der Informatik.

In dieser Arbeit betrachte ich die Entwicklung von Techniken zur Modellierung diskreter Systeme: Was gab es in der Anfangszeit in den 50er Jahren?
Wann ist was hinzugekommen? Welche allgemeinen Prinzipien sind dabei erkennbar? Und: Was kann man in der Zukunft erwarten?

So entsteht für die Modellierung ein vielfältiges Bild von Erfolgsgeschich-
ten und auch von Fehleinschätzungen. Gelegentlich erstaunt, wie früh schon
oder wie spät erst eine Entwicklung eingesetzt hat und wie lange es zu ihrem
Durchbruch gedauert hat.

Insgesamt entsteht der Eindruck einer zügig weiter voranschreitenden Ent-
wicklung, die noch keineswegs ihr Ende erreicht hat. Neue Vorschläge für
Modellierungstechniken und Prinzipien der Modellierung wird man auf dem
Hintergrund der geschichtlichen Entwicklung ggf. besser einschätzen können.
Vielleicht trägt diese Arbeit dazu bei.

Programmieren und Modellieren

Vor dem Hinschreiben eines Programms macht sich jeder Programmierer eine
mehr oder weniger explizite Vorstellung davon, was das Programm leisten soll
und wie es diese Leistung erbringt: Der Programmierer hat eine *Algorithmische Idee*. Aus dieser Idee heraus entwickelt er das Programm. Um ihm dabei
die Arbeit zu erleichtern, wurden seit den 50er Jahren zunehmend komfortable
und an spezielle Aufgabenstellungen angepasste *Programmiersprachen* entwickelt. Mit einer solchen Programmiersprache will man Begriffe und Konzepte
der Algorithmischen Idee in ein Programm abbilden und von Einzelheiten der
Rechentechnik abstrahieren.

Eine gute Programmiersprache stellt passende, intuitiv verständliche Konzepte bereit, um die algorithmische Idee möglichst genau darzustellen.

Dennoch muss die Ausdrucksstärke von Programmiersprachen begrenzt
bleiben, weil jedes Programm letztendlich in eine Maschinensprache übersetz-
bar und damit auf einem Rechner ausführbar sein muss. Die Kluft zwischen
einer Algorithmischen Idee und einem Programm wird durch eine „passende" Programmiersprache kleiner, bleibt aber oft noch zu groß, um sie fehlerfrei
aus der Intuition heraus in einem Schritt zu überbrücken.

In dieser Situation bietet es sich an, Aspekte der Algorithmischen Idee auf-
zuschreiben, ohne unmittelbar an eine Implementierung zu denken: Man formuliert zunächst ein *Modell*. Dabei kann man insbesondere auch das Verhalten
von Komponenten eines Systems modellieren, die gar nicht zur Ausführung
auf einem Rechner vorgesehen sind. Beispiele dafür sind das Verhalten eines

Aufzugs, auf den ein Liftsteuerungsprogramm wirkt, oder die Aktionen eines Bankkunden beim Bedienen eines Geldautomaten.

Um Modelle zu formulieren, wurde im Lauf der Zeit eine Vielzahl von Modellierungstechniken vorgeschlagen. Angepasst an spezifische Aufgabenstellungen sollen damit leicht verständliche, intuitiv ansprechende, mehr oder weniger formale, oder im Prinzip durchaus ausführbare Modelle formuliert werden können. Auftraggeber, Nutzer und Programmierer sollen schon an solchen Modellen erkennen können, ob ein daraus zu entwickelndes Programm die gewünschten Eigenschaften hat.

Seit einigen Jahren wird in der Softwaretechnik das modellbasierte Entwickeln (model driven architecture) propagiert. Unter dem Titel *Unified Modeling Language* (UML) werden mehrere bekannte Modellierungstechniken variiert und aufeinander abgestimmt in eine Methode zum Entwurf von Software integriert.

Modelle und Programme sind also nichts Gegensätzliches. Beide stellen Algorithmen dar: ein Modell zum besseren Verständnis für die beteiligten Personen, ein Programm für die Ausführung am Rechner.

Die historische Entwicklung von Modellierungstechniken soll in diesem Beitrag beleuchtet werden. Sein Titel verweist dabei auf die Anfänge und die absehbare Entwicklung in diesem Gebiet: In den 50er Jahren wurden eher kleine mathematische Algorithmen entwickelt, die der menschliche Leser oft in der Darstellung als Programm verstehen kann. Ein eigenes Modell ist dabei nicht nötig, das Programm selbst ist das Modell. Dies erklärt

„Modellieren mit Programmen"

im Titel dieses Beitrags.

Umfang und Komplexität rechnerintegrierter Systeme wachsen seit den 50er Jahren rasch. Insbesondere ist die Schnittstelle zwischen einem Programm und seiner technischen oder organisatorischen Umgebung oft so komplex geworden, dass ohne Modelle der Zweck und die wichtigsten Eigenschaften des Programms für Auftraggeber, Anwender und Programmierer nicht verständlich sind.

Wenn aber nun ein Modell eines Systems vorliegt, kann man sich vorstellen, Software aus dem Modell (mehr oder weniger systematisch oder gar automatisch) zu generieren. Ein Programm erstellen heißt dann, ein Modell zu entwerfen. Dies erklärt

„Programmieren mit Modellen"

im Titel dieses Beitrags.

Um in diesem Beitrag die historische Entwicklung von Modellierungstechniken für Algorithmen auf wenigen Seiten darzustellen, muss man drastisch auswählen und gewichten. Zwei Kriterien geben dabei den Ausschlag: Wir erwähnen oder erläutern eine Modellierungstechnik besonders ausführlich, wenn sie

– zu ihrer Zeit besonders originell war
– und im Wettbewerb mit anderen Techniken dauerhaft Erfolg hat.

Diese beiden Kriterien lassen immer noch einen weiten Spielraum bei der Auswahl offen. Man hätte sicher einige der im Weiteren genannten und einige ungenannte Modellierungstechniken anders gewichten und ihre Darstellung anders strukturieren können. Eine Darstellung dieser Art ist zwangsläufig subjektiv. Ich habe aber nach bestem Wissen versucht, allen Techniken gegenüber fair zu argumentieren. Allerdings bedeutet das nicht, alle Techniken als gleichermaßen originell und erfolgreich darzustellen.

1 Modellieren mit Programmen, 1955–1975

1.1 Ein Beispiel: Der Euklidische Algorithmus, 4. Jahrhundert v. Chr.

Es gibt viele Algorithmische Ideen, die angemessen als ein klassisches Programm formuliert werden können. Als Beispiel wählen wir den Euklidischen Algorithmus zur Berechnung des größten gemeinsamen Teilers zweier natürlicher Zahlen a und b ($ggT(a, b)$): Immer sind zwei Zahlen gespeichert (anfangs a und b). Wiederholt wird die größere durch die Differenz beider Zahlen ersetzt. Irgendwann sind beide Zahlen gleich. Dann sind sie zudem auch die gesuchte Zahl $ggT(a, b)$. Es ist ganz natürlich, diese algorithmische Idee mit Hilfe zweier Variablen zu modellieren, die anfangs die beiden Eingabewerte enthalten und gemäß der beschriebenen Bedingungen aktualisiert werden. Das Programm

```
input a, b
while a ≠ b do
    if a > b then a := a − b
             else  b := b − a
endwhile
output a
```

beschreibt also *genau* die Algorithmische Idee. Ein anderes Modell dieser Idee wäre wenig sinnvoll. Das Programm ist das beste Modell des Algorithmus. Euklid selbst hat den Algorithmus umgangssprachlich dargestellt.

1.2 Konventionelle Programme als Modelle, 1955–1975

Um Algorithmen bequem zu formulieren und zugleich für ihre Ausführung auf einem Rechner herzurichten, wurden *Programmiersprachen* entwickelt. Im Zentrum klassischer Programmiersprachen standen von Anfang an *Variablen*

Δύο ἀριθμῶν δοθέντων μὴ πρώτων πρὸς
ἀλλήλους τὸ μέγιστον αὐτῶν κοινὸν μέτρον
εὑρεῖν.

Ἔστωσαν οἱ δοθέντες δύο ἀριθμοὶ μὴ πρῶτοι
πρὸς ἀλλήλους οἱ ΑΒ, ΓΔ. δεῖ δὴ τῶν ΑΒ, ΓΔ
τὸ μέγιστον κοινὸν μέτρον εὑρεῖν.

Εἰ μὲν οὖν ὁ ΓΔ τὸν ΑΒ μετρεῖ, μετρεῖ δὲ καὶ
ἑαυτόν, ὁ ΓΔ ἄρα τῶν ΓΔ, ΑΒ κοινὸν μέτρον ἐστίν.
καὶ φανερόν, ὅτι καὶ μέγιστον· οὐδεὶς γὰρ μείζων
τοῦ ΓΔ τὸν ΓΔ μετρήσει.

Εἰ δὲ οὐ μετρεῖ ὁ ΓΔ τὸν ΑΒ, τῶν ΑΒ, ΓΔ
ἀνθυφαιρουμένου ἀεὶ τοῦ ἐλάσσονος ἀπὸ τοῦ μείζονος λειφθήσεταί τις ἀριθμός, ὃς μετρήσει τὸν πρὸ
ἑαυτοῦ. μονὰς μὲν γὰρ οὐ λειφθήσεται· εἰ δὲ μή,
ἔσονται οἱ ΑΒ, ΓΔ πρῶτοι πρὸς ἀλλήλους· ὅπερ οὐχ
ὑπόκειται. λειφθήσεταί τις ἄρα ἀριθμός, ὃς μετρήσει

Abb. 1: Euklid [14] und sein Algorithmus [22]

und *Wertzuweisung*. Die Reihenfolge der Ausführung von Wertzuweisungen
wird durch Kontrollstrukturen realisiert, insbesondere Sequenz, Alternative,
Wiederholung und Rekursion.

In den 50er Jahren realisierte die Mehrzahl der von Anwendern geschriebenen und genutzten Programme numerische Algorithmen. Die dabei auftretenden Modellierungsaspekte konnten im Rahmen von Programmiersprachen
realisiert werden. Die wichtigste Programmiersprache der 1950er Jahre war
ganz zweifellos *FORTRAN*, ein „formula translator" mit der zentralen Idee,
mathematische Formeln fast so hinschreiben zu können, wie es in der Mathematik üblich ist. Die Programmiersprache ALGOL60 (Algorithmic Language)
bezieht sich schon im Namen auf Algorithmen (60 steht für das Jahr der Publikation).

„Programmieren" war und ist die Tätigkeit, eine Algorithmische Idee als
Programm zu formulieren. Die Entwicklung von Programmiersprachen zielte auf die Erweiterung ihrer Ausdrucksstärke und auf die effiziente Nutzung
neuer Rechnerarchitekturen. Eine Programmiersprache sucht also einen Kompromiss zwischen angemessener oder bequemer Modellierung Algorithmischer
Ideen und ihrer effizienten Realisierung. Gelungene Beispiele sind der Aufruf
von Unterprogrammen und die Rekursion. Beides unterstützt erheblich die
Bequemlichkeit der Modellierung und beides ist leicht zu implementieren.

Was für den Programmierer bequem ist, war und bleibt aber dennoch im
Allgemeinen eine schwierige Frage, überlagert von Gewohnheiten und der Art
der Algorithmischen Ideen, die modelliert werden sollen.

Beispiele, die Ausdrucksstärke und Bequemlichkeit des Programmierens
zu erhöhen, waren Ende der 60er Jahre PL/1 vom IBM oder ALGOL68 aus
der wissenschaftlichen Welt: Vielfältig in der Ausdruckskraft (beispielsweise
mit der Möglichkeit, eigene Operatoren zu definieren) und damit zur Modellierung scheinbar gut geeignet. Ihr Umfang war aber unhandlich und wenig
auf spezifische Algorithmischen Ideen hin ausgerichtet. Letztlich haben sie

sich nicht durchgesetzt. Ein Jahrzehnt später scheiterte ADA trotz massiver Unterstützung durch das US-Militär aus ähnlichen Gründen. (Vor diesem Hintergrund hat C. A. R. Hoare ALGOL60 charakterisiert als „A significant improvement over most of its successors.")

1.3 Nicht-terminierende Programme

Mit dem Aufkommen komfortablerer Betriebssysteme wurden Mitte der 60er Jahre prinzipiell ausdrucksstärkere Programmierkonzepte unausweichlich. Ein Betriebssystem ist ein nicht-terminierendes Programm. Es erledigt sinnvoll seine Aufgaben, weil es nicht wie ein klassisches Programm am Anfang einer Rechnung den Input bekommt und am Ende den Output abliefert, sondern Daten *während* der Rechnung einliest und ausgibt.

Programmiertechnisch und als Implementierungsaufgabe machen nicht-terminierende Programme keinerlei besondere Schwierigkeiten. Konzeptionell und aus der Sicht der Modellierung handelt es sich allerdings um völlig neue Strukturen. Für einen klassischen Algorithmus ist die Nicht-Terminierung ein Fehlerfall, weil keine Ausgabe gebildet wird. Für ein Betriebssystem ist genau umgekehrt die Terminierung ein Deadlock und damit ein Fehlerfall.

Als Modellierungstechnik beschreiben nicht-terminierende Algorithmen also im Vergleich mit herkömmlichen Programmen eine ganz andere Klasse Algorithmischer Ideen und lösen ganz andere Aufgaben. Dieser grundlegende Aspekt hat in den 1970er Jahren nicht allzu viel Aufmerksamkeit erhalten. Erst zu Beginn der 80er Jahre hat sich dafür der Begriff des *reaktiven Systems* durchgesetzt. Seither werden solche Algorithmen und entsprechende Modellierungstechniken explizit studiert.

1.4 Parallele Programme

Mit der Erweiterung von Betriebssystemen auf Multi-User-Betrieb waren wiederum ganz neuartige Algorithmen nötig. Ein solches Betriebssystem führt nebeneinander zwei oder mehrere Nutzer-Programme auf *einem* Rechner aus und organisiert die Zuteilung knapper Ressourcen (beispielsweise eines Druckers) an die Programme. Die Programme greifen also teilweise auf die selben Variablen zu.

Ein solches Betriebssystem führt jeweils ein Stück eines Programms aus und springt dann zum nächsten. Damit hängt das Resultat einer Berechnung von der relativen Geschwindigkeit ab, mit der die einzelnen Nutzer-Programme vorankommen. Natürlich können dabei unerwünschte Effekte entstehen, die wiederum durch zusätzliche Maßnahmen des Betriebssystems ausgeglichen werden müssen. Dabei ergeben sich ganz neue Fragestellungen, insbesondere zur Verwaltung knapper Ressourcen. Diese Fragestellungen wurden vielfach anschaulich illustriert.

Die bekannteste Illustration sind Dijkstras fünf essende und denkende Philosophen [20] aus dem Jahr 1968. Dabei stellt man sich fünf Philosophen vor, die im Kreis um einen Tisch sitzen. Jeder hat einen Teller mit (unbeschränkt vielen) Nudeln vor sich stehen. Um zu essen, braucht ein Philosoph zugleich zwei Gabeln. Jeweils zwei benachbarte Philosophen teilen sich eine Gabel, können sie also nicht zugleich verwenden. Jeder Philosoph durchläuft zyklisch drei Zustände: Im *quiet*-Zustand kann er beliebig lange – insbesondere auch unendlich lange – verharren, aber auch jederzeit spontan in seinen *pending*-Zustand übergehen. Von dort geht es weiter zu Zustand *eating*; für diesen Schritt benötigt der Philosoph die beiden Gabeln, die er sich mit seinen Nachbarn teilt. Gesucht wird nun ein Algorithmus zur Zuteilung der Gabeln an die Philosophen im Zustand *pending*.

Allgemein formuliert, geht es um das Problem des wechselseitigen Ausschlusses. Als Modellierungsaufgabe gestaltet sich das Problem schwierig, weil man beim Versuch der Lösung dieser Aufgabe immer wieder in eine Situation gerät, in der die Lösung der Aufgabe – ggf. anders formuliert – vorausgesetzt wird.

Abb. 2: E. W. Dijkstra [21] und seine Fünf Philosophen [36]

Als Programmierkonzept hat Dijkstra dafür in [20] das Konzept des *Semafor* vorgeschlagen. Auf den ersten Blick ist ein Semafor eine ganz einfache Datenstruktur, eine Variable x mit dem Wertebereich $0, 1$ und den Operation „um 1 erhöhen" und „um 1 erniedrigen" mit den Bezeichnung „v" und „p" (niederländisch für *probeer* und *verhoog*). Das Besondere ist dabei der Versuch, in einem Zustand mit $x = 1$ in einem Teilalgorithmus die Operation v auf x anzuwenden. Dabei wird nicht wie üblich eine Bereichs-Überschreitung erkannt und der Teilalgorithmus als fehlerhaft abgebrochen. Stattdessen wird der Teilalgorithmus so lange aufgehalten, bis ein anderer Teilalgorithmus die Variable x auf $x = 0$ aktualisiert hat. Dabei wird vorausgesetzt, dass wiederholtes Lesen der Variable nicht ihre Aktualisierung behindert. Ist diese Voraussetzung stets erfüllt? Muss und kann man sie implementieren? Man kann sehr pragmatisch dahingehend argumentieren, dass in jeder rechentechnischen Realisierung nach einem Lese-Vorgang immer genug Zeit zur Aktualisierung zur Verfügung steht. Ein mathematisches Modell des Semafors müsste also

auch physikalische Annahmen und metrische Gegebenheiten einbeziehen –
eine ganz unbefriedigende Vorstellung. Einige Modellierungstechniken verlangen deshalb explizite „Fairness"-Annahmen. Solche Annahmen sind allerdings
nicht unmittelbar implementierbar.

Diese Zusammenhänge haben bis in die 80er Jahre hinein lange Kontro-
versen ausgelöst und eine Reihe von Fragen aufgeworfen: Welche Art von Algorithmen kann man mit Semaforen – oder allgemein mit parallelen Programmen – modellieren? Welche Aufgaben kann man damit bewältigen? Welches
Theoretische Modell ist dafür angemessen? Gibt es auch interessante parallele Algorithmen, die ohne Semafor, Fairness-Annahmen oder vergleichbare
Konstrukte auskommen? Wie kann man die Ausdruckskraft beider Ansätze
vergleichen? Eine Theorie des parallelen Rechnens, vergleichbar der geschlossenen, tief liegenden Theorie der berechenbaren Funktionen, ist dabei aber
nicht entstanden.

1.5 Nicht-deterministische Programme

Nicht zur Implementierung von Betriebssystem, sondern durchaus zur Formulierung Algorithmischer Ideen, die nicht unbedingt zur Implementierung
vorgesehen sind, hat Dijkstra einen Operator zur Formulierung von Nicht-
Determinismus in die Programmierung eingeführt: Aus einer Menge bedingter
Wertzuweisungen wird jeweils eine beliebige ausgewählt und ausgeführt.

Dijkstra wollte dabei insbesondere auch zeigen, dass es durchaus interessante nicht-deterministische Programme gibt, dass also ein *Bedarf* an der
Programmierung von Nicht-Determinismus besteht. Ein gewichtiges Problem
nicht-deterministischer Algorithmen ist die Frage nach ihrer Korrektheit: Wie
formuliert und beweist man, dass ein solches Programm korrekt ist?

Die Implementierung eines nicht-deterministischen Programms ist ein frag-
würdiges Unterfangen: Muss ein Zufallsgenerator verwendet werden? Ist eine
Implementierung mit fester Auswahlstrategie (z.B. „die im Text erste akti-
vierte Alternative") akzeptabel? Wenn ja: Warum wird der Algorithmus dann
überhaupt nicht-deterministisch formuliert?

Mehr noch als nicht-terminierende und parallele Programme, sind nichtdeterministische Programme ein Beitrag zur Modellierung algorithmischer
Ideen: Die Spezifikation einer Aufgabenstellung oder einer Lösungsidee kann
selbstverständlich vielerlei Alternativen offen lassen. Dies bietet dann Freiheitsgrade für die Implementierung. Nichtdeterminismus gehört damit in die
Welt der *Modellierung*, nicht der Programmierung.

Die Ausdrucksmächtigkeit nicht-terminierender, paralleler und nicht-deterministischer Programme hat langfristig nicht ausgereicht, alle Modellierungsaufgaben zufrieden stellend zu lösen. Ein Grund dafür liegt darin, dass ein
elementarer Schritt ausnahmslos als Aktualisierung einer Variablen beschrieben wird. Dass dies nicht immer angemessen ist, zeigt das folgende Beispiel
des „Pebble-Spieles".

1.6 Noch ein Beispiel: Das Pebble-Spiel

Der ursprüngliche Sinn des folgenden Algorithmus ist die Demonstration einer Verifikationsmethode („Schleifeninvariante") für nicht-deterministische Programme. Wir zitieren es hier vor allem, weil es die Grenzen von Programmen als Modelle für Algorithmen aufzeigt: Die intuitiv und formal klar formulierbaren Strukturen und Operationen des Algorithmus können mit herkömmlichen Programmen nur unzureichend modelliert werden. Wir zitieren hier die Fassung von Dijkstra [21] ([27] führt den Algorithmus auf Scholten zurück.):

„... *a one person game is played with a big urn full of pebbles where each pebble is white or black. We don't start with an empty urn. ... The rule is that one goes on playing as long as moves are possible. For a move there have to be at least two pebbles in the urn because a move is the following: What one does is: One shakes the urn, and then looks in the opposite direction, puts one hand in the urn, picks up two pebbles, looks at their color and depending on the color of the two pebbles puts a pebble in the urn again ... The idea is that if we take out two pebbles of a different color, we put back the white one. However, if we take out two pebbles of equal color, we put a black one into the urn. (If we take out two white ones, we have to have a suffcient supply of black pebbles) ... Given the initial content of the urn, what can be said about final pebble?"*

$$b := B; \; w := W$$

$$; \underline{\text{do}} \; w \geq 1 \wedge b \geq 1 \rightarrow$$
$$b := b - 1$$
$$\Box \quad b \geq 2 \rightarrow$$
$$b := b - 1$$
$$\Box \quad w \geq 2 \rightarrow$$
$$w := w - 2; \; b := b + 1$$
$$\underline{\text{od}}$$

Abb. 3: Dijkstras Lösung zum Pebble-Spiel [21]

In diesem Algorithmus geht es also um eine Urne, und um schwarze und weiße Spielsteine, die in die Urne gelegt oder aus ihr entnommen werden. Gesucht wird eine formale Darstellung des Algorithmus, und gefragt wird nach seiner Terminierung und Eigenschaften seines Endzustandes. Abbildung 3 zeigt ein Modell in Dijkstras Notation: Ein Programm, das in einer WHILE-Schleife Variablen aktualisiert.

Die Konstanten W und B und die Variablen w und b bezeichnen die Anzahl der weißen und schwarzen Spielsteine (W und B am Anfang, w und b im jeweils erreichten Zustand). Dijkstras (und Gries') intuitive Beschreibung des Algorithmus argumentiert allerdings nicht über dieses Zahlen. Vielmehr legen beide Autoren Wert darauf, dass der Agent „blind" in die Urne greift. Er kann die Züge ausführen, ohne die Zahl der Steine zu kennen. Er muss auch nicht rechnen, sondern Spielsteine der Urne entnehmen, zurückgeben, ihre Farbe vergleichen, auf Grund des Vergleichs einen auswählen und ggf. einen weißen Stein schwarz färben. Damit stellt sich die Frage nach einem formalen Modell des Algorithmus, das die beteiligten Objekte und Operationen realistisch abbildet, und insbesondere auch die Verifikation seiner entscheidenden Eigenschaften unterstützt. Dass es ein solches Modell in der Tat gibt, werden wir später sehen.

1.7 Die „Software-Krise"

Ende der 60er Jahre hieß „programmieren", eine algorithmische Idee aus der Intuition unmittelbar als Programm hinzuschreiben. Programmieren wurde als eine Art „Kunststück" angesehen. Don Knuth hat damals unter dem Titel „The Art of Computer Programming" ein siebenbändiges Werk konzipiert (und davon die ersten drei fertig gestellt) [40].

Mit dieser ausschließlich auf der Intuition basierenden Vorgehensweise gelang es nicht, Software mit hinreichender Qualität herzustellen. Es wurde ein „Software-Krise" festgestellt und zu ihrer Überwindung vorgeschlagen, ingenieurmäßige Methoden zur Konstruktion von Software, also ein „Software-Engineering" zu entwickeln. Programmatisch steht dafür die Zeitschrift „Science of Computer Programming": Programmieren nicht als Kunst, sondern als Wissenschaft. Als Ausgangspunkt dieser Entwicklung wird üblicherweise die Tagung [49] angesehen.

Eine Konsequenz aus der Software-Krise war die Einsicht, dass Software zusammen mit ihrer technischen und organisatorischen Umgebung als *ein* System verstanden werden muss. Dabei gibt es auch algorithmische Komponenten, die nicht zur Programmierung vorgesehen sind. Beispiele sind Komponenten und Nutzer eines Aufzug-Systems oder eines Bank-Automaten. Um ein solches System zu verstehen, muss es modelliert werden. Im Idealfall kann man alle wichtigen Eigenschaften eines Systems an seinem Modell formulieren und überprüfen. Zur Modellierung solcher Systeme sind Programme nur bedingt geeignet.

2 Modellieren mit anderen Ausdrucksmitteln, 1955–1975

Am Beispiel des „Pebble-Spieles" haben wir gesehen, dass eine Darstellung einer Algorithmischen Idee mit den Ausdrucksmitteln der Programmierung nicht immer intuitiv nahe liegt. Dennoch waren und sind solche Darstellungen üblich, denn bis in die 70er Jahre hinein gab es nur wenige Alternativen. Was es gab, soll hier vorgestellt werden.

2.1 Automatenmodelle

Wer ein System aus endlich vielen diskreten Schritten modellieren möchte, kommt schnell auf eine intuitiv nahe liegende Darstellung: Man bildet einen Graphen, der die Zustände des Systems als Knoten und seine Übergänge als Kanten darstellt. Die erste systematische Darstellung ist Rabins und Scotts Arbeit über endliche Automaten und ihr Entscheidungsproblem [52] von 1959. Bis heute bilden diese Automaten oft den Ausgangspunkt für Darstellungen von Modellierungstechniken.

Zusätzliche unbeschränkte Speicherstrukturen mit verschiedenartigen Zugriffsmechanismen steigern die Leistungskraft dieser Automatenmodelle. Besonders wichtig sind Kellerspeicher, die im Compilerbau und allgemein in der Charakterisierung syntaktischer Sprachstrukturen auftreten. Die ausdrucksstärkste Variante sind Turingbänder. Sie führen zu allgemein berechenbaren Funktionen.

Die Modellierungskraft von Automatenmodellen wurde im Licht und als Spezialfälle berechenbarer Funktionen gesehen und klassifiziert. Dieses Muster zu verlassen, schien in den 50er und 60er Jahren weder möglich noch wünschenswert.

2.2 Carl-Adam Petri: Der Außenseiter

Von der heutigen Vielfalt an Modellierungstechniken war Anfang der 60er Jahre noch nichts zu sehen. Wie beschrieben, waren Programme und Automaten die verfügbaren Ausdrucksmittel und es bestand wenig Bedürfnis nach mehr.

In dieser Situation hat C. A. Petri ungewohnte Fragen gestellt, beantwortet und Konsequenzen daraus gezogen, die so gar nicht in das damals gängige Muster gepasst haben. Das Resultat war eine Modellierungstechnik, die in vielen grundlegenden Prinzipien fundamental anders aussieht als Programme und Automaten.

Es hat lange gedauert, bis Petris „Netztheorie" breite Akzeptanz fand. Dabei lag die Fragestellung, mit der Petri seine 1962 publizierte Dissertation [50] beginnt, am Ende der 50er Jahre durchaus nahe – damals war der Unterschied zwischen primitiv-rekursiv und allgemein-rekursiv berechenbaren Funktion hinreichend bekannt: Für eine primitiv-rekursive Funktion f und ein Argument n kann man abschätzen, wie viel Speicherplatz man höchstens braucht, um $f(n)$ zu berechnen. Für eine allgemein-rekursive Funktion f geht das nicht. Petri fragt nun in einem Gedankenexperiment, wie man eine allgemein-rekursive Funktion f implementieren soll: Um $f(n)$ zu berechnen, kann man ja nicht erst die nötigen Ressourcen besorgen, und dann die Berechnung durchführen. Stattdessen muss man zunächst mit den vorhandenen Ressourcen beginnen. Wenn sie reichen, die Berechnung also terminiert, hat man Glück gehabt. Wenn nicht, muss man mit einem größeren Rechensystem von vorn beginnen. Petri fragt nun, ob man den Neubeginn nicht vermeiden kann, indem man das zu kleine Rechensystem um einige Ressourcen ergänzt und damit weiter rechnet. Solche Erweiterungsschritte sollten nach beliebig vielen vorausgegangen Erweiterungsschritten immer möglich sein. Kann man eine solche Architektur bauen? Wie sieht sie aus?

Versucht man es mit einer konventionellen Architektur, gerät man in Schwierigkeiten: Jede Erweiterung vergrößert räumlich das gesamte Rechensystem. Das verlangt zunehmend längere Drähte, insbesondere zum Taktgeber. Dies wiederum verlängert die Laufzeit der Signale; die Taktrate muss deshalb reduziert werden. Zudem vergrößert sich der fan-out (also die Anzahl Leitungen) des Taktgebers; dies vergrößert die Leistungsabgabe. Taktrate und Leistungsabgabe eines Schaltelementes können aber nicht beliebig verändert werden: Irgendwann bricht der Taktgeber zusammen.

Deshalb stellt sich die Frage nach einer prinzipiell unbeschränkt erweiterbaren Architektur ohne zunehmend längere Leitungen und *ohne* wachsenden fan-out. Petri zeigt, dass dies in der Tat möglich ist, wenn jeder Erweiterungsschritt eine neue Komponente ausschließlich lokal an die vorherige Komponente anbaut. Diese Konstruktion hat aber ihren Preis: Das gesamte System arbeitet *asynchron*.

Mit diesem Gedankenexperiment wollte Petri zeigen, dass asynchrone Systeme prinzipiell leistungsfähiger sind als synchrone. Daraus zog er den Schluss, dass jede Theorie der Informationsverarbeitung mit asynchronen, lokal begrenzten Schritten beginnen muss. Parallele, verteilte Systeme als Verallgemeinerung sequentieller Systeme auffassen zu wollen, ist deshalb ganz unzweckmäßig.

Mit diesen Vorstellungen war Petri seiner Zeit weit voraus. Das Echo auf seine Vorschläge war in den 60er und 70er Jahren verhalten.

2.3 Ein Beispiel: Das verteilte Pebble-Spiel

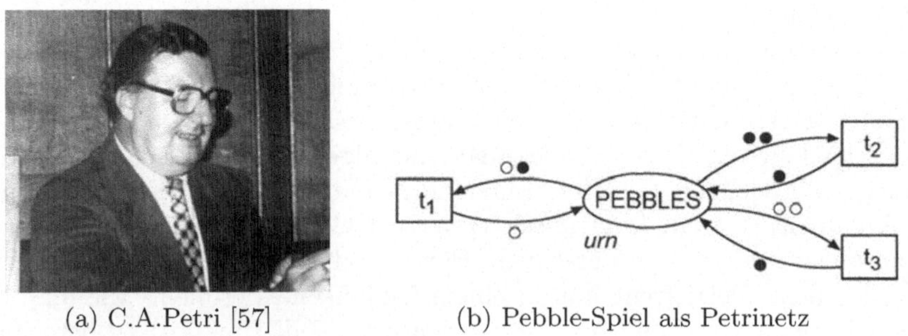

(a) C.A.Petri [57]   (b) Pebble-Spiel als Petrinetz

Abb. 4: Petri und ein Petrinetz

In Abschnitt 1.6 haben wir das Verhalten des Pebble-Spiels mit konventionellen Programmierkonzepten beschrieben. Mit Petri-Netzen können wir nun

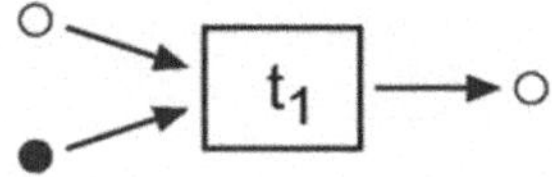

Abb. 5: Transition für unterschiedlich gefärbte Steine

die beteiligten Komponenten und Spielzüge modellieren (Abb. 4b), ohne alles auf die Anzahl der weißen und der schwarzen Spielsteine zu abstrahieren. Beginnen wir mit den Spielsteinen. Im Anfangszustand liegen i. A. mehrere weiße und schwarze Steine in der Urne. In mathematischen Begriffen bilden sie eine Multimenge PEBBLES. Es gibt also zwei Arten von Objekten (*weißer Stein, schwarzer Stein*), die ggf. in mehreren Exemplaren vorkommen. Die Urne selbst modellieren wir als *Platz* des Petrinetzes (dargestellt als Ellipse). Zu Anfang enthält dieser Platz die Elemente der Multimenge PEBBLES als *Marken.*

Die drei möglichen Spielzüge modellieren wir als *Transitionen* (dargestellt als Rechtecke). Gemäß der „Schaltregel" von Petrinetzen werden bei Eintritt einer Transition der Urne zwei Marken entnommen, deren Färbung der Anschrift des Pfeiles vom Platz *Urne* zur Transition entspricht, und es wird eine Marke zurückgelegt, gefärbt gemäß der Anschrift des Pfeiles von der Transition zum Platz *Urne.* Eine Transition kann nur eintreten, wenn die entsprechenden Marken im Platz *Urne* vorliegen. Damit modelliert das Petrinetz genau die Vorgaben des Spiels. Abbildung 5 zeigt eine Transition, die der Urne unterschiedlich gefärbte Steine entnimmt und einen weißen zurücklegt.

Das Petrinetz-Modell in Abb. 4b lässt durchaus zu, dass Transitionen unabhängig voneinander eintreten, sofern „genug" Marken dafür in der Urne liegen. Das wechselseitig unabhängige Eintreten von Transitionen in einem *verteilten* Ablauf explizit zu modellieren, ist eine weitere fundamentale Idee von Petri. Er hat sie schon Ende der 60er Jahre formuliert; später ist sie mehrfach aufgegriffen oder neu entwickelt worden.

Die grundlegende Idee für verteilte Abläufe ist einfach: Ein solcher Ablauf besteht aus *Aktionen.* Jede Aktion repräsentiert das Eintreten einer Transition. Die Aktionen sind teilweise *geordnet* durch *kausales* „vor-nach". Das Unabhängige Eintreten zweier Aktionen ist dabei ungeordnet.

Abbildung 6 zeigt drei verschiedene verteilte Abläufe, die alle mit denselben fünf Spielsteinen beginnen (drei weiße, zwei schwarze), jeweils ganz links dargestellt.

Jede Aktion ist als Kasten (also in Form einer Petrinetz-Transition) repräsentiert. Pfeile hin zum Kasten und weg vom Kasten führen von den jeweils entnommenen bzw. zum zurückgelegten Spielstein.

Bei einem solchen Ablauf kann man sich beispielsweise fünf als Spielsteine verkleidete Kinder einem Kreis vorstellen. Sie können den Kreis paarweise spontan verlassen und jedes Mal kehrt ein Kind wieder in den Kreis zurück

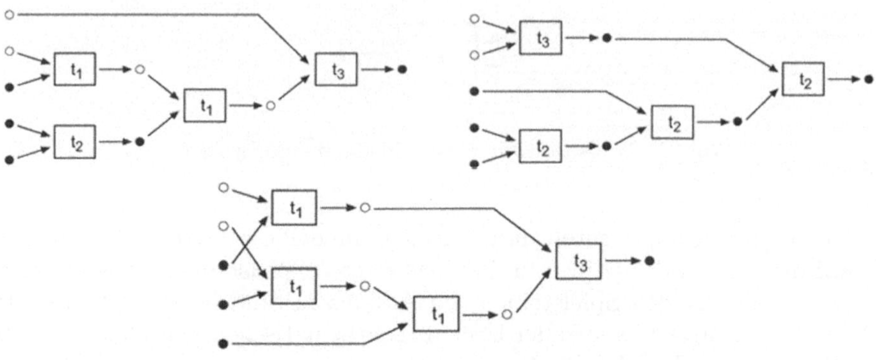

Abb. 6: Drei verteilte Abläufe

(ein weiß gekleidetes Kind ggf. schwarz umgezogen). In den vier Abläufen bilden jeweils andere Kinder in anderen Reihenfolgen ein Paar.

2.4 Petrinetze als Modellierungstechnik

Die beiden Modelle des Pebble-Spieles, das Programm in 1.6 und das Petrinetz in 2.3 unterscheiden sich hinsichtlich der zunächst intuitiv formulierten Frage, „wer die Aktion ausführt" und „wer zwischen Alternativen auswählt". Ein Programm setzt immer ein Betriebssystem und damit eine Instanz voraus, die das Programm ausführt und zwischen Alternativen auswählt. Dijkstra betont in [21], dass der Agent „blind" in die Urne greift, zwei Spielsteine entnimmt und erst dann ihre Farbe anschaut. Im Programm sind diese Annahmen nicht dargestellt. Vielmehr beschreiben sie Annahmen über das Betriebssystem.

Der Modellierung als Petrinetz sind solche Annahmen fremd. Eine Instanz („Betriebssystem") die das Petrinetz „ausführt", wird nicht angenommen. Sicherlich kann man das Petrinetz „implementieren" (besser: simulieren), wenn man einen hinreichend liberalen Äquivalenzbegriff zwischen Petrinetzen und Programmen annimmt. Die Absicht einer solchen Implementierung steht beim Modellieren mit Petrinetzen nicht im Vordergrund.

Zum Nachweis der Korrektheit eines Programms werden die Bedeutung des Programms sowie die für die Korrektheit entscheidenden Eigenschaften mathematisch formuliert. Der Nachweis der Korrektheit wird damit auf den Beweis einer mathematischen Aussage zurückgeführt.

Entsprechend ist auch ein Petrinetz ein mathematisches Objekt und seine Verifikation ein mathematischer Beweis.

Neben ihrer Ausdrucksstärke entscheiden spezifische Verifikationstechniken über den Erfolg einer Modellierungstechnik. Zweck des Programms für das Pebble-Spiel war vor allem die Demonstration einer *Schleifeninvariante*: Die Anzahl weißer Steine in der Urne ist entweder immer ungerade oder immer gerade. Der letzte Stein ist also genau dann weiß, wenn die Urne anfangs eine ungerade Anzahl weißer Steine enthält. Eine entsprechende Verifikationstechnik gibt es für Petrinetze unter dem Namen *Platzinvariante*.

Anfang der 70er Jahre wuchs generell das Interesse an verteilten Systemen und an der Frage, wie man sie modellieren kann. Petrinetze fanden ihren Platz zur Modellierung der Kontrollstruktur verteilter Systeme neben anderen Vorschlägen, die wir noch kennen lernen.

Ende der 70er Jahre wurden zunächst *Prädikat-Transitionsnetze* [25] und später andere Varianten von Petrinetzen mit beliebigen Datenstrukturen eingeführt. Die Ausdrucksmittel für das Pebble-Spiel in Abb. 4b waren tatsächlich erst Ende der 70er Jahre verfügbar.

Heute werden Petrinetze in zahlreichen Varianten und Ausprägungen für ganz unterschiedliche Anwendungsbereiche verwendet, unterstützt von zahlreichen Werkzeugen. In UML2 ist eine Variante von Petrinetzen als „Aktivitätsdiagramm" eingeflossen.

3 Modellierung verteilter und reaktiver Systeme, 1970–1985

Anfang der 70er Jahre wuchs das Bedürfnis, asynchrone, verteilte Systeme zu modellieren und zu analysieren. Es war deutlich geworden, dass das Verständnis für verteilte Systeme nicht einfach aus sequentiellen Modellierungstechniken heraus verallgemeinerbar ist, sondern dass sich grundlegend neue Fragen stellen, die spezifische Antworten verlangen.

Das Projekt MAC des MIT hat sich 1968–1972 um Petrinetze gekümmert, ohne diese Arbeiten fortzusetzen. Übrig blieb zunächst in der Gesellschaft für Mathematik und Datenverarbeitung (GMD) in St. Augustin bei Bonn das Institut für Informationssystemforschung, mit C. A. Petri als Direktor.

In dieser Situation wurde in zahlreichen Forschungseinrichtungen an Alternativen und Varianten gearbeitet. Einige davon werden hier vorgestellt.

3.1 Datenfluss-Diagramme und stromverarbeitende Funktionen

Zu Beginn der 70er Jahre haben Jack Dennis am MIT [18] und Gilles Kahn am INRIA-Institut in Rennes [39] Netzwerke aus Prozessoren vorgeschlagen, die Daten transformieren. Jeder Prozessor empfängt an mehreren Input-Ports Ströme von Daten. Aus den bereits empfangenen Daten erzeugt er neue und gibt diese wiederum in Strömen über mehrere Ports ab. Ausbleibende Daten lassen die Berechnung pausieren. Mit wachsenden Eingabeströmen werden auch die Ausgabeströme immer umfangreicher. Terminierung ist nicht zwingend; die Datenströme können prinzipiell unendlich fortdauern.

Mehrere solche Knoten können ein Netzwerk bilden, indem ein Ausgabestrom eines Knotens zugleich Eingabestrom eines anderen Knotens ist. Mit den Datenströmen als Puffer arbeiten die Agenten in ganz natürlicher Weise asynchron.

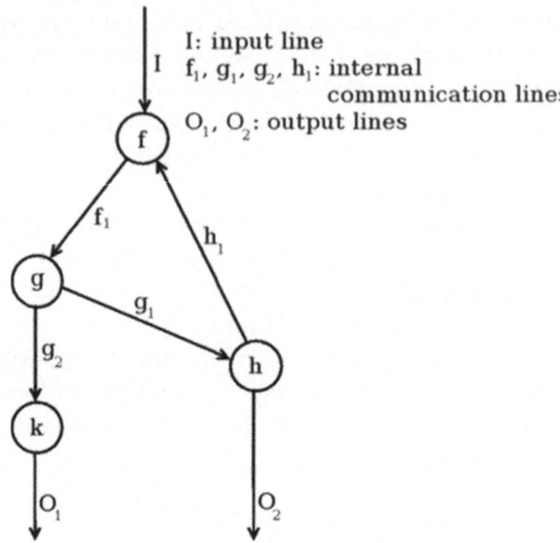

Abb. 7: Stromverarbeitende Funktion [39]

Diese Modellierungstechniken haben sich allerdings nicht sehr weit durchgesetzt. Sie erwiesen sich als strukturell zu speziell, beispielsweise sind sie nicht kanonisch auf nicht-deterministisches Verhalten verallgemeinerbar.

Die Grundgedanken dieser Modellierungstechniken wurden von anderen Ansätzen aufgegriffen, insbesondere von Broys Focus-Modell [10].

3.2 Prozessalgebren

Zunächst als Studie gedacht, um das Zusammenspiel von kommunizierendem, asynchronem und nicht-deterministischem Verhalten besser zu verstehen, hat Robin Milner mit seinem Calculus for Communicating Systems (CCS) 1978 [42] das Gebiet der *Prozessalgebren* begründet. Grundidee sind *Prozesse*, die gemeinsam *Aktionen* ausführen können. Ein ganz einfaches Beispiel ist das Modell eines Getränkeautomaten als Prozess:

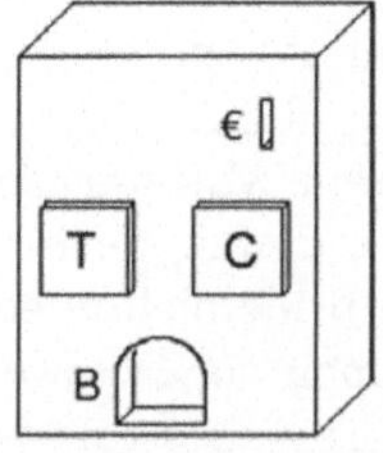

Abb. 8: Getränkeautomat

Intuitiv formuliert, erwartet der Automat zunächst eine Münze und dann den Druck auf einen der Knöpfe für Kaffee oder Tee. Schließlich gibt er das gewählte Getränk ab. Das Verhalten des Automaten beschreibt der Prozess P_1:

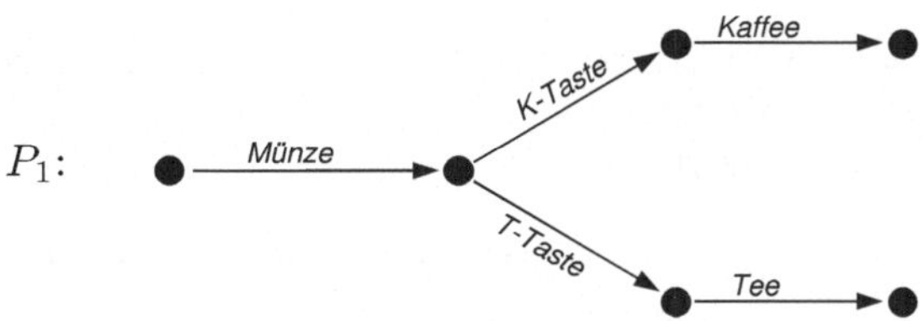

Der Automat hat also zwei Abläufe. Jeder Ablauf besteht aus drei Aktionen. Zu jeder Aktion a gehört ein *Spiegelbild*, die Aktion $\bar{a}$. Eine Aktion kann nur gemeinsam mit ihrem Spiegelbild eintreten. Stehen z.B.

- *Münze* für „Münze erhalten",
- *K-Taste* für „K-Taste wird gedrückt" und
- *Kaffee* für „Kaffee abgeben",

so stehen die Spiegelbilder

- $\overline{\textit{Münze}}$ für „Münze einwerfen",
- $\overline{\textit{K-Taste}}$ für „Kaffee-Taste drücken"und
- $\overline{\textit{Kaffee}}$ für „Kaffee entnehmen".

Die Spiegelbilder formen das Verhalten der Umgebung. Ein typisches Verhalten der Umgebung ist P_2:

In der *parallelen Komposition* $P_1 \| P_2$ von P_1 und P_2 treten nun die Aktion *Münze* und $\overline{\textit{Münze}}$ gemeinsam ein. Danach bleiben für P_1 und P_2 noch Teilaufgaben übrig, nämlich die Prozesse

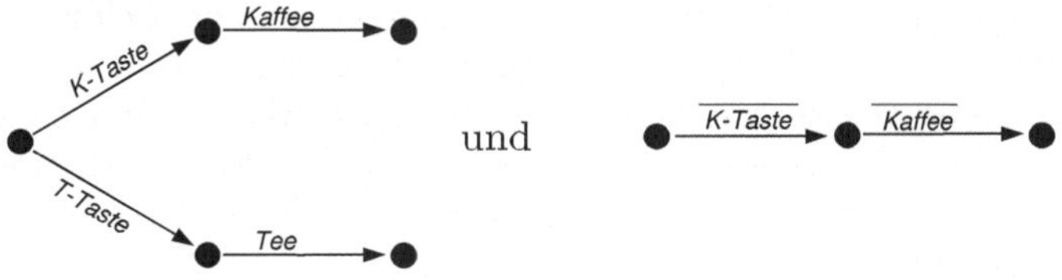

Nun treten *K-Taste* und $\overline{\textit{K-Taste}}$ gemeinsam ein und es bleiben die Prozesse

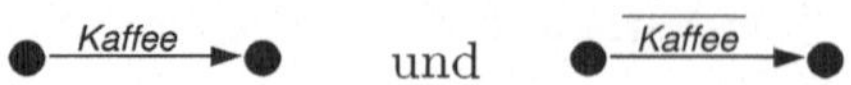

Mit dem gemeinsamen Eintreten von *Kaffee* und $\overline{\textit{Kaffee}}$ erreichen beide Prozessen ihren jeweiligen Endzustand.

Interessant ist nun der Prozess P_3:

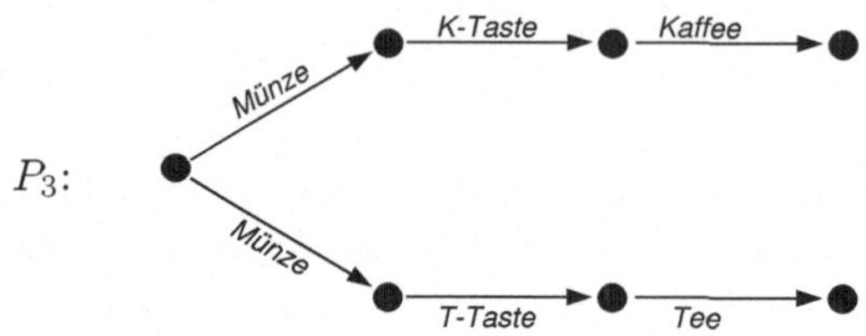

Bei Eintritt von *Münze* entscheidet der Prozess intern, ob er das Drücken der K-Taste oder der T-Taste erwartet und danach Kaffee oder Tee abgibt. In der parallelen Komposition $P_2 \parallel P_3$ können die beiden Prozesse durchaus ihren jeweiligen Endzustand erreichen, wenn nämlich P_3 den „oberen" Weg wählt. Andernfalls jedoch bleiben beide Prozess unfertig stecken, mit

P_1 und P_3 verhalten sich also recht unterschiedlich: Mit dem Prozess P_2 als Partner kommt P_1 immer zum Ende, P_3 aber nur bei „richtiger" Wahl des internen Schrittes.

Sieht man P_1 und P_3 als endliche Automaten an, haben sie dieselbe, endliche Sprache, die aus zwei Worten w_1 und w_2 mit jeweils drei Buchstaben besteht:

$$w_1 = \textit{Münze K-Taste Kaffee} \qquad \text{und} \qquad w_2 = \textit{Münze T-Taste Tee}$$

Zwei Automaten mit signifikant unterschiedlichem Verhalten beschreiben die gleiche Sprache! Das war in den 70er Jahren eine Überraschung. Bis dahin war die Gleichheit der Sprachen die denkbar feinste sinnvolle Äquivalenz auf Automaten. Sofort stellte sich die Frage, wann nun zwei Automaten auch unter den neuen Aspekten gleiches Verhalten zeigen, welcher *Äquivalenzbegriff* also der richtige ist. Dies war ein beherrschendes Thema Ende der 70er und Anfang der 80er Jahre, angestoßen durch Milners Beispiele in [42], wo er selbst noch keine eindeutige Antwort hatte. Schließlich hat sich *Bisimulation* als wichtige Äquivalenz durchgesetzt, allerdings mit Dutzenden von Varianten.

Hier wurde das erste Mal deutlich, dass die so kanonischen Äquivalenzen der Theorie sequentieller System (Berechnen derselben Funktion, Erzeugen derselben formalen Sprache) offenbar keine Entsprechung in einer – noch nicht gebildeten – Theorie verteilter, reaktiver Systeme haben. Das ist bis heute so geblieben.

Ab dem Ende der 70er Jahre haben Prozessalgebren sich stürmisch weiterentwickelt und ausdifferenziert. Hoares *communicating sequential processes* (CSP) [37] kann man ansehen als eine Variante von CCS mit Variablen und Wertzuweisungen. Bei der gemeinsamen Ausführung einer Aktion a eines Prozesses P_1 und ihres Spiegelbildes $\bar{a}$ eines Prozesses P_2 kann ein Wert einer Variable x von P_1 an eine Variable y von P_2 übergeben. Hoare hat für diese Wertübergabe die Notationen $x!$ und $y?$ vorgeschlagen. Sie werden seither auch in anderen Formalismen verwendet. Die Sprache LOTOS baut Mitte der 80er Jahre auf Ideen von Prozessalgebren auf.

Mit dem π-*Kalkül* aus den 90er Jahren erweitert Robin Milner CCS dahin gehend, Namen von Prozessen zu kommunizieren. Der Empfänger P eines solchen Namens Q kann danach mit Q kommunizieren.

3.3 Statecharts

 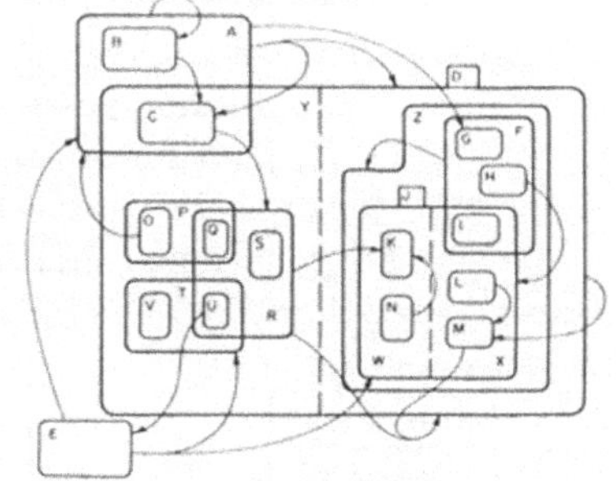

Abb. 9: Harel [46] und ein Statechart [33]

Die Diskussion um die Kombination von Interaktion, Verteiltheit, Nichtdeterminismus und Synchronisation hat David Harel 1984 mit seiner Modellierungstechnik der *Statecharts* um den Aspekt des *hierarchischen Verfeinerns* bereichert. Als eindrucksvolles Beispiel hat er das Verhalten einer damals überaus modernen, quarzgesteuerten Armbanduhr mit einer Reihe von Knöpfen und Anzeigen in allen ihren Aspekten modelliert [32].

Statecharts werden primär graphisch dargestellt. Elegant wird dabei die *Fläche* als Ausdrucksmittel mit einbezogen.

Mit Statecharts wurden zunächst nur abstrakte Aktionen modelliert (Beispiel: Taste a drücken während Taste b schon gedrückt ist), in Analogie zu Prozessalgebren. Erst später kamen Datenaspekte dazu. Damit folgen sie einer Entwicklung, die so auch bei Petrinetzen und Prozessalgebren beobachtbar war.

Seit den 80er Jahren hängt die Akzeptanz einer Modellierungstechnik zunehmend davon ab, wie weit sie von nutzerfreundlichen Werkzeugen unterstützt wird. Statecharts waren die erste Modellierungstechnik, die sich primär über ein Werkzeug, STATEMATE [38] durchgesetzt hat. UML hat wesentliche Komponenten von Statecharts aufgegriffen.

4 Logik-basiertes Modellieren, seit 1975

Mathematische Logik ist das universelle Ausdrucksmittel zur Darstellung und zur Analyse von Strukturen und Eigenschaften. Prädikatenlogik ist der ausdrucksstärkste Kalkül, dessen Beweise mechanisch „nachgerechnet" werden können. Da liegt es nahe, Techniken der Logik in der Modellierung zu verwenden. Tatsächlich ist das seit den 60er Jahren auch gemacht worden, mit ganz unterschiedlichen Zielen.

4.1 Prolog

Prolog verfolgt die Idee, einen Kalkül des logischen Schließens zu implementieren und zur universellen Lösung logisch formulierter Aufgaben einzusetzen. Dafür muss zunächst einmal eine „passende" Klasse von Aufgaben identifiziert werden. Etwas karikierend formuliert gehören dazu typische „Logelei"-Aufgaben: Gegeben sind zunächst abstrakte Objekte und Beziehungen zwischen ihnen, die sich als Relationen modellieren lassen. Gesucht werden Objekte oder Bezüge spezieller Art, die ebenfalls prädikatenlogisch formulierbar sind. Diese Suche entspricht dann der logischen Folgerung und wird von einem Theorembeweiser durchgeführt.

Um den Theorembeweiser effizient gestalten zu können, sind zur Modellierung von Objekten und Bezügen nur spezielle Formeln („Hornformeln") zugelassen. Zudem findet der Theorembeweiser unter Umständen keine Antwort, weil die Formeln in „unglücklicher" Reihenfolge hingeschrieben sind.

Aus Sicht der Modellierung ist Prolog ein pfiffiger Kompromiss aus prädikatenlogischer Ausdruckskraft und effizienter Analyse.

Entwickelt zu Beginn der 1970er Jahre im Rahmen der „Künstlichen Intelligenz", ist Prolog bis heute eine beliebte Modellierungssprache, insbesondere um schnell Prototypen und Machbarkeitsstudien zu entwickeln.

4.2 Algebraische Spezifikationen

Seit Tarski 1954 den Begriff der *Allgemeinen Algebra* geprägt hat, werden *Algebren* oder *Strukturen* als allgemeinstes Schema zur Darstellung mathematischer Objekte verwendet. Die Prädikatenlogik liefert das passende syntaktische Rüstzeug um Algebren zu charakterisieren, Eigenschaften zu formulieren und zu verifizieren.

Während Prolog syntaktische Aspekte und insbesondere einen Deduktionskalkül der Logik ausnutzt, zielen Algebraische Spezifikationen und abstrakte Datentypen auf semantische Aspekte mit einer Grundidee, die für Logikbasierte Argumente typisch ist: Um eine Struktur zu kennen, zu verwenden und über sie zu argumentieren, müssen wir ihre Objekte und Bezüge nicht unbedingt in einer syntaktischen Form darstellen. Stattdessen kann es viel klüger sein, über die wichtigen *Eigenschaften* der Objekte und Bezüge zu reden. Als Beispiel wird oft der Kellerspeicher mit seinen Operationen *push*, *pop* und *top* genannt. Statt einen linearen Speicher zu konstruieren und die Wirkung von *push*, *pop* und *top* auf diesen Speicher zu erläutern, werden nur einige Bezüge zwischen den Operationen geschildert (z. B. $\forall k \forall x\ pop(push(k,x)) = x$ und $\forall k \forall x\ top(push(k,x)) = k$). Diese Formeln gelten in allen Strukturen, die den Charakter eines Kellerspeichers haben. Was immer mit einem Keller algorithmisch gemacht werden kann, ist mit solchen Formeln charakterisierbar. Die Formeln modellieren Kellerspeicher und lassen alle Freiheitsgrade für ihre Implementierung offen. (Man beachte die im Vergleich zur Logik umgekehrte Begriffsbildung: In der Logik wäre jede Implementierung eines Kellers ein Modell der Formeln).

Technisch formuliert, legt eine Algebraische Spezifikation A zunächst die Namen einiger Funktionssymbole fest. Im einfachsten Fall hat jedes Funktionssymbol f eine *Stelligkeit*, n. Eine *Interpretation* S von A steuert im Wesentlichen ein *Universum* U bei und interpretiert jedes Funktionssymbol f gemäß seiner Stelligkeit n als $f_S : U^n \to U$. Mit Funktionssymbolen verschiedener Stelligkeit kann man wie üblich *Terme* bilden, beispielsweise

$$f(a, g(b)).$$

a und b sind dabei 0-stellig, g ist einstellig und f ist 2-stellig. Jeder Term t beschreibt unter einer Interpretation S ein Element t_S des Universums von S. Insbesondere bezeichnet ein 0-stelliges Symbol f in jeder Interpretation S ein Element f_S des Universums U von S.

Statt Funktionen kann man auch Relationen verwenden und das Universum kann reichhaltig gegliedert sein in verschiedene Sorten von Objekten. Damit ist ein Rahmen für strukturierte Objekte und ihre symbolische Darstellung gegeben.

Diesen Gedanken zur Modellierung von Datentypen zu verwenden, haben Ende der 70er Jahre eine Reihe von Autoren vorgeschlagen, darunter [24] und [28]. Schnell entstand daraus das Gebiet der *Algebraischen Softwarespezifikation*. Typische Fragestellungen betrafen die mit einer Spezifikation „gemeinten" Systeme, die Komposition und Parametrisierung von Spezifikation und die Unterstützung dieser Modellierungstechnik mit Software-Werkzeugen. Der Begriff der *Objektorientierung* basiert letztendlich auf diesen Arbeiten. Seither werden Systeme gern algebraisch spezifiziert, wenn die Datenstrukturen komplex sind und die Implementierung offen gehalten werden soll. Die „Common Algebraic Specification Language" (CASL) [6] hat dem Ansatz neue Durchschlagskraft verliehen.

4.3 Variablen und Wertzuweisungen

Während Prolog logische Schlüsse ableitet und Algebraische Spezifikationen statische Strukturen beschreiben, blieb es bis in die 80er Jahre hinein eine Herausforderung, das in Algorithmen angelegte Voranschreiten in einer Folge von Zuständen mit logischen Mitteln zu behandeln.

Ein Zustand besteht aus den aktuellen Werten der Variablen und Informationen über die Beschreibung des Algorithmus. Bei parallelen Programmen beschreiben diese Informationen die jeweils nächste auszuführende Wertzuweisung der Teilprogramme.

Die elementaren Schritte sind Zuweisungen von Werten an Variablen, meistens mit einer Vorbedingung versehen, können insgesamt also im Wesentlichen geschrieben werden als

$$\text{if } \beta \text{ then } x := f(x_1, \dots, x_n) \tag{1}$$

Im Kontext verteilter Systeme stellen sich komplizierte Fragen an die Atomizität der Ausführungsschritte: Wo kann die Ausführung von (1) in einem Teilprogramm A von einer Aktion eines Teilprogramms B unterbrochen und die beteiligten Variablen von B aktualisiert werden? Innerhalb des ggf. zusammengesetzten Ausdrucks β? Nach Auswertung von β aber vor Durchführung der Wertzuweisung? Während der Berechnung von $f(x_1, \dots, x_n)$? Je nach Antwort auf diese Frage entsteht eine andere Semantik. Die Frage verschärft sich noch mit der Möglichkeit, dass B eine Variable nicht nur einmal aktualisiert, sondern „oft hintereinander", ggf. unendlich oft, so dass A überhaupt nicht weiterkommt. Dieser sicherlich unerwünschte Effekt wird dann durch „Fairnessannahmen" ausgeschlossen. Dieselbe Art von Fairnessannahmen wird zugleich für ein ganz anderes Problem verwendet: Wenn eine explizit programmierte Alternative zwischen mehreren Wertzuweisungen „immer wieder" erreicht wird, soll jede der Wertzuweisungen gelegentlich berücksichtigt werden.

Insgesamt ist das Modell also recht kompliziert und variantenreich. Es findet seine Rechtfertigung in seiner unmittelbaren Implementierbarkeit – allerdings ist Fairness in seiner allgemeinen Form prinzipiell nicht implementierbar.

Dijkstra, Hoare, Gries, Lamport und viele andere verwenden bei ihrer Darstellung (verteilter) Algorithmen bis in die 80 Jahre hinein wie selbstverständlich dieses Modell, ergänzt um besondere Synchronisationsmechanismen wie Semafore, Monitore, Handshake-Synchronisation, etc.

Um die Komplexität der Argumentation über die Wertzuweisung zu reduzieren, ist eine Reihe von Vorschlägen gemacht worden. Ein früher Vorschlag war das *single-assignment-Konzept* (jede Variable erhält nur einmal einen Wert) wie es beispielsweise Anfang der 80er Jahre in *Lucid* vorgeschlagen wurde. Es hat sich aber nicht durchgesetzt.

Eine ganz andere, sehr elegante Idee ist das *2-Variablen-Konzept*, das Ende der 70er Jahre zur Programm-Verifikation vorgeschlagen wurde. In einem Schritt $S \to S'$ wird der Wert einer Programm-Variable x im Zustand

S als Wert der mathematischen Variable x zugeordnet. Für den Wert der Programm-Variable x im Zustand S' wird eine neue mathematische Variable, x' verwendet. Für eine Wertzuweisung, beispielsweise

$$x := x + 1 \tag{2}$$

gilt also

$$x' = x + 1. \tag{3}$$

Der Unterschied zwischen (2) und (3) scheint gering; jedoch kann man in (3) rechnen, es gilt dort beispielsweise

$$x' - 1 = x. \tag{4}$$

4.4 Z und Larch

Indem Algebraische Spezifikationen statische Strukturen beschreiben (vgl. 4.2) und das 2-Variablen Konzept mit logischen Ausdrucksmitteln Schritte beschreibt, lag Anfang der 80er Jahre ihre Kombination nahe: Einen Zustand S beschreibt man als eine algebraische Spezifikation A, einen Schritt $S \to S'$ beschreibt man mit Hilfe des 2-Variablen-Konzeptes, indem man aus A eine Spezifikation A' generiert, die S' beschreibt. Dies ist der Grundgedanke eine Vielzahl von Spezifikationstechniken. Typisch für die 80er Jahre sind Z und Larch [9, 24]. Diese Techniken verwenden eine Reihe zusätzlicher Konzepte zur systematischen Generierung neuer Zustände aus gegebenen Zuständen. Ausdrucksstarke Werkzeuge haben diesen Techniken zum Durchbruch verholfen. Insbesondere die Softwareindustrie in Großbritannien nutzt mit der Verwendung von Z ihren Vorsprung gegenüber Mitbewerbern, die auf formale Spezifikationen verzichten.

4.5 Temporale Logik und ihre Wurzeln in der modalen Logik

Schon Aristoteles und die Scholastiker haben modallogische Operatoren beschrieben. Für eine Aussage p steht in moderner Schreibweise

$$\Diamond p \quad \text{für} \quad \text{„es ist möglich, dass } p \text{ gilt``} \tag{5}$$

und

$$\Box p \quad \text{für} \quad \text{„es ist zwingend, dass } p \text{ gilt``.} \tag{6}$$

Diese beiden Operatoren kann man aussagenlogisch verknüpfen und aufeinander beziehen, beispielsweise gilt

$$\neg \Diamond \neg p \quad \text{genau dann, wenn} \quad \Box p \tag{7}$$

und

$$\Diamond (p \vee q) \quad \text{genau dann, wenn} \quad \Diamond p \vee \Diamond q. \tag{8}$$

Man kann $\Diamond$ und $\Box$ auch anders interpretieren. Für eine Tätigkeit p steht beispielsweise

$$\Diamond p \qquad \text{für} \qquad \text{„man darf } p \text{ tun“} \tag{9}$$

und

$$\Box p \qquad \text{für} \qquad \text{„man muss } p \text{ tun“}. \tag{10}$$

Es ist interessant, dass auch in dieser Interpretation die Gesetze (7) und (8) gelten.

Prior hat 1957 eine weitere Interpretation vorgeschlagen, die p als Eigenschaft von Zeitpunkten auffasst. Dann steht

$$\Diamond p \qquad \text{für} \qquad \text{„irgendwann einmal gilt } p \text{“} \tag{11}$$

und

$$\Box p \qquad \text{für} \qquad \text{„immer gilt } p \text{“}. \tag{12}$$

Wiederum gelten die Eigenschaften (7) und (8).

Diese temporale Interpretation der modalen Logik hat schließlich in der Informatik zunächst der Argumentation über die Korrektheit von Programmen entscheidende Impulse verliehen und ist später zur Modellierung von Systemen verwendet worden.

4.6 Temporale Logik als Modellierungssprache

Amir Pnueli hat 1977 gesehen, dass man mit der beschriebenen temporalen Logik angemessen über parallele Programme und über Systeme mit unbeschränkt langen Abläufen reden kann. Ein Beispiel eines solchen parallelen Programms besteht aus 2 Prozessen und einer knappen Ressource, die beide Prozesse in ihrem jeweiligen „kritischen Zustand" exklusiv verwenden: Es kann immer nur höchstens ein Prozess zugleich in seinem kritischen Zustand sein. Aber jeder Prozess, der kritisch werden will, („pending" ist), schafft das irgendwann. Temporallogisch formuliert:

$$\Box \text{ pending } \rightarrow \Diamond \text{ critical} \tag{13}$$

Diese Formel beschreibt genau die geforderte Eigenschaft. Jede Implementierung erfüllt eine stärkere Eigenschaft; (13) ist „genau" gar nicht implementierbar.

Ende der 70er Jahre wurden zudem reaktive Systeme mit unendlichen Abläufen wichtig und auch dafür eignet sich die temporale Logik. So entwickelte sich in den 1980er Jahren Temporale Logik in verschiedenen Varianten zur zentralen und Modell-unabhängigen Verifikationstechnik für diskrete Systeme.

Um mit Temporaler Logik größere Systeme zu modellieren, braucht man geeignete Techniken zur Modularisierung, Komposition und Verfeinerung. Am konsequentesten erreicht das Leslie Lamport mit seiner „Temporal Logic of Actions" (TLA). Darauf gehen wir als nächstes ein.

Amir Pnueli [48]

Leslie Lamport [47]

4.7 TLA

Klassische Semantik von Programmiersprachen beschreibt einen Schritt $S \to S'$ durch die Aktualisierung einiger ausgewählter Variablen. Alle anderen Variablen behalten in S' den Wert, den sie schon in S hatten. Für klassische Programme ist dies angemessen. Variablen reaktiver Systeme werden jedoch im Allgemeinen von mehreren unabhängigen Agenten aktualisiert. Wenn ein Agent in einem Schritt $S \to S'$ die Variable x aktualisiert, werden ggf. zugleich andere Variablen von anderen Agenten aktualisiert: Über ihre Werte in S' ist also nichts bekannt. Dies ist eine Grundidee von Lamports „Temporal Logic of Actions" (TLA) [41]. Mit dieser Idee gelingt es, die Komposition und die Verfeinerung von Spezifikationen im Wesentlichen als logische Konjunktion bzw. Implikation zu beschreiben. Die erfüllt wohlbegründete Forderungen an Spezifikationstechniken, die Abadi und Lamport zu Beginn der 90er Jahre formuliert haben [1].

5 Unkonventionelle Modelle

In [56] hat Allan Turing einen scheinbar überaus naiven Vorschlag für das Problem gemacht, den Begriff des „Berechenbaren" zu fassen: Er formalisiert die Tätigkeit von Mathematikern, wenn sie „etwas ausrechnen", also eine anfangs gegebene endliche Zeichenkette gemäß einem endlichen Satz von Regeln schrittweise so lange transformieren, bis keine der Regeln mehr anwendbar ist. Jeder feste Satz solcher Regeln beschreibt damit eine Funktion, die Zeichenketten in Zeichenketten transformiert. Eine solche Funktion heißt „rekursiv".

Später stellte sich heraus, dass die Menge der rekursiven Funktionen auf ganz unterschiedliche Art charakterisierbar ist. Darüber hinaus bilden sie einen Rahmen, in den die Leistungskraft konventioneller Rechner- und Programmarchitekturen eingeordnet werden kann.

So kam es zur berühmten These von Turing und Church, nach der die berechenbaren Funktionen den intuitiven Begriff von „Berechenbarkeit" fassen.

Mit den Aufkommen moderner Rechentechnik in den 50er Jahren wurde das intuitiv berechenbare mit dem Implementierbaren gleichgesetzt.

Dieser Ansatz strahlte und strahlt so hell in die Konzeption der Grundlagen der Informatik hinein, dass lange, eigentlich heute noch, sehr selbstverständlich an ihm festgehalten weird. Dabei zeigen zahlreiche Beispiele und gelegentlich anzutreffende Überlegungen, dass die Rolle der berechenbaren Funktionen im Aufbau der Informatik als eigenständige Wissenschaft noch einmal grundsätzlich überdacht werden sollte. Dabei wäre der Aspekt der *Modellierung* zentral.

Was im Lauf der letzten 50 Jahre zu diesem Thema gesagt wurde, kann hier nicht in vollem Umgang ausgebreitet werden. Wir beschränken uns auf wichtige Aspekte, die insbesondere die Modellierung betreffen.

5.1 Welche Effekte der Natur kann man zum „Rechnen" ausnutzen und wie modelliert man sie?

Zu Beginn der 1980er Jahre wurde die Rolle der Church'schen These in der Welt des Implementierbaren kritisch diskutiert. Neue Berechnungsmodelle wurden mit der Natur von Effekten motiviert, die beim Rechnen ausgenutzt werden können.

In seiner Arbeit zur „Church's Thesis and Principles for Mechanisms" [23] formuliert Gandy 1980 vier Bedingungen, die jede reale, rechnende Maschine erfüllen würde und er versucht zu zeigen, dass jede liberalere Fassung die „Berechnung" *aller* diskreten Funktionen ermöglichen würde. Problematisch an Gandys Modell ist eine Reihe impliziter Annahmen. Insbesondere bleiben Asynchronität und Reaktivität unberücksichtigt, auf die schon Petri mit seinem Modell so viel Wert gelegt hat. Toffoli sucht 1982 in [55] unter dem Begriff „information mechanics" ein Modell, das „physical limits to computation" mit „computational models of physics" kombiniert. 1985 fragen Bennett und Landauer [3] sehr grundsätzlich nach physikalische Grenzen des Rechnens und suchen nach entsprechenden Modellen. Sie schlagen *reversible* Schaltelemente vor und als Modell dafür eine Art von Billard-Kugeln, die bei einer Kollision Informationen austauschen und somit „rechnen". In dieser Arbeit wird auch schon die Idee diskutiert, mit DNA-Strängen zu rechnen. Ohne dass die Autoren im Einzelnen ein Modell dafür angeben wird doch klar, dass derartiges Rechnen auf asynchronen, lokalen Aktionen aufbaut. Conrad [15] stellt Ideen zu einem „Molecular Computer" vor, der vermutlich nicht prinzipiell mehr leistet als klassische Modelle, aber aufgrund der massiven Parallelität effizienter arbeitet. Wie man solche Systeme modellieren könnte, wird nur implizit diskutiert. Deutsch [19] modelliert die ersten Quantencomputer. Auch er bezieht die Leistungskraft solcher Architekturen auf die Church'sche These und betont dabei die entscheidende Rolle stochastischen Verhaltens.

5.2 Unkonventionelle Programmiermodelle

Konventionelle Programmiermodelle und -sprachen konstruieren Algorithmen
mit Hilfe von Kontrollstrukturen (Sequenz, Alternative, Iteration, Rekursion), Datenstrukturen (z. B. Grundtypen INT und BOOL und daraus zusammengesetzte Typen) und der Zuweisung von Werten an Variablen. Zu allen
drei Modellierungsprinzipien sind Alternativen vorgeschlagen worden, oft mit
der Idee, den Beweis der Korrektheit zu vereinfachen. Zugleich werden dabei *liberalere* Modellierungstechniken angeboten. Eine Modellierungstechnik,
die Ende der 80er Jahre für einige Zeit Aufsehen erregt hat, war UNITY
von Chandy und Misra [13]: Ein UNITY-Programm ist eine Menge bedingter
Wertzuweisungen. Ein „fairer" Scheduler wählt in jedem erreichten Zustand
S irgendeine der Wertzuweisungen aus, deren Bedingung in S erfüllt ist. Fairness bedeutet hier, dass jede Wertzuweisung immer wieder einmal ausgewählt
wird. In einem Programm aus mehreren parallelen Strängen schreitet damit
jeder Strang voran. Dieses Modell führt paralleles Verhalten auf nichtdeterministisch sequentielles Verhalten zurück. Dadurch sollten klassische Verifikationstechniken nutzbar werden. Für einige Jahre erhielt UNITY viel Zuspruch.
In den 90er Jahren erlosch jedoch das Interesse and diesem Konzept. Zunehmend wurde verstanden, dass mit Variablen und Wertzuweisungen nicht alle
Systeme angemessen modelliert werden können, und dass Verteiltheit nicht
ohne weiteres auf Nicht-Determinismus reduzierbar ist.

Modellierungstechniken, die Variablen und Wertzuweisungen vermeiden,
folgen oft dem Paradigma des „Tupelraums". Die Grundidee ist ganz einfach:
Einzige Speicherstruktur ist ein Raum, dem mehrere Akteure unabhängig voneinander Daten-Tupel hinzufügen oder entnehmen können (vergleichbar einem
Petrinetz mit einem einzigen Platz). Das „Pebble-Spiel" aus Kapitel 2 ist ein
typisches Beispiel. Beginnend mit *Associations* 1981 [51] und *Linda* [11] wurde dieses Konzept Ende der 1980er Jahre als *Chemical Abstract Machines* [2]
und Γ-language [4, 5] bekannt.

Ziel war ein einfaches Modell für Parallele Systeme. Der Tupelraum wurde
verfeinert zu einer Hierarchie aus Tupelräumen, deren Hülle wie eine Mem-
brane von einzelnen Tupeln durchdrungen werden kann. Es entstand so ein
neuer Programmierstil, insbesondere für online-Algorithmen. Interessant ist
dabei der Bezug zwischen logisch und physikalisch implementierbarer Parallelität. Zu den derzeitig intensiv diskutierten nicht-konventionellen Modellen
gehören zahlreiche Varianten für hochgradig verteiltes Rechnen mit Vorbildern
aus der Biologie. Multimengen und Tupelspace bilden die Grundlage; typische
Beispiele dafür finden sich in [16]. So weit solche unkonventionellen Programmiermodelle implementiert werden, ihre elementaren Objekte daher bitweise
darstellbar sind, und nicht-terminierende Abläufe fehlerhaft sind, modelliert
jedes Programm eine rekursive Funktion. Dies bestätigt die Church'sche These.

5.3 Kommunizierende, reaktive Modelle

Schon mit dem Titel seiner Dissertation, „Kommunikation mit Automaten" [50] weist C. A. Petri auf die Bedeutung der Kommunikation im Umgang mit rechentechnischen Geräten hin. Später hat er Formen der Kommunikation „Kommunikationsdisziplinen" klassifiziert. Im Formalismus der Petrinetze spiegelt sich der Kommunikationsaspekt allerdings nicht explizit wider. Die ersten expliziten Konzepte zur Modellierung kommunizierender Systeme sind die in 3.1. vorgestellten Datenflussdiagramme und die Prozessalgebren aus 3.3. Charakteristisch für solche Systeme ist die Kommunikation mit der Umgebung *während* eines Ablaufs und nicht bloß am Anfang und am Ende. Das erst macht nicht-terminierende Abläufe sinnvoll. Wie modelliert man so etwas? Für endliche Automaten wurden schon in den 60er Jahren unendlich lange Wörter gebildet („ω-Sprachen"). In der Logik ist temporale Logik der dafür passende Formalismus. Prozessalgebren verwenden Fixpunkt-Gleichungen; ein sehr einfaches Beispiel wäre

$$X = a.X$$

„der Prozess X beginnt mit der Aktion a und verhält sich danach wie X".

Elementare Aktionen zur Kommunikation, Datenströme, Temporale Logik und unbeschränkte Abläufe bestimmen seit den 80er Jahren die Modellierung reaktiver Systeme. Verfeinerung, Äquivalenz, Komposition waren und sind begrifflich sehr viel schwieriger und vielfältiger als in der klassischen Welt der (berechenbaren) Funktionen und immer noch nicht ganz geklärt. Hinzu kommt die Frage nach effizienten algorithmischen Entscheidungstechniken im Umgang mit diesen Begriffen.

Generell ist die Rolle reaktiver Systeme im systematischen Aufbau der Informatik noch immer Gegenstand der Diskussion, insbesondere ihr Bezug zum Begriff der Berechenbarkeit. Beispiele dafür sind die Überlegungen in [19] und [15].

5.4 Unkonventionelle Algorithmen

Lehrbücher über Algorithmen und Programme beginnen oft mit Beispielen des täglichen Lebens. Kochrezepte, Gebrauchsanweisungen, Anleitungen zum Zusammenbau von Bausätzen werden als Algorithmen gedeutet. Im Hauptteil des Textes wird dann üblicherweise von derart realen Objekten und Operationen abgesehen und ein Begriff von Algorithmen gebildet, der im Wesentlichen mit den berechenbaren Funktionen übereinstimmt. Elementare Objekte sind dann Symbole, Sequenzen von Symbolen und dazu isomorphe Strukturen. Operationen aktualisieren Zeichenketten auf Grund der Regeln, die eine Beschreibung des Algorithmus festlegt. Der Bezug zu Objekten und Operation des täglichen Lebens wird dabei häufig gar nicht mehr hergestellt oder es wird vorgeschlagen, die auftretenden Symbole beliebig zu interpretieren und symbolmanipulierende Algorithmen relativ zu einer solchen Interpretation zu verstehen.

Was das im Einzelnen bedeutet, bleibt oft unklar. Dabei sind solche Aspekte überaus wichtig, wenn rechnerintegrierte System korrekt funktionieren sollen.

Rechnerintegrierte System erledigen ganz unterschiedliche Aufgaben: Ein Aufzug transportiert Personen, ein Geldautomat gibt Geldscheine ab, ein Telefonvermittlungssystem schaltet Telefonverbindungen, eine Betriebssystem regelt die Nutzung von Rechnerkomponenten, etc. Wie kann man solche Systeme modellieren? Es geht dabei nicht nur um die Funktionalität ihrer Software, sondern auch um Komponenten der Umgebung der Software und die Interaktion zwischen Software und Umgebung. Für ein Aufzugsystem ist beispielsweise zu beweisen, dass eine Etagentür nur dann entriegelt ist, wenn hinter der Tür der Lift steht.

Die skizzierten Systeme verhalten sich gemäß wohldefinierter Regeln. Wenn man einen geeigneten Begriff für Algorithmen annimmt, führen die skizzierten Systeme Algorithmen aus. Wenn man zudem die berechenbaren Funktionen als Rahmen für Algorithmen annimmt, stellt sich die Frage, welche Turingmaschine Menschen transportiert oder Geldscheine abgibt. Diese Frage erscheint geradezu polemisch; offenbar liegt irgendwo ein Denkfehler vor. Als Argument liegt nahe, dass eine Turingmaschine Symbolketten manipuliert; sie kann also bestenfalls das Verhalten eines technischen Systems *simulieren*. *Simulation* ist damit eine Beziehung zwischen den Symbolen, beispielsweise einer Turingmaschine und den Komponenten des Systems so, dass die Schritte der Turingmaschine den Schritten des Systems entsprechen. Diese Formulierung ist sehr vage und wie wir noch sehen werden, letztlich nicht haltbar.

Man mag sich zunächst beschränken auf Algorithmen, die ein gedankliches Konstrukt sind und abstrakte, mathematische Objekte betreffen, beispielsweise die natürlichen Zahlen. Diese Beschränkung trägt jedoch nicht sehr weit, wie folgendes Beispiel zeigt: Jeder kennt den aus der Schule wohl bekannten Algorithmus, zu einem gegebenen Kreis C mit Mittelpunkt p und einem gegebenen Punkt q außerhalb von C eine Tangente an C und durch q zu legen. Man erinnert sich: Zunächst konstruiert man den Mittelpunkt r der Strecken von p nach q. Dann konstruiert man den Kreis D mit Mittelpunkt r und q auf seinem Umfang. D schneidet C in zwei Punkten, s_1 und s_2. Es gibt nun zwei Lösungstangenten. sie sind durch q und s_1 bzw. q und s_2 eindeutig bestimmt.

Man macht sich schnell klar, dass dieser Algorithmus nicht ins klassische Schema der Berechenbarkeit passt: Die gegeben und konstruierten Punkte, Kreise, Geraden und die Operationen des Algorithmus sind nicht in Bitmustern darstellbar. Dennoch handelt es sich um einen Algorithmus, und so stellt sich die Frage, wie man solchen Algorithmen überhaupt formal modellieren kann. Yuri Gurevich hat dafür eine überzeugende Reihe von Kriterien genannt:

- Jedes elementare Objekt des Algorithmus ist ein elementares Objekt des Modells.
- Jede elementare Operation des Algorithmus ist eine elementare Operation des Modells.

– Jedes komponierte Objekt des Algorithmus ist die formale Komposition der entsprechenden Modelle der Komponenten.
– Jede komponierte Operation des Algorithmus ist die formale Komposition der entsprechenden Modelle der Operationen.
– Jeder Zustand des Algorithmus ist ein Zustand des Modells.
– Jeder Schritt des Algorithmus ist ein Schritt des Modells.

Kurz: Objekte, Operationen und ihre Komposition sowie Zustände und Schritte des Algorithmus und des Modells entsprechen sich bijektiv. Der Zusammenhang zwischen Algorithmus und Modell ist so eng wie überhaupt möglich. Es ist überaus erstaunlich, wie wenig diesen grundlegenden Fragen nachgegangen wurde. „Informatik" wurde und wird ganz vorwiegend gesehen als Wissenschaft des Programmierens. Was nicht letztendlich implementierbar ist, wird nicht wirklich dazu gerechnet. Ein Rahmen für das Spezifizierbare und ein dazu passender Algorithmen-Begriff erscheinen dafür nicht besonders interessant.

Es wird aber zunehmend offensichtlich, dass die Modellierung von Systemen einen umfassenderen Ansatz verlangt. Im Zusammenhang mit neuen Effekten, die zum Rechnen ausgenutzt werden können (vgl. 5.1), und vor allem bei der Diskussion um die begrenzte Ausdruckskraft von Turingmaschinen wurden in den letzten zehn Jahren zahlreiche neue Fragen aufgeworfen. Sie betreffen beispielsweise die Modellierung chaotischen und kontinuierlichen Verhaltens [54] und die Aktualisierung laufender Programme [58]. Ein neues Argument trug Moschovakis in [44] und [43] bei mit dem Hinweis, dass ein Schritt des Algorithmus sich auch als ein Schritt im Modell widerspiegeln muss und dass deshalb die Rekursion für die Modellierung zentral sei.

Ein weiterer, grundlegender Gedanke eines allgemeineren Algorithmus-Begriffs ist der Vorschlag, Sequenzen von Symbolen als Basis-Struktur zu ersetzen durch beliebige algebraische Strukturen. Schon 1978 haben Cremers und Hibbart diese Idee vorgeschlagen [12]. Shepherson argumentiert ähnlich in [53]. Ganz fundamental ist diese Idee bei „Abstract State Machines" von Gurevich herausgearbeitet. Im Vergleich mit anderen Ansätzen tragen Abstract State Machines sehr viel weiter; wir widmen ihnen deshalb einen eigenen Abschnitt.

5.5 Abstract State Machines

Einen wirklich überzeugenden Ansatz, Algorithmen der in 5.4 beschriebenen Art formal zu fassen, hat Yuri Gurevich 1985 in [29] unter der Bezeichnung *Evolving Algebras* vorgeschlagen. Später wurde der Ansatz in *Abstract State Machines* (ASM) umbenannt.

Die grundlegende Idee ist eigentlich recht einfach und von der Prädikatenlogik vorgegeben: Ein Programmtext P enthält wie üblich eine Menge Σ von Konstanten- und Operationssymbolen. In einer ASM sind sie alle zunächst einmal frei interpretierbar. Eine anfangs einmal gewählte Interpretation erzeugt

Yuri Gurevich [45]

damit einen Anfangszustand S_0. Ein *Schritt* $S_0 \rightarrow S_1$ vom Anfangszustand S_0 in einen neuen Zustand S_1 entsteht durch Aktualisierung endlich vieler Funktionen in S_0 an endlich vielen Stellen. Wie üblich bilden Sequenzen von Schritten dann Abläufe von P.

Etwas besonderes an ASM ist die Interpretation *aller* Symbole im Anfangszustand. Ein extremes Beispiel ist die syntaktisch sehr einfache ASM

$$b := f(a). \tag{14}$$

Interpretiert man dabei a als die Etagentür im 2. Stock eines Aufzugsystems und f als $\{w, f\}$-wertige Funktion, die genau dann „wahr" abliefert, wenn a entriegelt ist, so kann man (14) als Test dafür verwenden, ob im aktuellen Zustand die Tür der 2. Etage verriegelt ist. In einer ganz anderen Interpretation von (14) bezeichnet a eine natürliche Zahl und f wiederum eine $\{w, f\}$-wertige Funktion, die für $f(a)$ genau dann „wahr" abliefert, wenn die a-te universelle Turingmaschine auf dem leeren Band stoppt. f „berechnet" also eine nicht berechenbare Funktion. Das „Berechnen" der Lottozahlen der nächsten Woche überlassen wir den Leser. Für den in 5.4 beschriebenen Tangenten-Algorithmus schlagen wir folgende Abstract State Machine vor:

```
input(p, C, q);
if q outside C then
    r := halfway(p, q);
    D := circle(r, p);
    M := intersect(C,D);
    {|M| = 2}
    s := pick(M);
    l := makeline(q,s);
output(l);
```

Abstract State Machines kann man auf vielfältige Weise auf bewährte Konzepte der Informatik beziehen: Aus intuitiver Sicht formalisieren ASM das, was oft „Pseudocode" genannt wird. Aus logischer Sicht ist ein Zustand eine Σ-Algebra. Ein Schritt $S \to S'$ erzeugt also aus einer Σ-Algebra S eine neue Σ-Algebra S'. Aus logischer Sicht verwirrend ist dabei die Sprechweise, nach der eine ASM einen Algorithmus „modelliert": Der Algorithmus ist also die Realität, die Syntax der ASM ist ihr Modell. In der Logik ist die Sprechweise traditionell genau umgekehrt: Der griechische Philosoph Platon bezeichnet die Ideen als die Wirklichkeit, für die die reale Welt eine Modell, also ein Beispiel ist. Diese Sprechweise hat sich bis in die moderne Logik hinein erhalten: Die Syntax ist das „Reale", ihre Interpretation bildet ein Modell.

Indem der ASM-Formalismus eine umfangreiche Klasse von Algorithmen beschreibt, stellt sich die Frage nach der Ausdrucksmächtigkeit des Formalismus. In einem fundamentalen Theorem mit einem außerordentlich eleganten Beweis hat Gurevich 2000 die Ausdrucksstärke der einfachsten Variante von ASM gezeigt [31]. Etwas vereinfacht formuliert, zeigt dieses Theorem, dass mit einer ASM jedes Transitionssystem erzeugbar ist, dessen Zustands- und Schrittmengen unter Isomorphie abgeschlossen sind, das in jedem Schritt ein begrenzte Zahl von Komponenten aktualisiert, und das auf irgendeine Weise endlich beschrieben werden kann.

Abstract State Machines sind nicht-deterministisch, parallel, verteilt und reaktiv verallgemeinert worden. Viele Projekte mit und von Software-Firmen zeigen die Nützlichkeit von ASM als Software-Entwurfsmethode. Zu den einflussreichsten Darstellungen über ASM gehören [30] und [7, 8].

6 Was bringt die Zukunft?

6.1 Programmieren mit Modellen

Mitte der 1990er Jahre hat ein Konsortium aus Vertretern der Software-Industrie damit begonnen, eine „Unified Modeling Language" (UML) zu definieren. Diese Initiative ist getragen von der Vorstellung, dass vor allem die Vielfalt angebotener Modellierungstechniken die potentiellen Nutzer zögern läßt, überhaupt zu modellieren. Ein einheitlicher Ansatz, unterstützt von leistungsfähigen Werkzeugen zur Konstruktion von Modellen und zur Generierung effizienten Codes aus den Modellen, soll den Durchbruch bringen. Angeboten wurden vorwiegend grafische Ausdrucksmittel, primär zur Modellierung statischer Strukturen. Dynamisches Verhalten wird mit Diagrammen modelliert, die stark an Harels Statecharts (vgl. 3.3) angelehnt sind. Eine Revision des Ansatzes führte 2005 zu „UML 2", nun mit einem deutlich formaleren Anspruch, beispielsweise mit Komponenten aus der Welt der Petrinetze.

Für spezielle Anwendungsbereiche entstand und entsteht eine Reihe spezieller Dialekte, unterschiedlicher Interpretationen und neuer Ausdrucksmittel in der UML.

Eine weitere aktuelle Initiative propagiert *model-driven architecture* (MDA). Nach diesen Prinzipien aus Modellen generierte Software kann systematisch wieder verwendet werden und hat per Konstruktion im Modell vorgegebene Eigenschaften.

Mit UML und MDA hat sich die Modellierung als Aspekt der Software-Entwicklung endgültig durchgesetzt. Im Entwurf rechnerintegrierter Systeme verlagert sich die menschliche Schaffenskraft weg vom Programmieren, hin zum Modellieren. Zwar wird ein gewisser Anteil neuer Programme immer von Menschen kodiert werden (um beispielsweise mit „Programmiertricks" die Effizienz zu steigern), aber viel Software wird zukünftig aus Modellen heraus automatisch generiert, die der „Programmierer" konstruiert.

6.2 Interaktives Modellieren

Die Qualität von Modellen und die Geschwindigkeit ihrer Erstellung können massiv erhöht werden, wenn Konsequenzen aus einzelnen Ideen des Modellierers unmittelbar erkennbar wären. Dies gelingt mit Entwicklungswerkzeugen und der prototypischen Ausführung von Modell-Komponenten. Aktuell besonders spektakulär ist dafür der „come let's play"-Ansatz von Harel und Marelly [34]. Er basiert auf *Live Sequence Charts* (LSC), die Damm und Harel vor einigen Jahren vorgeschlagen haben [17]. Dabei werden einzelne Szenarien in Form von Message-Sequence-Charts identifiziert, die seit langem für Modelle der Telekommunikation verwendet werden. Neu in LSC ist die explizite Modellierung von Lebendigkeitseigenschaften und generell von temporallogischen Eigenschaften.

Der „Come let's play"-Ansatz ist weit mehr als eine bequeme Variante einer „Papier-und-Bleistift"-Methode. Ohne Rechnerunterstützung ist er überhaupt nicht realisierbar. Vielleicht ist er der erste realistische Brückenschlag zwischen Modellieren und Programmieren, und der beste Beweis, daß „Programmieren mit Modellen" realisierbar ist.

6.3 Modelle als logische Ausdrücke

Die Prädikatenlogik und die Allgemeine Algebra haben geklärt, wie Symbole und das, was sie bezeichnen, einander entsprechen. Insbesondere beschreiben sie, wie die Komposition von Symbolen zusammenhängt mit Operationen von und auf Komponenten der realen Welt.

Die Informatik hat diesen Gedanken durchaus teilweise aufgegriffen und für ihre Zwecke sinnvoll eingerichtet. Das beste Beispiel dafür sind Algebraische Spezifikationen und mit ihrer initialen, termerzeugten Semantik zur Darstellung *statischer* Strukturen. Nun geht es um entsprechende Ideen zur Darstellung *dynamischen, diskreten* Verhaltens. Modellierungstechniken wie VDM, Z, Larch, TLA und vor allem ASM haben einige sehr nützliche Vorschläge dazu gemacht. Andere Modellierungstechniken, beispielsweise Petrinetze, haben keinen so expliziten logischen Hintergrund.

Die Maxime „Ein Modell ist ein logischer Ausdruck" sollte im Hintergrund jeder Modellierungstechnik eine Rolle spielen.

Diese Rolle kann beispielsweise darin bestehen, Konstruktionen und Operationen auf Spezifikationen und Modellen besonders einfach zu halten. Mustergültig ist dafür Abadi/Lamports Vorschlag, Verfeinerung und Komposition von Modellen so zu gestalten, dass für Spezifikationen P, Q, R mit ihren zugehörigen logischen Ausdrücken P', Q', R' gilt: Wenn Q eine Verfeinerung von P ist, impliziert der Ausdruck Q' den Ausdruck P' ($Q' \rightarrow P'$ ist also eine Tautologie). Entsprechend sollte für die Komposition R zweier Modelle P und Q gelten, dass R' im Wesentlichen die Konjunktion $P' \wedge Q'$ ist.

Vernünftigerweise bleiben dabei die logischen Ausdrücke P', Q', R' im Hintergrund oder sie werden gar nicht explizit konstruiert. Eine Analogie bieten mathematische Beweise: Niemand schreibt einen Beweis als prädikatenlogische Formel hin. Trotzdem ist es ganz wichtig, dass so etwas prinzipiell immer geht. Entsprechend sollten auch Modelle im Allgemeinen nicht als logische Ausdrücke dastehen, sondern in einer für Menschen lesbaren Form. Z, Larch, TLA und Focus zielen darauf ab.

6.4 Wirklichkeitstreues Modellieren

Ein gegebenes oder geplantes System modellieren, heißt einige seiner Komponenten und Bezüge herauszustellen und alle anderen zu ignorieren. Wer *alles* an einem System modellieren möchte, sollte das System selbst als Modell heranziehen.

Eine gute Methode zur Konstruktion von Modellen lässt dem Modellierer alle Freiheitsgrade bei der Modellierung elementarer Objekte und Operationen. „Elementar" ist weder das, was das System als elementar vorgibt, noch das, was die Modellierungstechnik als elementar vorschreibt. Elementar ist einzig und allein, was der Modellierer als elementar in seinem Modell beschreiben will.

Indem wir diskrete Systeme aus Zustands- und Schrittkomponenten modellieren wollen, gilt hierfür Entsprechendes: Eine Zustandskomponente oder ein Schritt ist nicht elementar, wenn das System oder die Modellierungstechnik das nahe legen oder erzwingen, sondern wenn der Modellierer das so will. Anders formuliert: Die Granularität des Modells ist allein Sache des Modellierens.

Was ein Modellierer im System an Objekten, Funktionen, Zuständen und Schritten als atomar ansehen will, hat eine eindeutige Entsprechung im Modell. Diese Forderung macht Argumente der Art obsolet, dass „in Wirklichkeit" das System eine andere – meistens eine feinere – Granularität besitze und dass „im Prinzip" ja alles mit Turingmaschinen o.ä. modelliert werden könne. Es verlangt allerdings einiges vom Entwerfer einer Modellierungstechnik. Bisher hat sich damit überhaupt nur ein einziger Autor explizit befasst: Yuri Gurevich mit seinen Vorschlägen zu ASM. Andere, beispielsweise Petri, Milner und Lamport haben diese Thema nur angedeutet.

Einen ganz anderen Aspekt Wirklichkeitstreuen Modellierens stellt Harel mit seiner Herausforderung vor, ein einfaches biologisches System in wirklich *allen* Aspekten und Einzelheiten zu modellieren [35].

6.5 Lokale und reversible Aktionen

Eine Aktion eines Systems wirkt niemals auf *alle* Zustandskomponenten des Systems, sondern im Allgemeinen auf einige wenige. Beispiel: Das Antippen einer Taste der Konsole eines vernetzten PC sollte zweckmäßigerweise nicht als Änderung eines aktuellen, globalen Zustandes des Internet modelliert werden müssen. Dieser Aspekt sollte in der Modellierung hervorgehoben und in der Analyse ausgenutzt werden können.

Lokale, verteilte Aktionen sind der „Normalfall" in Modellen. Nur unmittelbare Nachbarn tauschen sich aus und konkurrieren um knappe Ressourcen, u.ä. Alle anderen Paare von Aktionen hängen bestenfalls über Kausalketten miteinander zusammen. Klassische Automatenmodelle mit ihrer Annahme globaler Zustände sind dafür nicht sinngerecht.

Publizierte Modellierungstechniken modellieren elementare Schritte auf verschiedene Weise: Als Wertzuweisungen wie in ASM oder B, mit annotierten Variablen in in Larch, Z und TLA; sie können abstrakt sein wie in Prozessalgebren oder synchronisierend wie in Petrinetzen. Eine generelle Präferenz ist nicht erkennbar, allenfalls eine Abkehr von der Wertzuweisung bei Modellierungstechniken, die auf Analysierbarkeit Wert legen. Vermutlich werden verschieden Formen noch lange nebeneinander bestehen.

Eine Aktion a überführt einen Zustand S ggf. *reversibel* in einen Zustand S'. In diesem Fall ist S aus S' und a wieder ableitbar. Die Wertzuweisung $x := x + 1$ ist beispielsweise reversibel; $x := 0$ ist es nicht.

Reversible Aktionen sind die Grundlage starker Invarianten und damit starker Analysetechniken. Petri hat die Transitionen von Petrinetzen in dieser Absicht reversibel gestaltet.

In der Realität ist nicht jede Aktion reversibel. Die Forderung, jede Aktion eines Modells reversibel zu gestalten, wäre vermutlich zu strikt und nicht praktikabel. Dennoch kann es sich im Modell vielleicht lohnen, eine irreversible Aktion a als Ausschnitt einer reversiblen Aktion b aufzufassen und den „Rest" von b auch zu modellieren. Zu diesem Zweck hat Petri schon 1965 die 2-stelligen boolschen Funktionen in den 3-stelligen, reversiblen „Quine-Transfer" eingebettet.

In jedem Fall erscheint es günstig, reversibel Aktionen der Realität auch reversibel zu modellieren. Ein Beispiel sind die Aktionen des Pebble-Spieles.

6.6 Nachweis gewünschter Eigenschaften

Ein Modell hat den Zweck, den an einem System Beteiligten, also primär den Auftraggebern, Herstellern und Benutzern, Klarheit über das modellierte System zu verschaffen. Jeder Beteiligte hat Erwartungen an die Funktionalität des Systems. Ein Modell ist besonders nützlich, wenn solche Erwartungen am Modell selbst schon überprüft (und ggf. durch Verbesserung am System erreicht) werden können. Wenn erst am fertiggestellten System Fehlfunktionen erkannt werden, ist Abhilfe oft sehr viel teurer und zeitaufwendiger. Eine gute Modellierungstechnik stellt also *Analysetechniken* bereit. Je spezieller und ausdrucksschwächer eine Technik in der Modellbildung ist, desto stärker kann sie in der Analyse sein. Extreme Beispiele sind einerseits endliche Automaten: Sie sind vergleichsweise ausdrucksschwach, aber bezüglich jeder interessanten Eigenschaft effizient analysierbar. Am anderen Ende stehen ASM mit dem Anspruch größter Allgemeinheit. Spezifische Analysetechniken für ASM gibt es nicht, und sind auch nicht zu erwarten.

Für eine konkrete Modellierungsaufgabe folgt daraus die Empfehlung, den schwächsten Kalkül zu verwenden, mit dem die Aufgabe zufriedenstellend lösbar ist. Für diesen Kalkül sind die nützlichsten Analysetechniken zu erwarten.

6.7 Erhaltungssätze

Die in diesem Abschnitt aufgeführten Aspekte und Argumente sind besonders spekulativ. Wir skizzieren zunächst wohl bekannte Erhaltungssätze der Chemie und der Physik und fragen dann nach analogen Zusammenhängen in der Informatik.

Entdeckung und Formulierung von *Erhaltungssätzen* ist zentrales Ziel aller Naturwissenschaften. In der Chemie werden beispielsweise chemische Prozesse wie die Verbrennung mit Stoffgleichung beschrieben. So beschreibt die Gleichung

$$2H_2 + O_2 \longrightarrow 2H_2O,$$

dass die Stoffe zwar neu zusammengesetzt werden, ihre Gesamtheit aber erhalten bleibt. Ein Beispiel aus der Physik ist der – alles andere als einfache – Begriff der Energie. Er wurde so gebildet, dass in einem gegen Energiezufuhr und -abfluss abgeschlossenen System die vorhandene Energie vielfach gewandelt werden kann, in der Summe aber konstant bleibt. Einsteins berühmte Gleichung $e = mc^2$ ist ein Erhaltungssatz über die Wandlung von Materie in Energie.

Im Vergleich zu den Naturwissenschaften hat die Informatik als Strukturwissenschaft eher höhere Freiheitsgrade bei der Bildung ihrer grundlegenden Begriffe. Dennoch hat sie bislang keine vergleichbar tief liegenden Erhaltungssätze hervorgebracht.

Vielleicht fehlt ein grundlegender Begriff dessen, was bei dynamischen Vorgängen der Informatik konstant erhalten bleibt. Ein Vorschlag dafür wäre ein Begriff von „Information", der aber sofort missverständliche Assoziationen hervorruft. Wenn es die Aufgabe von Informatik-Systemen ist, Information zu *wandeln*, müsste dabei die Gesamtheit der Information erhalten bleiben. Kein derzeit gängiger Begriff von „Information" hat diesen Charakter. Wie der gesuchte Begriff tatsächlich aussehen könnte, ob es eine kleinste Informationseinheit gibt (die man vielleicht „Infom" nennen könnte) ist völlig offen. Vielleicht erhält man erste Hinweise aus den Schleifen- und Platzinvarianten von Programmen und Petrinetzen, reversiblen Aktionen sowie logischen Invarianten in Z, Larch u.ä.

Wir sind damit endgültig im Bereich der Spekulationen gelandet und müssen es dabei belassen.

6.8 Wie passt das alles zusammen?

Ob es jemals in Analogie zur Theorie der berechenbaren Funktionen eine vergleichsweise stringente „Theorie der Modellierung" geben wird, ob die vorgeschlagenen Prinzipien wie dargestellt dazu gehören, und welche noch fehlen, ist offen. Einzeln betrachtet, sind die ersten beiden vorgeschlagenen Prinzipien gar nicht besonders spektakulär: Zu jedem Problem gibt es eine Spezifikationstechnik, die das Prinzip besonders beachtet. Es gibt aber bislang keine Technik, die alle Prinzipien zugleich verfolgen würde. Es wird nicht leicht sein, solche Techniken zu bilden. Idealerweise sind sie ganz unabhängig von derzeitigen und zukünftigen Hardwarestrukturen. Rechnerstrukturen, die von der Biologie inspiriert oder sogar realisiert sind, oder die Effekte des Quantencomputing oder des Lichtes verwenden, oder auch Menschen und Organisationen, die Algorithmen ausführen, sollten alle gleichermaßen einen Platz haben.

Wenn dieser Beitrag den Leser davon überzeugt hat, dass Modellierung ein Schlüssel für bessere Informatikprodukte ist und dass es sich lohnt, nach weiteren, grundlegenden Modellierungskonzepten und Zusammenhängen zwischen ihnen zu suchen, hat dieser Beitrag sein Ziel erreicht.

Literaturverzeichnis

1. M. Abadi, L. Lamport *Composing specifications.* ACM Transactions on Programming Languages and Systems, 1993, 15(1):73–132
2. G. Berry, G. Boudol *The chemical abstract machine.* POPL '90: Proceedings of the 17th ACM SIGPLAN-SIGACT symposium on Principles of programming languages, ACM Press, New York, USA, 1990, S. 81–94
3. C.H. Bennett, R. Landauer *The fundamental physical limits of computation.* Scientific American, jul 1985, 255(1):38–46
4. J.-P. Banâtre, D. Le Métayer *The gamma model and its discipline of programming.* Science of Computer Programming, 1990, 15(1):55–77
5. J.-P. Banâtre, D. Le Métayer *Programming by multiset transformation.* Communications of the ACM, 1993, 36(1):98–111
6. M. Bidoit, P.D. Mosses *CASL User Manual.* volume 2900 of Lecture Notes in Computer Science, Springer-Verlag, Berlin Heidelberg New York, 2004
7. E. Börger *High level system design and analysis using abstract state machines.* in: D. Hutter, W. Stephan, P. Traverso, M.. Ullmann (Hrsg.) FM-Trends, volume 1641 of Lecture Notes in Computer Science, Springer, 1998, S. 1–43

8. E. Börger *The Origins and the Development of the ASM Method for High Level System Design and Analysis.* Journal of Universal Computer Science, 2002, 8(1):2–74

9. J. Bowen *Formal Specification & Documentation Using Z: A Case Study Approach.* International Thomson Computer Press, 1996

10. M. Broy, K. Stølen *Specification and Development of Iinteractive Systems.* Monographs in Computer Science, Springer-Verlag, 2001

11. N. Carriero, D. Gelernter *Linda in Context.* Communications of the ACM, 1989, 32(4):444–458

12. A.B. Cremers, T.N. Hibbard *Formal Modeling of Virtual Machines.* IEE on Software Engineering, SE-4 No 5, September 1978, S. 426–436

13. K.M. Chandy, J. Misra *Parallel Program Design.* Addison-Wesley Publishing Company, 1988

14. Wikimedia Commons,
vgl. http://de.wikipedia.org/wiki/Bild:Euklid-von-Alexandria_1.jpg

15. M. Conrad *On design principles for a modular computer.* Communications of the ACM, 1985, 28(5):464–480

16. C.S. Calude, G. Păun, G. Rozenberg, A. Salomaa *Multiset Processing: Mathematical, Computer Science, and Molecular Computing Points of View.* volume 2235 of Lecture Notes in Computer Science, Springer-Verlag, 2001

17. W. Damm, D. Harel *LSCs: Breathing Life into Message Sequence Charts.* Formal Methods in System Design, 2001, S. 45–80

18. J.B. Dennis *First Version of a Data Flow Procedure Language.* volume 19 of Lecture Notes in Computer Science, Springer-Verlag, 1974, S. 362–367

19. D. Deutsch *Quantum theory, the Church-Turing principle and the universal quantum computer.* Proceedings of the Royal Society of London A, 1985, 400:97–117

20. E.W. Dijkstra *The Structure of "THE"-Multiprogramming System.* Communications of the ACM, 1968, 11(5):341–346

21. E.W. Dijkstra *Reasoning about programs.* University Video Communications, Stanford, The Distinguished Lecture Series, Vol. III Academic Leaders in Computer Science and Electrical Engineering, 1990

22. Euklid von Alexandria *Die Elemente (Στοιχεῖα).* Band 5

23. R. Gandy *Church's Thesis and Principles for Mechanisms.* in: S.C. Kleene, J. Barwise, H.J. Keisler, K. Kunen (Hrsg.) The Kleene Symposium, Amsterdam, 1980, S. 123–148

24. J.V. Guttag, J.J. Horning *Larch: Languages and Tools for Formal Specification.* Texts and Monographs in Computer Science, Springer-Verlag, New York, Inc., 1993

25. H.J. Genrich, K. Lautenbach *System Modelling with High-Level Petri Nets.* Theoretical Computer Science, 1981, 13:109–136

26. G. Goos *Vorlesungen über Informatik: 1. Grundlagen und funktionales Programmieren.* Springer-Verlag, Heidelberg, 1995

27. D. Gries *The Science of Programming.* Springer, 1981

28. J.A. Goguen, J.W. Thatcher, E.G. Wagner, J.B. Wright *An Initial Algebra Approach to the Specification, Correctness and Implementation of Abstract Data Types.* in: R.T. Yeh (Hrsg.) Current Trends in Programming Methodology, Volume 4:Software Specification and Design, chapter 5, Prentice Hall, 1978, S. 80–149

29. Y. Gurevich *A new thesis.* American Mathematical Society Abstracts, August 1985, S. 317

30. Y. Gurevich *Evolving Algebras 1993: Lipari Guide.* in: E. Börger (Hrsg.) Specification and Validation Methods, Oxford University Press, 1995, S. 9–36

31. Y. Gurevich *Sequential Abstract State Machines Capture Sequential Algorithms.* ACM Transactions on Computational Logic, Juli 2000, 1(1):77–111

32. D. Harel *Statecharts: A visual formalism for complex systems.* Science of Computer Programming, Juni 1987, 8(3):231–274

33. D. Harel *On Visual Formalisms.* Communications of the ACM, Mai 1988, 31(5):514–530

34. D. Harel, P. Marelly *Come, let's Play.* Springer-Verlag, 2003

35. D. Harel *A Grand Challenge for Computing: Full Reactive Modeling of a Multi-Celular animal in current trends.* Computer Science World Scientific, Singapure, 2004, S. 559–568

36. R.L. Holt, G.S. Graham, E.D. Lazowski, M.A. Scott *Structured Concurrent Programming with Operating Systems Applications.* Addison-Wesley Publishing Co., Reading, Mass., 1978

37. C.A.R. Hoare *Communicating Sequential Processes.* Communications of the ACM, 1978, 21(8):666–677

38. D. Harel, M. Politi *Modeling Reactive Systems with Statecharts: The STATE-MATE Approach.* McGraw Hill, 1998

39. G. Kahn *A Preliminary Theory of Parallel Programs.* Technical report, IRIA, Paris, Januar 1973

40. D.E. Knuth *Art of Computer Programming, Volume 1: Fundamental Algorithms.* Addison-Wesley Professional, 1973

41. L. Lamport *The Temporal Logic of Actions.* ACM Transactions on Programming Languages and Systems, 1994, 16(3):872–923

42. R. Milner *A Calculus of Comunicating Systems.* volume 92 of Lecture Notes in Computer Science, Springer-Verlag, 1980. AMS Subject Class, 1970, S. 68–02

43. Y.N. Moschovakis *On founding the theory of algorithms.* in: H.G. Dales, G. Oliveri (Hrsg.) Truth in Mathematics, Clarendon Press, Oxford, 1998, S. 71–104

44. Y.N. Moschovakis *What Is an Algorithm?* in: B. Engquist, W. Schmid (Hrsg.) Mathematics Unlimited – 2001 and Beyond, Springer, 2001, S. 919f'—f'—f

45. Gurevichs Homepage bei Microsoft Research: `http://research.microsoft.com/~gurevich/`

46. Biographie im Netz: `http://www.jaoo.org/jaoo1999/speakers/harel.html`

47. Wikipedia: `http://en.wikipedia.org/wiki/Leslie_Lamport`

48. Amir Pnuelis Homepage: `http://www.wisdom.weizmann.ac.il/~amir/`

49. P. Naur, B. Randell *Proceedings of the NATO Conference on Software Engineering.* NATO Science Committee, Garmish, Germany, Oktober 1968

50. C.A. Petri *Kommunikation mit Automaten.* PhD thesis, Technische Universität Darmstadt, 1962

51. M. Rem *Associons: A Program Notation with Tuples Instead of Variables.* ACM Transactions on Programming Languages and Systems, 1981, 3(3):251–262

52. M.O. Rabin, D. Scott *Finite automata and their decision problems.* IBM Journal of Research and Development, 1959, 3:114–125

53. J.C. Shepherdson *Mechanisms for computing over arbitrary structures.* in: A half-century survey on The Universal Turing Machine, Springer-Verlag, Berlin, 1988, S. 581–601

54. H.T. Siegelmann *Welcoming the super turing theories.* in: M. Bartosek, J. Staudek, J. Wiedermann (Hrsg.) SOFSEM, volume 1012 of Lecture Notes in Computer Science, Springer, 1995, S. 83–94
55. T. Toffoli *Physics and Computation.* International Journal of Theoretical Physics, 1982, 21(3/4):165–175
56. A. Turing *On Computable Numbers, with an Application to the Entscheidungsproblem.* Proceedings of the London Mathematical Society, Series 2, 1936, 42:230–265
57. K. Voss, H.J. Genrich, G. Rozenberg *Concurrency and Nets.* Springer, 1987
58. J. van Leeuwen, J. Wiedermann *The Turing Machine Paradigm in Contemporary Computing.* in: B. Engquist, W. Schmid (Hrsg.) Mathematics Unlimited – 2001 and Beyond, Springer, 2001, S. 1139f'—f'—f

Computer Vision im Kontext von Photographie und Photogrammetrie

Ralf Reulke, Thomas Döring

DLR Berlin, Rutherfordstraße 2, 12489 Berlin -
Ralf.Reulke,Thomas.Doering@dlr.de

Zusammenfassung. Digitale Bildverarbeitung, Bildanalyse und Computer Vision sind Teilgebiete der Informatik und haben inzwischen eine Geschichte von mehr als 40 Jahren. Im Rahmen dieser Entwicklung hat sich ein reicher Fundus an unterschiedlichen Technologien und Algorithmen entwickelt.

Unter Computer Vision verstehen wir im Folgenden die Einheit aus Bildverarbeitung, Bildanalyse und Bildverstehen mit dem Ziel sinnvolle Entscheidungen oder Beschreibungen über reale physikalische Objekte und Szenen zu treffen.

Häufig orientiert man sich am biologischen Sehen. Viele Aktivitäten und Forschungszweige versuchen das Sehen mit Kameras und moderner Computertechnik nachzuvollziehen. Ein Beispiel dafür ist das räumliche Sehen (Stereo). Es wurden jedoch auch Technologien entwickelt, die auf völlig anderen Prinzipien basieren. Diese sind zum Beispiel mit dem Begriff *active vision* verbunden (Laserscanner, Radar).

Computer Vision ist eine aktive wissenschaftliche Disziplin. Anwendungsgebiete finden sich zum Beispiel in der industriellen Bildverarbeitung, Robotik, Überwachung, Luftbildanalyse und der satellitengestützten Fernerkundung sowie der Medizinischen Bildverarbeitung und der Schaffung der Grundlagen für Virtual Reality (Textur und 3D-Informationen).

Damit ist Bildverarbeitung bzw. Computer Vision eine interdisziplinäre Wissenschaft in zweierlei Sinne: Sie speist sich aus unterschiedlichen Wissensgebieten und hat eine entsprechende Ausstrahlung in andere Fachgebiete.

Im Rahmen dieses Beitrages sollen die historischen Einflüsse auf das Fachgebiet „Computer Vision" beschrieben werden. Zu den naheliegenden Fachgebieten gehören insbesondere die Fotografie und Photogrammetrie als wichtige Grundlage für die Bildaufnahme und Bildverarbeitung.

1 Einführung

Wie häufig in der Geschichte, war der Umstand, der Albrecht Meydenbauer im September 1858 beim Vermessen des Doms zu Wetzlar fast zu Tode kommen ließ, auch der geniale Startpunkt für eine bahnbrechende Erfindung. „Dieser schwere Schock, ein zutiefst existenzielles Grenz-Erlebnis hat Meydenbauer sicher in seinem Willen bestärkt, sich nie mehr auf spontane Annahmen zu verlassen, sondern sich immer zuerst der methodischen Erforschung einer jeden Frage und sodann der ebenso methodischen Gestaltung ihrer Lösung zu widmen." [2]. Dieser Sturz veranlasste Meydenbauer, darüber nachzudenken, ob das Messen von Hand nicht durch Umkehren des perspektivischen Sehens, das durch das fotografische Bild festgehalten wird, ersetzt werden kann. Mit diesem Gedanken war Meydenbauer einer der Väter des Messbild-Verfahrens.

Er soll seine Laufbahn als Baubeamter zurückgestellt und ohne Unterlass an dem damals noch namenlosen Messbild-Verfahren, dem er 1867 den später weltweit üblichen Namen „Photogrammmetrie" gab, gearbeitete haben.

Erste Vorstellungen über das Prinzip der dreidimensionalen Auswertung aus Bildpaare wurden allerdings schon vor der Erfindung der Photographie (Niepce, Daguerre, Arago 1939) von J.H. Lambert veröffentlicht. Ein wissenschaftlicher Begründer der Photogrammetrie ist wohl der französische Oberst A. Laussedat, der 1859 einer Kommission der Pariser Akademie der Wissenschaften vorführte, wie man aus zwei photographischen Aufnahmen durch räumlichen Vorwärtsschnitt Objektkoordinaten ermittelt. [7]

Während Bildverarbeitung und Computer Vision schon in den 60er Jahren auf digitale Kameradaten zurückgreifen und diese verarbeiten konnte, war der Prozess der Einführung der digitalen Photogrammetrie wesentlich langwieriger. Die entscheidende Ursache dafür sind die Genauigkeitsansprüche in der Photogrammetrie, die bei digitalisierten Bildern in hohem Maße von der Auflösung abhängen.

Eine typische analoge Luftbildaufnahme hat ein Größe von $23\,cm$ x $23\,cm$. Wird ein solches Bild digitalisiert – zum Beispiel mit $20\,\mu m$ Pixelabstand ($\stackrel{\wedge}{=}$ 1200 dpi) – folgt ein Bildgröße von 11.500 x 11.500 Bildpunkten oder mehr als 130 MPixel. Wird ein Farbfilm verwendet sind es gar 400 MPixel.

Das ist der Grund dafür, dass bis vor wenigen Jahren ausschließlich filmbasierte Kameras genutzt wurden. Seit dem Ende der 1990er Jahre stehen jedoch auch digitale Kameras zur Verfügung, die in ihrer heutigen Leistungsfähigkeit, denen „analoger" Kameras äquivalent sind.

Mit den zunehmenden technologischen Entwicklungen und dem Beginn des Computerzeitalters Mitte des 20. Jahrhunderts ergaben sich zahlreiche Möglichkeiten, den bis dahin manuellen Prozess von der Bildaufnahme, Bildanalyse und Bildauswertung mit automatischen Methoden durchzuführen.

Während ein photogrammetrisches Auswertesystem noch vor wenigen Jahren aus Präzisionsmesstechnik und Optik bestand, existiert es heute als reine Softwarelösung. Die Ergebnisse können direkt in ein Geoinformations- oder Computer-Aided-Design-System (GIS/CAD) übertragen werden.

Bestimmte Techniken aus der Photogrammetrie finden Eingang in Computer Vision (zum Beispiel Bündelausgleichung). Vor allem von den Methoden der digitalen Bildverarbeitung profitiert heute aber auch die Photogrammetrie.

Der Rekonstruktion objektiver Realität aus dem zweidimensionalen Bild ist ein fundamentaler Bestandteil von Computer Vision. Damit haben Computer Vision und Photogrammetrie die selben methodischen aber auch historischen Wurzeln. Im Folgenden sollen zunächst diese Hintergründe von Perspektive, Photographie und Photogrammetrie erläutert werden. Im Anschluss wird der Übergang zum digitalen Zeitalter mit sein Konsequenzen behandelt.

2 Computer Vision

Das Ziel ist die Entwicklung von Techniken, die die Bestimmung von Eigenschaften der dreidimensionalen Welt aus einem oder mehreren digitalen Bildern erlauben. Durch die Abbildung der dreidimensionalen Welt auf die zwei Dimensionen eines Bildes, handelt es sich hier um ein inverses Problem. Allerdings sind in 2D-Abbildungen häufig Zusatzinformation enthalten, die Rückschlüsse auf die dritte Dimension zulassen. Dazu zählen tiefenabhängige Schattierungen (Shape from Shading), sich bewegende Objekte (Shape from Motion), Texturverzerrungen oder kodiertes Licht (Shape from Texture). Damit ist ein Aufgabe von Computer Vision die Lösung der Aufgabe „Shape from X" wobei X auch Stereoverfahren enthält.

Versuche, erste kommerzielles Produkte, basierend auf Computer Vision und Bildverarbeitungsverfahren, zu entwickeln, begannen mit Forschungsinitiativen zur automatischen Schrifterkennung (OCR) in den 1950er Jahren. [11]

Einen wichtigen Beitrag zur Entwicklung digitaler Bildverarbeitungstechniken hat das Image Processing Laboratory (IPL) von NASA-JPL (1966–1984) geleistet. Das IPL begann 1966 digitale Videobilddaten von Weltraumsonden zu empfangen und zu verarbeiten. Die Software nannte sich VICAR (Video Image Communication And Retrieval) und wurde entwickelt, um Bilddaten auf einer IBM 360 zu bearbeiten.

Die Fortschritte in der Bildverarbeitung und Mustererkennung führten in den 1970er Jahren zur Entwicklung von Objekterkennungsalgorithmen, der Szeneninterpretation, und bildbasierten Trackingansätzen in der Verteidigung und Raumfahrtanwendungen.

In den 1980er Jahren begannen Entwicklungen im industriellen Bereich (Robot Vision), z.B. bei der Qualitätskontrolle. Mit der Verringerung der Kosten von Computern und der Einführung von optischen Sensoren in den 1980er Jahren hat es ein enormes Wachstum in der Forschung und Entwicklung von intelligenten Visionssystemen gegeben. Durch verbesserte Algorithmen und Computerhardware wurden Videokontrolle, Bewegungserkennung, Objekterkennung und Verfolgung, Erkennung von menschlicher Gestik/Tätigkeit und Ereignis-Entdeckung denkbar und möglich.

Für die nächsten Jahre können wir weitere spannende Entwicklungen in und aus Computer Vision heraus erwarten.

Die technischen Voraussetzungen sind eng mit der optischen Abbildung und ihrer Fixierung in analoger oder digitaler Form verbunden. Diese sind in ihrer Entstehung mit der Camara Obscura und der Fotografie verbunden. Und deren Geschichte beginnt eigentlich bereits in der Frühzeit der Menschheitsgeschichte.

3 Perspektive und optische Abbildung

Bereits mit den ersten Höhlenmalereien wurden Situationen und Erlebnisse für die Nachwelt fixiert. Der spätere Betrachter sollte durch sie *schauen* und *verstehen*. In den folgenden Jahrtausenden der Geschichte bestand die Weiterentwicklung dieses *Abbildungsprozesses* in der Verfeinerung der Malkünste und der Handfertigkeit des Menschen. Und während sich die malerische Kunst der Neuzeit von der räumlichen Abbildung der Realität immer weiter entfernt, entstand im 15. Jahrhundert eine Kunst, die sich genau diesem Ziel verschrieben hatte: die Wirklichkeit perspektivisch so genau wie möglich abzubilden.

Die Perspektive versucht, von einem bestimmten Punkt des Betrachters aus, die räumliche Realität wirklichkeitsgetreu bildlich festzuhalten.

„Entdeckt" wurde die Perspektive im 15. Jahrhundert in der Epoche der Renaissance. Der Architekt FILIPPO BRUNELLESCHI hat 1413 eine perspektivische Konstruktion vorgestellt, nachdem er nach einem Verfahren gesucht hat, die Proportionen von Kirchen und öffentlichen Gebäuden von Florenz zu reproduzieren.

Eigentlich wurde die Perspektive in dieser Zeit lediglich wiederentdeckt, da bereits die Griechen das Prinzip perspektivischer Verzerrungen in ihren Bauten und auch in bildhaften Darstellungen nutzten. In der zerstörten römischen Stadt Pompeji wurden Wandmalereien gefunden, die den Raum mit einem perspektivisch dargestellten Garten verlängerten.

Im Mittelalter wurde dieses Wissen jedoch zu Gunsten einer göttlichen, spirituellen Sicht in der bildhaften Darstellung vernachlässigt. Das in der Renaissance sich entwickelnde humanistische Weltbild betont demgegenüber das Individuum und stellt seine Sicht durch die perspektivische Darstellung wieder in den Mittelpunkt. Die Perspektive bestimmt die Raumdarstellung maßgeblich bis ins 19. Jahrhundert.

Erste schriftliche Erläuterungen der Prinzipien der Perspektive im Mittelalter erschienen 1435 in dem Buch „De Pictura" („über das malen") des Architekten, Malers, Wissenschaftlers und Schriftstellers LEON BATTISTA ALBERTI (ca. 1404–1472). Er stellte den Vorgang des Sehens mit einer Strahlenpyramide dar, die aus den Augen des Betrachters auf das Objekt gerichtet ist. Er war damit einer der Ersten im Zeitalter der Renaissance, die das bildhafte Darstellen mit mathematischen Methoden beschrieben haben. Die erste ausführliche mathematische Beschreibung ist jedoch erst um 1470 in dem von PIERO DELLA FRANCESCA veröffentlichten Buch „De Prospectiva Pigendi" zu finden.

Einer der wohl berühmtesten zeitgeschichtlichen Vertreter, die sich mit Perspektive intensiv auseinander setzten, war LEONARDO DA VINCI (1452–1519). Dieser schrieb etwa 1500:

„Perspektive ist nichts anderes, als eine Stelle oder Gegenstände hinter einer Glasscheibe zu betrachten und auf diese dann die dahinter liegenden Objekte zu zeichnen."

ALBRECHT DÜRER (1471–1528) faszinierte das Phänomen der Perspektive und Verzerrung ebenfalls. Eines seiner unter Mathematikern und Physikern wohl bekanntesten Werke ist die Darstellung einer Hilfskonstruktion zur Anfertigung perspektiver Zeichnungen auf einem Holzschnitt (Abb. 1). Diese Hilfskonstruktion entspricht dem Modell der Lochkamera. Das *Projektionszentrum* ist an der rechten Wand mit einer Rolle fixiert. Der Faden entspricht dem Strahlengang der *Abbildung*. Die Abbildung eines Objektpunktes wird über ein Gitter in der Bildebene festgehalten und anschließend durch umklappen der Leinwand auf das Bild gebracht.

Abb. 1: Holzschnitt einer Hilfskonstruktion [3]

Bis in das späte Mittelalter war in der wissenschaftlichen Gemeinde die Ansicht verbreitet, dass das *Sehen* ein aktiver Prozess des Auges ist. *Aktiver Prozess* meint hier einen Vorgang ähnlich dem des heute als *aktiven Sensor* bezeichneten Prinzips: Das Auge sendet sogenannte *Sehstrahlen* aus, die von dem zu sehenden Objekt reflektiert werden. Erst im Laufe der Zeit erkannte man jedoch, dass es sich genau umgekehrt verhält. Nicht das Auge sendet Strahlen aus, sondern das Objekt selbst – wenn auch wiederum nur passiv durch vom Objekt reflektierte Strahlen.

LEONARDO DA VINCI beschrieb das bereits seit ARISTOTELES bekannte Prinzip der *Camera obscura* (lat. dunkle Kammer, Abb. 2) in seinem „Codex Atlanticus" mit

„Wenn die Fassade eines Gebäudes, oder ein Platz, oder eine Landschaft von der Sonne beleuchtet wird und man bringt auf der gegenüberliegenden Seite in der Wand einer nicht von der Sonne getroffenen Wohnung ein kleines Löchlein an, so werden alle erleuchteten Gegenstände ihr Bild durch diese Öffnung senden und werden umgekehrt erscheinen." [4].

Abb. 2: Portable Camera Obscura

Er erkannte außerdem, dass genau das selbe Prinzip auch auf das menschliche Auge anwendbar ist. GIOVANNI BATTISTA DELLA PORTA (1535–1615) war einer der Ersten, die das Loch dieser Kamera durch eine Linse ersetzten. Dadurch erhielt man ein wesentlich schärferes und helleres wenn auch nur auf eine bestimmte Ebene fokussiertes Bild. Damit war das Grundprinzip des noch heute verwendeten Linsenkameramodells geboren.

4 Entstehung der Fotografie

Während man zunächst darauf angewiesen war, die Abbildungen, die eine *Camera obscura* oder Linsenkamera erzeugte, malerisch oder zeichnerisch festzuhalten wurden im Laufe des 18. Jahrhunderts Entdeckungen gemacht, die den Weg zur Fotografie ebneten.

Anfang des 18. Jahrhunderts war es bereits länger bekannt, dass bestimmte chemische Substanzen auf Sonnenlicht mit Verdunklung reagierten. Jedoch war nicht klar, ob dieser Effekt auf das Licht oder die Wärme des Lichts zurückzuführen war. JOHANN HEINRICH SCHULZE (1687–1744) war der Erste, der dieser Frage auf den Grund ging. 1727 erhitzte er Silbernitrat in einem Ofen und stellte dabei fest, dass der Effekt der Verdunklung nicht auftrat. Damit war klar, dass das Licht den entscheidenden Einfluss haben musste.

Obgleich er diesen Effekt ausführlich dokumentierte und weitere Experimente mit den Auswirkungen von Licht durchführte, blieben seine Entdeckungen zunächst unentdeckt. Erst SIR HUMPHRY DAVY (1778–1829) beschäftigte sich erneut mit diesem Phänomen und untersuchte zusätzlich Möglichkeiten zur Fixierung des entstehenden Abbildes.

JOSEPH NICÉPHORE NIÉPCE (1765–1833) war der Erste, der eine *Camera obscura* in Verbindung mit einem mit Silbersalz imprägniertem Blatt Papier brachte, wenngleich die erste Aufnahme dieser Art (um 1816) nicht haltbar war und bei weiterer Lichteinwirkung zerstört wurde. 1826 wurde die erste erhalten gebliebene Fotografie mit Hilfe einer mit lichtempfindlichen Asphalt bestrichenen Zinnplatte erstellt (Abb. 3). Die Belichtungszeit betrug damals etwa acht Stunden. NIÉPCE prägte damals zunächst den Begriff der *Heliographie* (gr. Sonne, zeichnen).

Abb. 3: Blick aus dem Arbeitszimmer in Le Gras, Niépce 1826

Gemeinsam mit LOUIS JACQUES MANDÉ DAGUERRE (1787–1851) entwickelte er diese Technik weiter, die DAGUERRE nach dem Tod NIÉPCEs allein fortsetzte. Er verbesserte die Empfindlichkeit des Silbernitrats und entdeckte neue Stoffe zur Fixierung des entstehenden Bildes. Als offizielle Geburtsstunde der Fotografie gilt häufig das Jahr 1839 mit der öffentlichen Bekanntmachung des unter dem Begriff der *Daguerreotypie* verstandenen Verfahrens durch die *Französische Akademie der Wissenschaften*. Diese Jahreszahl ist jedoch durch die Vielzahl der dokumentieren Experimente in diesem Bereich umstritten.

Dieses in der Fotografie zunächst als *Positivverfahren* bekannte Prinzip wurde 1840 durch erneute Steigerung der Empfindlichkeit und Einführung des *Negativ-Verfahrens* durch WILLIAM HENRY FOX TALBOT (1800–1877), der unter anderem die Namen *Kalotypie, Talbotypie* und später auch erstmalig *Fotografie* prägte.

Neben der Fixierung des Bildes war ein bis dahin ungelöstes und entscheidendes Problem der *Fotografie* war die Belichtungszeit, die trotz aller Versuche zur Steigerung der Empfindlichkeit der Stoffe immer noch um die 40 Minuten betrug. Auf drängen des Wiener Professors und Freundes ANDREAS VON ETTINGSHAUSEN (1796–1878) begann JOSEF MAXIMILIAN PETZVAL (1807–1891) sich diesem Problem von der anderen Richtung zu nähern: statt die Empfindlichkeit des Bildträgers zu steigern, entwickelte er eine Methode die Bestrahlungsstärke zu erhöhen. Bereits 1840 stellte er nach intensiven Berechnungen das erste tatsächlich komfortabel brauchbare Portraitobjektiv (auch *Petzval-Portraitobjektiv* genannt) vor, mit dem die Belichtungszeit auf 30 Sekunden verkürzt werden konnte.

Nach dieser Erfindung überschlug sich die Entwicklung der Fotografie. 1850 wurden die ersten Stereofotografien vorgestellte, mit denen es erstmals möglich war, den dreidimensionalen Eindruck in Bilder zu erhalten. 1958 entstanden die ersten von einem Ballon aus aufgenommen Luftbilder durch GASPARD FÉLIX TOURNACHON (1820–1910) – auch unter dem Pseudonym *Nadar* bekannt. Schon im Jahr 1872 war die Entwicklung derart fortgeschritten, dass EADWEARD MUYBRIDGE (1830–1904) mit seinen Bewegungsstudien (Abb. 4) die ersten Schritte in Richtung bewegtes Bild (oder auch Film genannt) ging.

Abb. 4: Das Pferd „Daisy" [10]

Kurze Zeit später wurden die bisher starren durch flexible Schichtträger ersetzt. Schließlich produzierte 1888 erstmalig GEORGE EASTMAN (1854–1932) eine Kodak-Kamera mit einem Papierrollfilm für je 100 Aufnahmen. Bereits 1889 darauf erschien die erste Panoramakamera mit flexiblem Film und einem drehbaren Objektiv für Aufnahmen mit bis zu 170° Bildwinkel.

5 Spezielle Kameraentwicklungen

In 1880ern wurde nach der Beseitigung der grundsätzlichen Probleme der Fotografie ein Wettlauf eingeläutet, der bis heute nicht zum Stehen gekommen ist. Im Folgenden sollen die für die Photogrammetrie interessantesten Kameraentwicklungen vorgestellt werden.

GEORGE R. LAWRENCE (1869–1938) baute 1900 die *Mammut-Kamera*, um amerikanische Lokomotiven zu fotografieren. Die Kamera wog 600 *kg*, die Bildgröße betrug 4, 5" x 8" und es brauchte fünfzehn Mann, um diese Kamera zu bedienen. Die Chicagos & Alton Railway bat Lawrence ohne Rücksicht auf den Aufwand eine möglichst große Fotografie von einer ihrer Lokomotiven zu machen. (Lawrence steht in der Abbildung neben der Linse.)

Abb. 5: Mammut-Kamera von LAWRENCE [9]

Durch die Entwicklung des Flugwesens entwickelte sich ab 1915 die Luftbildphotogrammetrie als vermessungstechnisches Verfahren, um für große Gebiete der Erdoberfläche Karten zu erstellen. Abbildung 6 (links) zeigt eine Handkamera von 1915.

Die Entwicklung der Luftbildkamera war in ihren wesentlichen Eigenschaften bereits kurz nach dem II. Weltkrieg abgeschlossen. Technische Veränderungen waren danach eher marginal. Später hinzu gefügt wurden Funktionalitäten wie Bewegungsausgleich und Positionsbestimmung mit GPS.

Zur Vergrößerung des Bildfeldes hat man schon frühzeitig mehrere Kameras verwendet. In Abb. 7 wird eine Kombination von 4 RMK C/1 gezeigt. Diese Lösung wurde schon 1930 realisiert. Die vier Kameras lösen gleichzeitig aus. Zur Vermeidung von Lücken zwischen den Bildern sind die Kameras zueinander gekippt. Dadurch entsteht im resultierenden Bild ein charakteristisches Schmetterlingsmuster.

Ein entscheidender Sprung in der Geschichte der Fotografie war die Entwicklung digitaler Aufnahmesysteme mit CCD- bzw. CMOS-Sensoren in der zweiten Hälfte des 20. Jahrhunderts. Bis in die späten 1990er Jahre wurden

Abb. 6: Fliegerhandkamera (1926) Format 13x18 cm (links), Reihenbildmesskammer 1945 (rechts)

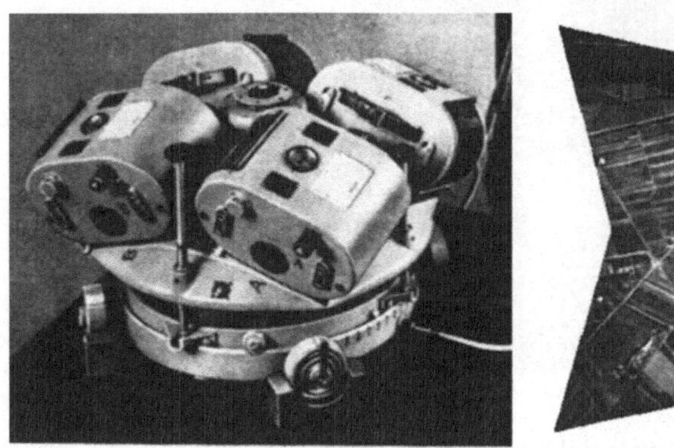

Abb. 7: Dual Modular Camera (DMC)

analoge Aufnahmen mit Hilfe photogrammetrischer Scanner digitalisiert. Dieser Schritt ist mit den neuesten digitalen photogrammetrischen Aufnahmesystemen unnötig geworden. Beispiele dafür sind zum einen CCD-Zeilenkameras von Leica, die mit drei panchromatischen und vier multispektralen CCD-Zeilen durch ein Linsensystem den Boden abtasten [12] (Abb. 8, links), und zum anderen Matrixsensorkameras (Abb. 8, rechts), die häufig das oben beschriebene Prinzip der Kombination mehrerer Kameras verwenden. Hier werden beispielsweise vier hochauflösende panchromatische Sensoren mit vier niedriger aufgelösten RGB & NIR Sensoren kombiniert.

6 Photogrammetrie

Die Geschichte der Photogrammetrie ist ebenso wie die der Fotografie geprägt von zahlreichen besonders in den letzten beiden Jahrhunderten gemachten Entwicklungen und Erfindungen.

Abb. 8: ADS40 von Leica (links), DMC2001 von Z/I (rechts) [12]

Das Wort Photogrammetrie leitet sich aus den griechischen Wörtern *photos* („Licht"), *gramma* („etwas Gezeichnetes") und *metron* („messen") ab. Die etwas holprige Übersetzung würde also „gezeichnetes Licht messen" lauten. Eine aktuellere Definition von Photogrammetrie findet man beispielsweise in [5]

„Photogrammetrie befasst sich mit der Gewinnung und Verarbeitung von Informationen über Objekte und Vorgänge mittels Bildern, schwerpunktmäßig mit Bestimmung der Form, Größe und Lage von Objekten im Raum, vorzugsweise mittels photographischer Bilder als Informationsspeicher. Die Bilder werden durch photogrammetrische Aufnahmen gewonnen und durch photogrammetrische Auswertung verarbeitet. Werden digitale Bilder verwendet, so wird von digitaler Photogrammetrie gesprochen. Als Luftbildphotogrammetrie mit Luftbildern, die in einigen Kilometern Höhe aufgenommen sind, als terrestrische Photogrammetrie mit Bildern, die auf dem Erdboden aufgenommen sind. Photogrammetrie nutzt in der Regel das Stereoprinzip, d.h. sich um bestimmte Bereiche überlappende Bilder desselben Objektes können dreidimensional ausgewertet werden."

Eine andere Definition findet man bei der *American Society for Photogrammetry and Remote Sensing* (ASPRS):

„Photogrammetry is the art, science, and technology of obtaining reliable information about physical objects and the environment through the processes of recording, measuring, and interpreting photographic images and patterns of electromagnetic radiant energy and other phenomena." [13]

Zunächst war die Entwicklung der Photogrammetrie – wie so viele andere auch – militärisch forciert. Auch wenn TOURNACHON mit seiner ersten Luftbildaufnahme keineswegs militärisch Absichten hatte, so wurde er 1859 vom damaligen französischen Herrscher CHARLES LOUIS NAPOLÉON BONAPARTE (1808–1873) – besser bekannt als NAPOLEON III. – gezwungen, verschiedene Aufnahmen zur Vorbereitung für die *Schlacht von Solferino* (Norditalien) zu machen. Die Erkenntnis des militärischen Nutzens der Photogrammetrie, der zunächst lediglich aus subjektiver Beurteilung der Aufnahmen statt aus präziser Messung bestand, gab ihr den entscheidenden Auftrieb.

Den Anfang in der Geschichte der Photogrammetrie machte AIMÉ LAUSSEDAT (1819–1907). Er war der erste, der topographische Karten mit Hilfe von terrestrischen Fotoaufnahmen realisierte. Er experimentierte schließlich auch mit „Luftbildaufnahmen", die nach NADAR vom Ballon aus aufgenommen wurden. Jedoch gab er dies schnell wieder auf, da es für seine Idee – Paris zu kartographieren – recht schwierig war, genügend viele Bilder für eine flächendeckende Karte zu realisieren.

MEYDENBAUER brachte als erstes den Begriff *Photogrammetrie* in Zusammenhang mit der Bildaufnahme von Gebäuden.

In der Photogrammetrie ist fast immer von mehreren Bildern die Rede. Durch die Aufbruchstimmung und der Vielzahl an parallel laufenden Entwicklungen zum Beginn des 20. Jahrhunderts ist es mitunter schwierig, bestimmte photogrammetrische Techniken bestimmten Erfindern bzw. Entdeckern zuzuordnen. Bedeutende Erfindungen sind zum Beispiel das *Photogoniometer* (PAULO IGNAZIO PIETRO PORRO, 1881–1875), mit dem es möglich wurde, Verzeichnungen optischer Linsensystemen zu minimieren. Da das selbe Prinzip zeitgleich und unabhängig sowohl von ihm als auch von CARL KOPPE (1884–1910) entdeckt wurde, spricht man heute im Allgemeinen vom *Porro-Koppe-Prinzip*.

Ende des 19. Jahrhunderts entdeckte FRANZ STOLZE (1836–1910) das Prinzip der *wandernden Marke* – heute unter dem Begriff der *Messmarke* bekannt. 1901 ermöglichte der von CARL PULFRICH (1858–1929) entwickelte *Stereokomparator* erstmalig die direkte Messung von dreidimensionalen Punktkoordinaten mit Hilfe der *Stolze-Messmarke*. Interessant hierbei ist, dass PULFRICH auf dem linken Auge blind war. Auch hier gab es parallel dazu in Südafrika eine ähnliche Entwicklung von HENRY GEORGE FOURCADE (1865–1948).

OTTO VON GRUBER (1884–1942) ist die Herleitung und Ableitung der Projektionsgleichungen zuzuschreiben, die für photogrammetrische Anwendungen auch heute noch unerlässlich sind.

Diese Grundlagen ermöglichten Anfang des 20. Jahrhunderts einen wahren Aufschwung der Entwicklung von Stereoauswertegeräten (Stereoplotter). Eine weitere besonders für die Luftbildphotogrammetrie wichtige Entwicklung des frühen 20. Jahrhunderts war die Luftfahrt. Schon durch die ersten Flugzeuge war es möglich, große und flächendeckende Mengen an Luftbildern zu erhalten, die eine ebenso flächendeckende Kartierung der gewünschten Gebiete ermöglichte.

Die folgenden Jahrzehnte waren vor allem der Verbesserung der vorhandenen Verfahren verschrieben. Ein weiterer entscheidender Schritt der klassischen Photogrammetrie war in der zweiten Hälfte des 20. Jahrhunderts die Digitalisierung der Rechentechnik und der Luftbilder – zunächst durch photogrammetrische Scanner zum Scannen von Luftbildern und schließlich durch digitale Luftbildkameras.

In den letzten Jahren hat sich die Photogrammetrie als Spezialwissenschaft insbesondere auch in Verbindung mit Bildverarbeitung, Computer Vision sowie Geoinformationssysteme und Fernerkundung in viele Richtungen geöffnet. Automatisierte Verfahren ersetzten die zum Teil mühsame Handarbeit. So erfolgt die Punktzuordnung in einem Stereobildpaar mit automatischen Punktzuordnungsverfahren, die statt weniger (aber gut gewählter) Punkte bis zu Millionen von Korrespondenzen berechnen. In diesem Rahmen spricht FRITZ ACKERMANN von einem Paradigmensprung [1].

Inzwischen gibt es Produkte, die in einfacher Art und Weise die Ableitung von dreidimensionalen Objekten aus wenigen Bildaufnahmen ermöglichen. Damit ist ein Schritt getan, um Computer Vision und Photogrammetrie auch außerhalb des kommerziellen Bereichs für viele nichtprofessionelle Anwendungen verfügbar zu machen. Einfach zu bedienende Softwareprodukte erauben die 3D-Rekonstruktion und Texturierung unserer umgebenden Welt (zum Beispiel *PhotoModeler* [8]). So zeigt Abb. 9 ein 3D-Modell (VRML) des Geographischen Institutes der Humboldt-Universität zu Berlin.

Abb. 9: 3D-Modell des Geographischen Instituts (HU-Berlin)

Literaturverzeichnis

1. F. Ackermann *Digitale Photogrammetrie – Ein Paradigmensprung.* Zeitschrift für Photogrammetrie und Fernerkundung (ZPF), 1995, 3:106ff
2. W. Armbruster *Brücken der Erinnerung – Gedanken zum 75. Todestag meines Urgroßvaters Abrecht Meydenbauer.* Architekturphotogrammetrie, gestern – heute – morgen, 1997, 1:15ff
3. Scriba, Schreiber *5000 Jahre Geometrie.* Springer-Verlag, 2. Auflage 2005, S. 286, auch in: R. Bulirsch *Virtuelle Welten aus dem Rechner – Symbiose von Wissenschaft und Kunst.* http://www-m2.ma.tum.de/Veroeffentlichungen/ VirtuelleWelten/ Festvortrag anläßlich der Jahresversammlung der Deutschen Forschungsgemeinschaft am 17. Juni 1998 in Bonn

4. J.M. Eder *Geschichte der Photographie.* Kapitel Drei: „Zur Geschichte der Camera obscura", Verlag von Wilhelm Knapp, Halle a. S, 1905

5. GEODÄSIE/GEOINFORMATIK, U. R. *Definition Photogrammetrie.* http://www.geoinformatik.uni-rostock.de/einzel.asp?ID=1342, Januar 2001

6. O. v. Gruber *Ferienkurs ind Photogrammetrie.* Verlag von Konrad Wittwer, 1930

7. K. Kraus *Photogrammetrie.* 1. Band, Dümmler Verlag, Bonn, 1994

8. P. Modeler *Real World Expampels.* http://www.photomodeler.com/pmpro09.html, April 2005, Modeling and Measuring in our World

9. D. of Photographic History *Die Mammut Kamera von George R. Lawrence.* National Museum of American History, Smithsonian Institution

10. P. Prodger *Muybridge: Time Stands Still.* http://www.case.edu/artsci/sportsmed/muybridge.htm Case Western Reserve University, Sports Medicine

11. O. Selfridge *Pattern Recognition and Modern Computers.* WJCC55, 1955, 1:91–93

12. U. Tempelmann, A. Börner, B. Chaplin, L. Hinsken, B. Mykhalevych, S. Miller, U. Recke, R. Reulke, R. a. Uebbing *Photogrammetric software for the LH Systems ADS40 Airborne Digital Sensors.* in: ISPRS (Hrsg.) ISPRS 2000, Bd. XXXIII, Amsterdam, 2000, S. 560ff

13. M.M. Thompson *Foundations of Photogrammetry.* Manual of Photogrammetrie, 1980, 4:1

Softwarequalität – Geschichte und Trends

Bernd-Holger Schlingloff

Humboldt-Universität zu Berlin und
Fraunhofer Institut für Rechnerarchitektur und Softwaretechnik FIRST, Berlin
hs@informatik.hu-berlin.de

Zusammenfassung. Kaum eine andere Wissenschaft hat solch einen massiven Einfluss auf den Alltag wie die Informatik. Unsere Umwelt ist von Informatiksystemen geprägt, und wir verlassen uns in zunehmendem Maße auf die korrekte Funktionsweise der zu Grunde liegenden Software. Andererseits sind die täglichen Nachrichten voll von Berichten über Probleme, die durch fehlerhafte Software verursacht wurden – vom lästigen „schweren Ausnahmefehler" in einem Textverarbeitungsprogramm bis hin zum millionenschweren Versagen einer Satellitensteuerung. In diesem Beitrag soll gezeigt werden, dass die Suche nach geeigneten Verfahren zur Sicherung der Softwarequalität seit Beginn der Informatik ein inhärenter Bestandteil der Forschung ist. Bereits bei den ersten Computern war die Programmierung ein kritischer Aspekt, und hundertprozentig korrekte Programme sind seit je eher die Ausnahme als die Regel. Andererseits wurde in den vergangenen fünfzig Jahren eine Reihe von Methoden zur Spezifikation, Verifikation und zum Test von Software entwickelt, mit denen sich beachtliche Qualitätssteigerungen erzielen lassen. In diesem Beitrag schildern wir einige historische Wurzeln und aktuelle Entwicklungen auf dem Gebiet der Qualitätssicherung von Software.

1 Softwarefehler

Was ist eigentlich ein „Softwarefehler"? Historisch gesehen lässt sich dieser Begriff nicht leicht eingrenzen. Typisch ist in diesem Zusammenhang die Anekdote des „ersten Bugs der Computergeschichte" im Harvard University Mark II Aiken Relay Calculator. Dieser „Bug" ist eine kleine Motte, die sich im Sept. 1945 in einem der Relais verfangen hatte und das Schalten blockiert hatte (also ein „Hardwarefehler"). Zu Dokumentationszwecken wurde sie dann mit Klebstreifen im Logbuch des Computers festgeklebt; die entsprechende Seite befindet sich jetzt im Smithsonian Museum (siehe Abb. 1).

Der Eintrag wird der verantwortlichen Mathematikerin Grace Murray Hopper zugerechnet, stammt aber vermutlich vom diensthabenden Operateur, der den Fehler gesucht und gefunden hat. Bemerkenswert ist, dass der Eintrag vom „first actual case of a bug being found" spricht, d.h. dass das Wort „bug" schon

vorher als Bezeichnung für ein Fehlverhalten der Maschine gebräuchlich war.
(Vermutlich lässt es sich auf die Nebengeräusche in Telegraphen und frühen
Funkgeräten zurückführen.) Den Zeiteinträgen im Logbuch lässt sich entnehmen, dass das „Debugging" dieses Fehlers über fünf Stunden gedauert hat.
Die Schwierigkeit lag dabei sicherlich in erster Linie am komplexen Aufbau
der Hardware, die mit entsprechenden Softwaretests geprüft wurde „Relais
6-2 in 033 failed special speed test".

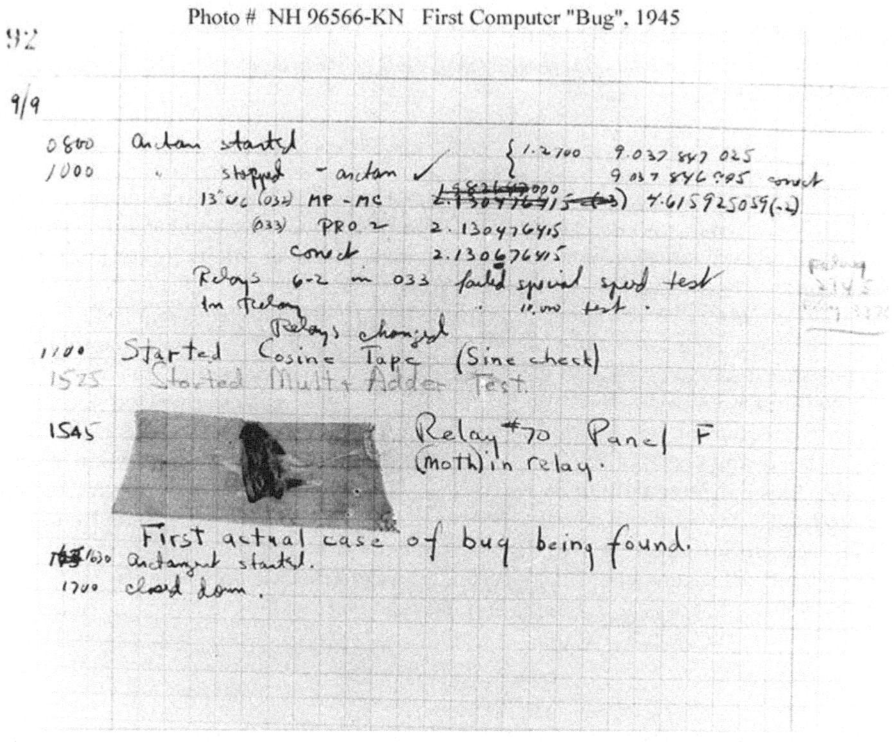

Abb. 1: Der „erste Computerfehler" 1945 [1]

Auch in der Folge fiel die Unterscheidung zwischen Hard- und Softwarefeh-
lern nicht immer leicht. Die Programmierung der ENIAC „Electronical Numerical Integrator and Computer" [2,3], einer der ersten elektronischen digitalen
Universalrechner 1945) erforderte beispielsweise die mechanische Einstellung
von Schaltern und die Verbindung von bestimmten Registern mit Kabeln vor
Start eines Programms (siehe Abb. 2). Ein Auszug aus dem Bedienungshand-
buch schreibt vor: „Set Accumulator 8 to clear by removing all cables from it.
Set Accumulator 7 to take care of the dummy program. (a) Attach Program
Line 1–3 to program input terminal 5i. (b) Set the Repeat Switch for Pro-
gram Control 5 to 1. ..." Nach unserem heutigen Verständnis ist nicht klar,

ob eine fehlerhafte Verkabelung als Software- oder Hardwarefehler anzusehen wäre. John von Neumann schlug 1947 eine veränderte Art der Programmierung vor, bei der eine zentrale Schalttabelle zur Eingabe von Programmen das Umstecken von Kabeln ersetzte [4]. Dadurch wurde es möglich, in wesentlich kürzerer Zeit erheblich größere Programme zu erstellen, auszuführen und zu testen als vorher. Ein weitaus überwiegender Teil der Fehler im ENIAC ist jedoch zweifelsfrei auf Ausfälle einzelner der mehr als siebzehntausend Elektronenröhren zurückzuführen. Jeder einzelne Ausfall konnte dazu führen, dass die (numerischen) Ergebnisse fehlerhaft waren, und wie beim Mark II wurden Diagnoseprogramme eingesetzt, um defekte Röhren zu lokalisieren.

Abb. 2: Programmierung der ENIAC 1947 [2]

Ausfälle der Vakuumröhren können als stochastisch unabhängige Ereignisse betrachtet werden, während Programmier- oder Verkabelungsprobleme die Struktur des Informatiksystems betreffen. Anstatt einer Klassifizierung von Fehlern als Soft- oder Hardwarefehler ist es daher oft angemessener, von systematischen Irrtümern (engl.: „systematic errors") und stochastischen Störungen (engl.: „random faults") zu sprechen.

Selbst diese Unterscheidung in systematische und stochastische Fehler ist jedoch nicht immer einfach. Dies zeigt ein Beispiel aus den 1970er Jahren, als zur Programmierung von Rechenanlagen Lochstreifen, Strichkarten oder Lochkarten verwendet wurden. Auch hier war nicht immer klar, ob ein ungewolltes Systemverhalten auf physikalische Lesefehler oder logische Irrtümer zurückzuführen war. Bei einem der ersten Computer, mit dem der Autor dieses Artikels als Schüler Kontakt hatte (einem Tischcomputer der Firma IBM aus dem Jahr 1975) wurde das Programm beispielsweise dadurch eingegeben, dass die auszuführenden Befehle der Reihe nach mit einem Bleistift auf einer Strichkarte markiert wurden. Ein schlecht ausradierter Bleistiftstrich, Graphitstaub oder einfach nur Farbunterschiede auf der Karte konnten dabei zu syntaktisch oder semantisch fehlerhaften Programmen führen. Zudem wurden Register oder Speicher bei der Initialisierung manchmal nicht richtig zurückgesetzt. Wenn also ein Programm nicht das tat, was man erwartet hatte, konnte das verschiedene Ursachen haben:

– Unvollständige oder fehlerhafte Initialisierung der Register,
– Lese- oder Eingabefehler von Programm oder Daten, oder
– Denkfehler bei der Umsetzung des Algorithmus in Befehlsfolgen.

Das „Debugging" erfolgte dann auch in diesen drei Stufen: Falls ein Programm nicht das tat, was man von ihm erwartete, führte man es zunächst ein paar Mal hintereinander aus, um festzustellen, ob der Fehler deterministisch und reproduzierbar war. Dann verglich man den internen Programmspeicher Byte für Byte mit dem auf den Strichkarten markierten Programmtext. Wenn auch hier alles in Ordnung war, musste der Fehler in der Programmlogik gesucht werden.

Dass diese Probleme bis heute noch nicht abschließend gelöst sind, zeigen die Schwierigkeiten mit der maschinellen Auswertung von Stimmzetteln, bei denen der „Wählerwille" für eine Maschine ungleich schwieriger zu erfassen ist als für einen Menschen. Bei den US-Präsidentschaftswahlen 2000, in denen wenige hundert Stimmen den Ausschlag gaben, waren tausende Stanz-Stimmzettel von den Automaten wegen Knicken, hängenden Stanzresten und uneindeutigen Stanzungen nicht gezählt worden. Auch die mit Sensor-Bildschirmen aufgebauten Stimmenzählgeräte wiesen erhebliche Softwareprobleme auf. Aus juristischen Gründen wurde allerdings auf eine manuelle Nachzählung verzichtet.

Die hier unterstellte informelle Definition des Begriffs „Fehler" als „Abweichung des tatsächlichen vom intendierten Verhalten" ist immanent problematisch, da sich Intentionen personell und extensional schwer fassen lassen. Wer verfolgt bei softwarebasierten Systemen welche Absichten? Ist ein für den Benutzer unerwartetes Programmverhalten vom Hersteller beabsichtigt, oder ist es ein Programmierfehler? Bei manchen Produkten kann man hier nur raten. Ein besonders treffendes Beispiel gibt hier der Computerpionier Alan Turing, als er 1950 in seinem berühmten Artikel „Computing Machinery and Intelligence" [5] das „Imitation Game" beschreibt, welches ein Kriterium für intelligentes Verhalten liefert. Wenn die Antworten einer Maschine auf beliebige Fragen von denen eines Menschen nicht mehr unterscheidbar sind, können wir der Maschine Intelligenz zubilligen. Als Beispiel lässt Turing den menschlichen Interviewer fragen: „Add 34957 to 70764." Die (zu jener Zeit hypothetische) Maschine versucht, sich wie ein Mensch zu verhalten, und antwortet nach einer Pause von 30 Sekunden: „105621". Ist dies ein Fehler oder nicht? Turing ergänzt: „I believe that in about fifty years' time it will be possible to program computers, with a storage capacity of about 10^9, to make them play the imitation game so well that an average interrogator will not have more than 70 percent chance of making the right identification after five minutes of questioning." Ein PC des Jahres 2000 hatte etwa 100 MB RAM (ca. 10^9 Speicherbit), und es ist heute selbstverständlich, von intelligenten autonomen Softwareagenten zu reden. Wenn wir also akzeptieren, dass Maschinen eigene Absichten verfolgen, ist offenbar eine andere Definition des Begriffs „Fehler" erforderlich.

Nach DIN 55350-11 bzw. ISO 8402 ist Qualität die „Gesamtheit von Merkmalen (und Merkmalswerten) einer Einheit bezüglich ihrer Eignung, festgelegte und vorausgesetzte Erfordernisse zu erfüllen". Qualität ist also immer nur relativ zu einer Menge von festgelegten Anforderungen zu verstehen. Für Informatiksysteme unterscheidet man dabei heute zwischen nichtfunktionalen Anforderungen wie Effizienz, Ergonomie, Wartbarkeit usw., und funktionalen Anforderungen, die die Korrektheit der Software spezifizieren. Ein Softwarefehler ist dann immer eine durch die Software verursachte Nichtübereinstimmung des Verhaltens eines Informatiksystems mit den spezifizierten funktionalen Anforderungen. Es ist dabei heute üblich, zwischen Fehlerursache (Irrtum oder Störung), Fehlerzustand (Defekt) und Fehlerauswirkung (Ausfall oder Versagen) zu unterscheiden. Die Fehlerursache ist der außerhalb des betrachteten Systems liegende Grund für den Fehler im System, welcher kausal zu den nach außen sichtbaren Folgen führt. In einem hierarchisch oder sequentiell strukturierten System kann der Ausfall oder das Versagen einer Komponente Ursache für Folgefehler in einer nachgeschalteten Komponente sein. Während stochastische Fehler meist durch Störungen im Betrieb verursacht werden, sind Softwarefehler immer systematischer Natur und lassen sich auf Irrtümer bei der Konstruktion der Software zurückführen.

2 Die immerwährende Softwarekrise

Im Laufe der Entwicklung der Computer konnte die Wahrscheinlichkeit stochastischer Fehler durch verbesserte Ingenieurtechniken immer weiter reduziert werden. Probleme mit dem Aufbau der Hardware wurden dadurch gelöst, dass auf betriebsbewährte Bauteile und Architekturen zurückgegriffen wurde. Dem gegenüber ergaben sich in den 1960er Jahren mehr und mehr Probleme mit der Software. Auf einer NATO-Tagung 1968 in Garmisch wurde der Begriff „Softwarekrise" geprägt für das Phänomen, dass etliche Projekte auf Grund mangelhafter Software scheiterten, und die Kosten der Erstellung und Korrektur der Software die Hardwarekosten immer mehr überstiegen [6]. Edsger Dijkstra schreibt in seinem Turing-Award Beitrag 1972: „The major cause [of the software crisis] is that the machines have become several orders of magnitude more powerful! To put it quite bluntly: as long as there were no machines, programming was no problem at all; when we had a few weak computers, programming became a mild problem, and now we have gigantic computers, programming has become an equally gigantic problem. In this sense the electronic industry has not solved a single problem, it has only created them..." [7].

Als Antwort auf die Softwarekrise wurde für die Konstruktion von Software ein ähnliches ingenieurmäßiges Vorgehen wie für die Hardware gefordert („Software Engineering"). Die Hoffnung war dabei die, dass sich auch für die Erstellung von Software ein Grundstock an Vorgehensweisen herausarbeiten lässt, der als Basiswissen in der Softwaretechnik unterrichtet wird und dessen konsequente Anwendung eine gewisse Qualität der Ergebnisse garantiert. Obwohl diese Disziplin nun schon fast vierzig Jahre existiert, gibt es immer noch keinen Konsens darüber, welches „die beste" Vorgehensweise ist. Beispielsweise hat sich nicht einmal für die Einführungsvorlesungen im ersten Semester des Informatikstudiums eine einheitliche Programmiersprache oder Methodik an den deutschen Universitäten durchsetzten können (vgl. dazu den Beitrag von Klaus Bothe in diesem Band). Obwohl immer noch viele Leute nach solch einer „optimalen Methode" suchen, spricht einiges dafür, dass dieses Ziel nicht erreichbar ist. Dafür gibt es verschiedene Gründe:

- „Moore's Law" besagt, dass sich die räumlichen und zeitlichen Möglichkeiten, die die Software nutzen kann, alle 18 Monate verdoppeln. Die Erfahrung zeigt, dass diese Möglichkeiten, sobald sie zur Verfügung stehen, von den Software-Entwicklern auch genutzt werden. Eine Technologie, die für Programme einer bestimmten Größenordnung gut geeignet ist, muss nicht notwendigerweise auch für doppelt so große Programme angemessen sein; meist ist dies eben nicht der Fall.
- In ähnlicher Weise ersetzen Computer immer mehr hergebrachte Technologien und eröffnen neue Anwendungsfelder. In demselben Maße, wie die Softwaretechnik ihren Anwendungsbereich erweitert, werden neue Technologien dafür gebraucht. Beispielsweise sind Programmiermethoden für Internet-E-Commerce-Applikationen nicht notwendigerweise auch gut geeignet, um Verbrennungsmotorsteuerungen zu entwickeln.
- Kommerzielle und organisatorische Randbedingungen erfordern die Modularisierung und Wiederverwendung von Software. Jede neue Technologie baut auf einem Berg an darunter liegenden Schichten auf, deren Einfluss nicht vollständig analysierbar ist. Anders als in anderen Ingenieurdisziplinen gibt es keine einheitliche Technologie, um damit umzugehen. In einem Softwaresystem gibt es immer versteckte Abhängigkeiten, die sich nicht mit Standardmethoden behandeln lassen. Beispielsweise schätzt man, dass Windows 3.1 etwa 3 Millionen, Windows 95 cirka 15 Millionen, Windows ME rund 30 Millionen und Windows XP 40 bis 45 Millionen Quellzeilen enthält. Alle diese Produkte bauen aufeinander auf, die Abhängigkeiten sind von einer einzelnen Person nicht mehr durchschaubar.

Wie wir gesehen haben, war „der erste Computerbug" eher ein stochastischer als ein systematischer Fehler. Die genannten Schwierigkeiten bei der Konstruktion von Software führten jedoch dazu, dass die Anzahl der durch fehlerhafte Software verursachten Ausfälle in der Geschichte der Informatik immer mehr zunahm. Einige dieser Ausfälle hatten besonders spektakuläre Konsequenzen und wurden in der Öffentlichkeit intensiv diskutiert. Hier ist eine „Hitliste" berüchtigter Computerfehler, in chronologischer Reihenfolge.

- Erste Mondlandung – 21.7.1969
  Während des Landeanflugs kam es wegen eines flimmernden Sensors zu einer Überlastung der Software des Bordcomputer; Neil Armstrong schaltete die automatische Steuerung aus und landete die Raumfähre „von Hand". Durch die somit doch noch erfolgreiche Mission wurde in der Folge eine Reihe von Technologien und Standards der Softwarequalität begründet.
- Therac-25 Bestrahlungsgerät – 1985/86
  Wegen einer missverständlichen Benutzungsschnittstelle und weiterer Softwarefehler wurde von der elektronischen Steuereinheit die Strahlungsenergie bei der Behandlung falsch eingestellt, so dass mehrere Patienten eine Überdosis erhielten und mindestens vier unmittelbar starben. Auf Grund mangelhafter Informationspolitik wurde der Fehler erst sehr spät korrigiert. Durch diese Unfälle wurde die Sicherheit von Software erstmals öffentlich breit thematisiert.
- AT&T-Ferngesprächsnetz – 15.1.1990
  Eine Fehlfunktion der neu eingespielten Softwareupdates in einer Schaltzentrale in Manhattan führte zu einer Kettenreaktion, bei der das gesamte Vermittlungsnetz der Ostküste lahm gelegt wurde. Neun Stunden lang konnten mindestens 70 Millionen Ferngespräche nicht vermittelt werden, mit erheblichen volkswirtschaftlichen Schäden. Der Fall brachte vielen Menschen in den USA die Abhängigkeit der öffentlichen Ordnung vom korrekten Funktionieren der Software ins Bewusstsein.
- Patriot-Luftabwehrrakete – 25.2.1991
  Wegen eines sich über mehrere Tage akkumulierenden Rundungsfehlers in der Uhrzeitberechnung der Luftabwehrrakete verfehlte diese eine angreifende Scud-Rakete, und 28 Soldaten aus Pennsylvania wurden getötet. Der Fehler schockierte die amerikanische Öffentlichkeit, verstärkte aber paradoxerweise den Glauben in die Effizienz der High-Tech-Kriegsführung.
- Pentium-Bug – 19.10.1994
  Ein fehlerhafter Divisionsalgorithmus in der Fließkommaarithmetik des gerade neu eingeführten Prozessors führte zur ersten groß angelegten Prozessor-Rückruf- und Austauschaktion der Informatikgeschichte. Während sich die Bevölkerung an „schwere Ausnahmefehler" in PC-Betriebssystemen und Anwendungsprogrammen inzwischen weitgehend gewöhnt hatte, galten „Hardwarefehler" als weitgehend ausgemerzt. Der Prozessorhersteller erklärte, dass sich solche systematischen Fehler im Hardware-

Entwurf trotz intensiver Tests nie ganz vermeiden ließen, und schätzte, dass weitere 80–100 Fehler im Design enthalten sind.

– König der Löwen Computerspiel – 24.12.1994
Ein neu ausgeliefertes Computerspiel der Disney Interactive Studios ließ sich wegen unzureichender Konfigurationstests auf vielen PCs nicht installieren. Dieser und der vorherige Pentium-Bug machten die Problematik der unbeherrschten Komplexität alltäglicher Computersysteme einer breiten Bevölkerung bewusst.

– Stellwerk Hamburg Altona – 24.3.1995
Bei der Inbetriebnahme des neuen elektronischen Stellwerks im Bahnhof Altona kam es zu ständig wiederholten Sicherheitsabschaltungen. Ursache war ein zu klein dimensionierter Speicherbereich. Der gesamte Bahnhof musste einen Tag lang für den Personenverkehr gesperrt werden. Daraufhin begann die Diskussion über die Abhängigkeit der öffentlichen Dienste von Software auch in Deutschland.

– Ariane 5 Jungfernflug – 4.6.1996
Wegen eines Überlaufs bei einer Zahlkonvertierung im Lageregelungsmodul geriet die europäische Rakete kurz nach dem Start in eine Schräglage und musste gesprengt werden. Der Start wurde im Nachhinein als „Testflug“ bezeichnet, zur Erprobung des Systems.

– Berliner Feuerwehr – 31.12.1999
In Erwartung der angekündigten „Jahr-2000-Bugs“ werden bei der Berliner Feuerwehr harmlose Protokollmeldungen als Ausfälle interpretiert. Durch mehrstufige chaotische Rückfallprozeduren bricht schließlich die gesamte Kommunikation zwischen Einsatzleitstelle und Löschfahrzeugen zusammen, so dass diese „auf Verdacht“ durch die Stadt fahren und nach Bränden suchen. Software wird in Deutschland inzwischen eher als potentielles Problem denn als Lösung von Problemen angesehen.

– Walgreen – 22.12.2004
Walgreen Co., die größte Drogeriemarktkette der USA, belastete zwei Tage lang das Kreditkartenkonto von über 4 Millionen Kunden bei Weihnachtseinkäufen mehrfach, „weil das elektronische Bezahlsystem überlastet war“. Die meisten Kunden reagierten gelassen.

– Hartz Arbeitslosengeld – 1.1.2005
Die Auszahlungen von Arbeitslosengeld wurden fehlgeleitet, weil kurze Kontonummern durch Anfügen (statt Voranstellen) von Nullen ergänzt wurden. Die öffentliche Diskussion betraf aber eher die zugrunde liegenden Sozialreformen als die durch den Fehler verursachten Schäden.

– Toll Collect – Januar 2005
Bei der Einführung des deutschen Autobahnmautsystems kam es zu etlichen Pannen, die Inbetriebnahme musste mehrfach verschoben werden. In der Öffentlichkeit wurde dies zwar als blamabel empfunden, insgeheim herrscht jedoch eine gewisse Freude über den Aufschub der zusätzlichen Steuer.

Diese Liste könnte sicherlich beliebig erweitert werden; hier hat fast jeder individuelle Erfahrungen beizusteuern. Die Beispiele zeigen, dass Softwarefehler in der Bevölkerung lange Zeit als Spezialproblem einiger technischer Disziplinen betrachtet wurde. Durch einige spektakuläre Ausfälle kam es dann fast zu einer regelrechten Hysterie, während sich heute die Ansicht zu verbreiten scheint, dass es unmöglich sei, hundertprozentig korrekte Software zu entwickeln, und man daher gewisse Restrisiken akzeptieren muss.

Das am häufigsten gebrauchte Argument, um diese These zu unterstützen, ist, dass es auf Grund der hohen Komplexität unmöglich ist, sämtliche Abläufe eines größeren Programms zu testen. Obwohl dies zweifelsfrei richtig ist, stellt es noch keinen Beweis dar, dass Software notwendigerweise fehlerhaft sein muss. Bereits seit dem Beginn der Informatik gibt es den Versuch, nachweisbar korrekte Programme mit formalen Methoden zu entwickeln.

3 Formale Methoden

Ein Fehler ist, wie oben dargestellt, immer eine Abweichung des tatsächlichen Verhaltens eines Systems vom spezifizierten Sollverhalten. Anhand einer guten Spezifikation lässt sich demnach ein detaillierter Vergleich zwischen Soll- und Ist-Zustand vornehmen. Es erhebt sich die Frage, wie eine solche Spezifikation dargestellt werden kann. Die natürliche Sprache (deutsch oder englisch) ist zwar sehr flexibel und kann die verschiedensten Sachverhalte und Tätigkeiten gut beschreiben, von der täglichen Einkaufsliste bis hin zu Handlungsstrategien für Weltkonzerne. Andererseits enthalten natürlichsprachige Sätze immer gewisse Zweideutigkeiten und Vagheiten. Sätze wie „sie nahm die Jacke mit den Handschuhen" oder „investieren Sie in Firmen mit Aktien" können durchaus auf verschiedene Arten gedeutet werden. Andere Beispiele sind

– Ein Ausbau der Hauptplatine ist erforderlich.
– Ich denke über die Aufgabe meines Jobs nach.
– Diese Partei geht mit der Zeit.

Ein Beispiel aus dem Softwarebereich ist die Spezifikation

> Alle 30 Sekunden sollen die Werte der Sensoren abgelesen werden; wenn die Standardabweichung 0,25 überschreitet, soll die Normalisierungsprozedur ausgeführt werden, anschließend sollen die Werte an das Analysepaket weitergegeben werden.

(Der Fall ist einem realen Beispiel nachempfunden.) Beim Akzeptanztest der Implementierung ergaben sich falsche Werte. Es stellte sich heraus, dass der Auftraggeber gemeint hatte, alle Werte sollten (ggf. normalisiert) analysiert werden, während der Programmierer nur diejenigen Werte an das Analysepaket übermittelt hatte, deren Standardabweichung zu groß war.

Ein weiteres Problem mit natürlichsprachigen Spezifikationen ist die Unschärfe einiger sprachlicher Begriffe, etwa „klein" oder „wenig". Ist ein kleiner

Riese größer als ein großer Zwerg? Sind „wenige Ausnahmen" aller Stichproben mehr als „die meisten" Sonderfälle? Was bedeutet es, dass ein Signal „rechtzeitig" auf Halt gestellt wird? Zur Überprüfung, ob ein Programm gemäß seiner Spezifikation funktioniert, muss diese in einer eindeutigen Notation (Syntax) mit klarer Bedeutung (Semantik) formuliert sein. Wir sprechen von einer formalen Methode, wenn zusätzlich zur Spezifikationssprache ein Beweiskalkül oder Transformationsverfahren existiert, mit dem diese Übereinstimmung mathematisch exakt bewiesen werden kann.

In sicherheitskritischen Bereichen, z.B. bei Schienenverkehrs- und Luftfahrzeugen, ist es heute oft vorgeschrieben, dass Kernbestandteile der Software formal verifiziert werden. Dabei werden computerunterstützte interaktive oder automatische Beweisverfahren angewendet, mit denen die Korrektheit einer Implementierung bezüglich einer Spezifikation nachgewiesen wird. In der Geschichte der Informatik wurden sehr viele verschiedene formale Methoden entwickelt; ähnlich wie bei Programmiermethoden wurde und wird auch hier nach einer „Silberkugel" gesucht, mit der der „Werwolf der Softwarekomplexität" erlegt werden kann (Die Metapher stammt von dem Software-Management-Pionier Fred Brooks [8]). Aus denselben Gründen, weshalb es keine „beste Vorgehensweise" zur Softwareentwicklung gibt, existiert jedoch auch keine „beste Beweismethodik". In der Praxis hat man sich damit abgefunden, dass viele konkurrierende formale Methoden existieren und keine Methode für alle Anwendungen gleichermaßen geeignet ist. Für eine konkrete Aufgabenstellung verwendet man eine dem jeweiligen Anwendungsfall angemessene Methode, für die unterstützende Werkzeuge und entsprechendes Know-How vorhanden sind. Beispielsweise fordert die Cenelec EN50128 Norm zur Entwicklung sicherheitsrelevanter Software für Bahnanwendungen bei hochkritischen Softwareteilen die Anwendung formaler Methoden; dies wird folgendermaßen expliziert: „Several examples of formal methods are described in the following subsections. The formal methods described are CCS, CSP, HOL, LOTOS, OBJ, Temporal Logic, VDM and Z." Jede der hier aufgelisteten formalen Methoden hat eine lange Tradition, spezifische Stärken und einen (teilweise fast dogmatischen) Anhängerkreis.

Verfolgt man die Wurzeln dieser verschiedenen Formalismen für die Programmverifikation zurück, so stößt man wieder auf die Namen John von Neumann und Alan Turing. In dem schon erwähnten Artikel [4] über die ENIAC, erschienen 1947 bis 1949) beschreiben die Autoren die Programmierung (ballistischer Bahnberechnungen) als sechsstufigen Prozess:

- Konzeptualisierung des mathematischen und physikalischen Problems
- Wahl des numerischen Algorithmus
- Abschätzung der Rundungsfehler
- Skalierung der Variablen auf die verfügbare Bitbreite
- Beschreibung des Programmverhaltens als Ablaufplan
- Codierung, d.h. Umsetzung des Plans für die entsprechende Maschine

Diese Liste beschreibt eine auch heute noch gangbare Vorgehensweise bei der Entwicklung eingebetteter Algorithmen. Für den fünften Schritt wird erstmals die Verwendung von Flussdiagrammen als Programmierkonzept in der Informatik eingeführt (siehe Abb. 3); diese „formale Beschreibungstechnik" wird bis heute weithin verwendet und ist Bestandteil moderner Modellierungsformalismen wie der UML. In dem genannten Artikel werden aber keine Beweismethoden für diese Notation vorgeschlagen.

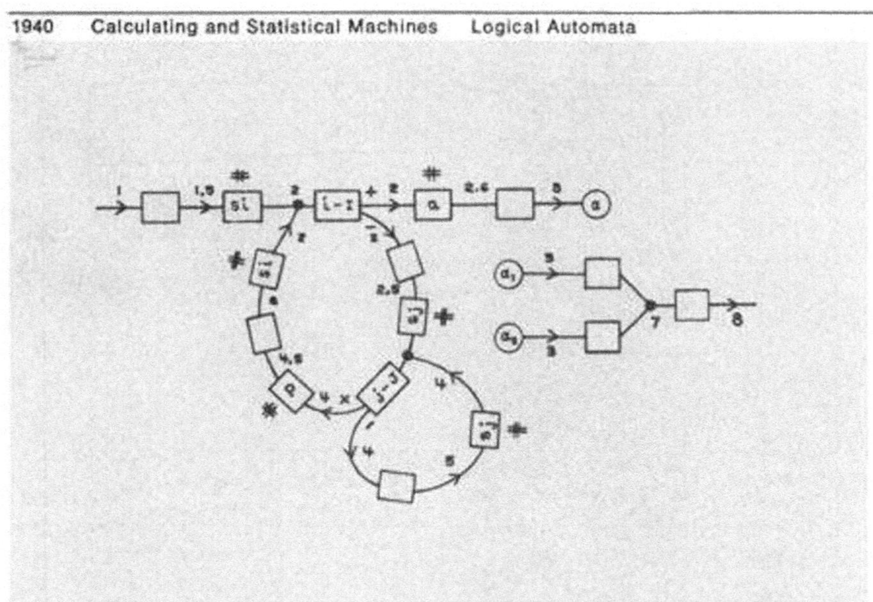

Abb. 3: Das erste Flussdiagramm 1949 (John von Neumann [4])

Dies geschieht 1949 erstmals in einem visionären drei-Seiten Papier von Alan Turing [9], welches wesentliche Erkenntnisse der folgenden 30 Jahre vorwegnimmt und leider lange Zeit unbeachtet blieb. Turing schreibt „How can one check a routine in the sense of making sure that it is right? In order that the man who checks may not have too difficult a task the programmer should make a number of definite assertions which can be checked individually, and from which the correctness of the whole programme easily follows." Diese Idee tauchte in späteren Arbeiten als „intermittent assertions" wieder auf. Der Artikel enthält den Beweis eines Programms zur Berechnung der Fakultätsfunktion, wobei die Multiplikation durch wiederholte Addition ausgeführt wird. (Auch heute noch ist dies ein Standardbeispiel in Einführungsvorlesungen!) Das entsprechende Flussdiagramm ist in Abb. 4 zu sehen.

Interessanterweise erscheint das Programm für uns fehlerhaft zu sein, da in der Vergleichsoperation (F) der nichtinkrementierte Wert von s gemeint

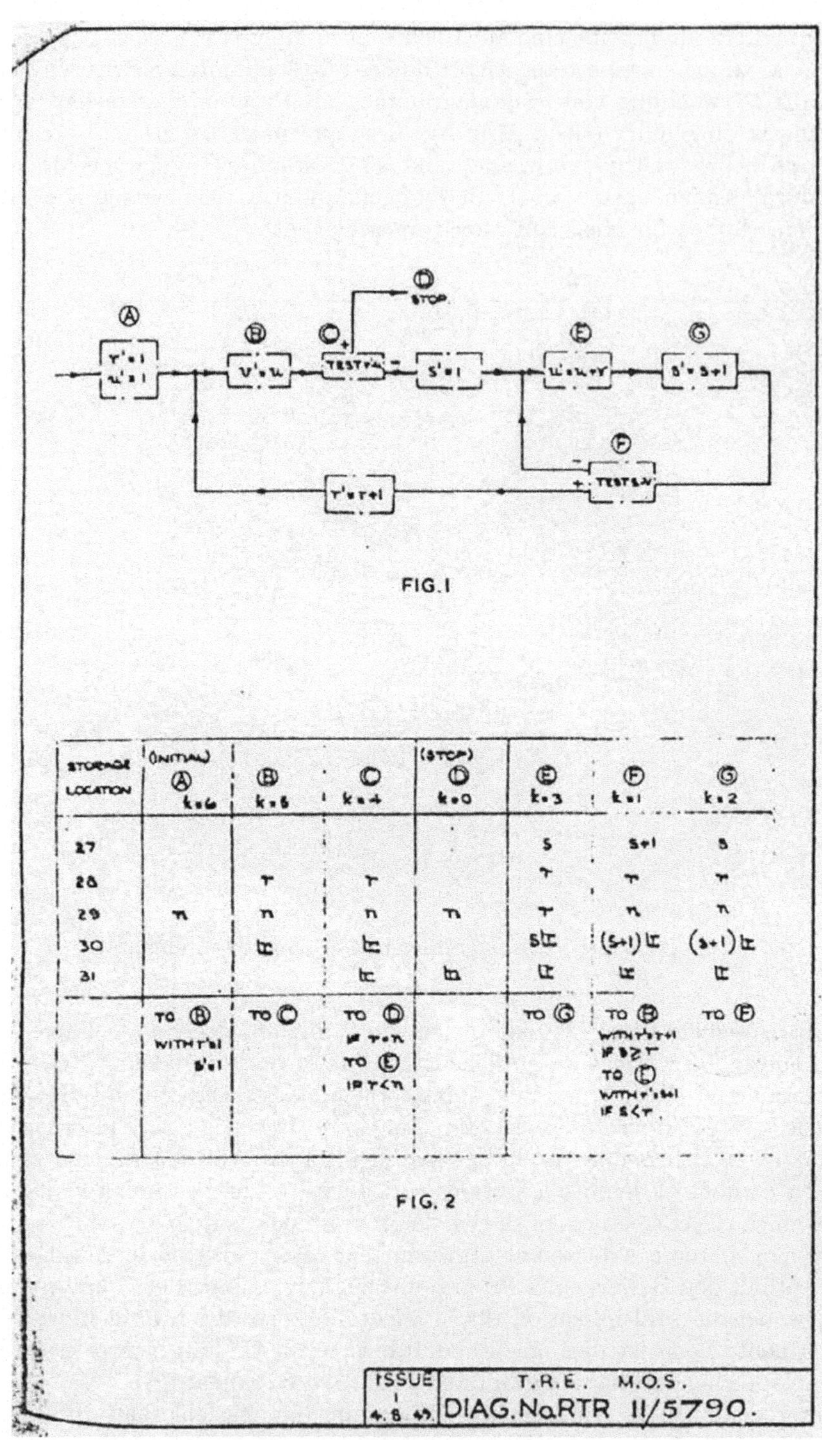

Abb. 4: Der erste Programmbeweis 1949 (Alan Turing [9])

ist, bei heutiger Lesart des Diagrams s aber bereits einen neuen Wert hätte. Turing selber schreibt dazu „Unfortunately there is no coding system sufficiently generally known to justify giving the routine for this process in full". Er führt aber die folgende Konvention ein:

(i) a dashed letter indicates the value at the end of the process represented by the box;

(ii) an undashed letter represents the initial value of a quantity.

Diese Konvention wird auch heute noch in einigen Spezifikationssprachen, z.B. TLA+ von Leslie Lamport [10] verwendet. Die partielle Korrektheit des Diagramms formuliert Turing wie folgt: „In this case the claim is that if we start with control in condition A and with n in line 29 we shall find a quantity in line 31 when the machine stops which is $n!$ (provided this is less than 2^{40}, but this condition has been ignored)." Er beschreibt dann, wie der Beweis dieser Aussage durch Überprüfung der einzelnen Invarianten erfolgen kann. Diese Ideen wurden in den 1960er Jahren in Arbeiten von Peter Naur [11] und Robert Floyd [12] wiederentdeckt. Tony Hoare [13] gab – zwanzig Jahre nach Turings Artikel – schließlich mit der so genannten Hoare-Logik eine axiomatische Basis, auf der solche Beweise geführt werden konnten.

Turing geht jedoch noch einen Schritt weiter und gibt einen weiteren Beweis, der die Terminierung des Algorithmus zeigt: „Finally the checker has to verify that the process comes to an end. Here again he should be assisted by the programmer giving a further definite assertion to be verified. This may take the form of a quantity which is asserted to decrease continually and vanish when the machine stops." Diese Beweismethodik sowie die Trennung eines Programmbeweises in partielle Korrektheit und Terminierung ist bis heute gültig; die Ideen tauchten in der einschlägigen Literatur jedoch erst viel später (z.B. bei Rod Burstall 1974 [14]) wieder auf. Heutzutage gehört es fast zum guten Ton, dass der Autor eines neuen Algorithmus' die Korrektheit mit einer derartigen Methode beweist; d.h. algorithmische Ideen in der Literatur werden heute üblicherweise von ihren Urhebern verifiziert.

4 Spezifikation, Verifikation und Test

Terminierung ist eine spezielle Eigenschaft des Ablaufverhaltens von Programmen. Lange Zeit wurde die Korrektheit von Programmen ausschließlich durch Formeln der mathematischen Logik über den im Programm verwendeten Variablen ausgedrückt, plus eventuell die Forderung der Terminierung. Damit lassen sich zwar mathematische Sachverhalte gut beschreiben, aber die Methoden waren nur so lange angemessen wie die Software (nur) mathematische Funktionen berechnete. Aussagen über reaktive Systeme, die ständig mit ihrer Umgebung kommunizieren, lassen sich auf diese Weise nicht spezifizieren. Einen großen Schub erlebte die formale Verifikation von Programmen daher mit dem Aufkommen der Temporallogik in den späten 1970er

Jahren. Aufbauend auf Arbeiten der philosophischen Modallogik definierten Vaughan Pratt [15], Fred Kröger [16] und Amir Pnueli [17] temporale Logiken zur Beschreibung des Ablaufverhaltens von reaktiven Programmen. Damit ließen sich allgemeine Aussagen wie z.B. die Lebendigkeit von Programmen, Verklemmungs- und Aushungerungsfreiheit paralleler Prozesse usw. ausdrücken.

Die logischen Spezifikationsformalismen wurden dabei durch entsprechende Verifikationsmethoden und -werkzeuge unterstützt. Auf diese Weise konnte eine Reihe komplexer paralleler Algorithmen formal verifiziert werden. Ab Mitte der 1980er Jahre wurden die Beweisverfahren, die zunächst zum interaktiven Beweisen von parallelen Algorithmen gedacht waren, auf endliche Transitionssysteme eingeschränkt; dadurch wurde eine vollständige Automatisierung, das so genannte „Model Checking", ermöglicht [18].

Durch Verbesserungen in den Algorithmen und Datenstrukturen ist die Modellprüfung heute eine Standardtechnologie zur Vermeidung von systematischen Fehlern im Hardware-Design. Selbst für „große" Schaltungen und Prozessoren ist es heute üblich, automatisierte Simulationen und Verifikationen durchzuführen, um Entwurfsfehler noch vor der (kostspieligen) Produktion der Chips zu eliminieren. Forschungsfragen sind derzeit die Analyse des Zeitverhaltens von Schaltungen, Asynchronität und der Beweis nichtfunktionaler Eigenschaften.

Für Software ist die formale Verifikation dagegen noch immer eher die Ausnahme als die Regel. Das liegt zum Teil an der größeren Komplexität von Softwaresystemen, zum Teil aber auch an anderen kommerziellen Randbedingungen. Da Software leichter aktualisierbar ist als Hardware, lässt sie sich nachträglich noch korrigieren, notfalls auch beim Kunden. Wir alle haben uns inzwischen an „Service Packs" und „Firmware Updates" zur Fehlerbeseitigung gewöhnt. Der Schwierigkeitsgrad für die interaktive Konstruktion eines durchschnittlichen Programmbeweises ist mindestens drei- bis fünfmal so hoch wie der Aufwand zur Erstellung des entsprechenden Programms. Typische Produktivitätsmaße sind hier z.B. 20 Zeilen/Personentag. Dieser Aufwand wird oftmals gescheut bzw. rechnet sich für „normale" Software nicht. Daher wird eine interaktive formale Verifikation meist nur in sicherheitskritischen Projekten durchgeführt. Für Software, bei denen bereits ein einziges Versagen fatale Folgen haben kann, ist eine formale Verifikation trotz des damit verbundenen Aufwands unbedingt empfehlenswert. In der Forschung untersucht man daher zur Zeit vor allem Methoden und Werkzeuge, die den Verifikationsprozess unterstützen bzw. vereinfachen.

Auch die vollautomatische Verifikation bietet keine Patentlösung: Um Software vollautomatisch verifizieren zu können, muss man sich auf einen zustandsendlichen Anteil beschränken. Das bedeutet, dass Variablen auf einen endlichen Wertebereich eingeschränkt sein müssen, arithmetische Operationen nur eingeschränkt verwendet werden können und keine Zeiger vorkommen dürfen. Trotz dieser Einschränkungen sind die Methoden bislang nur für „kleine" Programme in der Praxis einsetzbar. In der Forschung konzentriert man sich daher auf Fragen der Effizienzverbesserung, der Abstraktion bzw. Verfeinerung und der Integration in den modellbasierten Software-Entwicklungsprozess.

Oftmals werden Modellprüfungsalgorithmen im Softwareentwurf eingesetzt, um eine Qualitätssteigerung zu bewirken, auch wenn keine vollständige Verifikation möglich ist. Statt des tatsächlichen Programmtextes wird eine abstrakte Version verifiziert, bei der beispielsweise der Wertebereich einer Variable von Integer auf die drei Werte „Null", „Positiv" und „Negativ" reduziert wurde. In einigen Fällen kann man vom Beweis solch eines abstrahierten Systems auf den des konkreten schließen. Ein fehlgeschlagener Beweis ist fast noch interessanter, weil er auf einen Fehler im Programm hinweisen kann. In diesem Fall wird aus der Beweisverfahren eine „formales Testmethode".

Arbeiten zur Theorie des Testens von Software gibt es erst seit relativ kurzer Zeit. Edsger Dijkstra argumentierte 1969 „Program testing can be used to show the presence of bugs, but never to show their absence!" [19]. Daher galten solche Überlegungen als „inferiore Ziele" gegenüber dem „heiligen Gral" der Verifikation. Andererseits bietet selbst eine vollständige formale Verifikation der Anwendungssoftware keine absolute Garantie, dass ein Computersystem die in der Spezifikation vorgesehene Funktion erbringt. Neben stochastischen Störungen besteht immer noch die Möglichkeit systematischer Irrtümer im Aufbau des Betriebssystems oder der Hardware, oder im Zusammenspiel dieser verschiedenen Ebenen. (Daneben könnten Fehler in der Durchführung eines Beweises oder im Beweisalgorithmus sein; die Wahrscheinlichkeit dafür ist jedoch recht klein.)

Daher ist bei sicherheitsrelevanten Systemen selbst für verifizierte Software ein sorgfältiger und systematischer Test erforderlich. Ein wesentlicher Unterschied zwischen Verifikation, Test und Debuggen von Software besteht dabei in der Intention: In der Verifikation versucht man, die Korrektheit der Software zu zeigen, und geht daher davon aus, dass keine Fehler enthalten sind. Beim Debuggen weiss man, dass Fehler enthalten sind, und versucht, diese zu lokalisieren. Der Test macht keine solchen Voraussetzungen und soll die Frage beantworten, ob Fehler enthalten sind. Ein „erfolgreicher" Test ist dabei einer, der Fehler aufdeckt!

Die Motivation eines Softwaretesters ist es also, Fehler zu finden, und nicht, das Programm als fehlerfrei nachzuweisen. Diese wichtige Beobachtung von Glenford Myers im 1979 erschienenen Lehrbuch [20] führte zu einer Wiederbelebung der Arbeiten auf dem Gebiet des Testens. Während frühere Technologien, z.B. zu Überdeckungsmaßen, im Test vor allem eine „unvollständige Verifikation" sahen, geht es heute vor allem darum, spezifikationsbasierte Testmethoden als Ergänzung der entsprechenden Verifikationsverfahren zu entwickeln. Marie-Claude Gaudel bemerkte: „Testing Can Be Formal, Too" [21]. In der Folge entstanden eine Reihe von Verfahren zur Ableitung von Tests aus algebraischen Spezifikationen, zur Testgenerierung aus Transitionssystemen und graphischen Modellen [22], und zu neuen Spezifikationsformalismen, die für Verifikation und Test geeignet sind (z.B. ASML/Spec#). Aktuelle Arbeiten betreffen die Vereinheitlichung von Formalismen (z.B. in der UML/OCL), die Einbindung von Realzeit- und Hardware-in-the-Loop-Tests und die Wiederverwendung von Beweisen und Testsuiten in Software-Produktlinien.

5 Ausblick

In diesem Beitrag haben wir gezeigt, dass softwarebedingte Ausfälle in Informatiksystemen kein gottgegebenes Schicksal sind. Seit Beginn der Informatik hat man sich mit formalen Methoden zur Entwicklung korrekter Programme befasst. Durch die zunehmende Verbreitung unseres Alltags gewinnt das Thema gerade heute immer mehr an Relevanz. Auf dem Gebiet gibt es eine Vielzahl von spannenden aktuellen Forschungsarbeiten, und die Entwicklung ist noch lange nicht abgeschlossen.

Literaturverzeichnis

1. U.S. Naval Historical Center, Naval Surface Warfare Center Computer Museum at Dahlgren *Rear Admiral Grace Murray Hopper, 1906–1992.* www.history. navy.mil/photos/pers-us/uspers-h/g-hoppr.htm, siehe auch www.history. navy.mil/photos/images/h96000/h96566k.jpg, Jan. 2006
2. US Army Research Laboratory *History of Computing Information.* http:// ftp.arl.mil/ftp/historic-computers/gif/eniac4.gif, Jan. 2006
3. J.P. Eckert Jr., J.W. Mauchly, H.H. Goldstine, J.G. Brainerd *Description of the ENIAC and Comments on Electronic Digital Computing Machines.* Moore School of Electrical Engineering, University of Pennsylvania, 1945
4. H.H. Goldstine, J. v. Neumann *Planning and Coding of Problems for an Electronic Computing Instrument.* 3 Volumes, Institute for Advanced Study, Princeton, NJ, 1947–1949. Scan aus www.csm.ornl.gov/ssi-expo/ neumann-sample-flowdia.jpg, Jan. 2006
5. A.M. Turing *Computing Machinery and Intelligence.* Mind 59, 1950, S. 433–460
6. P. Naur, B. Randell *Software Engineering: Report on a Conference sponsored by the NATO Science Committee.* Garmisch, NATO Scientific Affairs Division, Okt. 1968
7. E.W. Dijkstra *The Humble Programmer – 1972 Turing Award Lecture.* Comm. ACM 15(10), 1972, S. 859-866
8. F.P. Brooks, Jr. *No Silver Bullet; Essence and Accidents of Software Engineering.* Information Processing 1986, ISBN 0444-7077-3. H.J. Kugler, Elsevia Science Publishers B.V. (North-Holland); IFIP, 1986
9. A.M. Turing *Checking a Large Routine.* Paper for the EDSAC Inaugural Conference, 24 June 1949, Typescript published in *Report of a Conference on High Speed Automatic Calculating Machines.* S. 67–69, Reprinted with corrections and annotations in: L. Morris, C.B. Jones *An early program proof by Alan Turing.* Ann. Hist. Computing 6 (2), 1984, S. 129–143
10. L. Lamport *Specifying Systems: The TLA+ Language and Tools for Hardware and Software Engineers.* Addison Wesley, 2002, S. 384
11. P. Naur *Proof of algorithms by general snapshots.* BIT 6, 1966, pp. 310–316

12. R.W. Floyd *Assigning meanings to programs.* Proceedings Symposium on Applied Mathematics, 19, Math. Aspects in Computer Science, 1967, S. 19–32
13. C.A.R. Hoare *An axiomatic basis for computer programming.* Comm. ACM 12, 1969, S. 576–580
14. R.M. Burstall *Program proving as hand simulation with a little induction.* Information Processing, 1974, S. 308–312
15. V. Pratt *Semantical Considerations on Floyd-Hoare Logic.* Proc. 17th Annual IEEE Symposium on Foundations of Computer Science, 1976, S.109–121; from lecture notes published 1974
16. F. Kröger *LAR: A Logic of Algorithmic Reasoning.* Acta Inf. 8, 1977, S. 243–266
17. A. Pnueli *The temporal logic of programs.* Proc. 18th IEEE Symposium on Foundations of Computer Science, 1977, S. 46–67
18. E.M. Clarke, E.A. Emerson *Synthesis of synchronization skeletons for branching time temporal logic.* in: Logic of Programs: Workshop, Yorktown Heights, NY, May 1981; LNCS 131, 1981
19. E.W. Dijkstra *Notes on structured programming.* 1969, appeared in O.J. Dahl, E.W. Dijkstra, C.A.R. Hoare (eds.) Structured Programming. Academic Press, 1972
20. G.J. Myers: *The Art of Software Testing.* Wiley, 1979
21. M.-C. Gaudel *Testing Can Be Formal, Too.* TAPSOFT 1995, 1994, S. 82–96
22. E. Brinksma, J. Tretmans Testing Transition Systems: An Annotated Bibliography. MOVEP'2k, 2000, S. 44–50